제3판 개정증보판

세계교회사(II)

종교개혁 및 현대편
1517년 이후

세계교회사(II): 1517년 이후 종교개혁및 현대편
제3판, 증보개역판

Christianity Through the Centuries, 3rd. Edition, Revised and Expanded: Modern Church History after A.D. 1517

제3판 발행	2017년 8월 15일
지은이	얼 캐이른즈
옮긴이	엄성옥
발행처	은성출판사
등록	1974년 12월 9일 제9-66호
	ⓒ 2017년 은성출판사
주소	서울시 강동구 성내동 538-9
전화	070) 8274-4404
팩스	02)6007-1154
홈페이지	http://www.eunsungpub.co.kr
전자우편	esp4404@hotmail.com

이 책의 한국어판 저작권은 Zondervan Publishing House와의 독점 계약으로 한국어 판권을 "은성출판사"가 소유합니다.
저작권법에 의하여 한국 내에서 보호를 받는 제작물이므로 무단 전재와 복제를 금합니다.

Christianity Through the Centuries. Copyright © 1952, 1981, 1996 by Earle E. Cairns. Published by Zondervan Publishing House.

All rights reserved

Korean Translation Copyright © 2017 by Eunsung Publications.

Printed in Korea
ISBN : 978-89-7236-433-7-33230

Third Edition, Revised and Expanded

Christianity through the Centuries(II)

Modern Church History
1517 and After

A History of the Christian Church

Earle E. Cairns

제3판 개정증보판

세계교회사(II)

종교개혁 및 현대편
1517년 이후

얼 E. 캐이른즈 지음
엄성옥 옮김

차례

머리말 / 9

서론 / 11

제3부 현대교회사(1517년 이후)

    종교개혁과 반종교개혁(1517-1648)

        제26장 종교개혁의 배경 / 41

        제27장 루터와 독일 종교개혁 / 61

        제28장 스위스 종교개혁 / 83

        제29장 스위스 밖의 개혁신앙 / 107

        제30장 영국의 종교개혁과 청교도운동 / 127

        제31장 반종교개혁과 그 평가 / 155

    이성주의, 복고주의, 분파주의(1648-1789),

        제32장 북아메리카에서의 기독교 정착 / 181

        제33장 이성주의, 신앙부흥운동, 로마가톨릭교회 / 211

신앙부흥운동, 선교, 모더니즘(1789-1914)

제34장 가톨릭교회의 승리와 변천 / 237

제35장 유럽과 대영제국의 종교와 개혁 / 247

제36장 신앙의 원수들 / 275

제37장 민족주의 시대의 미국교회 / 289

1914년 이후 긴장 상태의 교회와 사회

제38장 변화하는 세계 문화 속의 교회 / 317

제39장 자유주의 신학, 신정통 신학, 급진 신학 등의 쇠퇴 / 339

제40장 에큐메니컬 조직의 등장 / 353

제41장 다양성 안에서의 복음적 일치 / 365

제42장 교회 성장의 쇠퇴와 확장 / 407

결어: 문제점, 패턴, 그리고 전망 / 441

찾아보기 / 453

머리말

　현재 우리가 접할 수 있는 교회사에 관한 문헌을 살펴보면 그것들의 대부분이 종파적 편견이나 신학적 편견을 반영하고 있음을 알 수 있다. 그러나 이 책은 보수적이고 비 교파적인 관점에서 저술되었으며 기독교 역사철학이 배후에 깔려 있다.

　역사적으로 각 시대에 발생한 정치적, 경제적, 사회적, 지적, 예술적 운동들에 대한 개념이 없으면 기독교 역사를 효과적으로 이해할 수 없으므로, 교회사에 등장하는 사건들은 관련된 세속 환경과 연결되어 다루어진다. 역사에 등장하는 모든 인물, 장소, 연대, 사건, 사상, 경향, 추이 등을 각기 적절한 시간적, 지리적 환경 안에서 취급하면 교회사의 흐름을 파악할 수 있다. 나는 기독교가 각각의 시대에 미친 영향 및 시대의 특징에 관심을 두었고, 또 정보와 이해와 해석을 적절히 종합하고 연결하여 오늘날에도 가치가 있는 것으로 만들려 했다.

　지난 40년 동안 이 책을 사용한 교사들과 학생들이 제기한 계속된 요구 덕분에 이 책을 보다 바람직하고 편리하게 개정할 수 있게 되었다. 특히 몇몇 사람들의 건설적인 제안은 이 책을 보다 정확하고 분명하게 개정하는 데 큰 도움이 되었다.

　역사상 발생한 여러 가지 운동들과 관계들을 이해하는 데 도움을 주기 위해 이 책에 몇 개의 지도와 도표를 추가했고 그림도 추가했다. 서론 및 각 장의 마지막 부분에 수록된 참고문헌도 독자들이 주요한 것과 부차적인 것을 최대한 이용할 수 있게 하려고 추가하고 개정했다. 스콜라 철학, 급진적 종교개혁, 가톨릭교회, 동방교회 등의 항목도 증보하고 개정했다. 특히 제1차 세계대전 이후 시대에 관한 내용을 개정하고 증보하였고, 가톨릭교회와 복음주의 진영에서의 세계교회운동의 새로운 발달에 관한 내용, 예를 들면 제2차 세계대전에서 독일, 이탈리아, 일본 등 우익 전체주의 국가들의 패배, 1989년 러시아와 동유럽에서 좌익 공산주의 전체주의의 몰락, 자유주의 신학과 신정통주의 신학과 급진 신학의 쇠퇴, 제3세계에서 복음주의의 발흥, 정치화한 진보적 에큐메니즘의 쇠퇴, 파라처치와 대형교회의 분파주의에 대한 도전, 대서양 연안에서 개신교의 부흥, 오순절-은사주의-제3의 물결 등이 성령을 강조한 것, 교회에서 여성들의 세력이 강해진 것, 박해에도 불구하고 세계적 교회가 성장한 것, 가톨릭교회가 더욱 개방적이 된 것 등을 수록했다.

  이 책을 통해 사람들이 자신의 영적 유산과 조상에 대해 깨닫게 되며, 삶과 말과 행위로 이 시대 사람들과 하나님을 더 잘 섬기는 데 도움이 되기를 바란다. 이 책이 출판되기까지 도와준 나의 동료들, 교사들, 학생들, 저술가들 및 여러 사람에게 깊이 감사한다. 이 책을 통하여 그리스도의 뜻이 널리 전파되고 교회가 영적으로 발전되리라고 믿는다.

서론

기원전 6세기에 바빌론에 살았던 나보니두스(Nabonidus)부터 현대의 역사학자들과 고고학자들에 이르기까지 모든 사람은 역사에 대해 호기심을 가지고 있다. 이는 기독교인이 고백하는 신앙이 역사에 뿌리를 두고 있기 때문이다. 하나님이 인간이 되셔서 그리스도라는 인간의 몸을 입고 시간과 공간 안에 사셨다. 기독교는 과거에 근동 지방이나 극동 지방에서 출현한 모든 종교 중에서 가장 세계적이고 보편적인 종교가 되었고, 또 인류의 역사 안에서 크게 영향력을 발휘하게 되었다. 따라서 자신의 영적 조상에 관해 알려 하며, 과거의 선한 본보기들을 모방하려 하며, 교회가 범해온 오류들을 피하고자 하는 기독교인들은 특히 교회사에 깊은 관심을 둔다.

1. 교회사란 무엇인가?

독일어 명사 Geschichte는 "발생하다"라는 뜻의 동사 geschehen에서 파생된 것이다. 이것은 역사를 하나의 과정이나 산물로서보다는 사건으로서 언급한다. 따라서 역사란 우선 인간 행위의 결과로서 시간과 공간 속에서 발생하는 실제의 사건이라고 정의할 수 있을 것이다. 그러한 사건은 절대적이고 객관적인 것이며, 하나님만이 직접 충분하게 하실 수 있다. 그러한 역사는 나중에 다른 장소에서 똑같이 되풀이될 수 없다. 물론 인간은 다른 시대, 다른 장소에서도 유사한 방식으로 행동하며, 선과 악의 영향을 받을 수 있으므로 역사가들이 볼 때 동일하거나 유사한 유형의 사건들이 있을 수 있다.

역사라는 단어에는 하나의 사건에 관한 정보(information)라는 의미도 있다. 이것은 과거에 대한 간접적인 정보인데, 흔히 그 사건에 관련된 문서나 객체의 형태로 존재할 것이다. 과학자들이 객관적으로 직접 자료를 다루는 것과는 달리, 하나님의 행위를 시간과 공간 안에서 참작해야 하는 역사학자들은 역사 안에서의 인간을 자유의지를 지닌 행위자로 간주하며, 자신의 자료가 간접적인 것임을 깨닫는다. 로마의 성 베드로 성당, 카타콤, 교황의 교서, 라벤나의 모자이크 등은 정보로서의 역사의 본보기이다.

history라는 단어는 헬라어 *historia*에서 유래된 것이며, 이것의 동사형은 *historeo*이다. 이 단어는 아티카인들에 의해 사용되었는데, 원래는 탐구와 연구 조사에 의해 학습하는 것을 의미했었다. 사도 바울은 갈라디아서 1장 18절에서 예루살렘에서 베드로를 접견했던 일을 묘사하기 위해 이 단어를 사용했다. 여기에서 과거에 대한 자료를 발견하는 것뿐만 아니라 탐구하거나 검토하기 위한 연구로서의 역사라는 의미가 생겨난다. 역사는 연구 과정을 수반하는 학문이다. 역사학자는 자신이 다루는 자료의 배경을 세심하게 연구함으로써 자신이 지닌 정보가 참된 것인지 아닌지를 시험한다. 학자들은 자신이 다루는 자료에 등장하는 유형들을 객관적으로 볼 때 올바른 귀납적 추리를 할 수 있다.

지금까지 "누가, 무엇을, 언제, 어디서" 등의 문제에 대한 대답을 추구해 온 역사학자들은 이제 자신이 소유한 자료가 지닌 의미나 그 자료가 생겨난 원인 등을 고려해야 한다. 역사를 지칭하는 용어로서 *histoikos*라는 단어를 사용했던 그리스인들은 이런 의미에서 역사를 탐구의 산물이라고 생각했다. 이것은 역사가가 자신의 시대가 지닌 견해나 자신의 편견, 그리고 인간의 자유의지라는 요소에 비추어 과거를 주관적으로 재구성하는 것이다. 이러한 재구성은 부분적이며 오류나 인간의 편견이 개입되기 쉬우므로 이 방법을 통해서는 과거를 실제 그대로 완전하게 이야기할 수 없다. 그러나 역사학자들이 서로의 저서를 검토한다면, 과거에 대한 공통된 견해가 떠오를 것이다. 강의실에서 학생들은 보통 이런 형태의 역사를 공부한다. 비록 역사학자가 과거에 대한 절대적인 진리를 파악할 수는 없겠지만, 자신이 가진 정보가 허락하는 한 과거에 대한 진리를 객관적으로 공정하게 제시할 것이다.

이 논의를 통해서 학생은 역사란 사건, 정보, 탐구, 혹은 과정이나 산물, 혹은 해석이 될 수도 있음을 알게 될 것이다. 사건으로서의 역사는 절대적인 것이며 시간과 공간적으로 단 한 번만 발생한다. 그러나 정보나 탐구나 해석으로서의 역사는 상대적이며 변화한다.

역사란 사회적으로 중요한 인물의 과거에 관한 기록을 고고학 자료나 문헌 자료나 살아 있는 원천 등으로부터 과학적인 방법에 의해 수집한 조직적인 자료에 기초를 두고 해석한 것이라고 정의할 수 있다. 세속 역사가들과 마찬가지로, 교회사가들도 공정하게 역사 자료를 수집해야 한다. 물론 교회사가나 세속 역사가 모두 자료에 대해 중립적 위치를 지킬 수 없지만, 해석이라는 틀 안에서 그 자료에 접근한다는 사실을 교회사가는 인정한다.

그러므로 교회사란 고고학적 자료나 문헌, 혹은 살아 있는 사람들로부터 과학적인 방법에 의해 수집한 조직적인 자료에 근거하여 기독교가 인간 사회에 미친 영향, 기원, 과정 등에 대한 기록을 해석한 것이다. 그것은 인간과 세상의 구속에 관한 것으로서 해석되고 조직화한 이야기이다. 이러한 정의가 성취되어야 역사를 공부하는 기독교인 학생들이 자신이 고백하는 신앙 이야기에 관한 정확한 기록을 소유하게 될 것이다. 이 경우 빛의 자녀들이 어둠의 자녀들보다 뒤떨어져서는 안 된다. 하나님은 창조세계를 초월해 계시며 역사와 구속 안에 내재해 계신다.

2. 교회사에 대한 저술

1) 학문적 요소

교회사를 연구하는 학자들도 과학적인 방법을 사용한다는 점에서 교회사는 과학적인 요소를 소유한다. 역사가들은 고고학자들의 학문적 저술을 사용하는데, 고고학자들은 자신이 발굴해낸 과거의 유적들을 통해서 유익한 정보를 알아낸다. 로마 카타콤의 예술에 대한 연구를 통해서 우리는 초대교회에 대해 많은 것을 배울 수 있다. 교회사를 저술하는 사람은 교회의 역사에 관한 문서들을 평가하기 위해 문헌비평이라는 기법을 사용한다. 또 고고학자가 알아낸 자료, 문서, 혹은 사건에 직접 참여했던 살아있는 인물 등 모든 원자료를 선호할 것이다. 이 모든 자료와 그에 대한 평가를 통해서 그는 역사적 방법에서 제기되는 중요한 문제들-누가, 무엇을, 언제, 어디서-에 관한 정보를 얻게 될 것이다. 마지막 두 가지 질문은 역사가에게 특히 중요하다. 왜냐하면, 역사적인 사건들은 시간과 공간 속에서 발생하는 것이기 때문이다.

역사가의 저술은 방법론에서 과학적이다. 그러나 과거의 사건들에 관한 정보가 역사가 자신이나 그 시대의 관점으로 말미암아, 혹은 위대한 사람들의 영향을 받아 한쪽으로 치우쳐 있어 불완전하거나 거짓일 수 있으므로, 그의 저술이 정확한 학문을 만들어내지 못할 것이다. 또 그는 자신의 자료를 지지하는 자유의지를 지닌 행위자이기도 하다. 역사 속에서 행동하시는 하나님은 정확한 학문으로서의 역사라는 개념을 배제하실 것이다.

2) 철학적 요소

역사 속에서 어떤 의미를 추구하느냐에 따라 역사가들을 역사학파와 역사철학파로 구분한다. 전자는 인간, 자연, 또는 시간 속에서 발생하는 과정 안에서 객관적이고 과학적인 인과관계를 발견해내야 한다고 주장한다. 그러나 후자는 합리적으로 접근하여 자신의 자료를 무한히 궁극적이고 절대적인 것과 관련시키려 한다.

역사학파를 구성하는 중요한 학파로 지리적인 결정론, 경제적인 결정론,

그리고 전기적(傳記的) 해석학파를 들 수 있다. 교회사 해석에서 선구적 학파에 속하는 윌리엄 스위트(William W. Sweet)는 미국 교회사에 관한 저서에서 미개척 형태의 지리학이 결정적인 요소라고 주장했다. 칼라일은 16세기 중반에 발생한 영국의 내란이 크롬웰의 반작용이라고 주장했는데, 그런 점에서 크롬웰에 관한 칼라일의 저서는 전기적이다. 막스 베버(Max Weber)는 『프로테스탄트 윤리와 자본주의 정신』(The Protestant Ethic and the Spirit of Capitalism)[1]이라는 저서에서 프로테스탄티즘이 자본주의 성립의 요인이라고 주장했는데, 이는 경제적인 해석의 본보기이다.

역사철학을 다음과 같은 세 가지 범주로 생각해볼 수 있다.

1. 염세주의로 분류되는 집단. 이들은 역사를 세상의 면으로만 보기 때문에 현실에 대한 유물론적인 접근 방법을 택한다. 그들은 역사적으로 인간이 범한 실패에 사로잡혀 있다. 오즈월드 슈펭글러(Oswald Spengler)의 『서양의 몰락』(The Decline of the West)[2]은 이런 식의 역사 접근 방법의 본보기이다. 슈펭글러는 국가보다 문명에 더 관심이 있었다. 그의 주장으로는 각 문명은 탄생기, 청년기, 장년기, 쇠퇴기, 그리고 사망 등 일련의 주기를 통과한다. 가장 최근의 문명인 서양문명은 지금 쇠퇴기에 있어 곧 사망할 것이다. 더불어 기독교도 사망할 것이다. 슈펭글러 같은 사람들은 인간의 실패에 집착하기 때문에 역사 안에서 발전을 보지 못한다. 그들의 견해는 서로 겹쳐 동심원들로 상징될 수 있을 것이다. 물론 그 원들 안에서 시간이 순환한다.

2. 낙관주의로 분류되는 집단. 역사에 관한 이들의 견해는 상승곡선, 혹은 나선에서 계속 위로 이어지는 단계들이라고 상징할 수 있을 것이다. 대부분의 낙관주의 해석가들은 인본주의자들이다. 그들은 역사 안에서 인간이 주

---

[1] 1904, reprint ed., New York: Scribner, 1930.

[2] New York: Knopf, 1939.

요하고 결정적인 요인이라고 본다. 또 그들은 보통 생물학적, 사회적인 진화를 인정하며 시간을 선(線)과 같은 것으로 본다. 현대의 위대한 역사철학자인 아놀드 토인비의 저서는 이러한 역사철학을 예증하는 데 도움이 된다. 우리가 문명의 역사를 연구해야 한다는 점에 있어서 토인비는 슈펭글러와 견해를 같이하지만, 각각의 문명은 그 나름의 목표—하나님 나라에 속한 하나의 주(洲)로서의 지구—를 향해 전진한다고 믿는 점에서 슈펭글러와 견해를 달리한다. 그는 다소 영적인 측면에서 역사에 접근하면서도 현대 성경비평과 진화론을 수용했다.

또 다른 낙관주의자인 헤겔(Georg W. Hegel)은 19세기에 활동한 독일 철학자이다. 그는 역사란 인간 자유의 발달 안에서 절대정신(Absolute Spirit)이 전개되는 것이라고 믿었다. 일련의 모순들이 화해하여 마침내 절대정신이 역사 안에 완전히 드러나게 되는 과정에 의해 발전이 이룩된다.

19세기의 사상가인 카를 마르크스(Karl Marx)도 낙관주의적 학파에 속한다. 그는 헤겔의 체계를 토대로 하면서도 실체에 대한 헤겔의 견해를 거부했다. 마르크스는 물질만이 유일한 실체이며, 종교를 포함한 모든 인간적인 제도는 경제적인 생산 과정에 의해 결정된다고 가르쳤다. 그의 주장으로는 일련의 계급 투쟁은 결국 노동자들의 승리로 끝나고 계급이 없는 사회가 세워질 것이다. 마르크스가 자신과 자신의 세상을 대속하는 인간의 능력을 강조하면서 토인비나 헤겔과 같은 방법을 사용했음에 유의하라.

3. 셋째로 염세주의적 낙관주의 집단이다. 필자가 여기에 속한다. 이들은 중생하지 못한 인간의 실패를 강조하는 점에서 염세주의자들과 의견을 같이하지만, 신적인 계시와 은혜의 빛 안에서 인간의 미래를 낙관한다. 염세주의적 낙관주의자들은 성경적 유신론자로서 역사에 접근하며, 역사적 과정 안에서 하나님의 영광을 발견하려 한다. 역사는 선과 악, 하나님과 마귀 사이에 벌어지는 투쟁의 과정인데, 그 과정에서 하나님의 은혜가 없으면 인간은

무력할 뿐이다. 그리스도께서 십자가에서 행하신 사역은 인간과 세상을 위한 하나님의 계획의 궁극적인 승리를 보장해준다. 그리고 장차 그렇게 될 때 그리스도가 재림하실 것이다.

교부 중 하나인 어거스틴이 기독교를 변호하고 설명한 책인 『하나님의 도성』(The City of God)이 이러한 접근 방법을 보여주는 훌륭한 예이다. 물론 어거스틴이 천년왕국을 현재의 교회시대와 동일시한 것에 대해서는 많은 기독교인이 의견을 달리한다. 어거스틴의 사상의 위대성은 창조를 지고하신 하나님의 것으로 간주한 데서 비롯된다. 헤겔이 독일 민족을, 마르크스가 노동자 계층을 선호한 것과는 달리, 역사에 관한 어거스틴의 견해에는 인류 전체가 포함된다. 그러나 하나님의 도성과 땅의 도성에서 죄가 사람들을 나누어 놓기 때문에, 역사 속에는 일시적인 이원론이 있다. 어거스틴은 인간 역사의 과정이 십자가에서 시작되어 십자가를 향해 전진하며, 십자가에서 흘러나오는 은혜는 그리스도의 불가시적인 몸인 교회 안에서 작용하는 것으로 간주한다. 하나님의 은혜로 말미암아 힘을 얻는 기독교인들은 악과의 싸움에서 하나님의 편에 서며, 역사는 그리스도 재림 때에 그 정점에 도달한다.

필자의 저서 『시간 속의 하나님과 인간』(God and Man in Time)[3]은 역사에 대한 기독교적 접근 방법을 제시하려는 시도이다.

3) 예술적 요소

마지막으로 기록으로서의 역사를 만드는 사람은 사실들을 제시할 때 되도록 예술적으로 하려고 노력해야 한다. 현대 역사가들은 역사를 문학적으로 제시하는 일을 강조하지 않았다. 따라서 학생들은 종종 역사를 관련 없는 데이터에 관한 장황한 설명으로 여기기도 한다.

---

3) Grand Rapids: Baker, 1979.

3. 교회사의 가치

어떤 자료가 기독교인들에게 어떤 가치를 지니는지 고려되지 않는다면, 교회사는 사실들을 기억하는 학문적인 지루한 훈련에 불과하게 된다. 고대 역사가들은 실용주의적이고 교훈적이고 도덕적인 역사의 가치를 현대의 역사가들보다 더 잘 인식하고 있었다. 이러한 가치가 교회의 역사를 연구하는 데서 성취되어야 한다고 생각하는 학생들은 이 특수한 역사의 분야를 연구하려는 강력한 동기를 소유한다.

1) 종합(synthesis)으로서의 교회사

교회사의 주요 가치 중 하나는 그것이 복음이 관련된 과거의 사실적 자료들을 종합하여 장차 시행될 복음의 선포 및 적용과 연결하려는 데 있다. 이러한 종합은 우리에게 복음을 선포하고 적용하려는 영감을 주며, 우리가 소유하고 있는 위대한 유산을 이해하게 해준다. 교회사는 과거로부터 현재에 이르기까지 교회 안에서 행하시는 하나님의 영을 보여준다. 조직신학이 과거 인간의 사상과 행동에 어떤 영향을 주었는지를 학생들이 깨달을 때 성경해석학적 신학이 실천신학과 연결된다.

2) 현재를 이해하기 위한 보조물로서의 교회사

교회사는 현재에 대한 설명으로서 큰 가치를 지닌다. 만일 우리가 현재의 뿌리인 과거에 대해 어느 정도 지식이 있다면, 현재를 더 잘 이해할 수 있을 것이다. 미합중국 내에 250개 이상의 종교단체들이 존재하는 것과 관련된 당황스러운 질문에 대한 대답이 교회사에서 발견된다. 분열의 원리가 초대교회 시대에 발견되며, 종교개혁 시대에 더욱 두드러진다. 미합중국 내의 개신교 감독교회의 뿌리를 추적하여 올라가 영국을 살펴보는 것, 그리고 왕의 세력과 교황청의 싸움에서 영국 국교회의 기원을 살펴보는 것은 매우 흥미로운 일이다. 감리교인들은 웨슬리의 신앙부흥 속에 있는 그 교회의 기원에 관심을 가진다. 웨슬리의 신앙부흥은 결국 감리교인들을 영국 국교회로부터 분리되게 했다. 개혁파 또는 장로교 신앙을 지닌 사람들은 자기 교회의 기원을 찾아 스위스로까지 추적해 간다. 이런 식으로 우리는 자신의 영적 조상을 알게 된다.

상이한 신앙들과 예배 의식에 관한 관습들도 과거 역사에 비추어보면 더 잘 이해할 수 있다. 감리교인들은 성찬식 때 무릎을 꿇는다. 이는 감리교인들은 여러 해 동안 영국 국교회 안에서 하나의 교회를 이루고 있었으며 국교회와의 결별을 원하지 않았던 웨슬리가 국교회의 예배의식과 관습을 따랐기 때문이다. 그와는 대조적으로 장로교인들은 자리에 앉아 성찬을 받는다. 칼빈과 아르미니우스(Arminius)의 견해를 연구해보면, 감리교 신학과 장로교 신학의 차이점을 더 분명히 알 수 있다.

과거를 연구함으로써 오늘날 교회의 문제점들이 조명되기도 한다. 왜냐하면, 역사 속에는 일련의 유형들과 서로 유사한 것들이 존재하기 때문이다. 국민이 개인적으로 종교를 소유해도 국가의 존재가 위협받지 않는다는 것을 로마제국의 황제들이 생각하지 못했음을 기억한다면, 오늘날 독재적인 통치자들이 백성들이 국가 안에서의 공적인 생활과 상관없이 개인적인 관심거리를 갖는 것을 허용하지 않는 이유를 쉽게 이해할 수 있다. 러시아와 그 위성 국가에서 교회와 국가의 관계가 또다시 문제가 되고 있으며, 과거 데키우스(Decius)와 디오클레티아누스(Diocletian) 시대에 기독교인들을 박해했던 것처럼 국가가 기독교인들을 박해한 것이라고 예상된다. 국가가 교구의 학교들을 지원하거나 바티칸에 특사를 보냄으로써 이룩한 교회와 국가의 연합 안에 내재하는 위험은 교회 안에서 영성이 서서히 쇠퇴하는 것, 그리고 325년에 콘스탄티누스 대제가 니케아 공의회를 통제한 것과 더불어 시작된바 세속 권력이 교회에 개입하는 것에 의해 조명된다. 테니슨(Tennyson)은 『율리시스』에서 우리는 "우리가 이미 만난 모든 것의 일부"임을 상기시킨다.

3) 길잡이가 되는 교회사

교회 안에 존재하는 악을 바로잡는 것, 또는 오류나 그릇된 관습을 피하는 것은 교회의 과거를 연구하는 일이 지닌 가치이다. 현재는 과거의 산물이며 동시에 미래의 씨앗이다. 바울은 로마서 15장 4절과 고린도전서 10장 6, 11절에서 우리가 악을 피하고 선을 위해 경쟁하게 하는 데 과거의 사건들이 도움이 된다고 상기시켜준다. 성직정치를 행한 중세 시대의 가톨릭교회를 연구해보면, 오늘날 개신교 안에 기어들어 오고 있는 교회만능주의 안에 도사린 위험을 파악할 수 있다. 여러 새로운 분파들이 출현하고 있지만, 실상 새로운 가면을 쓴 과거의 이단들임이 드러날 것이다. 초대교회 안에 있었던 영지주의와 중세 시대의 카타리파(Cathari)를 연구해보면, 크리스천사이언스(Christian Science)를 더 잘 파악할 수 있다. 많은 사람이 성경과 교회사를 알지 못하기 때문에 그릇된 신학이나 옳지 않은 관습을 옹호하고 있다.

4) 동기부여 요인이 되는 교회사

교회사는 높은 수준의 영성생활을 하도록 자극하게 될 덕성 함양, 영감, 또는 열심을 제공하기도 한다. 바울은 과거에 대한 지식이 기독교인의 삶에 소망을 줄 것이라고 믿었다(롬 15:4). 만일 정치 사회와 성직 사회의 악에 대항하여 그리스도를 위해 일어설 힘을 하나님이 주지 않으셨다면, 밀라노의 감독 암브로스(Ambros)는 황제 테오도시우스(Theodosius)가 데살로니가 사람들을 학살한 일을 회개하지 않으면 성찬을 베풀지 않겠다고 고집할 수 없었을 것이다. 웨슬리가 평생 말을 타고 수천 마일을 여행하면서 일만 번 이상 설교할 수 있게 만든 근면함과 추진력이 된 것은 웨슬리보다 더 좋은 여행 수단과 연구 방편을 가지고 있으면서도 그것들을 제대로 이용하지 않는 기독교인들에 대한 질책과 도전이었다. 우리는 라우센부쉬의 신학에 동의하지 않지만, 복음을 사회 문제에 적용하려 한 그의 열정에 감동하지 않을 수 없을 것이다. 캐리(Carey)의 일대기는 과거에도 선교 사역을 향한 감동이 되었으며 현재도 그러하다. 교회사의 전기적인 측면은 학생들에게 감동과 도전을 준다.

자신의 영적 조상에 대해 알게 되는 과정에서 덕성이 함양되기도 한다. 우리가 훌륭한 국민이 되기 위해서 고국의 역사를 연구해야 하듯이, 기독교인들은 자신의 영적 가계(家系)를 알아야 한다. 기독교의 발생과 발달을 보여주는 과정에서 교회사와 신약성경의 관계는 신약성경과 구약성경의 관계와 같다. 기독교인은 성경적 진리를 알아야 하듯이, 기독교의 성장과 발달의 주요 윤곽을 알아야 한다. 그래야만 자신이 그리스도의 몸의 일부라는 의식을 갖게 될 것이다. 그리스도의 몸에는 바울 같은 사람, 끌레르보의 베르나르 같은 사람, 어거스틴 같은 사람, 루터 같은 사람, 웨슬리 같은 사람, 부스 같은 사람 등이 포함된다. 역사의 연속성을 아는 데서 생겨나는 일체감은 영적 부유함으로 이어질 것이다.

과거 시대에 교회가 지녔던 불멸의 특성을 이해하게 되면, 현재 박해가 진행되고 있는 국가들 안에 있는 교회의 장래를 염려하지 않게 될 것이다. 표면적인 박해, 불신앙의 관료주의, 또는 거짓 신학 등은 교회 안의 신앙부흥 역사에서 드러나는 영원한 중생의 능력에 맞설 수가 없었다. 심지어 세속 역사가들도 웨슬리의 신앙부흥을 영국을 프랑스 혁명과 버금가는 사건에서부터 구한 요인으로 간주한다. 세속주의 시대에 교회사 연구는 안정하게 하는 영향력을 제공한다. 왜냐하면, 사람들은 복음으로 말미암아 변화된 사람들의 삶을 통해 역사하시는 하나님의 능력을 보기 때문이다.

그러나 특정 지역에서는 내적인 부패와 견딜 수 없는 외적 압력 때문에 교회가 멸망할 수도 있음을 기억해야 한다. 고대 카르타고의 교회, 7세기 중국의 경교(景敎), 16세기 일본의 가톨릭교회 등은 사라졌다.

복음 전도자, 목사, 교사 등 모든 기독교 사역자들이 교회사를 공부하는 것은 실질적인 가치가 있다. 조직신학의 역사적 발달을 공부한 학생은 조직신학을 훨씬 쉽게 이해할 수 있다. 니케아 공의회로부터 680년에 개최된 콘

5) 실질적인 도구가 되는 교회사

스탄티노플 공의회에 이르는 시대의 역사를 알지 못하고서는 삼위일체론, 기독론, 죄, 구세론 등의 교리를 제대로 이해하지 못할 것이다.

교회사를 공부하는 학생은 설교를 위한 풍부한 예화 자료를 소유한다. 기독교적 조명과 성경의 영감을 동일한 수준에 놓는 맹목적인 신비주의의 위험을 알려주는 경고를 찾는 학생이 있는가? 그렇다면 중세 시대 신비주의 운동이나 초기 퀘이커주의를 공부하라. 성경의 가르침을 연구하고 적용하는 데 동반되지 않는 정통주의의 위험을 알고자 하는 학생은 1648년 이후 루터주의 내의 냉랭한 정통주의 시대에 주목하라. 그 시대에 경건주의라는 반작용이 일어났다. 그것은 성경을 진지하게 공부하는 것과 일상생활 속에서 실질적인 경건생활을 하는 것을 강조한 운동이었다.

6) 자유롭게 해주는 요인이 되는 교회사

마지막으로 교회사에는 문화적 가치가 있다. 서양 문명의 발달에서 기독교가 발휘한 역할에 대한 이해가 없으면 서양 문명의 역사는 불완전하며 이해할 수 없다. 인류의 역사와 그 종교 생활의 역사는 결코 분리될 수 없다. 역사적으로 기독교를 제거하려는 폭군들의 노력은 거짓 종교라는 대체물을 낳았다. 히틀러와 스탈린은 인종과 신분 계층을 강조함으로써 국가통제주의라는 자기들의 체계에 종교적 요소를 부여했다.

교회사를 연구한 학생은 교파적으로 편협하게 행동할 수 없을 것이다. 그는 그리스도의 참된 몸이 모든 시대를 초월하여 소유하는 통일성을 감지할 것이다. 또한 과거의 영적 거인들을 만날 때, 그리고 그들에게서 얼마나 많은 은혜를 입고 있는지 깨달을 때 그는 겸손해질 것이다. 그는 사소한 문제들에 관해 자신과 의견을 달리하지만, 바울이 사도행전 17장 2~3절과 고린도전서 15장 3~4절에서 강조한 것처럼 그리스도의 대속적인 죽음과 부활 등의 근본적인 신앙 교리에 대해 의견을 같이하는 사람들에게는 관용하는 태도를 보일 것이다.

편의상 교회사는 다음과 같이 주제별로 체계화할 수 있다.

1. 정치적 요소에는 교회와 국가, 그리고 교회의 세속적 환경 사이의 관계들이 포함된다. 나폴레옹이 프랑스 혁명에서 민주적 요소를 제거하고 프랑스인 다수의 종교였던 가톨릭교회만이 역할을 발휘할 수 있는 새로운 권위주의적 체계를 세웠음을 이해하지 못한다면, 1790년 성직자들의 공민헌장(Civil Constitution of the Clergy)으로 말미암아 야기된 상황에서부터 1801년 나폴레옹의 협약 때문에 야기된 상황으로의 변화에 함축된 프랑스의 정책상 역전을 이해할 수 없을 것이다. 교회사를 제대로 해석하려면 역사 속에서 작용하는 정치적, 사회적, 경제적, 그리고 심미적 요소를 이해해야 한다. 그러한 배경은 그것이 적용되는 지점에서 마련될 것이다.

2. 기독교 신앙의 전파를 무시해서는 안 된다. 여기에는 세계선교, 국내선교, 도시선교, 그리고 복음이 사람들에게 전달되는 모든 특별한 기법에 대한 이야기도 포함된다. 선 이야기에는 영웅들과 순교자들이 등장하는데, 그 이야기는 교회사에 없어서는 안 될 필수적인 부분이다. 기독교가 개인에게서 개인에게로 전해진다는 것, 그리고 주님께 충성하는 교회가 무한한 가능성을 지닌다는 것은 기독교 신앙 전파에 관해 연구해보면 드러난다.

3. 복음 전파로 말미암아 교회에 대한 여러 번의 박해가 있었다. 박해는 정치적-교회적인 유대 국가에 의해 시작되었으며, 데키우스와 디오클레티아누스 때에는 제국적인 차원에서 이루어졌으며, 이슬람의 정책에 포함되기도 했고, 현대 세속적 전체주의 국가에 의해 되살아나기도 했다. 박해에 대해 연구해보면 "기독교인들이 흘린 피는 (교회를) 낳은 씨앗이다"라는 터툴리안의 말이 진리임이 드러난다. 이 갈래의 교회사는 우리를 낙심하게 하기는커녕 오히려 교회가 박해의 시대나 그 직후에 가장 크게 발전했음을 보여준다.

4. 정체(政體)도 교회사의 한 갈래이다. 그것은 교회의 통치 형태에 대한 연구이다. 그것은 감독들(감독제도), 장로들(장로주의), 대표들에 의한 민주정체보

4. 교회사의 구조

1) 교회사의 갈래

다 더 직접적인 체계 안에 있는 회중(회중파), 또는 이 세 가지 체계를 수정한 정체를 기준으로 하는 교회 통치에 대한 고려를 필요로 한다. 목회자의 지위, 그리고 성직자와 평신도의 구분 등에 대한 고려 역시 여기에서 다루어진다. 종규(宗規)와 예배 형태 등도 정체와 관련된 것이다.

5. 교회가 이단과 싸우며 자신의 위치를 생각해내는 것과 관련된 논증법이 교회 발달의 중요한 면이다. 여기에는 이단을 대적하는 것, 그리고 이단에 대한 반응으로 교회의 신조와 기독교 문헌을 작성한 것에 대한 연구가 포함된다. 국가가 삶의 중심이 되어야 한다는 주장에 반응한 저스틴의 저서이든지 다양한 형태의 영지주의 이단을 폭로하는 이레네우스의 저서이든지 교부들의 문헌은 특히 논쟁 연구를 위한 풍성한 분야이다. 대부분의 신학 체계는 당면한 필요성을 충족시키기 위해 싸우던 시대에 형성되었다. 325년부터 1451년, 1517년부터 1648년 사이에 특별히 논쟁이라는 문제가 포함된다. 칼빈은 가톨릭주의의 오류를 피할 수 있는 성경신학을 마련하기 위해서 자신의 신학 체계를 전개했다.

6. 우리가 연구해야 하는 또 하나의 갈래는 관례(praxis)라고 부를 수 있다. 그것은 신앙생활에서의 실질적인 성취에 대한 고려이다. 이 분야의 교회사에서는 가정생활, 자선 행위, 일상생활에 미치는 기독교의 영향 등을 다룬다. 여기에는 교회의 생활방식도 포함된다.

7. 진리를 소개하는 문제에 관심을 기울이지 않는 기독교는 계속 성장할 수 없었다. 진리 소개에는 교회의 교육 체계, 찬송가학, 전례(典禮), 건축, 예술, 설교 등에 대한 연구도 포함된다.

각각의 분야에 대해서는 그 분야가 가장 중요한 위치를 차지한 시대를 다룰 때 논의하겠지만, 어느 시대에서나 이 모든 분야를 상세하게 다루지는 않을 것이다. 각각의 분야가 매력적인 연구의 중심이 될 수 있으므로, 필요한 일반적인 배경을 가지고 있는 사람은 개인적으로 스스로 연구할 수 있을 것이다.

역사가 "솔기 없는 옷"과 같다는 것을 학생들은 기억해야 한다. 이것은 역사란 시간과 공간이라는 틀 안에서 진행되는 연속적인 사건들의 흐름이라는 의미이다. 그러므로 교회사를 시대별로 구분하는 것은 단지 자료들을 다루기 쉽게 세분하여 학생들이 중요한 사실들을 기억하는 데 도움을 주려는 인위적인 수단에 불과하다. 로마제국의 백성들이 고대 시대의 어느 날 밤 잠자리에 들었다가 중세 시대인 다음 날 아침에 깨어난 것이 아니다. 역사적으로 시대별로 특징적인 인생관과 인간의 행위에 대한 견해가 있으며, 그것들은 시대가 흐르면서 점진적으로 변화한다. 역사를 시대별로 구분하면 기억하는 데 도움이 되며, 한 번에 한 시대씩 다루는 데 도움이 되고, 그 시대의 인생관을 제시해주기 때문에 역사를 연대순으로 구성하는 것이 가치가 있다.

2) 교회사의 시대 구분

(1) 고대교회사(B.C. 5-A.D. 590)

교회사의 첫 시대는 속사도 교회로부터 구 제국 가톨릭교회(Old Catholic Imperial Church)로의 성장, 그리고 로마가톨릭 체계의 출발을 보여준다. 활동의 중심지는 지중해 연안이었는데, 여기에는 아시아, 아프리카, 그리고 유럽이 포함된다. 교회는 문화적으로 그레코-로만 문명, 정치적으로는 로마제국이라는 환경에서 활동했다.

① *로마제국 내에서의 기독교의 전파(A.D. 100년까지)*

이 시대를 다룰 때는 기독교가 등장한 배경에 관심을 기울인다. 그리스도의 삶과 죽음과 부활 안에 있는 교회의 기초, 그리고 유대인 사회에서 교회가 설립된 것 등은 기독교의 발생과 기원을 이해하는 데에 중요한 역할을 한다. 바울을 비롯한 여러 사람이 이방인에게 복음을 전파한 일, 그리고 기독교가 유대교와는 다른 하나의 분파로 출현하기 전에 유대교라는 강보 안에서 성장한 것, 그리고 예루살렘 공의회에서 그 강보를 벗어버린 일도 있었다. 또 이 시대에 사도들이 행한 주요 역할에 관해서도 관심을 기울여야 한다.

② 구 제국 가톨릭교회의 생존 투쟁(100-313)

이 시대의 교회는 외부로부터의 박해, 즉 로마제국의 박해에 직면하여 존속하는 일에 관련되어 있었다. 순교자들과 호교론자들은 이러한 표면적인 문제에 대한 교회의 대답이었다. 동시에 교회는 이단이라는 내적인 문제에 대처해야 했으며 논쟁적인 교회 저술가들은 이단에 대한 대답을 제공했다.

③ 구 제국 가톨릭교회의 지상권(313-590)

이 시대에 교회는 콘스탄티누스 대제 시대에 국가와 화해한 것과 테오도시우스 시대에 국가와 연합한 것에서 비롯된 여러 가지 문제에 직면했다. 얼마 후 교회는 국가의 지배를 받게 되었다. 로마 황제들은 그리스-로마 문화를 구하기 위한 통일된 국가를 소유하기 위해서 통일된 교의를 요구했다. 그러나 박해 시대의 기독교인들은 전체적인 교의를 작성할 시간을 소유하지 못했다. 그 후 신조에 관한 오랜 논쟁 시대가 이어진다. 과학적 정신을 가진 헬라 교부들과 라틴 교부들의 저술은 신학적 분쟁에 따른 당연한 결과이다. 기성 교회가 세속화하는 데 대한 반작용이요 항의로서 수도원운동이 출현했다. 이 시기는 조직적 발달의 시기로서 감독직이 강화되고 로마 교황의 세력이 증대되었다. 이 시대가 종식되면서 구 제국 가톨릭교회는 실질적으로 로마가톨릭교회가 되었다.

(2) 중세교회사(590-1517)

이제 활동의 무대는 남유럽에서 북유럽과 서유럽으로 옮겨간다(대서양 연한). 중세 교회는 많은 튜턴족 이민들을 기독교로 개종시키고, 그리스-로마 문화와 기독교를 튜턴족의 제도와 융합하기 위해 노력했다. 아울러 중세 교회는 교황 지상권 아래 그 조직을 더욱 중앙집권화했으며, 성례적-성직 정치적 체계를 발전시켰다.

① 제국의 발흥과 라틴-튜턴 기독교(590-800)

그레고리 1세(Gregory 1)는 로마제국 내에 있는 많은 튜턴족 침입자들에게 복음을 전하는 과업에 치중했다. 이 시대에 동방교회는 아시아와 아프리카에서 교회의 영역을 잠식하던 경쟁 종교인 이슬람의 위협에 직면해 있었다. 옛 로마제국을 계승한 튜턴족 후계자인 샤를마뉴의 카롤링거 제국의 조직 안에서 점차 교황과 튜턴족의 동맹이 이루어졌다. 이 시대는 엄청난 손실의 시대였다.

② 교회와 국가의 관계 변화(800-1054)

이 시기에 교회 내에서 최초의 분열이 발생했다. 1054년 이후 그리스 정교회는 8세기에 다마스쿠스의 요한이 제기한 정적(靜的)인 신학을 택하여 나름의 길을 갔다. 이 시기에 서방 교회는 봉건화되었으며, 로마교회와 국가의 관계에 관해 교황과 황제 모두 받아들일 수 있는 정책을 이룩하고자 노력했으나 성공하지 못했다. 동시에 클뤼니의 개혁자들은 로마교회 내에 횡행하는 악을 바로잡으려는 목표를 세웠다.

③ 교황권 지상주의(1054-1305)

중세 로마가톨릭교회는 그레고리 7세(힐데브란트)와 이노센트 3세의 지도로 그 권력의 절정에 달했으며, 유럽에서 가장 강력한 군주에게 치욕을 줌으로써 교회의 요구를 관철하는 데 성공했다. 교황은 십자군 원정으로 명성을 획득했으며, 수도사들과 탁발 수도사들은 가톨릭 신앙을 전파하고 교회에 반대하는 사람들의 마음을 돌려놓았다. 토마스 아퀴나스는 스페인의 아랍인들에 의해 도입된 아리스토텔레스에 관한 지식과 기독교를 융합하여 대작을 저술했는데, 이 책은 가톨릭 신학의 권위 있는 표현으로 인정되었다. 고딕 양식의 성당은 그 시대의 초자연적이고 내세적인 관념을 표현했으며, 신자들에게 "돌 속에 표현된 성경"을 제공했다. 다음 시대에 로마가톨릭교회는 권력의 절정에서 추락하게 된다.

④ 중세가 저물고 현대가 밝아오는 시대(1305-1517)

타락한 교회 제도를 개혁하려는 내부의 시도가 신비주의자들에 의해 이루어졌다. 그들은 지나치게 제도화한 종교를 개인화하려 했다. 또 위클리프(John Wycliffe)와 후스(John Hus) 등 초기 개혁자들, 개혁 종교회의, 성경적 인문주의자들도 개혁을 시도했다. 지리적으로 넓어져 가는 시대, 르네상스 시대의 세속적이고 지적인 새로운 관점, 민족국가들의 발흥, 중산층의 등장 등은 퇴폐하고 부패한 교회를 방관하지 않았다. 로마가톨릭교회가 자체의 내부 개혁을 거부했기 때문에 종교개혁이 일어났다.

(3) 현대교회사(1517년 이후)

이 시대는 개신교 국교회를 낳은 분파주의, 그리고 19세기에 선교의 물결에 의해 기독교 신앙이 세계에 전파됨으로 말미암아 도래했다. 활동 무대는 이제 지중해나 대서양 연안이 아닌 전 세계가 되었다. 1995년에는 기독교가 우주적이고 전 세계적인 종교가 되었다.

① 종교개혁과 반종교개혁(1517-1648)

이전 시대에 로마가톨릭교회에 의해 억제되었던 반발이 이 시대에 폭발했으며, 새로 민족적이고 자유로운 프로테스탄트 교회들-루터파, 성공회, 칼빈파, 재세례파 등-이 출현했다. 결과적으로 가톨릭교회도 개혁을 고려하게 되었다. 가톨릭교회는 트리엔트 공의회와 예수회와 종교재판소 등의 반종교개혁 운동을 통해 유럽에서 프로테스탄트주의의 전파를 억제했고, 중남미와 필리핀과 베트남에서 우위를 확보하며 부흥을 경험하게 되었다. 이 두 운동은 베스트팔렌 조약(1648)의 체결로 30년전쟁이 종식된 후에 비로소 안정을 찾고 자기들이 확보한 유익을 강화했다.

② 합리주의, 신앙부흥운동, 교파주의(1648-1789)

이 시기에 청교도들에 의해 칼빈주의의 견해가 북아메리카에 전파되었다. 영국인들은 이신론(理神論)으로 표현된 합리주의를 유럽 대륙에 전했다. 한편 대륙에서 일어난 경건주의가 정통주의에 대한 해답임이 증명되었다. 그 운동이 영국에서는 퀘이커운동과 웨슬리 운동으로 표현되었다.

③ 신앙부흥운동, 선교, 모더니즘(1789-1914)

19세기 초에 가톨릭교회의 부흥이 있었다. 이에 필적하는 개신교 신앙부흥으로 말미암아 유럽의 여러 국가에서 해외선교의 물결이 일어났고, 그로 말미암아 국내의 사회개혁이 이루어졌다. 이 시대 후반기에 합리주의와 진화론의 물결에 밀려 "성경과의 결별"이 발생했는데, 그것은 종교적 자유주의로 표현되었다.

④ 긴장 상태의 교회와 사회(1914년 이후)

세계 대부분 지역에서 교회는 세속적인 국가, 때로는 전제주의 국가라는 문제에 직면했다. 20세기 초의 감상적인 모더니즘은 물러가고 신정통주의가

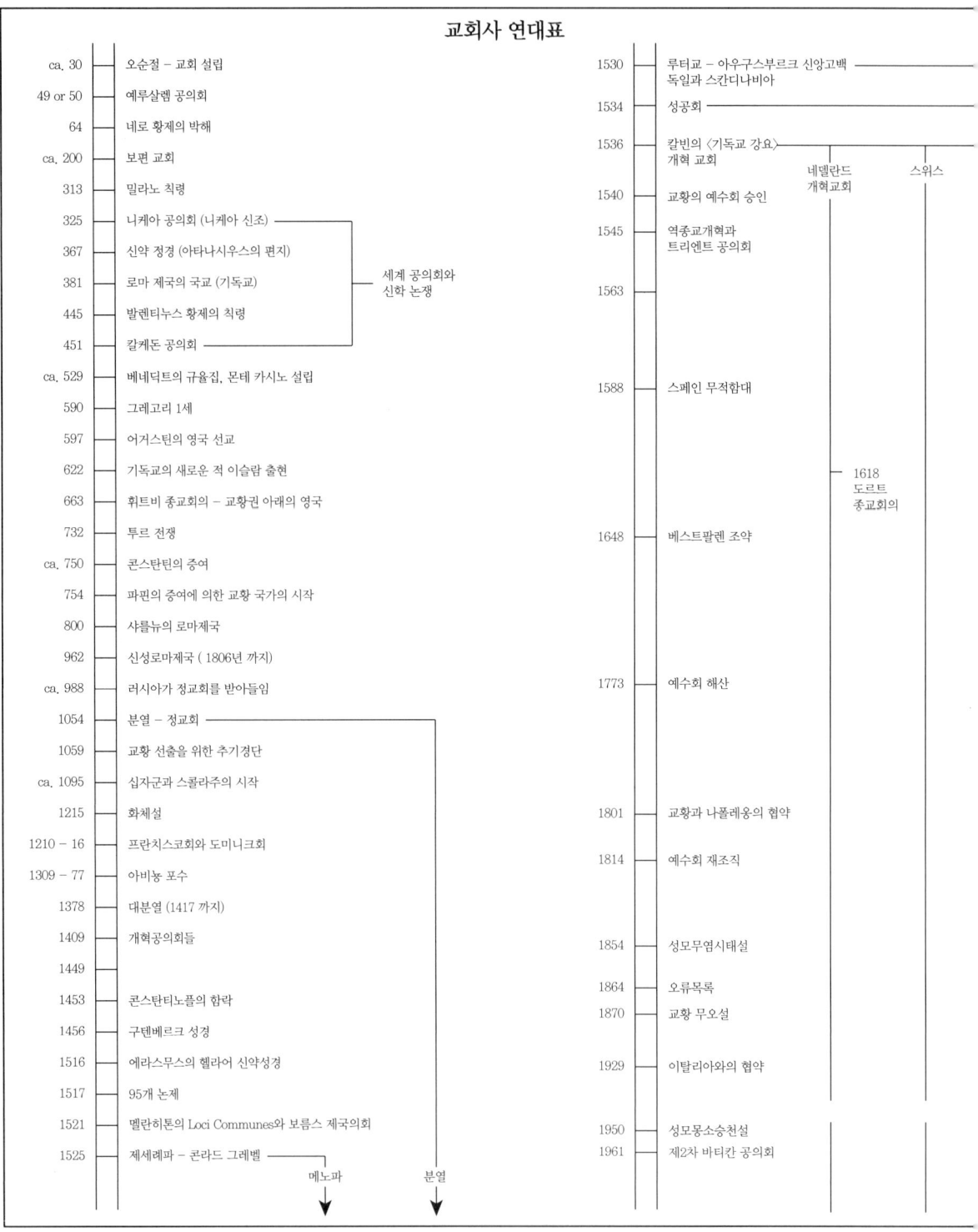

교회사 연대표

ca. 30	오순절 – 교회 설립
49 or 50	예루살렘 공의회
64	네로 황제의 박해
ca. 200	보편 교회
313	밀라노 칙령
325	니케아 공의회 (니케아 신조)
367	신약 정경 (아타나시우스의 편지)
381	로마 제국의 국교 (기독교)
445	발렌티누스 황제의 칙령
451	칼케돈 공의회

(세계 공의회와 신학 논쟁)

ca. 529	베네딕트의 규율집, 몬테 카시노 설립
590	그레고리 1세
597	어거스틴의 영국 선교
622	기독교의 새로운 적 이슬람 출현
663	휘트비 종교회의 – 교황권 아래의 영국
732	투르 전쟁
ca. 750	콘스탄틴의 증여
754	파핀의 증여에 의한 교황 국가의 시작
800	샤를뉴의 로마제국
962	신성로마제국 (1806년 까지)
ca. 988	러시아가 정교회를 받아들임
1054	분열 – 정교회
1059	교황 선출을 위한 추기경단
ca. 1095	십자군과 스콜라주의 시작
1215	화체설
1210–16	프란치스코회와 도미니크회
1309–77	아비뇽 포수
1378	대분열 (1417 까지)
1409	개혁공의회들
1449	
1453	콘스탄티노플의 함락
1456	구텐베르크 성경
1516	에라스무스의 헬라어 신약성경
1517	95개 논제
1521	멜란히톤의 Loci Communes와 보름스 제국의회
1525	제세례파 – 콘라드 그레벨 → 메노파
	→ 분열
1530	루터교 – 아우구스부르크 신앙고백 / 독일과 스칸디나비아
1534	성공회
1536	칼빈의 〈기독교 강요〉 / 개혁 교회 (네델란드 개혁교회, 스위스)
1540	교황의 예수회 승인
1545	역종교개혁과 트리엔트 공의회
1563	
1588	스페인 무적함대
	1618 도르트 종교회의
1648	베스트팔렌 조약
1773	예수회 해산
1801	교황과 나폴레옹의 협약
1814	예수회 재조직
1854	성모무염시태설
1864	오류목록
1870	교황 무오설
1929	이탈리아와의 협약
1950	성모몽소승천설
1961	제2차 바티칸 공의회

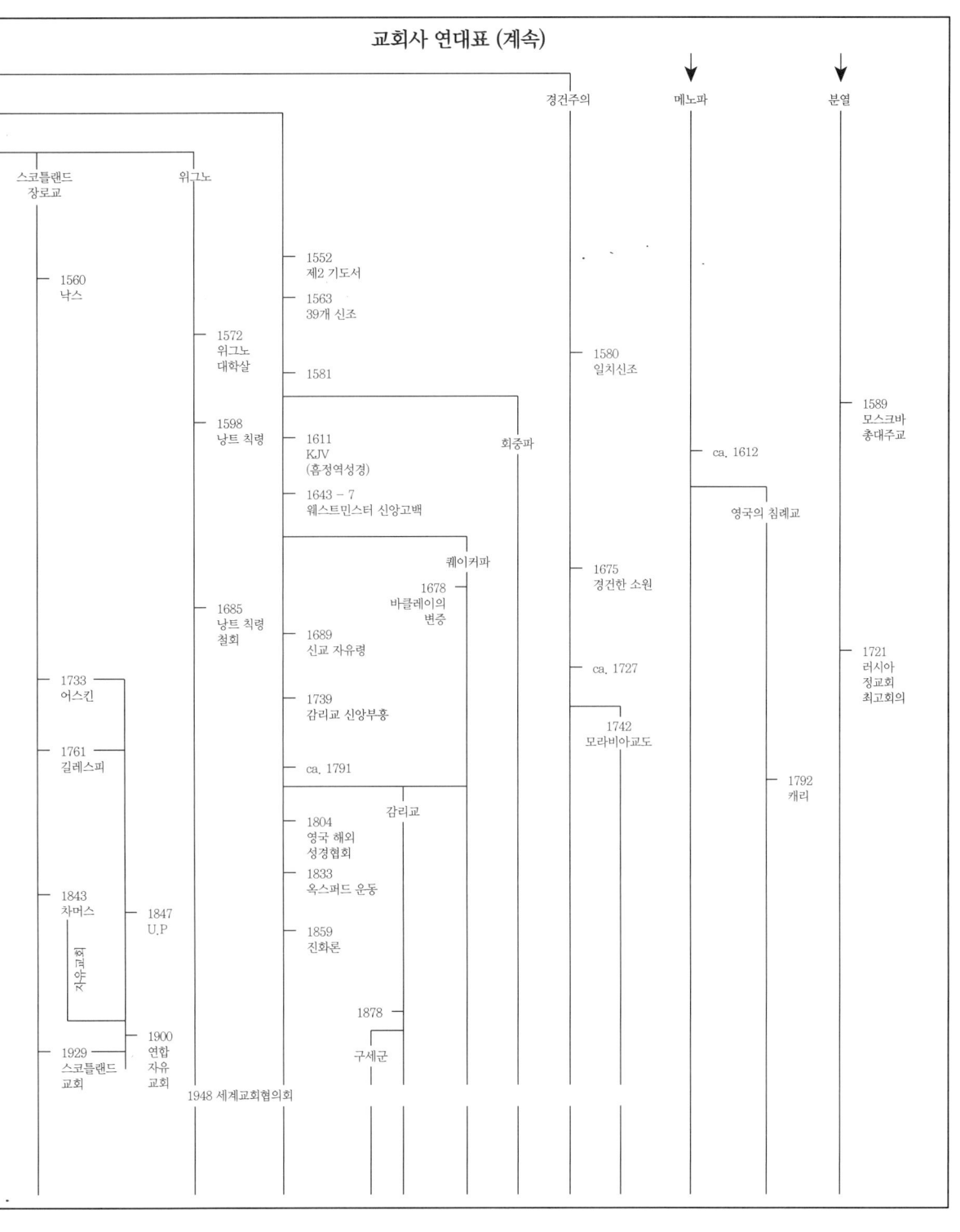

등장했다. 교회의 재결합을 추구하는 운동이 계속되고 있으며, 복음주의의 물결이 높아지고 있다.

이상과 같은 교회사의 기본 갈래들을 배우고, 종종 재고해보는 것이 유익할 것이다. 연대표는 사건들과 인물들과 각종 운동을 연결하는 데 유익하다.

참고문헌

1. 교회사

American Historical Association. *Guide to Historical Literature.* New York: Macmillan, 1961.

Case, Shirley J., ed. *A Bibliographical Guide to the History of Christianity*. Chicago: University of Chicago Press, 1931.

2. 일반 자료

Ayers, David and R. S. T. Fisher. *Records of Christianity.* New York: Barnes and Noble, 1971.

Baillie, John, John T. Mcneill, and H. P. Van Dusen, eds, *The Library of Christian Classics.* 26 vols. Philadelphia: Westminster, 1953-69.

Baldwin, Marshall W. *Christianity Through the Thirteenth Century*. New York: Harper, 1970.

Barry, Colman J. *Readings in Church History*, 3 vols. Westminster, Md.: Newman, 1965.

Bettenson, Henry, ed. *Documents of the Christian Church.* 2d ed. New York: Oxford University Press, 1963.

Defarrari, Roy J., ed. *The Fathers of the Church.* 60 vols. Washington: Catholic University of America Press, 1947.

Kidd, Beresford J. *Documents Illustrative of the History of the Church.* 3 vols.

London: SPCK, 1920-41.

Leith, John H. ed. *Creeds of the Churches*. Rev ed. Richmond: John Knox, 1973.

Petry, Ray C., and Manschreck, Clyde L, eds. *A History of Christianity*. 2 vols. Eaglewood Cliffs. N.J.: Prentice-Hll, 1964.

Roberts, Alexander, and Donaldson, James, eds. *The Ante-Nicene Fathers*. 10 vols. Grand Rapids: Eerdmans, 1951.

Shaff, Philip, *Creeds of Christendom*. 3 vols, 6th ed. New York: Scribner, 1890.

Shaff, Philip. ed. *A Select Library of the Nicene and Post-Nicene Fathers of the Church: First Series*. 14 vols. Buffalo: Christian Literature, 1886-90.

Shaff, Philip, and Henry Wace, eds. *A Select Library of Post-Nicene Fathers of the Christian Church: Second Series*. 14 vols. Buffalo : Christian Literature, 1890-1900.

Stevenson, A. J., ed. *A New Eusebius*. New York: Mcmillan, 1957.

___. *Creeds, Councils, and Controversies*. New York: Seabury, 1966.

3. 교회사의 역사

Barnes, Harry E. *A History of Historical Writings*. Norman Okla. University of Oklahoma Press, 1937.

Bowden, Henry, ed. *A Century of Church History*. Carbondale, Ill.: Southern Illinois University Press, 1988.

Cairns, Earle E. *God and Man in Time*. Grand Rapids; Baker, 1979.

Foakes-Jackson, Frederick J. *A History of Church History*, Cambridge, England: Heffer, 1939.

Guilday, Peter, ed. *Church Historians*. New York: Kenedy, 1926.

Jedin, Hubert, and John Dolan, eds. *The Handbook of Church History*. New York: Herder, 1965.

4. 정기간행물

American Catholic Historical Association. *The Catholic Historical Review*. Washington: Catholic University of America Press, 1915.

American Society of Church History. *Church History*. Chicago: American Society of Church History, 1932.

5. 사전과 백과사전

Brauer, Jerald, ed. *The Westminster Dictionary of Christian Church*. Philadelphia: Westminster, 1971.

Cross, Frank, and E. A. Livingstone, eds. *The Oxford Dictionary of the Christian Church*, 2d ed. London: Oxford University Press, 1974.

Douglas, J. D, ed. *The International Dictionary of the Christian Church*. rev. ed. Grand Rapids: Zondervan, 1978.

Eggenberger, David, ed. *The New Catholic Encyclopedia*. 16 vols. Washington, D.C.: Catholic University of America Press, 1967-74.

Hasting, James, ed. *Encyclopedia of Religion and Ethics*. 13 vols. New York: Scribner, 1908-26.

Hammack, Mary L. *A Dictionary of Women in Church History*. Chicago: Moody, 1984.

Moyer, Elgin S. and Earle E. Cairns. *Wicliffe Biographical Dictionary of the Church*. Rev. and enl, ed. Chicago: Moody, 1982.

Wace, Henry, and William C. Piercy, eds. *A Dictionary of Christian Biography and Literature*. London: Murray, 1911.

6. 지도

Anderson, Charles. Augsburg *Historical Atlas*. Minneapolia: Augsburg, 1967.

Gaustad, Edwin S. *Historical Atlas of Religion in America*. Rev. ed. New York: Harper, 1979.

Jedin, Hubert, Kenneth S. Latourette, and J. Martin. *Atlas Zur Kirchengeschichte*. Freiburg, Ger.: Herder, 1970.

Littel, Freaklin H. *The Macmillan Atlas History of Christianity*. New York: Macmillan, 1976.

Shepherd, William R. *Historical Atlas*. 8th ed. New York: Barnes and Noble,

1956.

7. 교회사 요약

Cameron, Richard M. *Outlines of the Early and Medieval History of the Christian Church.* Boston: published privately, 1943.

____. *Outlines of the Reformation and Modern History of the Christian Church.* Boston: published privately, 1943.

Walton, Robert C. *Chronological and Background Charts of Church History.* Grand Rapids: Zondervan, 1986.

8. 교회사 교재

Bainton, Roland H. *Christendom: A Short History of Christianity and Its Impact on Western Civilization.* Rev. ed. New York: Harper, n.d.

Broadbent, E. H. *The Pilgrim Church.* London: Pickering and Inglis, 1931.

Bruce, F. F., ed. T*he Advance of Christianity Through the Centuries.* 8 vols. Grand Rapids: Eerdmans, 1958-68.

Chadwick, Owen, gen, ed. *History of the Christian Church.* 6 vols. Harmondsworth, Middlesex: Penguin, 1960-70.

Clarke, C. P. S. *A Short History of the Christian Church.* London: Longmans, 1929.

Clouse, Robert G., Richard V. Pierard, and Edwin M. Yamauchi. *Two Kingdoms.* Chicago: Moody Press, 1993.

Daniel-Rops, Henri. *The History of the Christian Church.* 10 vols. New York: Dutton, 1957-67.

Dolan, John P. *Catholicism.* Woodbury, N.Y.: Barron's Educational Series, 1968.

Dowlley, Tim, ed. *Eerdman's Handbook to the History of Christianity.* Grand Rapids: Eerdmans, 1990.

Fisher, Geroge P. *History of the Christian Church.* New York: Scribner, 1887.

Isichei, Elizabeth. *A History of Christianity in Africa.* Grand Rapids: Eerdmans, 1995.

Jacobs, Charles M. *The Story of the Christian Church*. Rev. ed. Philadelphia: Muhlenberg, 1947.

Johnson, Paul. *A History of Christianity*. New York: Atheneum, 1977.

Kromminga, D. H. *A History of the Christian Church*. Grand Rapids: Eerdmans, 1945.

Latourette, Kenneth S. *A History of Christianity*. New York: Harper, 1953.

___. *A History of the Expansion of Christianity*. 7 vols. Grand Rapids: Zondervan, 1970.

___. *Christianity in a Revolutionary Age*. 5 vols. Grand Rapids: Zondervan, 1969.

Manschreck, Clyde L. *A History of Christianity in the World*. Englewood Cliffs, N.J.: Prentice-Hall, 1974.

McManners, John, ed. *The Oxford History of Christianity*. New York: Oxford, 1993.

Meyer, Carl S. *Church History From Pentecost to the Present*. Chicago: Moody, 1970.

Nagler, Arthur W. *The Church in History*. New York: Abingdon, 1929.

Newman, Albert H. *A Manual of Church History*. 2 vols. Rev. ed. Chicago American Baptist Publication Society, 1931-33.

Qualben, Lars P. *A History of the Christian Church*. New York: Nelson, 1933.

Rowe, Henry K. *History of the Christian People*. New York: Macmillan, 1931.

Shaff, Philip. *History of the Christian Church*. 8 vols. Reprint. Grand Rapids: Eerdmans, 1960.

Sweet, William W. *Makers of Christianity*. 3 vols. New York: Henry Holt, 1934-37.

Tucker, Ruth A. *From Jerusalem to Irian Jaya*. Grand Rapids: Zondervan, 1983.

___. *Guardians of the Great Commission*. Grand Rapids. Zondervan, 1988.

Tucker, Ruth A., and Walter Liefeld. *Daughters of the Church*. Grand Rapids: Zondervan, 1987.

Vos, Howard. *An Introduction to Church History*. Rev. and enl. ed. Chicago: Moody, 1988.

Nichols, Robert H. *The Growth of the Christian Church*. Philadelphia: Westminster, 1930.

Walker, Williston. *A History of the Christian Church*. 3nd ed. New York. Scribner, 1970.

9. 교리사

Gonzalez, Justo. *The History of Christian Thought*. 3 vols. Nashville: Abingdon, 1975.

Kerr, Hugh T. ed. *Readings in Christian Thought*. Nashville: Abingdon, 1966.

McGrath, Alastair, ed. *The Blackwell Encyclopedia of Christian Thought*. Oxford: Blackwell, 1993.

Neve, Juergen L., and Otto W. Heick. *A History of Christian Thought*. Rev ed. 2 vols. Philadelphia: Fortress, 1965-66.

Pelikan, Jaroslav. *The Christian Tradition: A History of the Development of Doctrine*. Chicago: University of Chicago Press, 1971.

10. 선교사

Glover, Robert. *The Progress of Worldwide Missions*. Rev. and enl, ed. by J. Herbert Kane. New York: Harper, 1960.

Kane J. Herbert. *A Global View of Missions*. Grand Rapids: Eerdmans, 1971.

____. *Understanding Christian Missions*. 4th ed. Grand Rapids: Baker, 1986.

Labourette, Kenneth S. *A History of the Expansion of Christianity*. 7 vols. New York: Harper, 1937-45.

Neill, Stephen S. *A History of Christian Missions*. 2d ed. New York: Bantam Books, 1986.

Olson, C. Gordon. *What in the World is God Doing?* Cedar Knolls, N.J.: Global Gospel Publishers, 1989.

Thiessen, John C. *A Survey of World Missions*. 3nd ed. Chicago: Moody, 1961.

11. 기독교 문학

Hurst, George L. *An Outline of the History of Christian Literature*. New York: Mcmillan, 1926.

12. 기독교 예술과 건축

Gardner, Helen. *Art Through the Ages*. Rev. ed. New York:Harcourt, Brace, 1959.

제3부

현대교회사

1517년 이후

종교개혁과 반종교개혁(1517~1648)

이성주의, 복고주의, 분파주의(1648~1789)

신앙부흥운동, 선교, 모더니즘(1789~1914)

1914년 이후 긴장 상태의 교회와 사회

제26장

종교개혁의 배경

중세 시대의 로마가톨릭교회는 위클리프와 후스 등의 신비자들, 개혁 공의회의 지도자들, 인문주의자들 등 진지한 개혁자들이 제안한 개혁, 보편적 권력을 소유해야 한다고 주장하는 교황권의 주장에 반대하는 민족국가들의 출현, 그리고 자국의 부(富)가 로마로 흘러 들어가는 것에 반대하는 중산층의 등장을 반기지 않았다. 이러한 요소들이 결합하여 종교개혁이 일어나게 되었다.

로마가톨릭교회는 새로운 사회, 즉 이탈리아 사회를 만들어낸 역동적인 요인 중 가장 분명한 요소인 이교의 고전 문화에 시선을 집중했다. 교황권은 이탈리아 사회의 일부로서 개화되었지만 타락하고 관능적이고 비도덕적인 생활방식을 채택했다.

1. 확장하는 역동적 세계의 출현

1500년에 이르러 옛 중세 사회의 기초가 파괴되었고 지리적으로 더 넓고 정치적, 지적, 경제적, 종교적으로 변화하는 유형을 지닌 새로운 사회가 서서히 등장하기 시작했다. 그 변화는 규모에서나 사회질서에 미친 영향에서나 혁명적이라 할 만큼 컸다.

종교개혁이 진행되는 동안 보편교회를 국교회나 비국교파인 독립교회로 대치해야 한다는 사상이 대두하였다. 그리스 철학과 연결된 중세 시대의 스콜라 철학은 개신교의 성경신학에 자리를 내주었다. 믿음과 성례와 행위에 의한 칭의 대신에 오직 믿음에 의한 칭의가 제시되었다. 또 교회가 해석해주는 성경과 전통 대신에 성경 자체가 표준이 되었다. 1650년 이후 이 모든 것은 독일의 관념론 철학과 성경비평에 잠식되었다. 아울러 서구 문명이 크게 세속화되었다. 유럽이 진출함에 따라 전 세계가 그 영향을 받았다.

1) 지리적 변화

1492년부터 1600년에 이르는 동안 중세 시대 사람들의 지리적 지식이 크게 변화되었다. 고대 세계의 문명은 하천(河川) 문명이라 할 수 있다. 이는 고대 문명이 그 시대의 하천 체계와 연결되어 있었기 때문이다. 반면에 중세 시대의 문명은 바다 문명이라 할 수 있다. 이는 그 문명이 바다-지중해와 발트 해-를 중심으로 발달했기 때문이다. 한편 1517년에 콜럼버스를 비롯한 탐험가들의 발견으로 대양(大洋) 문명 시대가 열렸다. 이 시대에는 대양이 주요 교통로가 되었다. 이 무렵 루터가 신약성경을 독일어로 번역했고(1522년), 마젤란은 항로로 세계 일주를 했다. 동남쪽 항로와 동서쪽 항로로 항해하면 싼 비용으로 동아시아 지방의 보화를 확보할 수 있었다. 포르투갈, 프랑스, 스페인 등 가톨릭 국가들이 탐험의 주도적 역할을 했지만, 영국과 네덜란드 등 개신교 국가들이 곧 지리적 탐험과 정착 면에서 그들을 따라잡았다.

서반구의 부유한 두 대륙이 구세계(Old World)의 약탈 대상이 되었다. 스페인과 포르투갈이 남아메리카와 중앙아메리카를 차지했다. 그러나 북아메리카 대부분 지역은 영국과 프랑스의 싸움이 끝난 후에 앵글로색슨족이 차지했다. 스페인과 포르투갈, 그리고 나중에는 프랑스의 정복자들과 성직자들이 퀘벡, 중앙아메리카, 남아메리카 등지에 반종교개혁적인 가톨릭주의와 라틴 문화를 이식했다. 서유럽과 북유럽 사람들은 앵글로 색슨

크리스토퍼 콜럼버스. 콜럼버스를 비롯한 탐험가들이 서반구에 가톨릭교회와 개신교가 전파되는 길을 열었다. 이 그림은 그의 사후에 세바스티아노 델 피옴보가 그린 것이다.

문화, 또는 튜턴 문화와 다원적인 개신교주의를 이식하여 미합중국과 캐나다의 문화를 형성했고, 서반구에서는 이것들이 오늘날까지 지속하고 있다.

2) 정치적 변화

정치 분야에서도 관점이 변하고 있었다. 세계적 보편국가라는 중세 시대의 관념이 사라지고, 지역적인 민족국가라는 새로운 개념이 대두했다. 중세 시대가 끝난 후 국가들은 민족적 토대 위에 조직되었다. 이러한 중앙집권적 민족국가들은 강력한 통치자의 영도 아래 군대와 공무원들이 효율적으로 근무했으며 민족주의적이었기 때문에 세계적 보편국가나 종교 지도자의 지배에 반대했다. 어떤 국가는 국교회를 통제하기 위해 종교개혁을 지원했다. 중세 시대의 이론적이고 정치적인 통일이 사라지고 민족국가들이 등장했는데, 이 국가들은 각기 독립과 주권을 주장했다. 유럽에서는 중세 시대의 실질적이고 봉건적인 지방분권화가 사라지고 중앙집권적인 민족국가들이 출현했다. 각 국가가 독립되어 있었기 때문에, 16세기와 17세기 초에 벌어진 여러 차례의 종교 전쟁에서 국가 간의 관계의 지침으로 힘의 균형이라는 새로운 원리가 두드러졌다.

3) 경제적 변화

종교개혁이 발생하기 직전에 경제적인 변화가 있었다. 중세 시대에 유럽 국가들의 경제는 농업경제였고 땅이 부의 기초였다. 1500년에 이르러 도시들이 부흥하고 새로운 시장들이 개방되고 새로 발견된 식민지에서 원료가 발견되면서 교역시대가 도래했다. 그 결과 봉건 귀족들 대신에 중산층 상인들이 사회의 지도층이 되었다. 1750년경에 산업혁명이 도래하면서 이 상업적 형태의 경제생활은 다소 변화되었다. 이제까지는 도시들의 교역이었지만, 이제 국가들의 교역이 이루어졌다. 이윤을 중시하는 경제가 출현했다. 신흥 자본주의적 중산층은 자기들의 부가 로마교황이 지배하는 국제적 교회로 흘러 들어가는 데 분개했는데, 북유럽에서는 이들이 종교개혁의 배후에서 영향력을 발휘했다.

4) 사회적 변화

중세 시대의 사회 조직은 수평적이어서 한 계층에 속한 사람은 나면서부터 죽을 때까지 그 계층에 속했다. 그런데 이 조직이 사라지고 사회가 수직적 구조로 변했다. 그리하여 사람들은 사회의 낮은 계층에서 높은 계층으로 올라갈 수 있었다. 중세 시대에 농노의 자식은 교회에서 봉사하는 경우를 제외하고는 계속 농노로 존재해야 했다. 그러나 1500년에 이르면서 산업 덕분에 더 높은 사회 계층으로 상승할 수 있게 되었다. 농노제도는 급속히 사라지고 중세 사회에서 사라졌던 도시의 중산층이 등장했는데, 여기에서는 자유 농민, 지주, 도시의 상인 계층이 탁월했다. 이 강력한 중산층이 서유럽의 종교개혁을 지원했다.

5) 지적인 변화

알프스 이남과 이북에서 문예부흥에 의해 이루어진 지적인 변화는 프로테스탄티즘에 우호적인 지적 사고방식을 형성했다. 과거의 원전(原典)에 복귀하려는 욕구를 품은 북유럽의 기독교 인문주의자들은 성경을 원어로 공부했다. 그리하여 그들은 신약시대와 중세 로마가톨릭교회의 차이점을 인식하게 되었는데, 그 차이점은 중세 시대의 교황제 조직에 불리하게 작용했다. 개인을 중시하는 문예부흥은 구원이 인간중재자인 사제가 없이 개인이 하나님과 직접 관계를 가짐으로써 해결해야 하는 개인적인 문제라는 개신교의 주장이 발달하는 데 유익한 요인이 되었다. 종교개혁자들은 로마교회의 성직정치와 성례에 대한 관찰 및 그것을 비판적으로 성경과 비교하는 것을 정당화하기 위해 문예부흥의 비판적 정신을 사용했다. 물론 이탈리아의 문예부흥은 인본주의적이고 이교적인 것이었지만, 북유럽의 기독교 인문주의자들과 종교개혁자들은 문예부흥이 육성한 경향들을 받아들였고, 기독교 신앙의 원전인 성경을 원어로 공부하는 것을 정당화하기 위해 그것들을 사용했다.

6) 종교적인 변화

중세 시대의 종교적 획일성은 16세기의 종교적 다양성에 자리를 내주었다. 국교회, 또는 비국교파 개신교회들이 설립되면서 집단적이고 성직정치적이고 성례전적 구조를 지닌 세계적이고 국제적인 로마가톨릭교회는 1054년에 분열했던 것처럼 다시 분열했다. 이 교회들은 일반적으로 민족국가 통치자들의 통치 아래 놓였는데, 특히 영국 국교회와 루터교회가 그러하다. 1648년에는 여러 교파들, 그리고 종교의 자유가 출현했다. 로마교회의 권위 대신 성경의 권위가 중시되었고, 개인에게 성경을 읽을 자유가 주어졌다. 이제 믿음으로 하나님의 아들을 구주로 받아들인 신자들은 하나님과의 교제에서 스스로 사제가 되어 자신의 신앙생활을 주관할 수 있게 되었다.

지금까지 언급한 놀라운 변화들은 콜럼버스가 아메리카를 발견한 후부터(1492) 루터가 비텐베르크 교회 대문에 95개 논제를 붙이기 전까지(1517) 발생하거나 시작되었다. 중세 시대의 정적 형태의 문명 대신 현대사회의 역동적 형태의 문명이 시작되었다. 서유럽 문명에서 종교 분야에서의 변화는 하찮은 것이 아니었다. 이 시대의 인간사 안에서 하나님의 손길을 추적하는 기독교인들은 하나님 앞에 꿇어 경배하지 않을 수 없을 것이다.

2. 종교개혁의 정의

종교개혁이라는 명사와 그 단어에 대한 정의는 역사가들의 관점에 좌우된다. 일부 가톨릭 역사가들은 종교개혁을 세계적인 보편교회에 대항한 개인 교인들의 반란으로 간주한다. 반면에 개신교 역사가들은 종교개혁을 종교생활을 신약성경에 나타난 종교생활에 보다 가깝게 이끌어간 개혁으로 여긴다. 한편 세속 역사가들은 그것을 혁명적 운동이라고 생각한다.

만일 종교개혁을 정체(政體)나 교회 통치의 관점에서만 본다면, 그것은 로마교회와 그 머리인 교황에 대한 반역으로 간주될 것이다. 종교개혁에 혁명적인 특성이 있음을 인정하더라도, 로마교회만이 참 교회였다고 생각할 수는 없다. 종교개혁자들 및 종교개혁의 선구자라고 할 수 있는 많은 사람이 중세 시대의 로마교회를 그 울타리 안에서 개혁하기 위해 노력했으나 성공하지 못했고, 결국 개혁 사상 때문에 그 조직에서 쫓겨났다. 그러나 후일 가톨릭교회 내에서 개혁이 이루어져 교회가 쇄신되었다.

"개신교 종교개혁"이라는 친숙한 용어는 세월이 흐르면서 신성시되었다. 종교개혁이 신약성경의 기독교가 지닌 순수함을 되찾으려는 시도였기 때문에, 1517년부터 1545년까지의 종교운동을 묘사하기 위해 그 용어를 계속 사용하는 것은 지혜로운 일이다. 종교개혁자들은 신약성경과 일치하는 신학을 계발하려 했는데, 성경이 아닌 교회가 궁극적 권위로 간주되는 한 이 일을 이룰 수 없다고 확신했다.

많은 개신교인들은 개신교의 확장을 지지하려는 반작용으로 로마가톨릭교회 내부 개혁 운동이 일어났고, 그 때문에 종교개혁이 시작된 이후 많은 소득을 얻는 데 방해가 되었다는 사실을 망각하고 있다. 1545년부터 1563년 사이에 벌어진 로마가톨릭교회 내부의 개혁 운동은 반종교개혁(Counter Reformation), 또는 가톨릭 종교개혁(Catholic Reformation)이라고 알려져 있다.

종교개혁은 대체로 서유럽과 튜턴족 중산층 민족들에게 한정되어 있었다. 동유럽이나 옛 로마제국의 라틴 민족들은 종교개혁을 받아들이지 않았으므로, 그 지역에서는 여전히 통일과 획일성이라는 중세 시대의 이상이 주도하고 있었다. 그러나 북유럽과 서유럽에서는 튜턴족이 종교적 통일과 획일성에서 탈피하여 개신교의 다양성을 받아들였다.

"종교개혁"이라는 용어를 정의하는 것은 결코 쉬운 일이 아니다. 만일 종교개혁을 단순히 국교회를 만들어낸 운동이라고 간주한다면, 그것은 1517년부터 1648년까지 계속된 종교운동을 지칭하게 될 것이다. 트리엔트 공의회 이후에는 네덜란드만이 개신교를 받아들였으므로, 종교개혁을 1517년부터 1545년까지로 보는 것이 지혜롭다. 본서에서는 종교개혁을 1517년부터 1545년 사이에 개신교 국교회들을 만들어낸 종교적 개혁운동으로 정의한다.

따라서 가톨릭 종교개혁은 1545년부터 1563년까지 로마가톨릭교회 내에서 벌어진 종교적 개혁운동이라고 정의할 수 있을 것이다. 가톨릭 종교개혁은 개신교운동으로 말미암아 큰 피해를 당한 가톨릭교회를 안정시키고 강화했으며, 16세기에 중앙아메리카, 남아메리카, 퀘벡, 인도차이나 반도, 필리핀 등을 복음화한 로마가톨릭교회 선교 운동을 촉진했다.

3. 종교개혁의 기원

역사가들이 역사를 해석하는 방법이 종교개혁의 원인에 대한 그들의 고찰에 영향을 주어왔다. 역사 안에서 강조하는 요인은 어떤 역사 해석 학파를 추종하는가에 따라 달라진다.

1) 종교개혁에 대한 해석

개신교 역사가들—샤프(Schaff), 그림(Grim), 베인톤(Bainton) 등—은 종교개혁을 신약성경에 묘사된 원시 기독교의 순수성을 회복하려 한 종교운동으로 해석한다. 이러한 해석에는 종교개혁을 촉진하는 데 도움이 된 정치적, 경제적, 지적 요인들을 무시하는 경향이 있다. 이 해석을 따르면, 하나님의 섭리는 다른 모든 요인에 선행하는 주된 요인이다.

로마가톨릭 역사가들은 종교개혁을 마틴 루터가 결혼하고픈 욕망 등 저속한 동기에서 고취한 이단이라고 해석한다. 그들은 개신교운동을 중세 로마교회의 종교적 일치를 파괴한 이단적 분파주의로 간주한다. 가톨릭교회의 관점에서 볼 때 루터는 이단자였고 분파주의자였음이 분명하다. 그러나 일반적으로 이러한 관점을 가진 역사가들은 중세 시대의 교회가 신약성경의 이상에서 얼마나 멀리 떨어져 나갔는지 깨닫지 못하고 있다. 가톨릭 종교개혁은 본질에서 중세 시대의 교회가 모든 면에서 옳은 것은 아니었음을 인정한 것이었다.

세속 역사가들은 종교개혁을 해석할 때 부차적인 요인에 많은 관심을 표한다. 볼테르(Voltaire)는 종교개혁을 합리주의적으로 해석했다. 그의 해석에 의하면 종교개혁은 작센에서 벌어진 수도사들의 언쟁에 불과했고, 영국에서의 종교개혁은 헨리 8세의 연애 사건의 결과였다. 면죄부 문제로 어거스틴 수도회와 도미니크 수도회가 충돌했으며, 헨리 8세가 앤 볼린(Anne Boleyn)과 사랑에 빠진 것이 영국에서의 종교개혁의 초기 단계를 정치적인 문제로 만들었다. 그러나 이런 유형의 해석은 헨리 8세의 아들 에드워드 6세 때의 종교개혁과 같은 여러 중요한 요인들을 간과한 것이다.

마르크스의 경제적 결정론이라는 관념을 받아들이는 역사가들은 종교개혁을 경제적인 측면에서만 해석한다. 따라서 종교개혁을 로마 교황청이 물질적 유익을 위해 경제적으로 독일을 약탈하려 한 데 따른 결과로 간주한다. 정치적으로 해석하는 역사가들은 종교개혁을 민족국가들이 하나의 국제적 교회에 대항한 결과로 본다. 그들이 볼 때 종교개혁은 민족주의의 발흥으로 야기된 정치적 사건에 불과하다.

각각의 해석에 진리가 포함되어 있다. 그러나 교회사를 공부하는 학생들은 그것들이 대체로 부차적인 원인을 강조한다는 것, 때로는 단 하나의 특별한 부차적 원인을 강조한다는 것을 알 수 있을 것이다. 종교개혁의 원인은 간단하고 단순한 것이 아니라 복합적이고 복잡한 것이었다. 종교개혁의 원인은 이차적이고 결정적이었다. 많은 원인이 종교개혁 이전의 여러 세기에 근원을 두고 있었다. 즉 로마가톨릭교회는 내부 개혁에 반대하고 장차 성가신 일을 일으키게 될 표면적 반대의 물결을 무시해왔다. 루터, 칼빈 등 창조적인 종교개혁의 지도자들은 종교개혁이 나아갈 방향을 확고하게 결정했다. 개신교 종교개혁의 지도자들은 대체로 중산층 출신이었지만, 가톨릭 종교개혁 지도자들은 귀족 출신이었다. 이런 이유로 본서에서 종교개혁에 대한 해석은 종합적이다. 즉 종교를 먼저 고려하면서도 정치적, 경제적, 도덕적, 지

적 요인들을 간과하지 않는다.[1]

1. 종교개혁이 일어나게 된 간접적인 원인 중에서 중요한 것으로 정치적 요인을 들 수 있을 것이다. 유럽 서북부에 새로 등장한 중앙집권적 민족국가들은 세계적인 보편교회가 민족국가 및 그 국가의 강력한 통치자 위에 군림하여 지배한다는 개념에 반대했다. 세계적인 보편교회라는 이상과 신흥국가의 중산층이 지닌 민족의식이 충돌했다.

이러한 근본적인 정치 문제는 특별한 질문들 때문에 더 복잡해졌다. 종교개혁 때에 개신교를 받아들인 국가들이 옛 로마제국의 궤도 밖에 있는 국가들이었다는 것, 그리고 그 국가들의 강력한 중산층은 라틴 국가들의 문화적 관점과는 다른 관점을 가지고 있었다는 것에 유의해야 한다. 어떤 사람들은 종교개혁을 북유럽의 튜턴 국가들이 지중해 문화 및 옛 로마제국에서 물려받은 유산인 국제적 조직이라는 관념을 가진 라틴 국가들에 대항한 데 따른 결과로 본다. 이 민족국가들의 지도자들은 교황권이 자기 나라의 영토 안에서 사법권을 소유하는 것에 분개했다. 이 사법권은 영적인 것이었지만 때로는 세속적인 것이었다. 왜냐하면, 로마교회는 유럽 전역에 방대한 토지를 소유하고 있었기 때문이다. 교회의 토지 소유로 말미암아 국가의 주권이 분할되었고, 영국의 튜더 왕조 같은 전제적인 통치자들은 이에 분개했다. 가톨릭 교회 내의 요직 임명은 교황에 의해 이루어졌다. 성직자들은 세속 법정에서 재판을 받지 않았으며, 왕의 법정이 아닌 교회 법정에서 재판을 받았다. 세속 법정에서 교황청의 법정에 상소할 수 있었다. 과중한 세금 부과도 국민과 그 통치자들을 로마교회에서 멀어지게 했다. 국가의 통치자와 정부는 로마

2) 종교개혁이 발생한 원인

---

1) 종교개혁의 해석에 관한 기사로 Preserved Smith, *The Ages of the Reformation* (New York: Henry Holt, 1920), chap. 14를 보라.

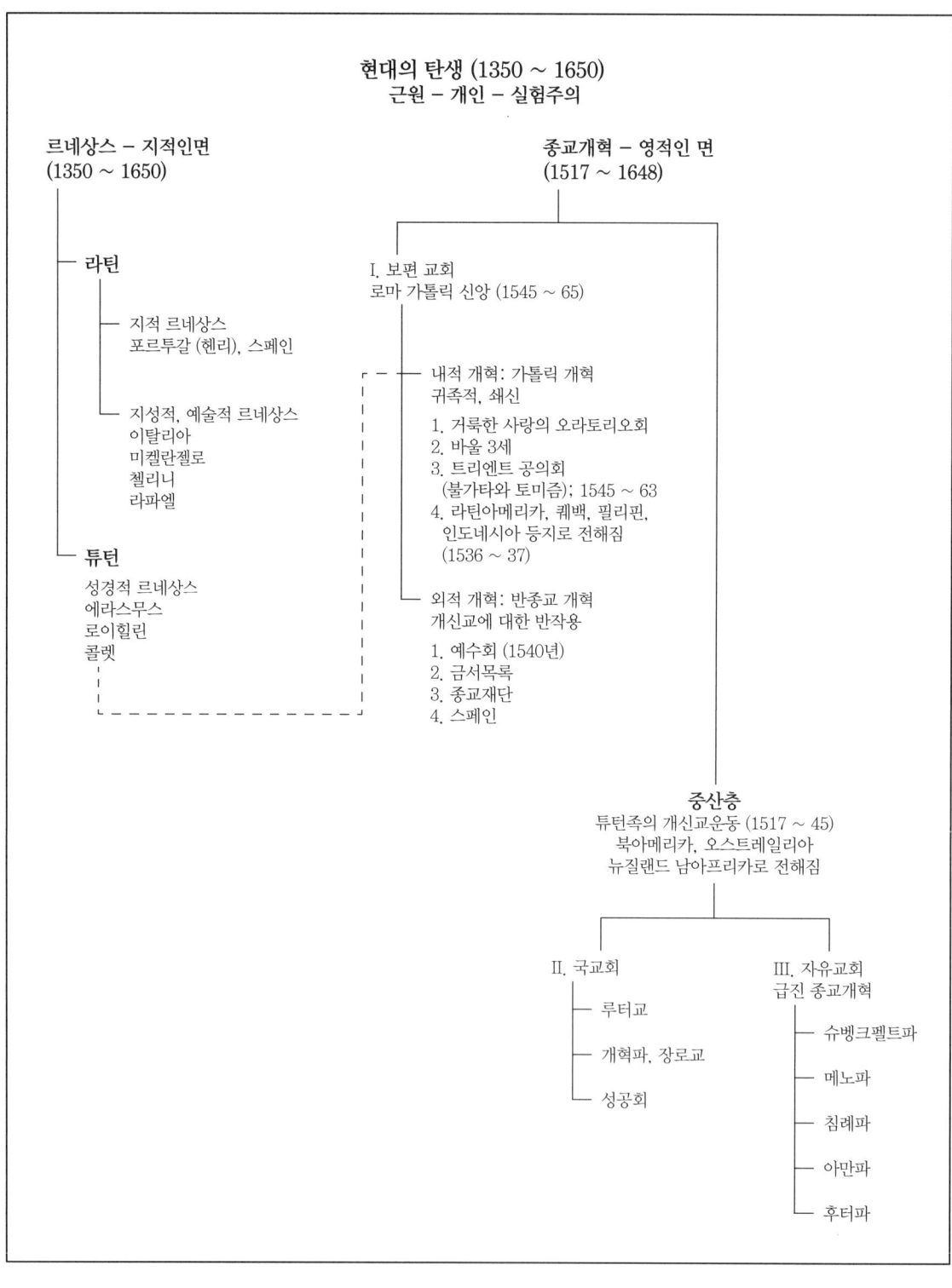

교회의 국제적인 종교적 성직정치에 반대했다. 헨리 8세는 자신의 이혼이 교황이 결정해야 할 국제적인 문제인지 국내의 성직자들이 해결할 수 있는 국가적 문제인지에 관한 문제로 로마교회와 결별했다.

2. 기독교 역사가들은 마르크스나 경제적 결정론자들의 유물론적 해석을 받아들이지 않더라도 인간사에서의 동기부여 요인으로서 경제에 관심을 두는 최근의 경향을 무심히 넘겨서는 안 된다. 신흥 민족국가들의 통치자와 귀족들과 중산층은 로마교회가 서유럽에서 차지한 땅을 탐욕적 시선으로 바라보았다. 통치자들은 자기 국가의 돈이 로마 교황청으로 들어가는 데 분개했다. 게다가 성직자들은 국가에 대한 납세에서 면제되어 있었다. 16세기에 교황이 독일에서 더 많은 돈을 긁어내려 했을 때 작센 같은 지방의 신흥 중산층은 크게 분노했다. 이처럼 국가의 부가 로마교회로 빠져나감으로써 인플레이션이 생기고 생계비가 상승하는 결과가 초래되었다. 스페인이 신세계의 재산과 주민들로부터 막대한 돈을 약탈했기 때문에 인플레이션이 생겼다. 스페인은 이 돈을 유럽 경제의 대동맥에 쏟아부었다. 루터를 분개하게 한 것은 교황권을 위해 독일에서 부를 긁어모으기 위한 도구로 악용된 면죄권 체계였다.

3. 종교개혁을 발생하게 한 지적 요인은 각성한 정신과 세속적 견해를 가진 사람들이 당시 로마가톨릭교회 안에 표현된 종교생활에 대해 비판적 시각을 갖게 된 것이다. 점차 증가한 중산층은 개인주의적 관점을 가졌으며, 개인을 지배해온 중세 사회의 집단적 개념에 반발하기 시작했다. 이 개인주의적인 경향은 국제적인 로마가톨릭교회의 이해관계보다 국가의 이익 관계 및 통치자와 그에게 충성하는 중산층 사업가들의 이해관계가 우선하는 절대적 민족국가의 발흥으로 말미암아 강화되었다. 특히 르네상스 시대 이탈리아의 인본주의는 고전 그리스의 특징이었던 세속적 정신과 비슷한 정신을 만들어냈다. 르네상스 시대의 교황들은 삶에 대한 지적이고 세속적인 접근

방식을 택했다. 이러한 정신과 접근 방식은 과거의 지적 근원으로 돌아가려는 학자들의 욕구에서 비롯된 것이었다. 그리스 사회의 지적 자유와 세속주의를 동반한 지적 자유를 지닌 그 시대의 집단적 성직정치 사회를 성경적 근원에서 본 개인의 자유라는 원리와 비교해본 사람들은 로마교회와 그 지도자들의 주장에 대한 회의적인 태도를 보이게 되었다. 사람들은 더 넓은 지적 지평을 소유하기 시작했고, 종교생활보다 세속생활에 더 관심을 두기 시작했다.

4. 종교개혁의 도덕적 요인은 지적 요인과 밀접하게 연결되어 있다. 헬라어 신약성경을 소유하고 있었던 인문주의 학자들은 신약성경에서 발견되는 교회와 그 시대의 로마가톨릭교회 사이에서 분명한 차이점을 발견했다. 로마교회의 성직자들은 상부에서부터 밑바닥에 이르기까지 타락해 있었다. 이기적인 성직자들은 거리낌 없이 성직을 매매했다. 많은 성직자는 직무와 관련된 일을 전혀 하지 않으면서 봉급을 받았다. 마인츠의 알버트(Albert of Maintz)는 여러 개의 직위를 가지고 있었다. 알버트의 대리인 테첼(Tetzel)은 작센에서 루터의 공격을 받았다. 교회 법정에서 정의가 매매되었다. 교회법은 가까운 친척 간의 결혼을 금했지만, 돈만 내면 결혼 허가를 받을 수 있었다. 많은 사제가 공공연하게 악한 생활을 하거나 첩을 두었다. 주교들은 교구민들을 등한히 하고 자기 밑의 성직자들의 감독을 소홀히 했고, 이 하위 성직자들은 양 떼를 등한히 했다. 따라서 많은 교구 성직자들이 심방이나 설교를 등한히 한 채 미사를 드리는 데 만족했다. 그들은 미사가 교인들에게 은혜를 가져다주는 마술적 의식이라고 선언했다. 십자가나 성인들의 유물을 수집하는 일이 유행했다. 작센의 프레데릭 공작이 소장한 5,005개의 성유물을 보기만 해도 연옥에서 지내야 할 기간이 거의 200만 년 줄어든다고 추측했다. 교회가 공동체에 대해 봉사하지 않고 끊임없이 돈을 요구하는 것에 사람들은

싫증을 느꼈다.[2]

　5. 사회구조의 변화가 로마교회에 대한 중세 시대 사람들의 환멸을 가중했다. 도시가 생기고 부유한 중산층이 형성되면서 개인주의 정신이 생겨났다. 새로운 화폐경제가 사람들을 생계수단으로서 땅에 대한 의존에서 해방했다. 자치도시의 중산층 시민들은 과거 봉건시대의 시민들처럼 다루기가 쉽지 않았는데, 심지어 도시의 장인(匠人)들과 농민들도 자기 위에 있는 사람들에게서 학대받는 사회질서가 옳은 것이 아님을 인식하기 시작했다. 사회적 불만과 개혁을 향한 욕구는 종교개혁의 도래에 작용한 사회적 요인이었다.

　6. 로마교회가 사람들의 진정한 욕구를 충족시키지 못한 배후에는 종교개혁의 신학적 또는 철학적 요인이 있다. 어떤 사람은 이 요소를 지나치게 강조하여 종교개혁을 토마스 아퀴나스의 신학과 어거스틴의 신학 사이의 투쟁 정도로 여긴다. 중세 교회는 토마스 아퀴나스의 철학을 채택했다. 중세 교회는 인간의 의지가 전적으로 타락한 것이 아니라는 아퀴나스의 가르침을 강조했다. 인간은 믿음, 그리고 성직자가 베푸는 성례 안에 있는 은혜의 방편을 사용함으로써 구원받을 수 있다고 생각되었다. 반면에 어거스틴은 인간의 의지가 전적으로 타락했기 때문에 인간 스스로는 구원을 위해 아무것도 할 수 없다고 생각했다. 하나님이 은혜를 주셔서 인간이 의지를 발휘하여 그리스도가 제공하시는 구원을 믿음으로 받아들일 수 있게 해주실 것이다. 그러나 종교개혁자들의 저술을 연구해보면, 그들은 자신의 강력한 권위를 지원할 도움을 찾기 위해 어거스틴에서 성경으로 나갔지만, 어거스틴의 저술을 연구함으로써 이신칭의 교리에 이른 것이 아님을 발견할 것이다. 개혁자들이 그 심오한 진리를 절감하게 된 것은 성경 때문이었다. 종교개혁의 신학적 원인은 구원이 성직자들이 베푸는 성례를 통해서 얻는 은혜의 문제라는

---

2) Ibid., pp. 20-25.

토미즘 신학의 주장에 대처하기 위해 기독교 신앙의 표준적 근원인 성경으로 돌아가려 한 개혁자들의 소원이었다.

7. 좋지 않은 상황에 직면하여 고조된 사람들의 불만은 그들의 생각을 대변해주는 위대한 지도자를 통해서 표현될 것이다. 중세 로마교회가 개혁을 받아들이지 않은 것, 정확하게 말하자면 개혁을 하지 않은 것으로 말미암아 악습들을 개혁하려는 욕구를 구현하고 혁명적 변화를 가져올 지도자들이 등장했다. 그것이 루터가 행한 기능이다. 루터는 성경에 계시되어 있는바 개인이 그리스도를 통해서 하나님께 직접 나아갈 권리를 주장하는 종교개혁의 정신을 구현했다.

독일에서 종교개혁이 시작된 직접적인 원인은 면죄체계를 남용한 데 있다. 호헨졸레른(Hohenzollern)가의 제후인 대주교 알버트(Albert, 1490-1545)는 로마교회 내의 두 지방을 다스리고 있었으면서도 1514년에 공식으로 있었던 마인츠의 대주교직을 탐냈다. 알버트는 당시 23세였는데, 교회법은 한 사람이 하나 이상의 직책을 맡는 것을 금했기 때문에 그는 두 개의 직책을 차지하기 위해 먼저 그 법의 적용 면제를 위해 교황 레오 10세에게 대가를 지급했다. 알버트로서는

요한 테첼은 독일 알버트 대주교의 대리인으로서 면죄부 판매를 맡기 위해 매달 1,100달러를 지불했다.

다행스럽게 마인츠의 대주교직을 원하는 그의 욕구와 성 베드로 성당 건축 자금이 필요한 교황 레오의 욕구가 일치했다. 알버트가 대주교직을 차지하는 데 대해 정기적으로 지급해야 하는 금액 외에 막대한 돈을 낸다는 조건으로 교황은 알버트에게 마인츠의 대주교직을 허락했다. 알버트가 막대한 대가를 지급해야 했으므로, 교황권은 아우크스부르크에서 금융업을 하는 푸거(Fugger) 가문에서 돈을 빌리라고 알버트에게 제안했다. 교황은 알버트가 푸거 가문에서 빌린 돈의 상환을 보장하기 위해서 작센에서 면죄부 판매 독점권을 허락하는 교서를 발표했다.

    대사(代赦)는 고해성사와 관련된 것이었다. 사람이 자기의 죄를 고백하고 회개하면, 사제는 그에 따른 보속을 행한다는 조건으로 용서를 보장해 주었다. 하나님이 죄의식과 죄에 대한 영원한 형벌을 용서해 주신다고 생각했지만, 회개한 죄인은 현세에서나 연옥에서 죄에 대한 보속을 행해야 했다. 보속이란 성지순례, 교회에 돈을 내는 것, 그밖에 공적이 될 행동을 하는 것이었다. 그리스도와 성인들이 세상에 사는 동안 많은 공적을 행했기 때문에 하늘나라 창고에 잉여 공적이 쌓여 있는데, 교황이 신실한 사람들을 위해 그것을 사용할 수 있다고 생각되었다.[3] 이러한 사상은 13세기에 할레의 알렉산더(Alexander of Halle)가 처음으로 주장했다. 1343년에 클레멘트 6세는 그것을 교의로 선포했다. 1476년에 발표된 식스투스 4세의 교서는 살아있는 친지들이 죽은 자를 위해 면죄부를 사면 연옥에 있는 영혼에도 이 교의가 적용된다고 선포했다.

    알버트에게 발행된 교황의 교서는 몰염치하게도 돈을 거두기 위해 이 체계를 남용한 것이었다. 알버트의 대리인은 요한 테첼(Johann Tetzel)이라는 도

---

[3] Henry Bettenson, *Documents of the Christian Church* (New York: Oxford University Press, 2d ed., 1963), pp. 182-83.

미니크회 수도사였다. 그는 매달 약 1천100달러와 면죄부 판매 경비를 받았다. 테첼을 비롯한 면죄부 판매인들을 푸거 가의 대리인이 따라다녔는데, 그들은 면죄부가 판매될 때마다 그 값의 절반을 알버트가 빌린 돈의 상환금으로 은행에 지급하는지를 감독했다. 테첼은 면죄부 판매를 촉진하기 위해서 강압적인 판매 방법을 사용했고, 면죄부를 사기만 하면 아무리 중한 죄인이라도 세속의 형벌을 용서해 주겠다고 약속했다.[4] 면죄부 값은 죄인의 재산과 사회적 지위에 따라 결정되었다. 가난한 사람에게는 무료로 면죄부를 주었지만, 왕은 적어도 300불 이상 지급해야 했다. 면죄권의 남용에 항의한 루터의 95개 논제로 말미암아 일련의 사건들이 발생했고, 그것이 독일 종교개혁의 도화선이 되었다. 종교개혁은 독일에서부터 북유럽과 서유럽 전역으로 퍼졌다.

종교개혁은 고립된 사건이 아니라 문예부흥 및 현대의 탄생을 초래한 16세기의 여러 운동과 밀접하게 관련되어 있었다. 르네상스나 가톨릭 개혁과 종교개혁의 관계는 앞의 도표를 참조해보면 분명히 알 수 있을 것이다.

이 대격변에서 생겨난 개신교회들은 그들이 결별하기 전에 속해 있었던 중세 시대의 교회와 차이가 있었지만 모두 성경을 궁극적인 권위로 받아들였다. 루터는 성경에서 금하지 않은 많은 의식을 그대로 보유했다. 영국 국교회는 루터교회보다 더 중세교회의 관습과 의식에서 벗어났다. 또 영국 국교회와 루터교회 모두 로마교회의 성례 체계를 거부했다. 프랑스, 네덜란드, 헝가리, 스코틀랜드, 스위스 등지에서 활발했던바 칼빈을 추종하는 개혁교회와 장로교회는 신약성경과 일치한다고 증명되지 않는 관습들을 모두 거부했다. 재세례파(Anabaptists)는 종교개혁 집단들과 결별하고 신약성경의 원시교회를 본받아 자유로운 신자들의 교회를 세우려 했다. 북유럽과 서유럽의

---

4) Ibid., pp. 184-85; Hans Hillerbrand, *The Reformation* (Harper, 1964), pp. 41-46.

튜턴족들만 종교개혁을 받아들였고, 남유럽의 라틴 민족들은 대체로 교황 및 행위를 중시하는 교리에 충실했다. 종교개혁은 큰 변화를 초래했으며, 그 때문에 서유럽에는 세계적인 로마가톨릭교회 대신에 국교회들이 들어섰다. 이 교회들은 성경을 궁극적 권위로 받아들였고, 그리스도께서 십자가에서 죽으심으로써 구원의 값을 지급하셨으므로 인간과 하나님 사이에 인간 중개자가 필요하지 않다고 믿었다.

참고문헌

Anderson, Charles S. *Augsburg Historical Atlas of Christianity in the Middle Ages and Reformation*. Minneapolis: Augsburg, 1967.

Atkinson, James. *The Great Light*. Grand Rapids. Eerdmans, 1968.

Bainton, Roland. *The Reformation of the Sixteenth Century*. Boston: Beacon, 1952.

___. Women of the Reformation. 3 vols. Minneapolis: Augsburg, 1971-77.

Bainton, Roland and Eric W. Gritsch. *Biography of the Continental Reformation*. 2d rev. and enl. ed. Hamden, Conn.: Shoestring, 1972.

Cameron, Evon. *The European Reformation*. Oxford: Clarendon Press, 1991.

Chadwick, Owen. *The Reformation*. Grand Rapids; Eerdmans, 1964.

Cheetham, Samuel. *A History of the Christian Church Since the Reformation*. London: Macmillan, 1907.

Dellenberger, John, and Claude Welch. *Protestant Christianity*. New York: Scribner, 1954.

Dolan, John P. *History of the Reformation*. New York: Desclee, 1955.

Elton, G. R. *The New Cambridge History of Reformation*, 1520-59. Cambridge: Cambridge University Press, 1958.

Estep, William R. *Renaissance and Reformation*. Grand Rapids: Eerdmans, 1986.

Ferm, Vergilius. *Pictorial History of Protestantism*. New York: Philosophical

Library, 1957.

Fisher, George. *The Reformation*. New York: Scribner, 1873.

Fosdick, Harry Emerson. *Great Voices of the Reformation*. New York: Random, 1952.

Gee, Henry, and William J. Hardy. *Documents Illustrative of English Church History*. London: Macmillan, 1921.

Grimm, Harold J. *The Reformation Era*. 2d ed. New York: Macmillan, 1973.

Hillerbrand, Hans J. *Christendom Divided*. New York: Corpus Instrumentorum Inc., 1972.

___. *The Protestant Reformation*. New York: Walker, 1968.

___. *The Reformation*. New York: Harper, 1964.

___. *The World of the Reformation*. New York: Scribner, 1973.

Hulme, Edward M. *Renaissance and Reformation*. New York: Century, 1915.

Hyma, Albert. *Renaissance and Reformation*. Grand Rapids: Eerdmans, 1951.

Jones R. Tudur. *The Great Reformation*. Downers Grove, Ill.: InterVarsity, 1985.

Kidd, Beresford J. *Documents Illustrative of the Continental Reformation*. Oxford : Clarendon University Press, 1911.

Lindsay, Thomas. *A History of the Reformation*. 2 vols. New York: Scribner, 1906-7.

Lucas, Henry S. *The Renaissance and the Reformation*. 2d ed. New York: Harper, 1960.

Manschreck, Clyde L., ed. *A History of Christianity*. Englewood Cliffs, N.J.: Prentice-Hall, 1964.

Neve, Juergen L., and Otto W. Heick. *A History of Christian Thought*. 2 vols. Philadelphia: Fortress, 1965.

Nichols, James H. *History of Christianity*, 1650-1950. New York: Roland, 1956.

Norwood, Frederick A. *The Development of Modern Christianity Since 1500*. New York: Abingdon, 1956.

Pullan, Leighton. *Religion Since Reformation*. Oxford : Clarendon University Press, 1924.

Schaff, Philip. *Creeds of Christendom*. 3 vols. 6th ed. New York: Scribner, 1890.

___. *History of the Christian Church*. 8 vols. New York: Scribner, 1882-1910.

Smith, Preserved. *The Ages of the Reformation*. New York: Henry Holt, 1920.

Spitz, Lewis. *The Protestant Reformaton, 1517-1559*. New York: Harper and Row, 1985.

___. *The Renaissance and Reformation*. Chicago: Rand McNally, 1971.

Stearns, Raymond P. *Pageant of Europe*. New York: Harcourt, Brace, 1947.

Steinmetz, David C. *Reformers in the Wings*. PhiladelphiaL Fortress, 1971.

Todd, John M. *Reformation*. Garden City. N.Y.: Doubleday, 1971.

Walker Williston. *The Reformation*. New York: Scribner, 1900.

Wand J. W. C. *A History of the Modern Church*. New York: Crowell, 1929.

Ziegler, Donald J. *Great Debates of the Reformation*. New York: Random, 1969.

제27장
루터와 독일 종교개혁

 북유럽과 서유럽의 게르만족들 사이에서 발생한 종교운동으로서의 종교개혁은 그리 강조되지 못했다. 종교개혁의 원리를 받아들인 대부분의 국가는 옛 로마제국에 속한 적이 없었고 국경을 같이한 적도 없었다. 남유럽의 라틴 국가들은 종교개혁을 받아들이지 않고 로마가톨릭교회 체계에 충실했다.

 남유럽 사람들은 르네상스의 합리적이고 비판적인 정신을 선호했기 때문에 영적인 문제에 관심을 두지 않은 듯하다. 그들은 표면적이고 형식적인 종교에 만족했고, 그러므로 물질적인 것을 즐기는 삶을 누렸을 것이다. 르네상스 시대의 교황들도 종교적 직무 수행보다 문화적인 일을 수행하는 데 치중했다. 궁극적인 이유와 상관없이 개신교 종교개혁은 알프스 이남에서는 알맞은 본거지를 발견하지 못했고 튜턴 사람들만 종교개혁의 원리를 환영했다.

 이러한 현상이 일어난 데는 몇 가지 이유가 있다. 북유럽의 개화된 계층에서는 에라스무스의 『우신예찬』처럼 로마교회를 냉소적이고 부정적으로 비판하며 헬라어 성경에서 찾아볼 수 있는 적극적인 기독교 신앙을 표명한 독일 인문주의자들의 저서가 널리 읽혔다. 그리하여 교황 체계에 대한 불만과 종교개혁을 향한 갈망이 생겨났다.

또 하나의 이유는 신비종교의 전통이 이탈리아나 스페인보다 튜턴족의 땅에 강력하게 확립되었다는 점이다. 교회사를 공부해보면, 대부분의 중요한 신비가들이 독일인이나 네덜란드인이었음을 기억하게 될 것이다. 자치도시의 경건한 시민은 『그리스도를 본받아』(Imitation of Christ)를 읽고 자기의 신앙을 실질적인 것으로 만들려 했다. 당시 그들은 문화적으로 남유럽 사람들만큼 세련되지 못했다.

당시 독일에는 국익을 보호해줄 강력한 통치자가 없었으므로, 교황권은 독일에서 쉽게 돈을 끌어낼 수 있었다. 독일은 새로 광산들을 개발하면서 부유해졌는데, 교황권은 이 부를 뜯어내려 했다. 로마교회는 독일에 많은 땅을 소유하고 있었고, 독일의 중산층은 성직정치의 재정적 악습에 시달리고 있었다. 민족주의와 독일의 재산이 로마로 흘러가는 것에 대한 분노가 결합하여 로마에 대한 반란으로 이어질 운동에 호의적인 분위기가 형성되었다. 그러나 주된 문제는 "어떻게 해야 구원받을 수 있을까?"였다.

16세기에 독일에서 그 시대에 알맞은 인물이 배출되었다. 독일의 루터는 로마에 대항하여 영적 독립을 선언하는 일에 힘을 집중한 인물이다. 1517년에 이르기까지 루터는 일종의 형성기를 거쳤다. 이 시기가 끝날 무렵 그는 면죄권에 대해 비판적이 되었다. 1518년부터 1521년 사이에 루터는 어쩔 수 없이 교회와 결별했다. 1531년부터 1555년에 아우크스부르크 화의(和議)를 맺기까지 루터가 주도했고, 그의 사후에는 친구인 멜란히톤(Melanchthon)이 주도한 루터의 운동은 로마가톨릭교회 및 그 유익을 고려하는 시대에 직면했다.

1. 루터의 형성기 (1517년까지)

마틴 루터(Martin Luther)는 1483년 11월 10일 아이슬레벤(Eisleben)이라는 작은 마을에서 태어났다. 그의 부친은 자유 농민으로서 아이슬레벤에서 조금 떨어진 곳에서 이주해온 사람이었다. 그는 구리광산에서 재산을 모아 꽤 부자가 되었다. 1511년에는 여섯 개의 광산의 주식과 두 개의 제련소를 소유했지만, 루터가 태어났을 무렵의 가정생활은 어려웠다. 루터는 엄격한 규율하에 양육되었다. 루터는 자신이 호두 한 개를 훔쳤다가 어머니에게서 피가 날 정도로 매를 맞았다고 말했다. 만스펠트(Mansfeld)의 라틴어 학교에 다닐 때는 하루아침에 다섯 차례 매를 맞았다. 농민 출신인 그의 부모, 특히 신앙심이 깊었지만, 미신적이었던 그의 어머니는 그 계층에서 통용되는 많은 미신을 그에게 가르쳤다. 루터가 영혼의 구원을 추구하며 갈등하는 동안 이 두려운 것 중 일부가 그를 따라다니며 괴롭혔다. 일에 대한 사랑, 강한 의지, 실질적인 보수주의 등이 처음부터 그의 내면에 있었다.

루터는 마그데부르크에 있는 공동생활 형제단(Brethren of the Common Life)의 학교에서 잠시 지낸 후 1498년부터 1501년까지 아이제나흐(Eisenach)에 소재한 학교에 다녔다. 우르술라 코타(Ursula Cotta) 같은 친절한 친구들이 그에게 숙식을 제공했다. 그는 이곳에서 대학 진학에 필요한 라틴어 고등 교육을 받았다. 1501년에 에르푸르트(Erfurt) 대학에서 오컴의 윌리엄(William of Ockham)의 유명론을 따르는 교사들에게서 아리스토텔레스의 철학을 공부하기 시작했다. 윌리엄은 계시가 신앙의 영역에서의 인도자에 불과하며 이성은 철학에서 진리로 안내하는 인도자라고 가르쳤다. 루터는 에르푸르트 대학에서의 철학 공부를 통해서 인간이 영적 진리를 알고 구원받으려면 신적 개입이 필요하다는 것을 깨달았다. 그는 1502년(또는 1503년)에 문학사 학위를 받았고, 1505년에 문학 석사학위를 받았다.

루터의 부친은 루터가 법률을 공부하기를 원했다. 그러나 루터는 1505년에 스토테른하임(Stotternheim) 근처에서 벼락이 치는 무서운 광경을 경험하면서 만일 자신이 목숨을 유지하게 된다면 수도사가 되겠다고 성 앤(Saint Anne)에게 약속했다. 그가 자기의 영혼에 관심을 두게 된 것은 1505년 7월 초에 있었던 이 경험 때문이었을 것이다. 루터의 부친은 이 일이 "마귀의 속임수"

였을 것이라고 말했다. 그러나 그로부터 2주 후에 루터는 에르푸르트에 있는 어거스틴회 수도원에 들어갔다. 1507년에는 이곳에서 성직자로 임명되어 처음으로 미사를 집전했다.

1508년 겨울에 그는 작센의 선거후(選擧侯)인 프레데릭(Frederick)이 1502년에 비텐베르크에 새운 대학에서 신학을 가르쳤다. 에르푸르트에서는 주로 신학적인 것을 연구했었다. 그러나 이러한 학문은 영혼의 갈등을 심화시켰을 뿐이었다. 그는 자신이 속한 수도원의 부총장인 경건한 스타우피츠(Staupitz)의 권면에서 어느 정도 도움을 받았다. 스타우피츠는 루터에게 하나님을 의지하고 성경을 공부하라고 권했다.

1510년 겨울에 루터는 교단의 일로 로마에 파견되었다. 그는 그곳에서 로마교회의 사치하고 부패한 면을 보고서 개혁의 필요성을 인식했다. 그는 여러 교회를 방문하고 많은 성유물을 관람하면서 지냈다. 그는 자신이 한 번 미사를 드리는 동안 여러 차례의 미사를 드리는 사제들의 경거망동에 충격을 받았다.

1511년에 루터는 비텐베르크로 옮겨갔다. 이듬해에 성경 교수가 되었고, 신학박사 학위를 받았다. 그는 죽을 때까지 성경신학 강사의 직위를 가지고 있었다. 이 무렵 그는 믿음으로 말미암는 칭의를 깨달았다. 이 대학에서 루터와 동료 교수들과 학생들은 장차 독일 전역에 퍼질 신앙을 받아들였다.

루터는 성경의 여러 책에 관해 모국어로 강의하기 시작했고, 더 지혜롭게 강의하기 위해서 성경을 기록한 원어를 공부하기 시작했다. 그는 점차 인간이 발견할 수 있는 유일하게 참된 권위는 성경뿐이라는 사상을 발달시켰다. 루터는 1513년부터 1515년까지 시편을 강의했고, 1515년부터 1517년까지 로마서를 강의했고, 그 후에는 갈라디아서와 히브리서를 강의했다. 그는 1512년부터 1516년 사이에 이 강의를 준비하면서 자신이 의식이나 금욕 행위, 또는 1516년에 출판한 신비가의 저서인 『독일신학』(*Theologia Germanica*)

에서 발견하지 못했던 영혼의 평화를 발견했다. 그는 로마서 1장 17절을 읽으면서 그리스도에 대한 믿음만이 인간을 하나님 앞에서 의롭게 해줄 수 있다고 확신했다. 그 후로 "*sola fide*"(이신칭의)와 "*sola scriptura*"(악한 인간이 구원을 추구함에서 성경이 유일한 권위라는 사상)가 그의 신학 체계의 핵심이 되었다. 스타우피츠의 권면, 로마 방문, 신비가들의 저술, 그리고 교부들의 저술, 특히 어거스틴의 저술이 그의 삶을 형성하는 데 큰 영향을 미쳤다. 그러나 루터가 구원을 위해 그리스도만 의지하게 된 것은 성경 연구 때문이었다.

1517년에 대주교 알버트의 교활한 대리인 테첼이 비텐베르크 근처의 위테르복(Jüterbock)에서 면죄부를 팔기 시작했다. 루터와 그의 새 신앙을 따르는 사람들은 이 악한 체계에 의해 사람들을 착취하는 데 분개했다. 루터는 공개적으로 항의하기로 했다. 테첼은 면죄부를 사는 사람에게는 회개가 필요 없고 면죄부가 모든 죄를 사해 준다고 주장했다. 1517년 10월 31일에 루터는 비텐베르크에 있는 캐슬 교회(Castel Church) 대문에 95개 논제를 붙여놓았다. 그는 그 문서에서 면죄부 체계의 남용을 비난하고 그 문제에 관해 토론을 원하는 사람들에게 토론하자고 도전했다. 95개 논제[1]를 읽어보면 루터가 면죄 체계의 남용만 비판했음을 알 수 있다. 그러나 1518년부터 1521년 사이에 그는 성경에 계시된 교회의 이상으로 복귀하는 것을 포함하는 개혁을 위해서는 로마교회와 결별해야 한다는 생각을 받아들였다. 이 논제들이 독일어로 번역되어 인쇄됨으로써 루터의 사상이 신속하게 전파되었다.

2. 로마와의 결별(1518-1521)

루터가 95개 논제를 출판한 후 테첼은 루터를 침묵시키기 위해서 도미니크 수도회의 힘을 사용하려 했고, 루터는 어거스틴 수도회의 지원을 받았다.

---

1) Henry Bettenson, *Documents of the Christian Church* (New York: Oxford University Press, 2d ed., 1963), pp. 185-81.

마틴 루터(왼쪽에서 두번째)는 성경에서만 참 권위를 발견할 수 있다는 사상을 제시했다. 그림에서 루터는 멜란히톤, 포메라누스, 가스파르 크루시거와 함께 성경을 독일어로 번역하고 있다.

이러한 종교개혁 초기의 갈등 때문에 후일 이성주의자들이 종교개혁을 "수도사들의 시시한 언쟁"에 불과하다고 비난했다. 루터는 1518년에 어거스틴 수도회 수도사들 앞에서 그 문제에 관해 토론하라는 명령을 받았는데, 토론의 결과 마틴 부처(Martin Bucer, 1491-1551)[2]를 포함하여 많은 사람이 루터의 사상을 받아들였다.

1518년에 루터의 소중한 동료가 된 필립 멜란히톤(Philipp Melanchthon, 1497-1560)이 헬라어 교수로 비텐베르크 대학에 부임했다. 멜란히톤의 합리성은 루터의 대담함을 보완해주었다. 멜란히톤은 21세 때 이미 헬라어와 라틴어, 그리고 히브리어를 통달했다. 루터가 종교개혁을 알리는 예언적 인물이 되는 동안, 멜란히톤은 종교개혁의 신학자가 되었다. 멜란히톤을 비롯하여 비

---

[2] Hans J. Hillerbrand, *The Reformation* (New York: Harper, 1964), pp. 55-56.

텐베르크 대학의 교수들은 루터의 견해를 지지했다.[3]

1518년 가을, 루터는 앞으로의 논쟁에서 자신이 의지할 유일한 권위는 교황도 아니고 교회도 아닌 성경이라고 주장했다. 만일 작센의 선거후 프레데릭이 도와주지 않았다면, 루터는 도미니크 수도사들 앞에서 몰락했을 것이다. 프레데릭은 신성로마제국의 황제를 선출하는 제후 중 하나였다. 1518년에 루터가 아우크스부르크 제국의회에 출두하라는 명령을 받았을 때 프레데릭은 이 용감한 개혁자를 강력하게 지원해주겠다고 약속했다. 교황은 독일에서 루터가 폭넓은 지지를 받고 있음을 깨닫지 못한 듯하다. 제국의회에서 루터는 카제탄 추기경(Cardinal Cajetan)을 만났는데, 그는 루터에게 주장을 철회하라고 요구했다. 그러나 루터는 자기의 주장이 허위임이 성경에 의해 증명되지 않은 한 철회하지 않겠다고 말했다. 또 그는 신앙과 도덕에 있어서 교황이 궁극적 권위라는 것과 믿음 없이 행하는 성례의 효용을 부인했다. 1519년 초에 루터는 적들이 침묵한다면 자신의 견해를 전파하지 않기로 교황의 대사인 칼 폰 밀티츠(Karl von Miltitz)에게 약속했다.

후일 루터는 그 문제를 연합공의회에 상소했다. 1519년 7월에 그는 라이프치히에서 에크(John Eck)와 토론을 벌였다.[4] 교활한 에크는 루터가 연합공의회의 오류, 교황의 결정을 받아들이려 하지 않는다는 것, 그리고 후스의

어느 친 가톨릭 만화가는 마틴 루터를 7개의 머리를 가진 인물로 묘사했다. 왼쪽부터 마법사, 수도사, 터번을 두른 불신자, 성직자, 머리속에 벌들이 윙윙거리는 광신자, 광대, 그리고 살인과 같도 등의 죄를 범한 바라바이다.

---

3) Ernest G. Schwiebert, "The Reformation From a New Perspective," *Church History*, 17 (March, 1948): 3-31.

4) Bettenson, *Documents*, pp. 191-192; Hillerbrand, *Reformation*, pp. 65-76.

사상이 정당하다고 주장한다는 것 등을 인정하게 했다.

1520년에 루터는 세 권의 소책자를 출판하여 그 문제를 독일 국민에게 가져가기로 했다. 『독일 귀족들에게 고함』(Address to the German Nobility)[5]은 성직정치를 겨냥한 것이었다. 로마교회는 영적 권위가 세속 권위보다 우월하며 교황만이 성경을 해석할 수 있고 공의회를 소집할 수 있다고 주장했다. 루터는 이러한 주장을 지지하는 논거들을 언급한 후에 성경을 근거로 그것들을 뒤집었다. 그는 필요할 경우 제후들이 교회를 개혁해야 한다는 것, 교황이 세속사에 개입해서는 안 된다는 것, 그리고 모든 신자가 하나님의 영적 사제로서 성경을 해석하고 자신을 위한 사역자를 선택할 권리를 갖는다는 것 등을 서술했다.

10월에 루터는 『바빌론 유수』(Babylonian Captivity)[6]를 출판했다. 그는 이 소책자에서 로마교회의 성례 체계에 도전함으로써 공격의 폭을 넓혔다. 첫 번째 문서는 성직정치에 대한 역사적 공격이었지만, 이 소책자는 로마교회의 중심 체계—사제가 베푸는 성례가 은혜의 방편이라는 것—를 공격한 것이었다. 루터는 성만찬과 세례의 분명한 타당성만을 강조했다. 헨리 8세는 성례 체계에 대한 루터의 공격에 대응함으로써 교황으로부터 "신앙의 수호자"(Defender of the Faith)라는 칭호를 획득했다. 세 번째 소책자인 『기독교인의 자유』(The Freedom of the Christian Man)는 모든 신자가 그리스도에 대한 개인적인 신앙을 소유함으로써 사제가 된다고 다짐함으로써 로마교회의 신학을 공격한 책이다. 루터가 로마교회의 성직정치, 성례, 신학 등을 공격하고 국가적 개혁을 호소함으로써 문제가 어느 때보다 분명해졌다.

1520년 6월에 레오 10세가 *Exsurge Domine*(주여, 일어나소서)라는 교서를 발

---

5) Bettenson, *Documents*, pp. 192-97.

6) Ibid., pp. 197-99.

표했는데, 이것이 루터를 파문하는 결과를 초래했다. 루터의 책들은 쾰른에서 불태워졌다. 루터는 패배하지 않기 위해 신속히 대처하여 1520년 12월 10일에 레오의 교서를 공개적으로 불태웠다.[7] 새 황제 카를 5세가 1521년 봄에 보름스에 제국의회를 소집했다. 루터는 이 의회에 출두하여 자신의 견해를 해명해야 했다. 루터는 작센의 선거후이며 비텐베르크 대학 설립자인 프레데릭 및 독일의 여러 제후로부터 자신을 보호해준다는 보장을 받고 보름스로 갔다. 이번에도 그는 "성경의 증거"나 이성에 의해 자신의 잘못이 증명되지 않는 한 주장을 철회하지 않겠다고 말했다. 그는 오직 성경에만 기초를 두며 하나님에게 도움을 청하겠다고 말했다.[8] 루터가 비텐베르크로 돌아가는 도중에 친구들이 그를 납치하여 바르트부르크(Wartburg) 성에 데려갔다. 루터는 이곳에 1522년까지 머물렀다. 루터가 보름스에서 출발한 후 제국의회는 제국의 백성이 루터를 체포하여 당국에 넘겨야 한다는 칙령을 발포했다. 루터의 책을 읽는 것도 금지되었다.

3. 결별의 시기 (1522-1530)

1521년 5월부터 1522년 3월까지는 괴로운 시기였다. 이 시기에 멜란히톤은 한가하게 지내지 않았다. 비텐베르크에서 활동한 개혁자들의 신학에 관한 작은 책 『신학 강요』(*Loci Communes*)[9]가 1521년에 출판되었다. 라틴어로 저술된 이 책은 종교개혁에 관한 최초의 주요 신학 논문이었는데, 멜란히톤의 생전에 여러 번 재판되었다. 이 책으로 말미암아 멜란히톤은 루터 진영의 신학자로서 자리를 굳혔다.

---

7) Hillerbrand, *Reformation*, pp. 80-97.

8) Bettenson, *Documents*, pp. 199-201; Hillerbrand, *Reformation*, pp. 87-100.

9) Philipp Melanchthon, *Loci Communes Rerum Theologicarum*, trans. by Charles L. Hill (Boston: Meador, 1944).

구텐베르크 성경. 인쇄기의 발달 덕분에 개신교인들은 자신의 사상을 전파할 수 있게 되었다.

    멜란히톤은 로마교회, 교부들, 교회법, 스콜라 철학 등의 권위를 거부했다. 그는 성경이 이것들보다 위에 있으며 기독교인을 위한 최종 권위라고 주장했다. 이 작은 책은 바울의 로마서를 연구하여 저술한 것이다. 멜란히톤은 이 책에서 "사람들을 성경으로 돌아오게" 하기 위해서 "신학적 학문에서 가장 보편적인 주제들"을 조직적으로 다루려 했다. 그는 인간이 죄에 묶여 스스로는 어쩔 수 없다고 묘사했다. 법도 도움이 되지 못한다. 왜냐하면, 법의 주된 기능은 죄를 드러내는 것이기 때문이다. 개인이 그리스도에 대한 믿음으로 받아들이는 구원 사역은 하나님이 주도하셔야 한다. 평화적이며 관대한 멜란히톤과는 달리 거칠고 담대한 루터는 멜란히톤의 사상을 신학적으로 표현한 이 저서를 인정했고 "불후의 책"이라고 불렀다.

    멜란히톤은 독일의 학교 체계를 세웠다. 그는 아우크스부르크 신앙고백을 작성한 책임자였다. 이 평화적인 학자는 30년 동안 루터의 친구요 동료로 활동했다.

  한편 루터는 1521년 5월부터 1522년 3월까지 바르트부르크 성에 숨어 지내는 동안 한가하게 지내지 않았다. 그는 에라스무스의 헬라어 신약성경을 사용하여 신약성경 번역을 일 년 안에 마쳤다. 1534년에는 위경을 포함한 성경 전체를 독일어로 번역했다. 그 책이 출판됨으로써 독일 백성들이 모국어 성경책을 소유할 수 있게 되었고, 독일어의 표준 형태가 확립되었다. 또 그는 『수도서원에 관하여』(On Monastic Vows)를 저술했는데, 여기에서 그는 수도사들과 수녀들에게 잘못된 서원을 부인하고 수도원을 떠나 결혼하라고 말했다.

  루터는 국가의 영웅으로서 제후들, 농민들, 인문주의자들, 그리고 기사들로부터 한결같이 존경을 받았다. 그러나 그 후 여러 해 동안 그가 채택한 정책들 때문에 처음에 그를 따랐던 사람들 중 일부가 그를 떠났다. 그가 바르트부르크에 머무는 동안 츠비카우(Zwickau) 예언자라고 알려진 니콜라스 스토르흐(Nicholas Storch)와 마르쿠스 스튀브너(Markus Stübner)가 비텐베르크에서 재세례파 사상과 비슷한 사상을 전파하기 시작했다. 그들은 머지않아 하나님의 나라가 세상에 임할 것이며 자기들을 따르는 사람들은 특별한 계시를 받을 것이라고 가르쳤다. 침착하지 못한 칼슈타트(Carlstadt)가 그들에게서 감화를 받았다. 1522년에 루터는 위험을 무릅쓰고 비텐베르크로 돌아왔다. 그는 성경의 권위와 교회의 점진적 변화의 필요성을 강조하는 설교를 여덟 번 하여 츠비카우 예언자들을 물리쳤다. 그러나 급진적 종교개혁 진영은 이때부터 루터에게 도움을 기대할 수 없다고 여겼다. 1535년에 루터는 재세례파와 공개적으로 결별했다.

  루터는 1525년에 에라스무스와 같은 인문주의자들의 지지도 상실했다. 에라스무스는 처음에는 루터의 개혁 요구를 지지했지만, 루터의 견해가 로마 교회와의 결별로 이어질 것을 깨닫고서 뒤로 물러섰다. 또 에라스무스는 인간의 의지가 속박되어 있으므로 구원의 주도권이 하나님에게서 와야 한다는 루터의 견해에 동의하지 않았다. 에라스무스는 『의지의 자유』(The Freedom of the Will)에서 인간 의지의 자유를 강조했다. 그 책은 1524년에 루터가 의지의 자유를 부인한 데 대한 반박으로서 출판되었다.

1525년에 루터가 농민전쟁에 반대했기 때문에 농민들도 루터에게 적대적이 되었다. 농민들은 루터에게서 교회의 권위를 부인하고 성경 권위 및 개인이 구원을 위해 하나님께 직접 나아갈 권리가 있다는 주장을 듣고서 이러한 논거를 자기들이 직면한 사회적, 경제적 문제에 적용했다. 봉건주의는 농민들을 억압했다. 1525년에 농민들은 『12개 조항』[10]에서 성경 권위의 남용이라고 증명할 수 있는 봉건적 악습의 개혁을 요구했다. 루터는 1525년 4월에 『평화에의 권면』(Admonition to Peace)에서 농민들에게 인내를, 영주들에게는 농민들의 불평을 바로잡아줄 것을 촉구했다. 그러나 루터는 이 혁명적 사회운동이 종교개혁을 위협할 수 있으며 개신교 진영의 정부를 전복시킬 수 있음을 깨닫고서 『약탈을 일삼는 살인적인 농민들을 대적하여』(Against the Plundering Murderous Hordes of Peasants)라는 글에서 강력한 표현을 사용하여 제후들에게 이 무질서 상태를 진압하라고 요구했다. 루터의 요구가 없었어도 당국은 가혹한 조처를 사용했겠지만 약 10만 명의 농민이 살해되었다. 독일 남부의 농민들은 루터가 그들을 배반했기 때문에 로마가톨릭교회 안에 남았다.

어떤 사람들은 루터가 1525년에 수도원에서 도망친 수녀 카타리나 폰 보라와 결혼함으로써 수도서원을 깬 것이 정당화할 수 없는 과거와의 결별이었다고 생각한다. 그러나 루터는 항상 자신이 옳게 행동했다고 생각했으며,

---

10) Clyde L. Manschreck, ed., *A History of Christianity* (Englewood Cliffs, N.J.: Prentice-Hall, 1964), pp. 35-40.

가정생활에서 큰 기쁨을 느꼈다. 때로는 많은 제자와 그의 여섯 자녀가 함께 식사했기 때문에 그의 아내는 음식 준비에 애를 먹었다.

루터가 스위스 북부 지방에서 종교개혁을 주도하고 있었던 츠빙글리와 협력하지 못한 것은 불행한 일이었다. 루터와 츠빙글리는 1529년 가을에 헤세의 영주 필립(Philip of Hesse)이 소유한 마르부르크 성에서 개최된 마르부르크 회담(Marburg Colloquy)에서 만났다. 그들은 15개 조항 중 14개 조항에 동의했지만, 그리스도가 성찬에 임재하는 방식에 관해서는 의견의 일치를 보지 못했다. 츠빙글리는 성찬이 그리스도의 죽음을 기념하는 것이라고 주장했고, 루터는 비록 성찬의 떡과 포도주가 변화되지 않지만, 성찬 안에 그리스도의 실제의 몸이 임한다고 주장했다. 루터는 쇠를 가열하면 뜨겁게 달아 붉어지지만, 쇠의 성분이 그대로 있듯이, 떡과 포도주의 본질이 변화되지 않지만, 그 상징 주위와 아래에 그리스도가 물질적으로 임재하신다고 주장했다.[11]

독일에서 발생한 사건들 때문에 루터는 자기를 따르는 사람들에게 알맞은 교회 조직과 전례를 계발해야 했다. 1526년 스파이어 의회(Diet of Speyer)에서 루터의 추종자들은 의회가 연합 공의회가 개최되기 전에는 각 국가의 통치자들이 바른 신앙이라고 생각하는 것을 따를 자유가 있다는 데 동의하게 했다. 그리하여 얼마 동안 통치자의 영역의 종교는 통치자가 선택한 것이어야 한다(*cuius regio eius religio*)는 원리가 채택되었다. 1520년대에 프랑스의 프랑수아 1세가 이탈리아를 장악하지 못하게 하려고 카를 5세가 전쟁을 벌인 일, 투르크족의 위험, 그리고 독일 가톨릭 측의 많은 제후가 제국의회에 참석하지 않았다는 사실 등이 이러한 결정을 내린 것 및 후일 루터파 운동이 급속히 성장한 배경이라고 생각할 수 있다.

1529년에 개최된 제2차 슈파이어 의회는 이전 회의의 결정을 취소하고 로

---

11) Hillerbrand, *Reformation*, pp. 149-63.

마가톨릭 신앙을 유일하게 합법적인 신앙이라고 선포했다. 루터를 따르는 여섯 명의 제후들과 14개 자유도시 대표들은 항의문(Protestation)을 낭독했다. 그 후 적들은 그들을 프로테스탄트(Protestant)라고 불렀다. 이것이 "프로테스탄트"라는 명칭이 생긴 기원이다.

1530년에 아우크스부르크 의회가 개최되었다. 멜란히톤은 루터의 허락을 받아 아우크스부르크 신앙고백(Augsburg Confession)을 작성하여 제국의회에 제출했다.[12] 그것이 루터교회의 공식 신조가 되었다. 325년부터 451년 사이에 니케아 신조와 같은 전체 교회의 신조들이 발달했듯이, 그것은 개신교 신조의 발달기라 할 수 있는 1517년부터 1648년 사이에 작성된 신조 중 최초의 것이다. 29개 조항 중에서 7개 조항은 종교적 악습을 거부하는 부정적인 것이었고, 나머지 조항들은 루터파의 신앙을 적극적으로 진술한 것이었다. 1526년에 루터는 독일의 미사와 예배 순서의 초안을 작성했다.

1529년에는 십계명, 사도신경, 주기도문, 그 밖에 신학과 전례에 관한 문제를 요약하여 진술한 『소요리문답』(Short Catechism)[13]을 작성했다. 1535년에 비텐베르크 대학교수들이 목회 지원자들을 심사하고 임명하기 시작했다. 황제와 가톨릭 제후들이 무력으로 반대했음에도 불구하고 루터파 운동은 독일 북부에서 급속히 확장되었다.

4. 독일의 종교전쟁과 영토교회 조직(1531-1555)

프로테스탄트 제후들은 상호 보호를 위한 조직을 만들기로 했고, 1531년 초에 슈말칼덴 동맹(Schmalkaldic League)을 조직했다. 그들은 필요할 경우에 무력을 사용하여 자기들의 신앙을 보호하기로 동의했다. 그러나 1532년부터

---

12) Philip Schaff, *Creeds of Christendom* (New York: Scribner, 3 vols., 6th ed., 1890), 3:1-73; Bettenson, *Documents*, pp. 210-212.

13) Schaff, *Creeds*, 3:74-92; Bettenson, *Documents*, pp. 210-212.

1542년 사이에 황제가 투르크족과 프랑스를 대적하여 전쟁하는 데 바빴기 때문에 프로테스탄트 동맹은 싸울 필요가 없었다. 따라서 루터파는 독일 북부에서 큰 소득을 거두었다. 1535년에 루터파가 성직 임명식을 거행한 것은 로마교회와의 완전한 결별을 의미했다.

루터의 말년은 그의 지지자인 헤세의 필립(1504-1567)의 이중 결혼 문제로 괴로웠다. 필립은 1540년에 본처와 정식으로 이혼하지 않은 채 마가레트(Margaret von Salle)와 결혼했다. 이때 루터는 미봉책을 사용하여 두 번째 결혼을 허락하면서 그것을 비밀로 하라고 요구했다. 루터는 1546년에 사망하면서 루터파의 지도권을 멜란히톤에게 넘겼다.

마침내 황제는 독일 프로테스탄트들과 전쟁을 하기로 했고, 1546년부터 1552년까지 독일 역사는 슈말칼덴 전쟁으로 얼룩지게 되었다. 전쟁은 1555년에 아우크스부르크의 평화협정(Peace of Augsburg)으로 종식되었다. 이 협정은 독일 내에서 루터파를 로마가톨릭교회와 법적으로 동등한 토대 위에 올려놓았다. 군주가 자기 영토의 종교를 결정해야 했고, 그 결정에 불만을 품은 자에게는 다른 지역으로 이주할 권리를 주었다. 개신교에 귀의하는 가톨릭 지도자는 자신의 지위를 포기해야 했다. 이 협정은 대체로 가톨릭 진영이었던 독일 남부의 가톨릭 통제를 보장했다. 이것은 종교 다원화를 향한 단계였다.

아우크스부르크 평화협정으로 말미암아 군주가 교회의 종교 문제에 개입하게 되었다는 점에 유의해야 한다. 1539년 초에 비텐베르크에서 선거후 프레데릭은 종규와 이혼 문제를 다루는 법정 역할을 할 감독 법원을 임명했다. 그로부터 10년 동안 그 법원은 군주의 감독하에 교회 문제를 다루는 통치 집단이 되었다. 1527년에 작센에서 제후들을 위해 일하던 감독들이 영토교회(territorial church) 문제를 감독하기 위해 파견되었다. 루터는 국가는 개인의 구원 문제에 개입할 권리가 없지만, 하나님은 국가 질서를 유지하여 경건한 자들이 평화롭게 살게 하시려고 국가에 칼을 주셨다고 기록했다. 국가의 통치자는 국가를 다스리는 방법에 대해 하나님 앞에서 책임을 져야 했다. 그러나 루터는 세월이나 표면적인 원수들이 상황을 바로잡아줄 것이라는 근거에서 자의적이고 억압적인 정부를 전복시키려는 혁명에 반대했다.[14] 영토교회에는 세례받은 사람들, 통일된 예배와 목회자들의 권징을 위해 제후들이 임명한 감독들이 포함되었다.

루터가 자기 시대나 후대에 미친 영향을 고려할 때, 루터는 교회사의 위대한 인물 중 하나이다. 독일과 스칸디나비아 제국의 국교인 루터교회는 루터의 작품이다. 그는 이 교회에 『대요리문답』과 『소요리문답』, 목회자의 설교에 도움이 되는 『주석』(Postils), 루터 자신이 개발한 교회 통치 체계, 독일어의 표준화에 도움을 준 독일어 성경, "내 주는 강한 성이요"처럼 교인 전체가 모국어로 부를 수 있는 아름답고 장엄한 찬송을 제공했다. 그는 멜란히톤에게 국민이 모국어로 성경을 읽을 수 있도록 교육할 보편적인 초등교육 체계를 세우라고 촉구했다. 그는 1524년에 독일의 주요 도시들에 보낸 편지에서 이 의무를 촉구했고, 1530년에는 자녀를 학교에 보내야 하는 부모의 의무에 관해 저술했다. 보편적인 초등 의무교육은 루터의 노력으로 시작된 것이다. 루터는 중등교육과 대학교육에도 관심을 두었다.

루터는 교회 내에서 설교를 제 위치에 복귀시킴으로써 초대교회에서 널리 사용되었던 영적 가르침의 매체를 되살렸다. 무엇보다도 그는 문화가 이성의 문제가 아니라 그리스도에 대한 믿음에 의한 중생의 문제임을 깨우쳐 주었다. 그는 문예부흥의 개인주의를 거부하지 않았지만, 개인이 예수 그리스도에 대한 믿음으로 말미암아 하나님과의 구원 관계에 도입해야 할 영적인

---

14) Hugh Thomson Kerr, Jr., *A Compend of Luther's Theology* (Philadelphia: Westminster, 1943), pp. 213-32.

일로 만들었다. 루터는 교회 안에서 개인들의 협동 관계의 필요성을 부인하지 않았고, "그리스도의 몸의 지체들"과의 교제의 중요성을 강조했다. 교회는 교황 대신 통치자의 권위 아래 있어야 했다.

5, 루터주의(1555-1580)

아우크스부르크 평화협정이 체결된 후부터 1580년에 『공동 합의 교리서』(Book of Concord)가 출판되기까지 루터교회는 내부의 교리 논쟁 때문에 평화가 손상되었다. 대부분 문제는 멜란히톤과 루터가 견해 차이를 나타냈던 것들과 유사한 것들이었다. 어떤 논쟁은 설교에서 율법의 위치에 관한 것이었다. 루터는 사람들이 얼마나 악한지를 드러내는 수단으로서만 율법에 관해 설교할 것을 주장했다. 그러나 어떤 사람들은 구원을 가져다주는 것이 복음이므로 복음에 대해서만 설교해야 한다고 주장했다. 마요르(George Major)는 비록 사람이 믿음으로만 구원받지만, 구원에서 선행이 중요하다고 주장했는데, 거기에서 마요르 논쟁이 시작되었다. 루터를 철저히 따른 추종자들은 이것이 믿음과 행위로 구원받는다는 로마교회의 교리로 복귀하는 것이라고 주장했다. 성만찬, 구원에 있어서 인간의 의지가 하나님의 은혜와 협력하는지에 관해서도 논쟁이 있었다.[15]

이러한 논쟁들이 종교적 불화뿐만 아니라 정치적 불화도 일으켰으므로 독일의 영주들은 루터파 운동이 분열되지 않으려면 그 문제들을 해결해야 한다고 결정했다. 1577년에 『일치 신조』(Formula of Condord)가 완성되어 1580년에 출판되었다.[16] 대부분의 독일 루터교도들이 자기들의 신학을 표현한 이 문서를 받아들였다. 루터교 신학자들도 루터교의 신학을 로마가톨릭 신학과 구분해줄 완전한 루터교 신학을 진술하는 과업에 착수했다. 이 일은 1580년

---

15) Schaff, *Creeds*, 1:258-307.

16) Ibid., 3:83-190.

에 『공동 합의 교리서』(*Book of Concord*)를 마련함으로써 이루어졌다. 그 책에는 초대교회의 세 가지 보편 신조 및 1529년부터 1580년 사이에 작성된 루터파의 다양한 신조들이 포함되어 있다.

이러한 논쟁들 때문에 루터교도들은 교리의 중요성을 깨닫게 되었으며, 교리의 완전성을 강조하는 견해를 갖게 되었다. 이러한 태도는 종종 기독교의 주관적이고 영적인 측면을 무시하는 경향으로 흐르는 학구적인 전통으로 이어졌다. 이처럼 지적인 면을 지나치게 강조하는 데 대한 반작용으로 17세기에 경건주의 운동(Pietistic Movement)이 일어났다.

6. 스칸디나비아의 루터교

덴마크의 교회 개혁은 작센의 선거후 프레데릭의 조카인 크리스티안 2세(Christian II) 시대(1513-1523)에 시작되었다. 그는 인문주의에 공감했고, 귀족들과 성직자들로 구성된 회의의 지배에서 황제의 지위를 해방하려 했다. 그는 국교회를 황제의 통치 아래 두려 했다. 그의 후계자인 프레데릭 1세(Frederick I, 1523-33)는 루터파 신앙에 호감을 느끼고 있었으며, 루터가 독일에서 행한 것과 같은 일을 한스 타우젠(Hans Tausen, 1494?-1561)이 덴마크에서 하도록 허락했다. 1524년에 덴마크어 신약성경이 출판됨으로써 타우젠은 큰 도움을 받았다. 1526년에 프레데릭은 공개적으로 종교개혁을 지지했으며, 타우젠을 왕실 목사로 임명했다. 그는 고위 성직자들의 타락상과 면죄부 판매에 혐오감을 느끼고 있던 평민들의 지지를 받았다. 1530년에 루터교의 신앙고백을 사용할 수 있게 되었다. 프레데릭의 후계자인 크리스티안 3세(Chriatian III)는 1536년에 개최된 의회에서 가톨릭교회 신앙을 폐지하고 로마교회의 재산을 몰수하게 했고, 몰수한 재산을 왕과 귀족들이 나누어 가졌다. 1539년 이후 루터교는 덴마크의 국교가 되었다.

노르웨이는 1814년까지 덴마크의 지배를 받았기 때문에 덴마크에서 진행되는 종교적 변화를 받아들여야 했다. 프레데릭 1세가 통치할 때 노르웨이에 루터교가 도입되었고, 크리스티안 1세 시대인 1539년에 국교가 되었다.

기수르 아이나르젠(Gissur Einarsen)이라는 성직자는 독일에 머물면서 비텐베르크 대학에서 루터파 운동의 영향을 받았다. 1533년에 귀국한 그는 아이슬란드에 루터교 교리를 전했다. 그는 1540년에 감독이 되었으며 자기의 주교구에 루터파 운동을 소개했다. 그는 개신교 운동을 촉진하기 위해서 아이슬란드어 신약성경을 출판했다. 1554년에 왕의 칙령에 따라 루터교가 아이슬란드의 국교가 되었다.

스웨덴은 크리스티안 2세 때인 1521년의 혁명, 그리고 로마교회의 재산을 몰수할 수 있는 도구로서 종교개혁을 선호한 개혁적 지도자 구스타부스 바사(Gustavus Vassa, 1523-60) 덕분에 1523년에 덴마크로부터 독립했다. 올라부스 페트리(Olavus Petri, 1493-1552)는 3년 동안 비텐베르크에서 수학한 후에 루터가 독일에서 행한 것과 같은 일을 스웨덴에서 행했고, 개혁의 대중적인 기반을 놓았다. 페트리 덕분에 스웨덴의 통치자는 스웨덴을 루터파의 울타리 안에 들여놓을 수 있었다. 1526년에 스웨덴어 신약성경이 출판됨으로써 일반인들은 성직자의 가르침과 성경을 비교할 수 있게 되었으며, 그리하여 페트리가 가르치는 루터교의 교리가 성경에 가깝다는 것을 알게 되었다. 1527년에 개최된 베스테라스 의회(Diet of Westeras)는 루터교를 국교로 선포했고, 국민도 점차 루터교를 받아들이게 되었다. 1523년부터 1560년까지 구스타부스의 오랜 통치 기간에 종교개혁이 이 나라에서 완전히 기반을 잡았다.

핀란드는 스웨덴의 지배를 받았기 때문에 종교개혁이 스웨덴에서 핀란드로 전해졌다. 미카엘 아그리콜라(Michael Agricola, 1508-57)는 이 나라에서 활동한 사도였다. 그는 1510년경에 대주교가 되었으며, 핀란드어 신약성경을 출판했다. 이 일로 그는 핀란드의 문어(文語)를 만들어냈다. 1530년에 루터교 신앙이 핀란드 국민과 지도자의 신앙이 되었다.

루터교 신앙은 다른 국가에도 영향을 미쳤다. 스코틀랜드에서는 존 낙스

(John Knox)의 지도로 루터의 사상이 종교개혁의 기초를 놓았다. 루터교도들은 영국에도 자기들의 가르침을 전파했다. 이 국가들은 결국 다른 형태의 종교개혁을 받아들였지만, 루터교는 가톨릭 신앙에서 개신교 신앙으로 옮겨가는 하나의 요인이 되었다. 루터교는 폴란드에서 일시적인 승리를 거두었지만, 루터교 신앙에 우호적인 사람들 사이의 분열과 내부 갈등 덕분에 로마교회가 폴란드를 다시 가톨릭 국가로 만들 수 있었다. 루터교는 독일과 스칸디나비아 여러 국가에서 가장 크고 영속적인 소득을 거두었다. 루터교 지도자들이 각기 자기 나라의 언어로 번역한 성경의 권위와 이신칭의의 교리가 16세기에 이 국가들의 표어가 되었다. 루터는 1517년 테첼의 면죄부 판매에 반대하면서 상상했던 것보다 훨씬 큰일을 이룩했다.

참고문헌

Aland, Kurt. *Martin Luther's Ninety-Five Theses*. St. Louis: Concordia, 1967.

Backman, E. Theodore, and Marcia B. Backman. *Lutheran Churches In the World*. Minneapolis: Augsburg, 1989.

Bainton, Roland. *Here I Stand*. Nashville: Abingdon, 1950.

Bodensieck, Julius, ed. *The Encyclopedia of the Lutheran Church*. 3 vols. Minneapolis: Augsburg, 1965.

Carlson, Edgar. *The Reinterpretation of Luther*. Philadelphia: Westminster, 1948.

Doernberg, Edwin. *Henry VIII and Luther*. Stanford, Calif.: Stanford University Press, 1961.

Drummond, Andrew L. *German Protestantism Since Luther*. London: Epworth, 1951.

Fife, Robert H. *The Revolt of Martin Luther*. New York: Columbia University Press, 1957.

Green, Vivian H. H. *Luther and the Reformation*. New York: Putnam, 1964.

Hyma, Albert. *Luther's Theological Development From Erfurt to Augsburg*. New York: Crofts, 1928.

Kerr, Hugh Thomson, Jr. *A Compend of Luther's Theology*. Philadelphia: Westminster, 1943.

Luther, Martin. *Table Talks*. Philadelphia: Fortress, 1967.

Manschreck, Clyde L. *Melanchthon, The Quiet Reformer*. New York: Abingdon, 1958.

McGiffert, Arthur C. *Martin Luther, The Man and His Work*. London: Unwins, 1911.

McGrath, Alister E. *Luther's Theology of the Cross*. London: Blackwell, 1985.

Melanchthon, Philip, *Loci Communes*. Translated by Charles L. Hill. Boston: Meador, 1944.

Obermann, Heiko A. *Luther: Man Between God and the Devil*. New Haven: Yale, 1989.

Plass, Ewald. *This Luther*. St. Louis: Concordia, 1948.

Ruff, Ernest G., and Benjamin Drenz, eds. *Martin Luther*. London: Arnold, 1970.

Schweibert, Ernest G. *Luther and His Times*. St. Louis: Concordia, 1950.

Smith, Preserved. *The Life and Letters of Martin Luther*. New York: Houghton Mifflin, 1911.

Stupperich, Robert. *Melanchthon*. Translated by Robert H. Fischer. Philadelphia: Westminster, 1965.

Tilman, Walter G. *The World and Men Around Luther*. Minneapolis: Augsburg, 1950.

Wiersbe, Warren. *Living with the Greats*. Grand Rapids: Baker, 1993.

제28장
스위스 종교개혁

 종교개혁 당시 스위스는 명목상으로는 신성로마제국 일부였지만 유럽에서 가장 자유로운 국가였다. 1291년에 스위스(Schwiz), 우리(Uri), 운터발덴(Unterwalden) 등 세 개의 주(Canton, 州)가 동맹을 맺었고, 각 주는 자치공화국을 발달시켰다. 스위스 종교개혁 당시 연방 안에 13개 주가 가입되어 있었다. 튼튼하고 민주적인 스위스인들은 유럽 전역에서 용병으로 인기가 있었다. 교황은 자기의 이익을 보호하기 위해 그들을 용병으로 고용했다.

 각 주의 정부는 독립되어 있었으며, 그러므로 자신이 원하는 종교를 받아들일 수 있었다. 따라서 스위스의 종교개혁은 민주적으로 선출된 지방정부의 합법적 조처로 이루어졌다.

 스위스의 도시들은 문화의 중심지였으며, 도시 주(州)에 인문주의가 자리잡을 수 있었다. 바젤(Basel)에는 유명한 대학이 있었다. 이 대학에서 에라스무스가 헬라어 신약성경을 편집했다. 이러한 상황 때문에 스위스 종교개혁의 주요 원천 중 하나가 인문주의이다.

 스위스에서는 세 가지 유형의 종교개혁 신학이 발달했다. 취리히가 주도하는 스위스 북부의 독일어권 주들은 츠빙글리의 견해를 따랐다. 제네바가 주도하는 남부의 주들은 칼빈의 견해를 따랐다. 게다가 처음에는 츠빙글리와 함께 일하던 사람들 사이에서 재세례파라고 알려진 급진적이고 극단적인 진영이 형성되었다. 재세례파 운동은 취리히를 기점으로 스위스, 독일, 네덜란드에 퍼졌다. 그 운동은 메노 시몬스(Menno Simons)의 지도로 네덜란드와 독일 북부에서 꾸준히 발달했다.

1. 스위스 북부의 독일어권 주에서 진행된 츠빙글리의 종교개혁

츠빙글리(Huldreich Zwingli, 1484-1531)도 제1세대 개혁자에 속한다. 그에게서 로마교회에 대한 불만들이 결정화되어 종교개혁으로 나타났다. 그의 부친은 빌트하우스(Wildhous)의 마을 행정관이었다. 가정이 유복했기 때문에 츠빙글리는 사제가 되는 데 필요한 교육을 받을 수 있었다. 그는 빈 대학에서 수학했고, 1502년에는 바젤 대학에 입학하여 1505년에 문학 학사 학위를 받았고, 1506년에 문학 석사 학위를 받았다. 그는 인문주의를 강조하는 스승들의 영향을 받았다. 에라스무스는 그의 우상이었고, 박애 행위가 그의 주된 소원이었다. 그러나 신학에는 그리 관심이 없었다.

1506년에 대학을 졸업한 후부터 1516년까지 교구 사제요 궁중 목사요 애국자로서 교황에게 봉사했다. 그가 처음에 부임한 교구는 글라루스(Glarus)였다. 이 무렵 그는 인문주의에 대한 공감 때문에 바울의 복음을 철학자 플라톤과 그리스도의 산상수훈에 따라 해석했으며, 그리하여 기독교 신앙의 윤리적인 면을 강조했다. 그는 에라스무스의 가르침의 영향을 받아 스콜라 신학을 떠나 성경을 연구하게 되었다. 애국자였던 그는 교황에게 봉사하는 경우를 제외하고는 스위스인들이 용병으로 활동하는 데 반대했다. 교황은 그의 지지를 얻기 위해서 그에게 엄청난 연금을 주었다. 1513년과 1515년에 그는 용병들의 지도 신부로 일하기 위해 그들과 함께 글라루스에서 출발했고, 언젠가 많은 스위스 용병들이 살해된 것을 보았다.

1516년부터 1518년까지 순례지인 아인지델른(Einsiedeln)에서 사역했다. 그곳에서 로마교회의 면죄제도와 관련된 악습들 및 동정녀 마리아상을 에라스무스의 방식으로 조롱함으로써 로마교회에 대한 반대의 포문을 열었다.

1516년에 에라스무스의 헬라어 성경이 출판되었을 때 츠빙글리는 한 권을 빌려 복사했다. 아인지델른을 떠날 무렵 그는 성경적 인문주의자였다. 그는 1519년에 취리히의 목사로 일하기 시작했다. 이 무렵 그는 스위스인들이 외국 군대의 용병으로 일하는 것을 분명하게 반대했다. 사람들이 용병으로 일하면서 접하는 타락한 영향 때문이었다. 1521년에 취리히는 그 관습을 버렸다.

1519년에 전염병이 창궐한 것, 그리고 루터의 사상에 접한 것 등으로 말미암아 그는 회심했다. 츠빙글리는 처음으로 종교개혁의 문제를 제기하여 신자들이 내는 십일조가 신적 권위에 속한 것이 아니라 자발적인 것이 되어야 한다고 선언했다. 이것은 로마교회의 재정에 타격을 주었다. 츠빙글리가 1522년에 안나 라인하르트(Anna Reinhard)와 비밀결혼을 한 것은 이상한 일인 듯하다. 그는 1524년에 비로소 그녀와 공식적으로 결혼함으로써 결합을 합법화했다.

1522년 사순절 때 크리스토퍼 프로샤우어(Christopher Froschauer, 1490-1564)가 노동자들에게 소시지를 먹이고 그 행동의 구실로 성경의 유일한 권위를 주장한 츠빙글리의 말을 인용한 일 때문에, 그리고 로마교회의 예배 체계를 수정하는 변화가 이루어졌을 때 당국에서는 누구든 원하는 사람이 츠빙글리와 토론할 수 있는 공개토론회를 개최하기로 했다. 선거로 선출된 당국자들이 그 도시와 주가 받아들일 신앙을 결정하게 되었다. 정부의 조처로해 토론을 마친 후 스위스 북부의 여러 주에서 종교개혁이 효력을 발휘하게 되었다. 1523년 요한 파베르(John Faber)를 상대로 벌인 토론에 앞서 츠빙글리는 『67개 조』(Sixty-seven Articles)를 발표했는데, 거기에서 이신칭의, 그리스도가 교회의 머리 되심, 그리고 성직자들의 결혼할 권리 등을 강조했다. 아울러 로마

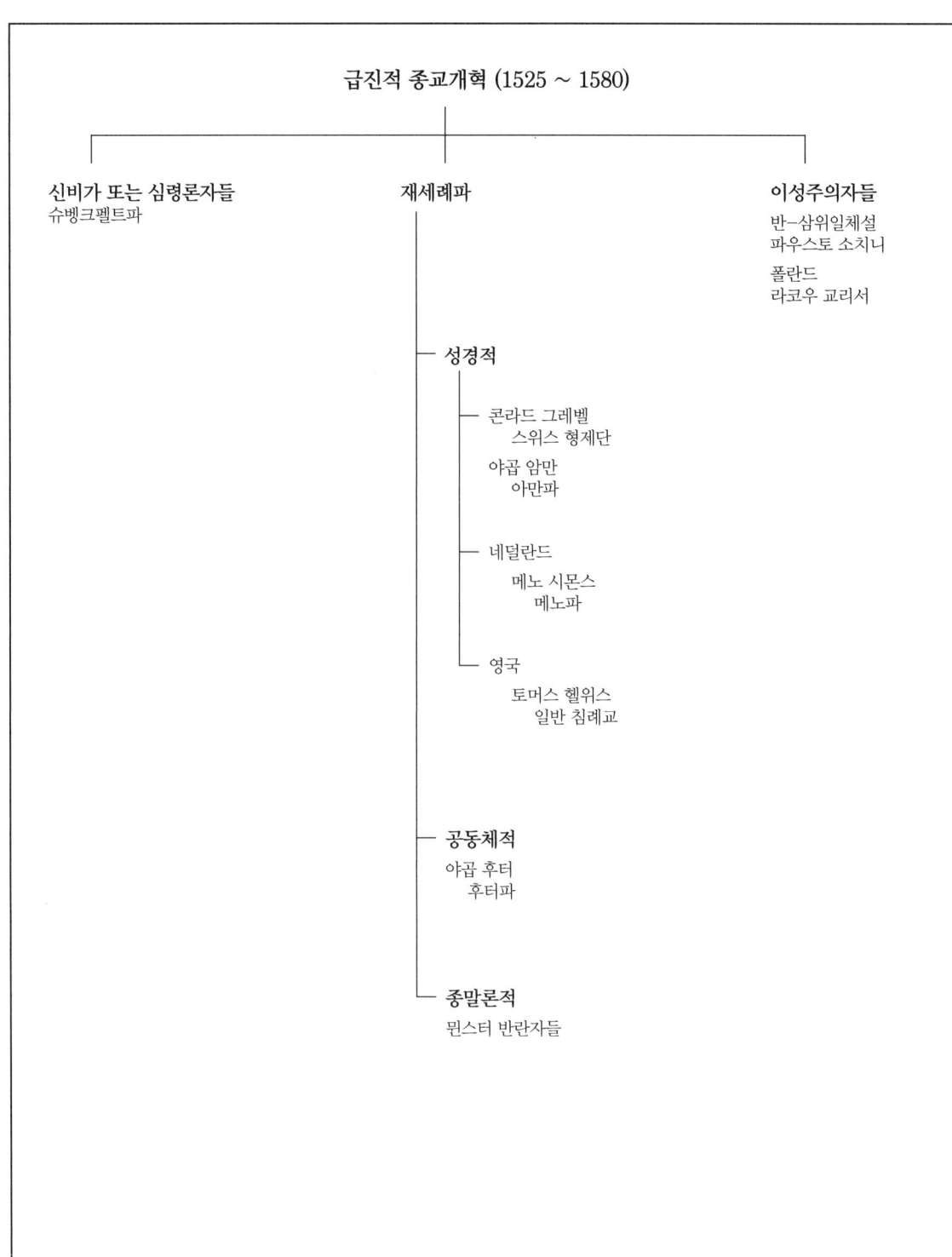

교회의 비성경적 관습들을 정죄했다.[1] 시의회는 츠빙글리의 승리를 선포했고, 그의 사상이 합법적으로 인정되었다. 세례식과 장례식을 거행할 때 지급하는 수수료가 없어졌다. 수도사들과 수녀들이 결혼할 수 있게 되었고 성상과 성유물 숭배가 금지되었다. 1525년에 취리히에서 미사를 폐지함으로써 종교개혁이 완성되었다. 궁극적인 권위는 기독교 공동체 안에 있으며 그 공동체는 성경의 권위에 따라 선거로 선출된 세속 정부를 통해 권위를 행사한다는 츠빙글리 신념이 취리히 종교개혁에서 열매를 맺었다. 취리히 종교개혁에서 교회와 국가가 신정정치 방식으로 연결되었다.

베른(Bern)도 취리히와 비슷한 토론을 거쳐서 종교개혁 진영에 서게 되었다. 츠빙글리는 『10개 조』(Ten Atricles)[2]를 토대로 그 토론에 참석했고, 그 결과 1528년에 시의회는 종교개혁의 원리를 받아들일 것을 명령했다. 1529년에 츠빙글리의 친구인

교수형 장면. 개신교와 가톨릭 교회 모두 재세례파를 박해했다. 재세례파 신자들은 교수형, 화형, 또는 물에 빠뜨려 죽임을 당했다. 심지어 건초더미에서 꼬챙이 위로 뛰어내려 죽기도 했다.

여인들도 손과 발을 묶인 채 물속에 던짐을 당했다.

---

1) Samuel M. Jackson, *Huldreich Zwingli* (New York: Putnam, 1901), pp. 183-85; Clyde L. Manschreck, ed., *A History of Christianity* (Englewood Cliffs, N.J.: Prentice-Hall, 1964), pp. 67-70.

2) Philip Schaff, *Creeds of Christendom* (New York: Scribner, 3 vols., 6th ed., 1890), 1:365-66.

외콜람파디우스(Oecolampadius)의 영향으로 바젤에서 미사가 폐지되었다.

 1522년 이후 츠빙글리는 개종자들의 재세례를 강조한다는 이유로 재세례파(Anabaptists)라고 불린 추종자들 때문에 어려움을 겪었다. 1525년에 시의회는 그들의 집회를 금지하고 그들을 도시에서 추방했다. 1525년에 펠릭스 만츠(Felix Manx, 1498-1527)가 처형되었는데, 처형 방식은 물에 빠뜨려 죽이는 것이었다.

 츠빙글리는 1529년에 개최된 마르부르크 회담(Marburg Colloquy)에서 루터의 지지를 잃었다. 그때 두 사람은 성찬에서 그리스도의 임재 방식에 대해 의견의 일치를 이루지 못했다. 그리하여 루터주의와는 별도로 츠빙글리주의가 발달하게 되었다.

 몇 개의 주에서 츠빙글리의 원리를 받아들임으로써 종교적 조직이 필요하게 되었고, 1527년에 스위스 복음주의 교회들의 종교회의가 구성되었다. 거의 같은 시기에 대중을 위해 성경이 스위스어로 번역되었다. 이때까지만 해도 스위스 용병이 필요했던 교황은 개입하지 않았다. 그러나 교황에게 충성하는 주들은 로마로부터의 철수를 중지하기로 했다. 그들은 가톨릭 주들의 연합을 결성했다. 1529년에 개신교 주들과 가톨릭 주들 사이에 전쟁이 발발했다. 양측은 카펠(Cappel)에서 평화조약을 맺었으며, 그에 따라 각 주의 종교를 그 주의 시민들이 결정하며 개신교인들이 가톨릭 주에서 신앙의 자유를 누릴 수 있게 되었다. 그러나 츠빙글리가 몇 개의 주에서 개혁을 강행함으로써 1531년에 다시 전쟁이 일어났다. 츠빙글리는 종군목사로 활약하다가 사망했다. 전쟁으로 각 주가 내부의 문제들을 다룰 수 있게 되었고, 취리히는 개혁파 주들로 이루어진 크리스천 도시 연맹(Christian Civic League of Reformed Cantons)과의 동맹을 포기했다. 이때 이후 독어권 스위스의 종교적 상황은 거의 변화가 없었다. 츠빙글리의 후계자인 하인리히 불링거(Heinrich Bullinger, 1504-75)는 유능하고 온화한 인물이었다. 1549년에 취리히 합의(Consensus of

Zurich)를 통해서 츠빙글리 진영은 스위스 개혁교회 내의 칼빈 진영과 합병했다.

츠빙글리는 가장 인문주의적인 개혁자였다. 그는 소크라테스나 플라톤 같은 그리스인, 그리고 카토(Cato), 세네카, 스키피오 등의 로마인들이 천국에 있을 것이라고 믿었다. 그러나 이와 상관없이 그는 성경의 절대적 권위를 주장했으며, 종교 문제에 관한 한 성경에 의해 증명되지 않은 것을 허용하지 않으려 했다. 그는 구원에 있어서 무조건적인 예정을 받아들였지만, 복음을 듣고서도 불신앙 때문에 거부한 사람들만 정죄로 예정된다고 믿었다. 그는 성례에서 믿음이 기본 요소라는 것, 성만찬은 대속을 "되풀이하는 것"이 아닌 상징적 "기념"이라는 것, 신자들이 그리스도의 죽음을 묵상함으로써 영적인 복을 받는다는 것 등을 믿었다. 그는 원죄를 도덕적인 질병으로 간주했을 뿐 죄책으로 간주하지 않았다. 따라서 어린아이들은 세례를 받지 않아도 그리스도로 말미암아 구원받을 수 있다고 생각했다. 1525년에 출판한 『참 종교와 거짓 종교』(True and False Religion)는 그의 성경적이고 그리스도 중심적인 견해를 표현한다.

지금까지 독어권 스위스에 개혁신앙의 기초를 놓은 츠빙글리의 견해를 서술했다. 칼빈이 개혁신앙의 영웅이 되었지만, 스위스를 교황권의 속박에서 해방하는 데 있어서 교양있고 민주적이고 성실한 츠빙글리의 역할을 망각해서는 안 될 것이다. 그는 루터보다 더 진보적이었으며 루터만큼 담대했다.

2. 급진 종교개혁
(1525-1580)

재세례파 운동이 처음에는 스위스 북부에서 진행된 츠빙글리 운동과 밀접하게 연결되어 있었음을 고려한다면, 스위스에서의 개혁신앙의 발흥을 다루면서 재세례파를 다루는 것이 정당화된다. 재세례파운동은 스위스 북부에서부터 모라비아, 네덜란드 등지로 퍼졌다. 그것은 메노파(Mennonites), 아미쉬파(Amish), 후터파(Hutterites) 등의 영적 시조이다. 그것은 도시와 농촌의 노동자들에게 호소했다.

1) 재세례파

재세례파는 처음에 스위스에 출현했다. 이는 그곳에 자유가 있었기 때문이다. 이 용감한 용병의 나라에서는 봉건주의나 교황제가 득세할 수 없었다. 츠빙글리는 설교의 토대로 성경을 강조했는데, 이것이 성경에 기초한 재세례파의 개념들이 생겨나도록 촉진했다.

1. 콘라드 그레벨(Conrad Grebel, 1498-1526)은 스위스 재세례파 운동의 창시자라고 할 수 있다. 그는 귀족 가문에서 태어났고 빈 대학과 파리 대학에서 수학했다. 그는 1522년에 개종하여 1525년에 결별할 때까지 츠빙글리와 협력하여 일했다. 유아세례가 성경적 보증이 없는 것이라는 츠빙글리의 초기 견해가 그의 마음을 움직였다. 1525년에 취리히 의회는 그레벨, 그리고 훌륭한 교육을 받은 재세례파 지도자인 펠릭스 만츠에게 성경공부 모임을 중지하라고 명령했다. 1525년에 조지 블라우록(George Blaurock, 1492-1529)이 그레벨에게 세례를 받았고, 그다음에 그레벨을 비롯한 몇 사람에게 세례를 주었다. 신자의 세례를 강조하는 것이 많은 사람에게서 특권을 박탈하게 되므로, 츠빙글리는 유아세례에 관한 자신의 초기 주장을 철회했다. 점진적으로 보수적인 당국자들을 개혁에 합류시키려는 그의 계획에 국가가 종교를 지배하는 데 반대한 급진적인 재세례파가 위협이 되었다. 츠빙글리는 처음에는 그들의 견해를 포기하게 하려고 토론이라는 방법을 사용하려 했다. 그러나 이 방법이 실패했으므로 의회는 과태료 부과와 추방이라는 강력한 조처를 했다. 그 결과 1535년에 취리히에는 그 운동이 존재하지 않게 되었다. 이는 잔인한 조처 때문에 그 운동을 지지하는 사람들이 다른 국가로 도피했기 때문이다. 야콥 아만(Jacob Amman, 1644-1711)이 이끈 아미쉬파가 취리히에 출현했다. 후일 약 12만 명이 펜실베이니아 주에 정착하였다.

2. 발타사르 후브마이어(Balthasar Hubmaier, 1481?-1528)는 초기의 독일 재세

례파 사람이다. 그는 훌륭한 교육을 받았고 잉골수타트(Ingolstadt) 대학에서 신학박사 학위를 받았다. 그는 그 대학에서 루터의 적수인 존 에크 밑에서 공부했다. 그의 목사관이 스위스 국경 근처의 발트슈트(Waldshut)에 있었기 때문에 스위스 급진파의 사상을 접할 수 있었고, 그들의 사상을 받아들였다. 그를 비롯하여 3백 명의 추종자들이 1525년에 관수(灌水) 방식의 세례를 받았다. 그는 오스트리아 당국자를 피해 취리히로 도망했다. 그는 그곳에서 추방되어 모라비아로 갔고, 모라비아에서 츠빙글리의 박해를 피해 온 사람들과 재세례파의 견해를 받아들인 수천 명의 모라비아인의 지도자가 되었다. 그는 1528년에 황제의 명령으로 화형 되었고, 그의 아내는 로마가톨릭 당국자에 의해 다뉴브 강에 빠뜨려 죽임을 당했다. 그는 재세례파 지도자로 활동하면서 교회와 국가의 분리, 성경의 권위, 신자들의 세례 등을 주장했다.[3]

재세례파 중에서도 과격파는 종말론 때문에 독일 재세례파 진영의 건전한 신자들에게 불이익을 초래했다. 1522년에 비텐베르크에서 루터를 괴롭혔던 츠비카우(Zwickau) 예언자들이 그 운동과 제휴함으로써 불이익을 당했다. 1535년에 천년왕국설을 신봉하는 과격한 재세례파 사람들이 일으킨 뮌스터 반란 때문에 루터와 그의 추종자들이 이들을 멀리하게 되었다.

뮌스터 대성당의 참사회원 베른하르트 로트만(Bernhard Rothmann)은 뮌스터를 복음적 신앙으로 귀의하게 하려 했다. 1532년에 의회는 루터파 목회자들이 강단에 서는 것을 허락했다. 그러나 황제는 뮌스터의 주교에게 로트만과 그 추종들을 몰아내라고 명령했다. 이는 그들이 너무 과격해져서 재세례파의 사회주의 사상을 받아들이며 재산을 팔아 가난한 사람들을 도우라고 주장했기 때문이다. 이때 1529년 스트라스부르에 도착하여 1533년에 있을 천

---

3) Henry C. Vedder, *Balthasar Hubmaier* (New York: Harper, 1964), pp. 69-71; 140-36.

년왕국의 도래를 기다리고 있던 멜키오르 호프만(Melchior Hoffman, 1495?-1543)은 얀 마티스(Jan Mattys)라는 빵 굽는 사람에게 천년왕국을 신봉하는 스트라스부르 재세례파의 지도자 자리를 빼앗겼다. 마티스는 자신이 에녹이라고 선언하고 1524년에는 뮌스터에 첩자들을 보냈다. 후일 그는 스트라스부르가 아닌 뮌스터가 새 예루살렘이 될 것이라고 주장하며 아내와 함께 그곳으로 갔다. 그의 아내 디바라(Divara)는 수녀였던 미모의 여인이었다. 마티스가 싸움에서 살해된 후에 라이덴의 얀(John of Leyden)이 그 뒤를 계승했는데, 그는 디바라를 비롯하여 15명의 부인을 두었다. 뮌스터에 처녀들이 많았고, 구약 시대의 일부 족장들이 여러 명의 아내를 두었기 때문에 이들은 일부다처제를 시행했다. 물질을 공동으로 사용하는 것과 천국의 도래를 광신적으로 기다리는 것으로 말미암아 무질서 상태가 초래되었다. 이 지역의 주교는 대규모 전투력과 재세례파 진영을 배반한 사람들의 도움을 받아 그 도시를 탈환했고, 재세례파 지도자들은 처형되었다. 뮌스터 사건 및 츠빙글리와 루터의 사상을 부인한 것 때문에 개신교 측4)과 가톨릭 측 모두 재세례파를 정죄하고 처형했다.

사도행전에 등장하는 초대교회에 기초를 둔 공동체 형태가 독일과 모라비아에서 발달했다. 그 집단은 처음에는 야곱 후터(Jacob Hutter, 1536년 사람)가 지도했다. 그들은 박해 때문에 헝가리와 우크라이나로 도피했고, 1874년 이후에는 남부 다코타와 캐나다령인 매니토바로 옮겨갔다. 그들은 그곳에서 지금도 자발적인 농업공동체를 시행하고 있다. 이들을 후터파라고 부른다.

3. 재세례파 운동은 네덜란드의 메노 시몬스(Menno Simons, 1496-1561)의 지도력 덕분에 뮌스터의 천년왕국주의자들로 말미암은 붕괴를 피할 수 있었다. 시몬스는 1536년에 재세례파의 견해를 받아들이고 로마교회의 사제직을

---

4) Schaff, *Creeds*, 3:13, 17, 173, 291, 306, 433.

포기했다. 그는 "재세례파"라는 명칭에 부착된 스티그마를 제거하기 위해서 "형제단"이라고 칭하고 그 집단의 지도자가 되었다. 그의 사후에 "형제단"은 메노파(Mennonites)라고 알려졌다. 그들은 1676년에 결국 자유를 얻었다. 박해 때문에 그들은 프로이센으로 갔다가, 예카테리나 2세(Catherine the Great)의 초청으로 러시아로 갔다. 후일 많은 사람이 북아메리카와 남아메리카로 이주했다.

신앙에 있어서 사소한 차이가 있는 많은 재세례파 집단이 있었기 때문에(이것은 문자적이고 최종적인 권위인 성경을 해석할 수 있는 신자의 권위를 주장한 데서 생겨난 것이다), 재세례의 신앙에 대해 체계적으로 진술하기 어렵다. 그러나 재세례파가 공통으로 주장하는 몇 가지 교리가 있다. 그들은 신앙과 관습의 최종적이고 확실한 권위로서 성경의 권위를 주장했다. 그들 중 많은 사람은 성경을 문자적으로 해석했다. 그들은 순수한 교회는 구원받지 못할 사람들을 포함하고 있는 국교회가 아니라 중생한 사람들의 자유로운 연합체가 되어야 한다고 믿었다. 또 그들은 신자들의 세례를 실시했는데, 처음에는 물을 뿌리거나 붓는 형식을 취했고, 나중에는 침례 형식을 취했다. 그들은 유아세례가 비성경적이라고 반대했고 재세례를 주장했기 때문에 그들에게 재세례파라는 명칭이 부여되었다. 그들은 대부분 국가와 교회의 완전한 분리를 주장했고, 국교회와 전혀 관계하지 않으려 했다. 1527년에 주로 미카엘 자틀러(Michael Sattler)가 작성한 슈라이트하임 신앙고백(Schleitheim Confessino)[5]에 재세례파의 주요 사상들이 표현되어 있다. 어떤 사람들은 평화주의로 기울고 법정에서 선서하는 것이나 관리로 근무하는 것에 반대했다. 또 어떤 사람들은 미래에 대해 천년왕국 견해를 가졌고, 그 때문에 물건을 서로 통용하는 공동체를 실시했다.

---

5) Hans J. Hillerbrand, *The Reformation* (New York: Harper, 1964), pp. 235-238.

재세례파는 특히 다른 개혁자들의 손길이 닿지 않은 농민들과 노동자들에게 호소했다. 이러한 사실, 그리고 무식한 사람들이 성경을 문자적으로 해석하는 경향 때문에 재세례파는 종종 지나치게 신비적이거나 천년왕국 경향으로 흘렀다. 16세기의 어려운 환경 때문에 하류계층의 많은 사람이 재세례파의 견해에서 위로를 찾았다. 재세례파는 "종교개혁의 극단적인 과격파"가 아니었고, 또 그들 모두가 광신적인 몽상가도 아니었다. 그들은 단순히 성경을 믿는 사람들이었으며, 다만 그들 중 일부가 성경을 자기에게 유리하게 해석한 무식한 지도자들 때문에 길을 잃고 벗어났을 뿐이다. 그들의 독립교회 개념은 정교(政敎)분리를 주장한 청교도, 침례교도, 그리고 퀘이커교도에게 영향을 주었다.

2) 신비적 또는 영적 과격파

많은 사람이 카스파르 슈벵크펠트(Kaspar Schwenkfeld, 1489-1561)를 따랐다. 이들은 경험 지향적이었으며 신비주의로 기울었고 성령의 내면적이고 영적인 이끄심을 믿었다. 지금도 펜실베이니아에 소규모 집단이 존재하고 있다. 세바스티안 프랑크(Sebastian Franck, 1449-1542?)도 비슷한 사상을 가지고 있었다.

3) 합리주의적인 급진 소치니파

현대 유니테리언파의 선구자라고 할 수 있는 소치니파(Socinians)는 종교개혁 진영의 과격 집단이었다. 소치니파의 사상은 이탈리아에서 발달했다. 시에나의 라엘리우스 소치누스(Laelius Socinus, 1525-1562)는 제네바에서 사망한 세르베투스(Servetus)의 반삼위일체론에 끌렸다. 그의 조카인 파우스투스 소치누스(Faustus Socinus, 1539-1604)는 1579년에 폴란드로 옮겨가서 죽을 때까지 그곳에서 지냈다. 소치누스주의는 폴란드에서 급속하게 발달했으며, 파우스투스는 그 운동에 라코 요리문답(Racovian Catechism)을 주었고, 그것은 1606년에 출판되었다. 소치누스주의에 따르면, 그리스도는 탁월한 생활로 신성을 획득한 인간으로 예배되어야 한다. 그의 죽음은 하나님이 자기의 추종자들에게 요구하시는 순종의 본보기에 불과했다. 그들은 원죄, 그리스도의 신성, 삼위일체론, 예정론 등을 부인했다. 예수회는 폴란드에서 이들을 제압했지만, 소치누스파의 사상은 네덜란드와 영국으로 전해졌고, 그곳에서 아메리카로 전해졌다. 현대의 유니테리언파는 폴란드 소치누스파의 후손이다. 그들은 1600년경에 트란실바니아(Transylvania)에서 유니테리언파라고 불렸다.

3. 제네바의 칼빈주의 종교개혁

오늘날 스위스, 네덜란드, 스코틀랜드. 미합중국 등 여러 지역에서 개혁신앙을 교리적 토대로 받아들이는 수백만 명의 신자들은 칼빈(John Calvin, 1509-64)이 발달시킨 신학 체계의 중요성을 증명해준다. "칼빈주의"라는 용어와 "개혁신앙"이라는 용어는 칼빈의 체계를 토대로 발달한 신학 체계를 언급한다. "장로교"라는 단어는 칼빈이 발달시킨 교회 통치 체계를 표현하기 위해 사용된다. 제네바는 칼빈이 자신의 사상을 실현한 중심지였다. 칼빈은 제2세대 종교개혁자들의 지도자라고 할 수 있다.

1) 루터와 칼빈

칼빈과 루터에게는 흥미로운 대조점이 있다. 루터는 농민 출신이었다. 반면에 칼빈은 부친이 공증인이었으므로 전문인 계층에 속했다. 루터는 대학에서 철학과 신학을 공부했지만, 칼빈은 인문주의와 법률을 공부했다. 그러므로 칼빈은 개신교운동의 조직자 역할을 했고, 루터는 개신교운동을 외친 예언적 음성이었다. 루터는 육체적으로 건강했지만, 칼빈은 제네바에서 사역하는 동안 병마와 싸워야 했다. 루터는 가정과 가족들을 사랑했고, 칼빈은 본질적으로 고독한 학사(學士)였다. 루터는 군주국인 독일에서 살았기 때문에 귀족들과 제후들의 지원을 기대했지만, 칼빈은 공화국인 스위스에서 살았기 때문에 교회 내 대의정치의 발달에 관심을 가졌다.

루터와 칼빈은 개인적으로만 아니라 신학적으로도 달랐다. 루터는 설교를

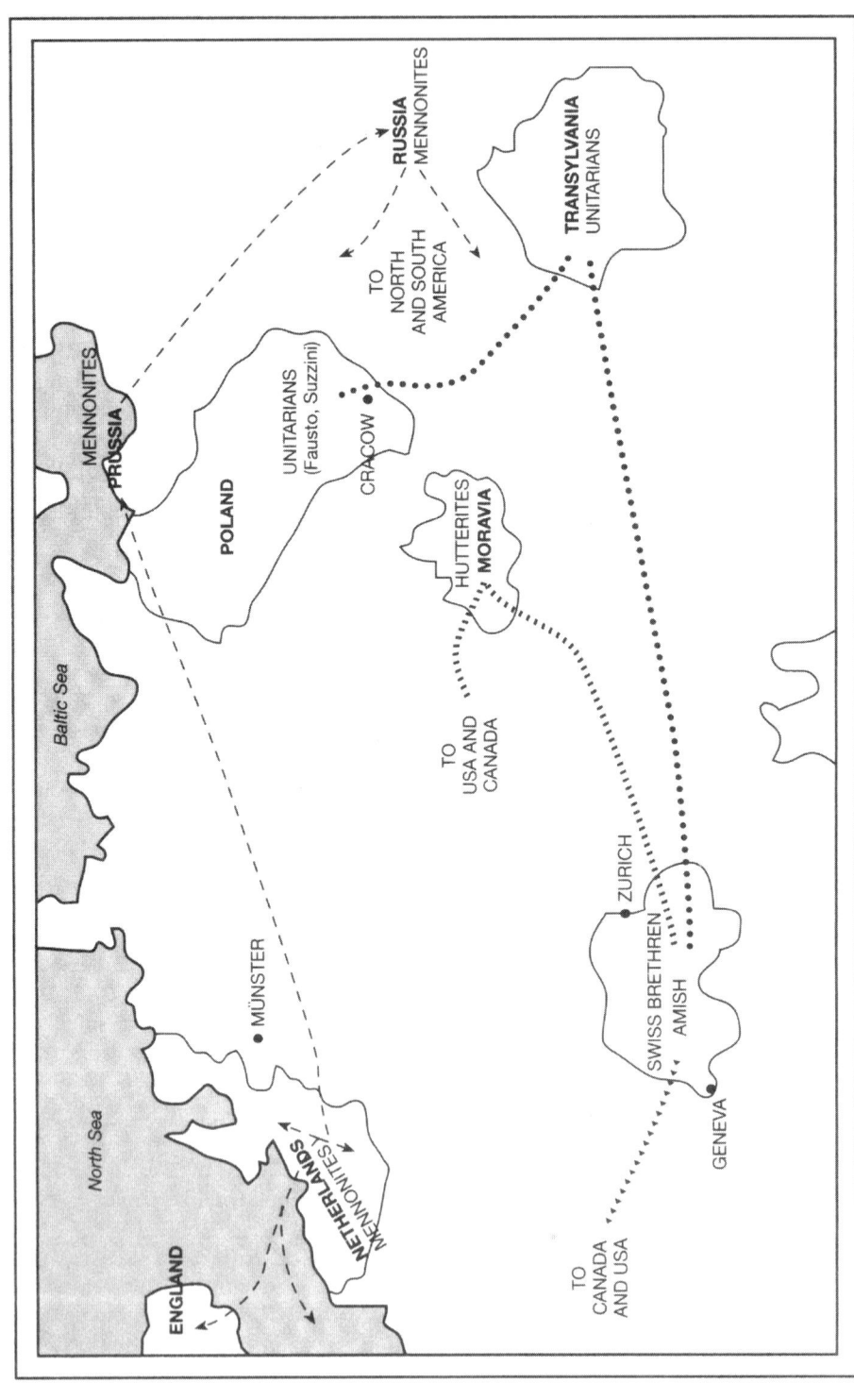

강조했고, 칼빈은 공식적인 신학 체계의 발달에 관심을 가졌다. 두 사람 모두 성경의 권위를 인정했지만, 루터는 이신칭의를 강조하고 칼빈은 하나님의 주권을 강조했다. 루터는 성찬에서의 그리스도의 임재에 대한 적합한 설명으로 공재설(consubstantation)을 주장했지만, 칼빈은 그리스도의 육체적 임재를 부인하고 수찬자의 마음에 그리스도가 믿음으로 임재하는 영적 임재를 주장했다. 루터는 성경이 인정하지 않는 것들만 거부했고, 칼빈은 성경에 의해 증명되지 않는 과거의 것들 모두를 거부했다. 루터는 택자의 예정을 믿지만, 정죄로의 예정은 거의 언급하지 않았다. 칼빈은 하나님의 뜻에 기초를 둔 이중 예정—구원으로의 예정과 정죄로의 예정—을 주장했으며, 택자들 편에서의 공적이라는 사상이나 하나님이 장차 믿을 것으로 예지하신 자들을 구원으로 예정하셨다는 의미에서 하나님의 예지라는 사상을 거부했다.

2) 1536년까지의 칼빈의 생애

칼빈의 생애는 크게 두 시기로 나눌 수 있다. 칼빈은 1536년까지는 방황하는 학생이었고, 1536년부터 1564년에 사망할 때까지는(1538년부터 1541년까지 잠시 스트라스부르로 추방된 기간을 제외하고) 제네바를 지도한 시민이었다. 그는 프랑스 동북부 피카르디(Picardy) 주의 노용에서 태어났다. 그의 부친은 교회의 성직록에서 생기는 수입을 아들의 교육을 위해 저축해둘 만큼 유복하고 존경받는 시민이었다. 그 밖에도 두 개의 성직록 덕분에 칼빈은 대학에 진학하는 데 필요한 준비를 철저히 할 수 있었다. 그는 한동안 파리 대학에서 수학했는데, 그곳에서 인문주의자인 기욤 콥(Guillaume Cop)을 만났다. 이곳에서 칼빈의 사촌인 피에르 올리버(Pierre Oliver)가 칼빈에게 프로테스탄트 사상을 소개했다. 칼빈이 인문주의 학문을 마친 후 그의 부친은 법률 공부를 위해 그를 오를레앙 대학에 보냈다. 칼빈은 1529년에 부르주(Bourges) 대학으로 옮겼다. 1532년에 세네카(Seneca)의 『자비에 대하여』(De Clementia)에 관한 주석을 완성한 것은 그의 삶에 미친 인문주의 영향의 절정이었다. 그 주석을 완성한

칼빈과 루터의 비판 대상인 교황.
이 그림에서 보듯이 루터와 칼빈은 의견이 일치하지 않았다.

후부터 1533년 말 사이의 어느 시기에 그는 회심하고 종교개혁 사상을 받아들였다. 그는 성직록에서 들어오는 수입을 포기했다. 그는 파리 대학 학장인 니콜라스 콥(Nicholas Cob)과 협력하여 루터의 종교개혁과 같은 성경적 개혁을 요구하는 연설을 하고 나서 1534년에 프랑스를 떠나 바젤로 갔다.

26세 때인 1536년 봄에 칼빈은 바젤에서 그의 가장 위대한 저서인 『기독교 강요』(The Institute of the Christian Religion) 초판을 완성했다. 이 작은 책은 신앙 때문에 고생하고 있는 프랑스의 개신교인들을 옹호하기 위해 프랑스의 프란시스 1세(Francis I)에게 보낸 것으로서 프란시스에게 종교개혁의 사상을 받아들이라고 촉구한다. 이 책은 변증적이었는데, 여기에서 칼빈은 기독교 신앙에 대한 자신의 이해를 개진했다. 이 초판의 목차를 보면 루터의 『요리문답』의 영향을 찾아볼 수 있다. 칼빈은 먼저 십계명에 대해 논한 후에 사도신경을 기초로 하여 신앙에 대해 논하고, 그다음에 주기도문을 토대로 하여 기도에 대해 논하고, 그다음에는 두 가지 성례와 관련하여 성찬에 관한 로마교회의 견해의 폐해를 논하고, 마지막으로 시민으로서의 기독교인의 자유에 대해 논하는데, 그는 이것을 정치적 자유와 연결지었다. 이 책은 여러 판 발행되었는데, 최종판은 1559년에 발행되었다. 최종판은 80장으로서 네 권으로 구성된 방대한 신학 서적이다.[6]

---

6) 이 위대한 저서의 역사에 대해 알려면 다음을 보라: Wilhelm Pauck's article,

3) 칼빈의 신학

지나치게 단순화할 수 있다는 위험을 감수한다면, 최근에 학생들의 암기를 돕기 위해 종종 사용되는 단순한 방법을 사용하여 칼빈 신학의 핵심을 요약할 수 있다. 칼빈 교리의 주요 단어들의 첫 문자들을 모으면 tulip이 된다. 그의 신학을 지배하는 사상은 하나님의 완전한 주권이다. 칼빈은 구약 예언서의 특징인 하나님과 그분의 영광에 대한 관념을 가지고 있었다. 그는 인간의 전적 타락(total depravity)을 믿었다. 인간은 아담의 범죄를 인한 죄책을 물려받았고 의지가 완전히 타락했기 때문에 자기의 구원을 위해서 아무것도 할 수 없다. 다음으로 칼빈은 구원이 인간의 공로나 예지와 상관없는 무조건적인 선택(unconditional selection)이라고 가르쳤다. 선택은 하나님의 주권적 의지에 기초하며, 어떤 사람은 구원으로 어떤 사람은 정죄로 선택되는 이중 예정이다. 칼빈은 그리스도의 십자가상의 죽음이 구원으로 선택된 사람들에게만 적용된다고 믿었다. 이 신앙이 제한적 속죄(limited atonement) 교리이다. 불가항력적인 은혜(irresistible grace)는 그에 따른 당연한 결과이다. 택함을 받은 사람들은 성령이 불가항력적으로 그리스도에게 인도하여 주심에 따라 자신의 소원과 상관없이 구원받을 것이다. 성도의 궁극적 구원(perseverance)은 칼빈의 체계에서 중요한 마지막 항목이다. 하나님은 구원의 은총을 입은 성도를 끝까지 견인(堅忍)하셔서 결국에는 구원에 도달하게 하신다.[7] 칼빈의 신학에 어거스틴의 신학과 비슷한 강조점이 있지만, 칼빈의 교리는 그가 어거스틴을 연구한 결과가 아니라 성경을 연구한 결과이다. 칼빈도 다른 개혁자들처럼 어거스틴에게서 출발하여 성경 및 종교개혁으로 진행한 것이 아니라

"Calvin's Institutes of the Christian Religion" in *Church History* (15 March, 1946): 17-27.

7) *A Compend of the Institutes of the Christian Religion* by John Calvin, Hugh Thomson Kerr, jr. (Philadelphia: Presbyterian Board of Christian Education, 1939).

성경에서 출발하여 교부들의 왕이라 할 수 있는 어거스틴에게로 나아갔다.

4) 1536년 이후의 칼빈의 생애

칼빈이 이러한 상태에 있는 동안 종교개혁은 스위스의 프랑스어권 지역으로 퍼졌다. 기욤 파렐(Guilliaume Farel, 1489-1565)은 빨강 머리에 성질이 불같고 음성이 큰 예언적인 인물이었는데, 그가 제네바에 종교개혁의 기초를 놓았다. 파렐은 프랑스의 중산층 가정에서 태어나 프랑스에서 대학을 다녔다. 1521년경 파렐은 루터의 이신칭의 사상을 받아들였고, 베른(Bern)의 보호 아래 개혁 사상을 전파하는 일을 도왔다. 1532년에 그는 제네바에서 사역을 시작했다. 1535년에는 종교개혁을 반대하는 사람들과의 토론에서 승리했고, 1536년에 제네바 시의회는 공식적으로 종교개혁의 사상을 채택했다. 파렐은 자기를 도와 제네바에서의 종교개혁을 정착시키려면 조직력 있는 인물이 필요하다고 여겼다. 칼빈은 1536년 여행 중 어느 날 밤에 제네바에 도착했다. 파렐은 칼빈을 찾아가서 자기를 도와달라고 요청했다. 칼빈은 연구자요 신학 저술가로서의 삶에 대한 사랑 때문에 그의 요청을 받아들이지 않았다. 파렐은 칼빈이 제네바에 머물지 않으면 하나님의 저주가 임할 것이라고 말했다. 후일 칼빈의 고백에 의하면 그는 두려움 때문에 제네바에 머물기로 했다. 칼빈과 파렐은 1538년에 추방될 때까지 협력하여 일했다.

1537년에 칼빈과 파렐은 성만찬을 정해진 시기에만 하며 어린이들의 요리문답을 준비하며, 회중 찬송을 도입하며, 엄격한 권징을 받은 사람을 출교시킨다는 내용의 규례를 통과시켰다. 두 사람은 요리문답과 짧은 신앙고백서를 도입했다. 그러나 성찬 의식에 관한 불란 때문에 그들은 1538년에 추방되었다.

1538년부터 1541년까지 칼빈은 스트라스부르에서 종교문제로 도피한 프랑스 난민들을 위해 사역했는데, 그곳에서는 마틴 부처(Martin Bucer, 1491-1551)가 개혁을 주도하면서 신학을 강의하고 있었다. 그는 1540년에 이들레

뜨 드 뷔러(Idellette de Bure)와 결혼했는데, 그녀는 재세례파 목사의 미망인이었다. 그들 사이에 태어난 외아들은 어려서 죽었고, 이들레뜨는 1549년에 사망했다.

1541년에 개혁파가 다시 제네바에서 득세했고, 제네바는 다시 칼빈을 초청했다. 그는 그 해에 『교회 법령』(Ecclesiastical Ordinances)을 공표했다.[8] 이것은 교회 내 네 계층의 직분자들의 활동을 요약한 것이다. 이 문서에서는 설교하고 권징을 관리하기 위한 목사들의 협회, 교리를 가르치는 교사 집단, 구제사역을 집행하는 집사들의 집단, 그리고 가장 중요한 것으로서 공동체의 신학과 윤리를 감독하며 필요한 경우에 제멋대로 행동하는 교인을 출교시키기 위해 목회자들과 장로들로 구성된 당회 등을 마련했다. 칼빈은 효과적인 체계를 세우기 위해서 더 엄한 벌을 부과할 때에는 국가를 이용했다. 벌은 매우 엄격했다. 1546년에 58명이 처형되고 76명이 추방되었다. 삼위일체론에 의심을 제기한 세르베투스(Servetus, 1511-53)는 1553년에 처형되었다. 물론 이러한 조처들은 정당화될 수 없다. 그러나 그 시대의 사람들은 국교를 신봉해야 했고 불순종하는 사람은 처형된다고 믿었음을 우리는 이해할 수 있다. 개신교도들과 가톨릭교도들 모두 이러한 신앙을 보유하고 있었다. 칼빈의 규정 중에는 오늘날

칼빈 시대의 제네바

---

8) Hillerbrand, *Reformation*, pp. 188-96.

개인의 사생활 침해로 간주할 것들도 있었다.

칼빈은 건강이 좋지 않았음에도 불구하고 복음을 위해 일하다가 1564년에 사망했다. 제네바 학당의 학장이었던 테오도르 베자(Theodore Beza, 1519-1605)가 그의 뒤를 이어 제네바의 지도자가 되었다.

5) 칼빈의 업적

개혁 신앙에 기여한 칼빈의 가장 큰 공적은 『기독교 강요』를 펴낸 것이다. 그 책은 개혁신학의 권위 있는 표현으로 받아들여지고 있다. 그는 이 책에서 기독교 신학에서 교리의 중요성과 하나님 중심을 강조하는 개혁 사상의 토대를 놓았다. 그는 자신이 이해하지 못했다고 표현한 요한 2서와 요한 3서와 요한계시록을 제외한 성경 전체의 주석을 저술했다. 그가 지은 찬송은 주로 시편을 음악으로 표현한 것이었다.

칼빈은 유럽 전역과 브리튼 제도에서 조언을 구하기 위해 편지를 보낸 많은 사람에게 엄청난 분량의 편지를 썼다. 57권으로 구성된 『종교개혁 대전』(Corpus Reformation)은 그의 편지들 및 다른 글들로 이루어져 있으며, 2천 편 정도의 설교가 보존되어온다.

칼빈은 교육을 장려했다. 그는 세 단계로 구성된 교육 체계를 세웠는데, 가장 상부에 제네바 학당이 있다. 이것은 제네바 대학이라고 알려져 있는데 1559년에 설립되었다. 칼빈이 교육을 강조한 것이 후일 칼빈주의 청교도들이 신세계에 대학들을 설립하면서 아메리카 대륙에 영향을 주었다.

칼빈이 이끈 제네바는 다른 지역의 개혁신앙을 가진 사람들에게 본보기가 되고 감화를 주었다. 제네바는 개혁신앙 때문에 박해받는 사람들에게 피난처를 제공했다. 존 낙스도 한동안 제네바에 피신해 있으면서 칼빈의 설교에 감화를 받았다. 칼빈이 사망한 후 그의 사상을 택한 사람들이 성경의 여러 책에 대한 칼빈의 주석을 연구했다. 제네바 교회의 통치는 개혁파 교회들의 본보기가 되었다. 칼빈은 교회와 국가의 통치에 대의제 원리를 택했다는 점에서 민주주의의 성장에 영향을 주었다. 그는 교회와 국가는 사람들의 복지를 위해 하나님이 만드신 것이며, 기독교 신앙을 육성하기 위해 교회와 국가가 협력해야 한다고 생각했다. 그는 직업에 대한 거룩한 소명, 절제, 근면 등을 강조했는데, 이것이 자본주의에 자극이 되었다.

장로교의 창시자인 칼빈(중앙)이 네 명의 평의원들과 함께 제네바 대학 교정에 선 모습

어떤 사람들은 칼빈주의 신학이 복음주의와 선교의 노력을 무시한다고 생각한다. 그러나 복음 전파의 역사를 연구해보면, 개혁신앙을 고백한 사람들이 과거의 위대한 신앙부흥과 현대의 선교 운동에서 중요한 위치를 차지해 왔음이 드러날 것이다. 이 온화한 학자요 유능한 설교자는 연약한 체구와는 달리 현대사회의 영적 발달에 큰 영향을 미쳐오고 있다. 그가 성취했으며 그의 사후에 지속된 사역에 대한 적절한 표현은 하나님의 은혜가 그의 삶에 작용했다는 것이다. 그는 장로교, 개혁교회, 청교도들에게 영향을 미친 국제적인 개혁자였다.

참고문헌

Bender, Harold S. Conrad Grebel. *Goshen: Mennonite Historical Society*, 1950.

Bergstren, Torsten. *Barthasar Hubmaier: Anabaptist Theologian and Martyr*. Translated from the German by Irwin J. Barnes and William R. Estep Valley Forge: Judson, 1978.

Bratt, John H. ed. *The Heritage of John Calvin*. Grand Rapids: Eerdmans, 1973.

Claus-Peter, Asen, *Anabaptism, A Social History, 1525-1618*. Ithaca: Cornell University Press, 1972.

Courvoisier, Jacques, *Zwingli, a Reformed Theologian*. Richmond, Va.: John Knox, 1963.

Dakin, Arthur. *Calvinism*, Philadelphia: Westminster, 1946.

Depperman, Klaus. *Melchior Hoffman*. Translated by Malcolm Wren and edited by Benjamin Drewry. Edinburgh: Clarke, 1987.

Dyck, Cornelius J., ed. *An Introduction to Mennonite History*. Scottdale, Pa.: Herald, 1967.

Epp, Frank H. *The Mennonites in Canada*, 1786-1921. Toronto: Macmillan, 1974.

Estep, William. *The Anabaptist Story*. Nashville: Broadman, 1963.

Farner, Oskar. *Zwingli the Reformer*. Translated by D. G. Sear. London: Lutterworth, 1952.

Hostetler, John A. *Hutterite Society*. Baltimore: Johns Hopkins, 1974.

Hostetler, John A., and Gertrude E. Huntington. *The Hutterites in North America*. New York: Holt. Rinehart, and Winston, 1967.

Hughes, Philip E., ed. and trans. *The Register of the Company of Pastors of Geneva in the Time of Calvin*. Grand Rapids: Eerdmans, 1966.

Hunt, Robert N. *Calvin*. London: Geoffrey Bles, 1933.

Jackson, Samuel M. *Huldreich Zwingli*, New York: Putnam, 1901.

McKim, Donald K., ed. *Encyclopedia of the Reformed Faith*. Louisville: Westminster/John Knox Press, 1992.

McNeill, John T. *The History and Character of Calvinism*. Rev. ed. New York: Oxford University Press, 1964.

Parker, T. H. *John Calvin: A Biography*. Philadelphia: Westminster, 1975.

Reid, W. Stanford, ed. *John Calvin: His Influence in the Western World*. Grand Rapids. Zondervan, 1982.

Reyburn, Hugh Y. *John Calvin*. London: Hodder and Stoughton, 1914.

Rillet, Jean H. *Zwingli: Third Man of the Reformation*. Translated by Harold Knight. Philadelphia: Westminster, 1964.

Ruth, John L. *Conrad Grebel*. Scottdale, Pa.: Harold, 1975.

Schaff, Philip. *Creeds of Christendom*. 3 vols. 6th ed. New York: Scribner, 1890.

Schultz, Selina G. *Caspar Schwenkfeld von Ossig*, 1489-1561. Norristown, Pa.: Board of Publication of the Schwenkfeld Church, 1946.

Vedder, Henry C. *Balthasar Hubmaier*. New York: Putnam, 1905.

Walker, Williston. *John Calvin*. New York: Shocken, 1906.

Wenger, John C., ed. *The Complete Writings of Menno Simons*. Translated by Leonard Verduin. Scottdale, Pa.: Herald, 1956.

Wilbur, E. M. *A History of Unitarianism*. Cambridge: Harvard University Press, 1945.

Williams, George H. *The Radical Reformation*. Philadelphia: Westminster, 1962.

Yoder, John H., ed. *The Legacy of Michael Sattler*. Scottdale, Pa.: Herald, 1973.

Zuck, Lowell H., ed. *Christianity and Revolution*. Philadelphia: Temple University Press, 1975.

제29장
스위스 밖의 개혁 신앙

16세기에 스칸디나비아 지방에서 루터파 신앙이 확장되어 있을 때, 칼빈주의는 독일의 라인 계곡, 헝가리, 모라비아, 프랑스, 네덜란드, 스코틀랜드, 아일랜드 북부 등지에서 추종자들을 얻었으며, 잠시 동안이지만 폴란드에서도 지지자들을 획득했다. 칼빈주의는 북부의 루터파 지역과 남부의 로마가톨릭 지역 사이에 형성되었다.

1. 프랑스의 개혁 신앙

1515년부터 1547년까지 프랑스를 통치한 프랑수아 1세는 이탈리아를 지배한 스페인의 통치자들과 거의 항상 싸웠다. 프랑스가 이탈리아 내부의 일에 개입한 것으로 말미암아 성경적 인문주의가 일어나게 되었다. 왜냐하면, 프랑스인들이 이탈리아에서 공부했고 과거로부터 내려온 지식의 전거들을 선호하게 되었기 때문이다. 자크 르페브르(Jacques Lefevre, 1455-1536)가 그러한 프랑스인이다. 르페브르는 성경을 원어로 공부하는 데 관심이 있던 이탈리아 인문주의자들 밑에서 수학했으며, 1525년에는 불가타를 표준으로 삼아 신약성경을 프랑스어로 번역하는 일을 완료했다. 그의 주변에는 파렐(Farel), 고전주의자인 부데(Bude), 유능한 히브리 학자인 바타블(Vatable), 그리고 왕의 누이인 나바르의 마가렛이 모였다. 모(Meaux)는 이 인문주의자들의 가르침의 중심지가 되었다. 이들은 로마가톨릭교회가 성경에 일치하도록 교회 내부의 개혁을 원했다.

주로 루터의 저술을 도입함으로써 야기된 루터파의 영향이 프랑스에서 종교개혁이 시작된 또 하나의 요인이다. 도시의 중산층 상인들 및 도시와 지방의 노동자들은 귀족들과 성직자들이 주축이 된 사회적, 정치적 독재에 불만을 느꼈고 로마교회의 타락상에 반대했다. 모의 성경적 인문주의자들의 사상과 루터의 가르침은 개혁을 이룰 방법으로서 그들에게 호소했다.

프로테스탄트 사상의 발흥에 놀란 프랑수아는 이단 사상의 전파가 계속되는 것을 저지하기 위해 무력을 사용하려 했다. 1525년에 모에 형성되었던 집단이 흩어졌고, 많은 사람이 프랑스를 떠나 도피했다. 소르본 대학이 1521년에 루터의 저술을 정죄했지만, 프로테스탄트 사상의 전파를 막지 못했다.

프랑스에서 전개된 운동에는 효과적인 지도자가 부족했다. 그러나 종교개혁의 원리를 받아들인 사람들은 신앙과 윤리를 위한 성경의 권위, 그리고 이신칭의 교리를 강조했다. 많은 사람은 불가타를 기초로 한 르페브르의 성경을 싫어했다. 오를레앙에서 칼빈에게 영향을 준 올리베탄(Olivetan)이 1535년에 새로 성경을 번역했는데, 그것은 사용하기 쉬웠다.

프랑스 종교개혁의 힘은 처음에는 성경적 인문주의자들과 루터의 사상에서 끌어낸 것이었지만, 칼빈의 개종으로 종교개혁 신앙을 대중화할 수 있는 유능한 저술가가 배출되었다. 1532년에 프랑스 남부의 발도파(Waldenses)가 칼빈주의를 받아들였다. 칼빈은 1536년에 프랑스에서 개신교 박해를 보고 변증서로 『기독교 강요』 초판을 발행했다. 그것은 충성스러운 백성인 프랑스 기독교인들을 옹호하며 박해의 중지를 제안하는 내용이었다. 그는 제네바 개신교인들의 지도자였듯이, 프랑스 개신교인들의 지도자였다. 1555년부터 1558년 사이에 제네바에서 교육받은 150명 이상의 목회자들이 프랑스로 파견되었다. 1538년에 시작된 박해에도 불구하고 서로 다른 신학적 견해를 지닌 비조직적 개신교인들이 1559년에 제네바의 도움을 받아 연합하여 조직적이고 자의식을 지닌 집단이 되었다. 통계에 의하면 앙리 2세(Henry II, 1549-59) 통치 초기에 개신교인들이 40만 명에 달했다고 한다. 프랑스의 위대한 해군 제독 콜리니(Coligny)도 개신교인이 되었다. 1559년에 최초의 국가적 종교회의가 파리에서 개최되었는데, 이 회의는 최초의 국가적 조직이었다. 그 회의에서 칼빈이 초안을 잡은 갈리아 신앙고백(Gallican Confession of Faith)[1]을 채택했다. 그 신앙고백은 근본적으로 칼빈의 신학 요약이었다. 1560년 이후 프랑스의 개신교인들은 위그노라고 불렸다. 그 명사의 기원은 확실하지 않지만, 그것은 프랑스 칼빈주의 개신교도들의 명예로운 명칭이 되었다.

위그노들은 강력하고 잘 조직되어 왕국 내에 하나의 왕국을 형성했다. 이것을 깨달은 정부는 정책을 바꾸어 1538년부터 1562년까지 진행된 박해에서 프랑스를 가톨릭의 품으로 복귀시키려는 종교전쟁으로 정책을 바꾸었다. 1562년부터 1598년 사이에 여덟 차례의 전쟁과 대학살이 있었다. 성 바돌로뮤 대학살은 1572년에 경건한 콜리니를 살해함으로써 시작되었다. 8월 23일과 24일 밤에 파리에서 약 2천 명이 살해되었다. 모두 2만 명이 살해되고 그들의 재산은 가톨릭교도들의 수중에 들어갔다. 국왕 샤를 9세에게 강력한 영향력을 미친 카트린 드 메디치(Catherine de Medici)가 가톨릭교도들로 하여금 이런 행동을 하도록 선동했다.

1593년에 위그노 지도자인 나바르의 앙리(Henry of Navarre)가 가톨릭으로 개종하고 앙리 4세로서 통치했다. 그는 1598년에 낭트 칙령[2]을 발포했다. 이것은 위그노에게 종교의 자유를 줌으로써 일정한 범위 안에서 예배의 자

---

1) Philip Schalff, *Creeds of Christendom*, 6th ed., 3 vols. (New York: Scribner,1890), 3: 356-82.

2) Henry Bettenson, *Documents of Christian Church*, 2d ed. (New York: Oxford University Press,1963), pp. 215-16.

위그노들은 프랑스 정부의 조직적 학살이 끝난 후 프랑스를 떠나야 했다.
이 그림은 1562년 투르에서의 학살을 묘사하고 있다.

유를 허용한 것이었다. 위그노들이 장악한 200개의 도시 중 몇 개의 도시에 수비대를 두는 것이 허용되었다. 이 칙령 덕분에 프랑스 내의 개신교운동이 보호되었다. 그러나 1685년에 루이 14세가 이 칙령을 폐지했다. 그는 하나의 국가, 하나의 통치자, 하나의 신앙을 원한 인물이다. 그리하여 20만 명에 달하는 위그노들이 프랑스를 떠나 영국, 프로이센, 네덜란드, 남아프리카, 북아메리카의 캐롤라이나 등지로 도피했다. 이들이 솜씨 좋은 장인(匠人)들과 중산층의 전문인들이었기 때문에, 위그노들이 떠난 것은 프랑스 경제에 큰 타격을 주었다. 이 때문에 18세기에 식민지 확보를 위한 싸움에서 프랑스는 영국에 패배했다. 그 이후 개혁주의 개신교운동은 프랑스에서 그리 큰 영향을 미치지 못했으며, 개신교도들은 소수 집단에 머물렀다.

프랑스의 가톨릭교회 내에서 발생한 얀센주의(Jansenism)는 영국의 청교도 운동(Puritanism)에 비견할 만한 유럽 대륙의 운동이었다. 두 운동 모두 주된 신학적 뿌리를 어거스틴의 견해에 두었다. 얀센주의는 트리엔트 공의회에서 결정된 토미즘 정통에서 개인 생활에 활력을 주게 될 것인바 성경에 기초를 둔 어거스틴주의로 복귀한 운동이다. 이 운동을 지칭하는 명사는 이프레(Ypres)의 주교 코넬리우스 얀센(Cornelius Jansen, 1585-1638)에게서 유래된 것이다. 얀센은 루뱅의 교수였다. 그의 저서 『어거스틴』(Augustinus)은 그의 사후인 1640년에 출판되었다. 그는 그 책에서 회심은 은혜로 말미암는 것인데, 은혜는 불가항력적인 것이며 이성으로 알 수 없다고 가르쳤다.[3] 얀센의 견해는 경건한 프랑스인들에게 폭넓게 받아들여졌지만, 특히 파리 근처의 포트 로얄(Port Royal) 수녀원이 가장 강력하게 그것을 받아들였다. 예수회는 그의 사상에 반대했다. 얀센은 예수회가 구원에서 은혜와 인간의 노력을 강조한다는 이유로 그들을 반(半)펠라기우스주의라고 비난했다.

블레즈 파스칼(Blaise Pascal, 1623-62)은 얀센주의를 지지했다. 그는 어려서는 병약했지만 조숙했고, 아버지에게서 수학을 배웠다. 그의 부친은 그에게 여러 개의 언어를 공부하게 하려고 기하학 책을 주지 않았는데, 그는 배운 적이 없는 유클리드의 32개 전제를 풀었다. 파스칼은 프랑스의 주도적 수학자가 되었다. 1654년에 경험한 심오한 종교적 체험으로 말미암아 그는 5년 전에 받아들였던 얀센과 성경의 가르침을 실감하게 되었다. 그는 얀센주의와 포트 로얄을 보호하기 위해 노력했다. 그의 누이 자끌린(Jacqueline)은 1652년에 포트 로얄 수녀원의 수녀가 되었다. 그는 1656년부터 1657년 사이에 『시

---

3) Ibid., pp. 269-70.

골 친구에게 부치는 편지』(*Provincial Letters*)를 저술했는데, 그 책에서 예수회의 의심스러운 도덕법을 공격했다. 그의 유명한 저서인 『팡세』(*Pensees*)는 그의 사후인 1670년에 출판되었다. 그는 이 책에서 인간의 타락, 그리고 감각과 이성이 인간을 속이는 방법, 그리스도 안에 있는 하나님의 구속 능력을 강조했다.

그러나 파스칼의 유력한 변호로도 얀센주의를 구할 수 없었다. 1710년에 왕의 명령으로 포트 로얄이 파괴되었고, 예수회의 영향을 받은 루이 14세는 얀센주의자들을 박해했다. 새 지도자인 빠스끼에 께스넬(Pasquier Quesnel, 1634-1719)은 네덜란드로 도피했다. 클레멘트 11세는 예수회의 강요로 1713년에 발표한 교서에서 께스넬의 저술을 정죄했다. 1723년에 네덜란드에 얀센파 가톨릭교회가 조직되었다. 그것은 로마교회 내에서 어거스틴주의를 북돋으려는 시도의 종식이었다.

2. 독일의 개혁 신앙

루터가 농민전쟁에 반대함으로써 라인 계곡 지역 농민들의 지지를 잃었을 때 많은 농민들이 재세례파가 되었다. 칼빈주의가 도입되면서 경제적으로 부유한 사람들이 칼빈주의를 받아들였다. 그보다 앞서 1530년에 라인 지역의 세 개의 도시와 스트라스부르가 『네 개 도시 신앙고백』(*Tetrapolitan Confession*)을 아우크스부르크 의회에 제출했다.

칼빈주의는 팔라티네이트(Palatinate: 라인 강 서쪽에 위치한 신성로마제국의 선거후령)에서 득세했는데, 이 지역의 선거후인 프레데릭 3세는 칼빈주의 신학과 장로교의 교회 통치에 공감했다. 1560년의 공개토론 후에 프레데릭은 칼빈주의에 찬성하기로 결정했다. 그는 자카리아스 우르시누스(Zacharias Ursinus, 1534-83)와 카스파르 올레비아누스(Kaspar Olevianus, 1536-87)에게 교회에서 사용할 요리문답 작성을 맡겼다. 그들이 하이델베르크 요리문답(Heidelberg

Catechism)을 작성했고, 그것은 1563년에 공식적으로 채택되었다.[4] 그것은 독일 개혁교회의 공식 신조가 되었다. 잠시 루터파의 개입이 있은 후에 개혁신앙이 확고히 자리를 잡았고, 하이델베르크 대학은 칼빈주의의 중심지가 되었다.

3. 헝가리의 개혁 신앙

헝가리에서 200만 명에서 300만 명이 개혁신앙을 가지고 있다는 사실을 아는 사람들이 극히 드물다. 마자르인(Magyar)들은 게르만족을 싫어했기 때문에 루터주의를 그리 환영하지 않았다. 그러나 1550년대 이후에 제네바와 비텐베르크에서 수학한 헝가리인들이 귀국하여 개신교 사상을 전파했다. 에르도시(John Erdosi)가 신약성경을 마자르어로 번역한 후 헝가리인들이 개신교를 받아들였다. 16세기 말에는 이 나라의 국민과 귀족들 다수가 개혁신앙을 받아들였다. 이렇게 된 데는 데바이(Matthew Devay, 1500-43)의 공이 크다. 1570년에는 1558년에 마련된 헝가리 신앙고백(Hungarian Confession)이 널리 보급되었다. 당시 소치니파와 반-삼위일체파가 세력을 확장하고 있었기 때문에 그 신앙고백의 서두에 유니테리언주의를 대적하는 성경적 논거들에 대한 진술이 등장한다.

1572년 이후 약 200년 동안 마자르 개혁교회는 심한 박해를 받았다. 예수회는 마자르인들을 로마교회 체계로 돌아가게 하려고 노력했다. 이러한 박해에도 불구하고 개신교인들은 흔들리지 않았으며, 1781년에 신교(信敎)의 자유를 획득했고, 1848년에는 종교의 자유를 획득했다.

4. 스코틀랜드의 개혁 신앙

1300년경에 에드워드 1세가 스코틀랜드를 영국의 통치 아래 두려다가 실패한 후 스코틀랜드는 영국의 적인 프랑스와 공동전선을 폈다. 따라서 영국

---

[4] Schaff, *Creeds*, 3:307-55.

은 프랑스와 전쟁할 때마다 북쪽에 있는 스코트족의 측면 공격을 예상했다. 그러나 종교개혁이 시작되어 두 국가가 개신교의 울타리 안에 들어서면서 두 나라의 관계가 개선되었다. 1603년에 두 국가가 같은 통치자의 다스림을 받게 된 후 17세기 초반에 있었던 감독제도와 장로제도 사이의 싸움은 두 국가 사이의 오랜 불화를 해소하는 데 도움이 되었다.

스코틀랜드 종교개혁 기간에 정치는 종교의 지배를 받았다. 그러나 영국에서는 종교보다 정치가 우선했다. 스코틀랜드의 귀족들과 중산층 시민들은 개혁을 이루기 위해 존 낙스의 지도로 연합하여 국왕을 대적했다. 영국에서의 종교개혁은 통치자의 법에 따라 상부에서부터 이루어졌다. 스코틀랜드의 종교개혁이 영국의 개혁보다 급진적이었음이 당연하다. 제네바를 제외하고는 칼빈주의의 영향이 가장 강력한 곳이 스코틀랜드였다.

스코틀랜드에는 강력한 통치자가 부족했기 때문에 강력한 벌족(閥族) 원수가 지배하는 지역이 많았다. 이러한 무정부 상태에서 도덕과 종교가 타락한 것은 당연한 일이었다. 축첩, 술 취함, 성직매매, 탐욕, 백성을 소홀히 하는 태도 등이 스코틀랜드 가톨릭교회 지도자들의 특징이었다. 로마교회의 이러한 상태는 종교개혁이 일어나는 데 작용한 부정적인 요인이다.

스코틀랜드 종교개혁이 일어나게 된 적극적인 원인 중 하나는 마르부르크와 비텐베르크에서 수학한 패트릭 해밀턴(Patrick Hamilton, 1503?-28)이 루터의 사상을 가르친 것이다. 해밀턴은 이신칭의를 강조하고 교황을 적그리스도라고 주장했기 때문에 1528년에 화형을 당했다. 조지 위샤트(George Wishart, 1513?-46)도 개신교 교리를 가르쳤기 때문에 1546년에 화형 되었다. 그는 존 낙스의 영적 발달에 큰 영향을 주었다. 스코틀랜드인 상인들이 들여온 틴데일의 신약성경도 개신교 사상을 진작하는 데 영향을 미쳤다.

메리 스튜어트(Mary Stuart)가 교육을 위해 프랑스에 보내졌고 장차 프랑스 국왕이 될 젊은 후계자와 결혼했을 때 스코틀랜드인들과 왕실은 거리가 멀어졌다. 스코틀랜드인들은 이 결혼 때문에 스코틀랜드가 프랑스 일부가 될까 염려했다. 또 그들은 스코틀랜드에 머무는 프랑스인들의 방종한 행실에 반감을 느꼈다. 로마교회의 실책, 그리고 종교개혁 신학의 전파 등이 스코틀랜드 종교개혁을 위한 바람직한 분위기를 형성했다.

한편 장차 스코틀랜드에서 종교개혁을 이룰 인물이 그 과업을 준비하고 있었다. 존 낙스(John Knox, 1514?-1572)는 때로 거칠지만 담대한 사람으로서 하나님 외에 누구도 두려워하지 않았다. 그는 성 앤드류 대학에서 교육을 받았고, 1536년에 사제로 임명되었다. 그는 위샤트의 추종자가 되었는데, 성 앤드류 수비대의 개신교 군사들에게 전도하다가 프랑스인들에게 붙잡혔다. 그는 19개월 동안 프랑스의 전함에서 노예로 일하다가 포로 교환을 통해 석방되었다. 영국의 에드워드 6세가 그에게 로체스터의 주교직을 제공했지만, 그는 거절했다. 그 후 낙스는 황실의 궁중목사가 되었다. 메리 튜더가 영국의 왕이 되었을 때 낙스는 유럽으로 도피했으며, 프랑크푸르트에서 종교적 유랑민들을 위해 사역했다. 그는 칼빈의 영향을 많이 받았다. 그는 칼빈을 "하나님의 탁월한 종"으로 여겼다.

1557년 12월 프랑스가 스코틀랜드에 개입하는 것 및 "사탄의 회중"(로마가톨릭교회를 지칭하는 말)의 우상숭배에 염증을 느낀 스코틀랜드 귀족들이 에든버러에 모였다. 이 귀족들은 스코틀랜드에 "하나님의 말씀"을 확립하기 위해 목숨과 재산을 바치겠다는 맹약을 맺었다. 상황이 이러할 때 낙스는 1559년에 칼빈주의 사상을 전하는 불같은 예언자로서 스코틀랜드에 돌아왔다. 메리 스튜어트와 그녀의 남편이 프랑스의 통치자가 되었을 때 프랑스 군사들이 스코틀랜드에 투입되었다. 이에 스코틀랜드인들은 영국의 여왕 엘리자베스에게 도움을 청했다. 노련한 외교가인 엘리자베스는 자기들의 군주에게 반역하는 민족을 도와주기를 주저했다. 게다가 그녀는 낙스를 좋아하지 않았는데, 그 이유는 1558년에 낙스가 『괴물 같은 여인들의 통치에 대한 제1차 나팔 소리』(The First Blast of the Trumpet Against the Monstrous Regiment of Women)라는 제목으로 스코틀랜드의 여자 섭정과 메리 튜더를 공격하는 소책자를 펴냈기 때문이다. 그는 그 책에서 여인이 통치하는 것이 하나님과 자연과 하나님의 말씀에 어긋난다고 주장했다. 그 이유는 "선한 질서, 공의, 그리고 평등을 뒤집는 것"을 의미한다는 것이었다. 그러나 스코틀랜드에 프랑스 군대가 주둔하는 것이 영국의 안전에 위협이 되므로, 그녀는 1560년에 함대와 돈을 보냈다. 1560년에 맺은 에든버러 조약은 120명으로 구성된 프랑스 군대가 무해한 힘의 상징으로 스코틀랜드에 주둔한다는 것, 프랑스인들이 스코틀랜드에서 공직을 맡지 못한다는 것, 그리고 메리 스튜어트의 남편인 프랑수아 2세는 영국을 상대로 전쟁을 벌여서는 안 된다는 것 등을 교정했다. 이로 말미암아 프랑스의 스코틀랜드 지배가 종식되었으며, 개혁에 관심을 가진 스코틀랜드 귀족들이 부름을 받아 총회의 귀족들이 종교개혁의 뜻을 진작시킬 수 있게 되었다.

    1560년에 스코틀랜드 의회가 소집되었고, 낙스의 지도로 개혁을 추진했다. 교황의 스코틀랜드 교회 지배가 끝났고, 미사가 불법적인 것으로 선포되었고, 이단자들을 대적하는 법령이 폐지되었다. 그 의회는 낙스를 비롯하여 "존"이라는 성을 가진 여섯 명이 일주일 동안 작성한 스코틀랜드 신앙고백을 채택했다.[5] 그 신앙고백서는 칼빈주의 색채를 띠었고, 1647년에 웨스트민스터 신앙고백이 채택될 때까지 스코틀랜드의 주요 신앙고백으로 사용되었다. 후에 『권징 조례』(Book of Discipline)의 제1권, 1561년에 『공동예식서』(Book of Common Order)가 작성되었다. 스코틀랜드 교회도 장로회, 교회회의, 그리고 국민의회로 조직되었고, 제네바의 개혁교회처럼 장로들에 의해 대의 통치 체계를 갖추었다. 그리하여 스코틀랜드 의회의 법령에 의해 피 흘림이

---

5) Ibid., 3:436-79.

없이 종교개혁이 성취되었다. 그러나 낙스와 그의 동료들은 종교개혁이 확고히 자리 잡을 때까지 계속 시련에 직면했다.

메리 스튜어트(Mary Stuart, 1542-1587)는 프랑스의 통치자인 남편이 사망한 후인 1561년에 스코틀랜드에 도착했다. 당시 스코틀랜드에서는 위에서 언급한 변화가 진행 중이었다. 메리는 똑똑한 미모의 여인으로서 가톨릭 신앙을 가지고 있

스코틀랜드의 종교개혁자 존 낙스가 귀족들에게 설교하고 있다.

었다. 엄격하고 솔직한 낙스는 여러 번 메리를 접견했는데, 메리의 눈물과 감언이설에 넘어가지 않았다. 메리는 국내의 문제들 때문에 결국 패배했다. 1565년에 그녀는 허영심과 질투심이 강한 사촌 단리(Danley)와 결혼했다. 메리가 그녀의 이탈리아인 비서와 연애한다고 생각한 단리는 메리 앞에서 비서를 살해했다. 그들 사이에서 태어난 아들이 후일 스코틀랜드의 제임스 6세요 영국의 제임스 1세가 되었다. 그러나 메리는 비서가 살해된 후 단리가 필요하지 않았고 보스웰 경(Lord Boswell)과 사랑에 빠졌다. 단리는 자신이 머물고 있던 에든버러의 오두막에서 폭사했다. 1567년에 메리는 보스웰과 결혼했는데, 보스웰이 단리를 살해한 것으로 추정된다. 이 일로 인해 격분한 스코틀랜드 의회는 그녀에게 양위할 것을 요구했다. 1569년에 메리는 영국으로 도망하여 엘리자베스에게 보호를 청했다. 엘리자베스는 메리를 보호해주었는데, 메리가 엘리자베스를 암살하고 영국의 왕위에 오르려 한 음모가 드러났다. 1587년에 엘리자베스는 메리를 처형하는 데 동의했다.

낙스는 1572년에 사망했다. 중산층이 정치를 장악했고, 스코틀랜드 국민은 교회통치를 위한 장로회 체계와 칼빈주의 신학을 채택했다. 스코틀랜드를 통해서 영국의 안전을 위협하던 프랑스의 위협이 영구히 사라졌고, 영국과 스코틀랜드의 정치적 연합을 방해하는 종교적 장애물이 제거되었으므로 1603년에 두 나라를 하나의 통치자 아래 통일했고, 1707년에는 하나의 의회를 가진 하나의 왕국이 되었다. 스코틀랜드 종교개혁은 간접적으로 아메리카에 영향을 미쳤다. 왜냐하면, 많은 스코틀랜드 장로교인들이 17세기 초에 아일랜드 북부로 이주했고, 18세기 초에 거기서 다시 20만 명이 아메리카로 이주했기 때문이다. 따라서 아메리카 대륙의 장로교회는 스코틀랜드 장로교회의 후손이다.

1572년에 스코틀랜드에 감독교회 통치를 도입하려는 시도가 있었다. 그리하여 교황제를 대적한 전쟁 대신에 주교들에 대항하는 싸움이 시작되었다. 성 앤드류 대학 학장인 앤드류 멜빌(Andrew Melville, 1545-1622)이 장로제 교회 통치 체계를 회복하기 위한 싸움을 주도했다. 1581년에 경험적 토대 위에 다시 장로회가 세워졌다. 1592년에 국왕 제임스 6세의 반대에도 불구하고 장로교가 스코틀랜드의 국교가 되었다. 1603년부터 1640년 사이에 스튜어트 왕조는 감독체계를 다시 도입하려 했지만 성공하지 못했고, 1690년에 장로교가 스코틀랜드의 국교가 되었다.

5. 아일랜드의 개혁 신앙

영국인들은 영국과 웨일스를 통합했고, 궁극적으로 스코틀랜드도 통합했다. 그러나 그들은 단기간 외에는 아일랜드를 통합하지 못했다. 그 짧은 기간의 통합도 힘으로 강요된 것이었다. 이것은 피정복민이 정복민에 대해 품은 증오심, 아일랜드가 경제적으로 영국에 예속되어 있었던 것, 그리고 아일랜드인들을 개신교 신앙으로 끌어오는 데 실패한 데 따른 결과였다.

종교개혁 기간에 아일랜드가 영국에 반역한 1557년에 의회는 패배한 반도

(叛徒)들의 땅을 몰수하여 그중 삼 분의 이를 영국인 정착민들에게 하사하도록 법으로 규정했다. 이로 말미암아 식민 정책이 시작되었는데, 그 결과 오늘날 아일랜드가 분열하게 되었다. 스페인 지도자들과 반역한 아일랜드 지도자들 사이의 음모로 인해 1598년부터 1603년 사이에 반역이 일어났는데, 이 사건은 엘리자베스 여왕의 통치 말년에 흠집을 냈다. 영국 국왕이 된 제임스 1세는 개신교인들로 북아일랜드를 식민화하기로 했다. 대부분의 개신교인이 스코틀랜드 장로교인이었고, 그들이 북부 지방 주민의 대부분을 이루었다. 얼스터(Ulster)는 장로교 지역이 되었고, 벨파스트(Belfast)는 장로교 도시가 되었다. 이 스코틀랜드-아일랜드 장로교인들이 현재 북아일랜드 주민들의 조상이다.

1700년 무렵 영국이 그들에게 경제적 어려움을 주었을 때, 약 20만 명이 북아메리카로 이주했다. 그들은 1750년에 아메리카, 특히 오늘날의 피츠버그 인근에 장로교주의를 세웠다. 이처럼 스코틀랜드 장로교인들이 아일랜드를 식민화한 것이 오늘날 아일랜드의 북부가 같은 왕의 지도로 영국 및 스코틀랜드와 통합하였고, 반면에 남부 지역은 자유 공화국으로 존재하는 이유 중 하나이다. 아일랜드 남부는 종교개혁을 받아들이지 않고 교황에게 충성했다.

6. 네덜란드의 개혁 신앙

네덜란드의 7개 주가 교황에게 반란을 일으킨 것을 스페인의 지배에 대한 네덜란드의 정치적 반란과 분리해서 생각해서는 안 된다. 이 싸움에서 엘리자베스 여왕이 다스린 영국은 필립 2세를 괴롭히기 위해서 네덜란드를 도왔다. 필립 2세는 로마교회를 지원하며 영국의 여왕이었던 죽은 아내 메리 튜더를 빙자하여 영국의 왕권을 요구하고 있었다. 네덜란드 국민은 결국 자유를 얻었고 개혁신앙을 채택했다.

루터주의는 네덜란드인들이 종교적 반란을 일으키는 데 작용했지만, 네덜란드인들의 충성을 획득하는 데는 실패했다. 농민전쟁 이후 루터가 제후들의 권위를 강조한 것은 스페인 통치자들에 대한 반란을 일으키게 될 네덜란드인들의 마음에 들지 않았다. 그보다 민주적인 칼빈주의가 로마교회 체계의 타락상을 피할 수 있는 길로서 그들의 마음을 흡족하게 해주었다.

네덜란드가 에라스무스와 공동생활 형제단이 활동한 나라임을 기억해야 한다. 최초의 네덜란드어 신약성경이 1523년에 출판됨으로써 네덜란드인들은 자기 나라에서 활동하는 로마교회와 신약성경에 나타난 교회를 비교할 수 있게 되었다.

이러한 여러 요인이 스페인 통치자와 교황의 지배를 대적한 정치적-종교적 반란에 협력하여 작용했다. 네덜란드는 가톨릭 종교개혁이 시작된 후 개신교를 받아들인 유일한 국가이다.

1525년 이전에는 종교개혁을 받아들인 사람들은 루터를 따랐다. 그러나 그 이후부터 1540년경까지는 재세례파를 추종하는 세력이 강력했다. 1540년부터 네덜란드 종교개혁은 칼빈주의 노선으로 진행되었다. 1560년에는 대부분의 개신교인이 칼빈주의자였고, 메노 시몬스가 이끄는 재세례파는 소수 집단이 되었고, 루터의 사상을 추종하는 사람들도 소수 집단을 이루고 있었다. 독립적인 네덜란드 시민들에게 있어서 루터주의의 소극적인 순종이나 재세례파의 혁명적 정신은 폭정으로부터의 자유를 강조하는 칼빈주의만큼 호소력을 발휘하지 못했다. 1524년에 이 소중한 스페인의 소유지에서 개신교를 몰아내기 위해 종교재판소가 조직되었음에도 개신교는 계속 퍼져갔다.

1555년에 경건한 로마가톨릭 신자인 필립 2세가 양위한 부친 카를 5세의 뒤를 이어 스페인의 왕이 되었다. 그는 스페인령 네덜란드를 다시 교황의 울타리 안에 돌아오게 하기로 했다. 면죄와 잔인성 사이에서 우왕좌왕하는 그의 우유부단함 때문에 네덜란드인들은 그를 대적하여 봉기했다. 네덜란드 귀족들은 1565년에 브레다 타협안(Comprise of Breda)을 작성했으며, 종교재판소와 이단자들을 다루는 법령의 시행을 연기해줄 것을 호소했다. 1565년에 플랑드르에서 발생한 폭동과 1566년에 네덜란드에서 개신교인들이 일으킨 폭동에서 400개에 달하는 로마교회가 약탈당하고 미사에 사용되는 성체가 더럽혀졌다. 필립은 1569년에 네덜란드의 섭정으로 임명한 알바 공(Duke of Alva)을 통해서 이에 대해 강력한 조처를 시행했다. 알바 공은 1만 명의 스페인 군사들의 힘을 뒤에 업고 특별법정을 세우고 공포통치를 시작했다. 그는 1567년부터 1573년 사이에 약 2천 명을 처형했다. 16세기 말에는 4만 명이 다른 나라로 이주했다. 스페인이 막중한 세금을 부과한 것 역시 네덜란드를 가난하게 하는 위협이 되었다.

  스페인의 정책에 대한 저항의 중심은 침묵자(the Silent)라고 알려진 윌리엄(William of Orange)이었다. 1568년에 반란이 시작되었지만, 윌리엄의 군대는 알바의 정예병의 상대가 되지 못했고, 윌리엄은 독일로 퇴각했다. 육지에서의 싸움에서 승산이 없었기 때문에 네덜란드인들은 바다의 거지들(Beggars of the Sea)이 되었다. 그들은 1569년까지 바다를 장악하고서 스페인의 교역을 짓밟았다. 알바는 오랫동안 포위한 끝에 반란을 일으킨 도시들을 정복하고 대량 학살을 했다. 어느 도시를 공격할 때는 수로를 파괴하여 바닷물이 마을로 범람했기 때문에 공격을 중지했다. 1576년에 알바의 후임자 휘하의 스페인 군인들이 앤트워프를 약탈하고 7천 명을 살해했다. "스페인군의 광기"(Spanish fury)라고 알려진 이 사건 때문에 네덜란드인의 민족정신이 분기했다. 1576년에 스페인을 몰아내기 위한 겐트 협정(Pacification of Ghent)을 맺어 칼빈주의를 추종하는 홀란드(Holland)와 젤란드(Zeeland)가 다른 주들과 통합했다.

  인종, 언어, 생활방식, 특히 종교의 차이 때문에 남부 지방에 있는 가톨릭 진영의 플랑드르 사람들(오늘날의 벨기에)과 칼빈주의를 추종하는 북부 네덜란드인들이 분열했다. 1579년에 북부의 7개 주가 위트레흐트동맹(Union of

Utrecht)을 결성했고, 1581년에는 공식적으로 스페인 국왕의 주권을 거부했다. 오렌지의 윌리엄의 지도로래 현대 네덜란드의 기초가 놓였다. 결국, 네덜란드인들은 자유를 위한 싸움에서 승리했지만, 그 과정에서 그들의 위대한 지도자인 윌리엄이 1584년에 암살되었다. 영국의 도움, 그리고 1588년에 영국이 스페인의 무적함대를 궤멸시킨 것 등은 네덜란드인들을 다시 지배하려는 스페인으로부터 비교적 자유롭게 해주었다. 그러나 1648년에 베스트팔렌 조약(Treaty of Westphalia)이 체결되면서 비로소 전쟁이 끝나고 네덜란드 공화국이 공식적으로 조직되었다. 네덜란드는 17세기에 해양 강국이 되어, 동아시아 지방과 서반구에 부유한 제국을 건설했다.

네덜란드인들은 국가의 독립을 위해 싸우는 동안 교회 조직과 신학의 발달을 등한히 하지 않았다. 1571년에 엠덴(Emden)에서 개최된 전국 총회는 교회가 장로제의 통치 체계를 채택하기로 했다. 그 조직은 당회, 종교법원, 총회 등을 갖추게 되어 있었다. 그 회의에서 벨직 신앙고백(Belgic Confession)[6]을 채택했다. 그것은 1561년에 귀도 드 브레(Guido de Bres, 1527-67)가 작성한 것을 앤트워프에서 사역하는 칼빈주의 목사인 프란시스 유니우스(Francis Junius)가 개정한 것이다. 그 신앙고백이 1566년에 앤트워프에서 채택되었고, 1574년에 도르트 종교회의에서 승인되었다. 이 신앙고백과 하이델베르크 요리문답이 네덜란드 개혁교회의 신학적 표준이 되었다. 1575년에 레이덴(Leyden) 시가 포위에서 해방된 것을 기념하여 설립된 레이덴 대학이 칼빈주의 신학 연구의 중심지가 되었다. 네덜란드의 칼빈주의자들은 기독교 신앙의 불굴의 수호자였다.

그러나 네덜란드에서 승리한 칼빈주의는 아르미니우스주의의 발달로 최초의 반대에 직면했다. 아르미니우스주의의 창시자인 아르미니우스(James

---

[6] Ibid., 3:383-436.

Arminius, 1559-1609)는 친구들의 돈으로 공부했으며 나중에는 암스테르담 공공기관의 후원을 받아서 공부했다. 그는 레이덴에서 수학했고, 제네바에서는 베자(Beza)에게 배웠다. 그는 이탈리아를 널리 여행했다. 암스테르담에서 15년 동안 목회한 후 1603년에 레이덴 대학 신학교수가 되었다. 그는 하나님을 죄의 창시자로 간주하지 않으며 인간을 하나님의 수중에 있는 기계로 간주하지 않게 하려고 칼빈주의를 수정하려 했는데, 이 때문에 동료인 프란시스 고마르(Francis Gomar)의 공격을 받았다. 아르미니우스는 그 문제에 관한 종교회의 소집을 요청했지만, 회의가 소집되기 전에 사망했다. 아르미니우스의 지지자들은 1610년에 자기들의 사상을 『항의서』(Remonstrance)[7]라는 책으로 펴냈다. 국제법에 관해 저술한 휴고 그로티우스(Hugo Grotius)도 아르미니우스의 지지자였다.

아르미니우스와 칼빈 모두 아담의 죄를 물려받은 인간은 하나님의 진노 아래 있다고 가르쳤다. 그러나 아르미니우스는 하나님이 인간에게 하나님의 의지와 협력할 수 있는 은혜를 주신 후로는 인간이 자기의 구원을 주도할 수 있다고 믿었다.[8] 반면에 칼빈은 인간의 의지가 아담의 타락으로 말미암아 매우 타락했기 때문에 구원은 완전히 하나님의 은혜에 속한다고 생각했다. 아르미니우스는 예정론을 받아들였지만 어떤 사람을 구원하고 어떤 사람을 저주하는 섭리의 토대가 하나님의 예지에 있다고 믿었다.[9] 따라서 예정은 무조건적인 것이 아니라 조건적이다. 반면에 칼빈은 은혜를 주시거나 정죄하시는 것이 하나님의 주권에 의한 무조건적인 선택이라고 생각했다. 아르미니

---

7) Ibid., 3:535-49; Bettenson, *Documents*, pp. 268-29.

8) James Arminius, *Works*, trans. by James Nichols and W. R. Bagnall, 3 vols. (Buffalo; Derby, Miller & Orton, 1853), 1:329; 2:472-73.

9) Ibid., 1:248.

우스도 그리스도의 죽음이 모든 사람을 위해 충분하지만 오직 신자들을 위해서만 유효하다고 믿었다. 칼빈은 대속을 구원으로 선택된 사람들에게 제한했다.[10] 아르미니우스는 사람이 하나님의 구원하시는 은혜에 저항할 수 있다고 가르친 반면[11] 칼빈은 하나님의 은혜를 불가항력적이라고 가르쳤다. 칼빈이 성도의 견인을 강조했지만 아르미니우스는 하나님이 은혜를 주시므로 성도들이 실족할 염려가 없지만, 성경은 인간이 구원에서 떨어져 나갈 수 있다고 가르친다고 응답했다.[12] 아르미니우스는 하나님이 죄를 지으신 분[13]이 되는 것을 원하지 않았으며, 인간이 자동 기계처럼 되는 것도 원하지 않았다. 그는 이렇게 칼빈의 사상을 수정함으로써 신학에 대한 위험요소들을 제거할 수 있다고 생각했다.

1618년부터 1619년까지 도르트에서 종교회의가 열렸다. 그 회의는 국제적인 칼빈주의 회의였다. 왜냐하면 130명의 참석자들 중에서 128명이 영국, 브레멘, 헤세, 팔라티네이트, 프랑스, 스위스 등지에서 온 칼빈주의자들이었기 때문이다. 아르미니우스파 사람들은 피고로 회의에 참석했다.

1610년에 작성된 『항의서』를 반대하는 도르트 신조(Canons of Dort), 즉 칼빈주의 5개 조항이 작성되었고, 아르미니우스를 추종하는 성직자들은 직책을 박탈당했다. 1625년에 비로소 아르미니우스파에 대한 박해가 그쳤다. 아르미니우스주의는 17세기에는 영국 국교회의 한 진영, 18세기에는 메토디스트 운동, 그리고 구세군에게 상당한 영향을 미쳤다.

---

10) Ibid., 1:316-17.

11) Ibid., 1:254; 2:497.

12) Ibid., 1:254, 281.

13) Ibid., 2:490.

존 코에키우스(John Coeccius, 1603-69)는 네덜란드의 유능한 성경학자로서 아담과 관련된 행위의 언약이 그리스도 안에 있는 은혜의 새 언약으로 대치되었다는 사상을 발달시켰다. 지금도 네덜란드 개혁교회(Dutch Reformed Church), 기독교 개혁교회(Christian Reformed Church)가 이 사상을 신봉하고 있다. 훨씬 후에 아브라함 카이퍼(Abraham Kuyper, 1837-1921)는 암스테르담 자유대학(Free University of Amsterdam)을 세우고 칼빈주의를 북돋웠다.

참고문헌

Bangs, Carl. *Arminius*. Nashville: Abingdon, 1971.

Brown, Peter H. *John Knox*, 2 vols. London: Black, 1895.

Burleigh, J. H. S. *A Church History of Scotland*. Oxford: Oxford University Press, 1960.

Cailet, Emile. *Pascal*. Philadelphia: Westminster, 1945.

Cameron, Nigel M. ed S., gen. ed. *Dictionary of Scottish History and Theology*. Downers Grove, Ill.: InterVarsity Press, 1993.

Classen, Claus Peter. *The Palatinate in European History*, 1559-1660. Oxford: Blackwell, 1963.

Cowan, Henry. *John Knox*. New York: Putnam, 1905.

De Jong, Peter Y., ed. *Crisis in the Reformed Churches*. Grand Rapids: Reformed Fellowship, 1968.

Dickinson, William C. *A New History of Scotland*. London: Nelson, 1962.

Dickinson, William C , et al., eds. *A Source Book of Scottish History*. London: Nelson, 1962.

Donaldson, Gordon. *The Scottish Reformation*. Cambridge: Cambridge University Press, 1960.

Knox, John. *History of the Reformation in Scotland*. 2 vols. Edited by William C. Dickinson. New York: Philosophical Library, 1950.

MacGregor, Geddes. *The Thundering Scot: A Portrait of John Knox*.

Philadelphia: Westminster, 1957.

Renwick, A. M. *The Story of the Scottish Reformation*. Grand Rapids: Eerdmans, 1960.

Ridley, John. *John Knox*. New York: Oxford University Press, 1968.

Roche, O. J. A. *The Days of the Upright*. New York: Potter, 1965.

Romanes, Ethel. *The Story of Port Royal*. London: Murray, 1907.

Ziff, Otto. *The Huguenots*. New York: Fischer, 1942.

제30장
영국의 종교개혁과 청교도운동

개신교 종교개혁으로 루터파, 재세례파, 그리고 개혁파가 생겨났다. 네 번째로 생겨난 교파는 영국 성공회의 개혁으로서 영국과 미합중국에는 가장 중요한 것이다. 그것은 보수적으로 개혁에 임한다는 점에서 루터파 운동과 어깨를 나란히 한다. 영국에는 루터나 칼빈 같은 탁월한 종교 지도자가 없었기 때문에 국교회 지도자인 통치자가 개혁운동을 주도했다. 이런 이유로 그것은 평신도 정치 운동으로 시작되어 종교운동으로 계속되었는데, 16세기 중반에 엘리자베스 여왕이 왕위에 오르면서 종식되었다. 영국이 전 세계로 확장됨에 따라 그 운동도 전 세계로 전파되었다.

위클리프의 가르침을 전파하기 위해 조직된 롤라드파는 완전히 근절된 적이 없었다. 15세기에 그들의 가르침이 지하 종교운동을 통해 영국의 가난한 가정에 유포되었다. 그들은 성경의 권위 및 그리스도와의 개인적인 관계의 필요성을 강조했는데, 그것이 16세기 초 영국 내 정치개혁의 등장과 더불어 부흥했다.

1485년부터 1603년까지 영국을 통치한 튜더 왕조의 통치자들은 강력한 민족국가를 확립했으며, 통치자는 군대와 관료제도를 통해서 신흥 중산층이 사업하는 데 필요한 안전을 제공할 수 있었음을 기억해야 한다. 중산층은 그

1. 영국교회의 개혁

1) 영국 종교개혁의 원인

에 대한 보답으로 자기들의 자유를 제한하는 조처를 받아들이고 통치자와 협력했다. 통치자는 국가를 다스리는 데 그들을 이용했다. 과거의 봉건귀족들은 장미전쟁 기간에 일종의 계층 자살을 했기 때문에 1485년에는 봉건귀족들이 실질적으로 사라졌다. 국왕과 중산층은 국가의 복지를 증진하는 일에 협력했다. 이런 이유로 영국 교회를 로마에서 분리하려는 국왕의 노력을 지지하는 민족의식이 생겨났다. 로마교회가 영국 내의 많은 토지를 지배하고 있는 것, 많은 액수의 돈이 로마로 흘러 들어가는 결과를 낳은 교황청의 세금부과, 왕실의 법정과 경쟁이 되는 교회 법정 등이 통치자와 백성들 모두를 분개하게 했다. 이런 문제들 때문에 헨리 8세가 로마와의 결별을 결정했을 때 국가는 헨리를 지지했다.

영국의 헨리 8세(한스 홀바인의 작품)는 교황이 자신의 이혼을 인정하지 않자 수장령으로 영국국교회를 설립하고 종교개혁을 단행했다.

   지적 요인도 무시할 수 없다. 성경적 인문주의자들, 또는 세인트 폴 교회의 부주교인 존 콜렛(John Colet, 1466?-1519)을 비롯한 옥스퍼드 대학의 개혁자들이 16세기 초에 에라스무스의 헬라어 신약성경을 통해 성경을 원어로 공부하고 성경의 의미를 백성들에게 해석해주기 시작했다. 이 인문주의자들은 로마교회의 타락상에 대해 매우 비판적이었고 개혁을 갈망했다. 윌리엄 틴데일(William Tyndale, 1494?-1536)과 후일 영국인이 모국어 성경을 이용할 수 있게 한 커버데일(Miles Coverdale)도 개혁자였다. 틴데일은 1525년에 보름스에서 자신이 번역한 신약성경을 3천 부씩 두 번 발행했다. 이것은 에라스무스의 헬라어 신약성경을 번역한 것으로서 최초로 인쇄된 영어 신약성경이었다.

그것은 친한 상인들에 의해 영국에 보급되었다. 틴데일은 1536년에 브뤼셀 근처에서 순교했지만, 그의 업적은 살아남아 영국 종교개혁에 자극을 주었다. 커버데일은 1535년에 최초로 완전한 영어 성경을 출판했다. 종교개혁을 연구하는 사람은 종교개혁의 성패가 성경을 평민들의 언어로 번역하는 일과 밀접하게 연결되어 있음에 감명을 받는다.

루터의 저술들도 영국에 널리 유포되었다. 옥스퍼드와 케임브리지 대학의 학자들은 로마교회의 악습을 비판한 루티의 『바빌론 유수』(Babylon Captivity)를 연구했다. 1521년에 헨리 8세는 『7 성사를 인정함』(In Defence of the Seven Sacrament)[1]이라는 글로써 이 소책자를 공격했다. 이를 고맙게 여긴 교황은 그에게 "신앙의 수호자"(Defender of the Faith)라는 칭호를 수여했다. 그 후 영국의 통치자들은 이 칭호를 사용해왔다. 루터의 책들을 공개적으로 불태우는 것으로는 그의 사상의 전파를 막을 수 없었다. 틴데일과 토마스 크랜머(Thomas Cranmer)는 개신교 사상에 매료되었다.

영국 국교회의 개혁이 도래한 직접적인 원인은 헨리 8세의 연애사건이 아니라 합법적인 후계자를 얻고 싶은 그의 소원이었다. 헨리 8세와 캐서린 사이에서 아들을 얻을 수 없는 것 같았다. 헨리가 캐서린과 이혼하고 앤 볼린(Anne Boleyn)과 결혼하려면 영국 내의 로마교회를 자신의 통제 아래 두어야 했다. 헨리가 취한 조치는 종교개혁이 시작된 직접적이고 개인적인 원인이 되었다.

2) 헨리 8세(1509-47) 시대의 로마 교황청에 대한 반란

1509년부터 1547년까지 재위한 헨리 8세는 관대하고 교양 있는 군주였다. 그는 신학을 알았고 훌륭한 음악가였으며, 영어뿐만 아니라 라틴어, 프랑스어, 스페인어를 구사할 수 있었다. 그는 인색했던 부왕 헨리 7세와는 달리 영

---

1) Hans J. Hilerbrand, *The Reformation* (New York: Harper, 1964), pp. 310-15.

국 국민의 인기를 얻는 데 도움이 되는 장기, 궁술, 테니스 등의 운동을 즐겼다. 헨리 7세는 정략결혼으로 자신의 혈통을 유럽의 중요한 왕실과 연결하려 했다. 그의 딸 마가렛은 스코틀랜드의 제임스와 결혼했다(그녀의 증손자인 스코틀랜드의 제임스 6세는 1603년에 영국의 제임스 1세가 되었다). 그의 아들 아서는 스페인의 공주인 아라곤의 캐서린(Catherine of Aragon)과 결혼했다. 1503년에 아서가 사망하자 인색한 왕은 카타리나의 지참금을 잃지 않으려고 교황 율리우스 2세에게 캐서린이 아서의 동생 헨리와 결혼할 수 있게 해달라고 설득했다. 헨리와 캐서린 사이의 소생은 딸 하나뿐이었다. 후일 이 아이가 메리 튜더로 영국을 통치했다.

헨리는 자기가 죽은 후에 국제적으로 혼란한 시기에 국가를 돌볼 남자 통치자가 필요하다고 여겼기 때문에 캐서린과의 사이에서 아들을 얻을 수 없음이 분명해지자 염려하기 시작했다. 또 그는 자신이 형의 미망인과 결혼한 것이 교회법과 레위기 20장 21절에 어긋나는 행동이므로 하나님이 자기를 벌하시고 있다고 생각했다. 앤 볼린과 사랑에 빠진 헨리는 자기의 고문인 울지(Wolsey) 추기경에게 캐서린과의 이혼 문제로 클레멘트 7세와 협상하라고 지시했다. 클레멘트 7세는 1527년에 캐서린의 조카요 스페인의 통치자요 독일 황제인 카를 5세의 지배 아래 있었기 때문에 이 요청을 수락할 수 없었다. 이혼에 실패한 헨리는 울지를 반역죄로 고발했지만 압송 도중에 울지가 사망했으므로 헨리는 그를 처형하지 못했다.

토머스 크롬웰이 총리가 되었고, 1532년에는 개신교인인 토마스 크랜머(1489-1556)가 캔터베리의 대주교가 되었다. 교황이 헨리의 결혼을 허락하지 않을 것이 분명했으므로 헨리는 의회가 영국 성직자들에게 압력을 넣어 그 일을 관철하려 했다. 튜더 의회는 백성들의 대의제였지만, 튜더 왕조 사람들은 부드러운 벨벳 장갑 속에 거센 주먹을 감추고 있는 독재자였기 때문에 의회는 백성들이 아닌 국왕에게 충성했다. 그리하여 영국에서의 종교개혁이 평신도인 통치자와 의회의 권위에 의해 시작되었다. 개혁의회는 로마가톨릭 교회의 지배와 수도원운동을 중지시켰다.

1531년에 영국 성직자들이 울지를 교황청 대사로 받아들였으므로, 헨리는 그들을 교황이 임명한 성직자들을 인정하지 못하게 하는 법을 범했다고 고발했다. 헨리는 그들이 자신을 영국 교회의 머리로 인정하게 했고, 그들에게 11만8천 파운드의 벌금을 부과했다. 그는 1532년에도 성직자들에게 벌금을 부과하고 영국 내의 로마교회의 국가적 모임인 성직회의에 참석한 성직자들에게 영국 내에서 통치자의 동의가 없이 교황의 교서를 반포하지 않겠다는 내용의 『성직자의 복종』(Submission of the Clergy)에 동의할 것을 강요했다. 그리하여 성직자들은 헨리를 성직자들의 수장으로 받아들였고,[2] 1533년에 크랜머는 교회 법정에서 캐서린과 헨리의 결혼이 무효임을 선언했다. 그 해에 헨리는 앤과 결혼했다.

그다음에 헨리는 의회에 도움을 청했다. 의회는 영국 성직자들이 해외에 거주하는 것과 교황에게 성직 취임세를 내는 것도 금지했다. 의회는 영국 내의 교회 법정에서 로마에 있는 교황의 법정에 상소하는 것을 금지했다.[3] 영국의 교회가 교황권으로부터 분리하는 데서 가장 중요한 조처는 1534년에 제정된 수장령(Act of Supremacy)이다. 이 법은 국왕이 "영국교회의 최고 수장"이라고 선포했다.[4] 이 일로 로마와 정치적으로 결별했다. 같은 해에 의회는 왕위 계승법(Act of Succession)을 통과시켰다. 그것은 헨리와 앤 사이에서 태어난 후손에게 왕위를 물려준다는 내용이었다. 백성들은 그 법을 준수하고 교

---

2) Henry Bettenson, *Documents of the Christian Church* (New York: Oxford University Press, 2d ed., 1963), pp. 217-28.

3) Ibid., pp. 218-22.

4) Ibid., p. 227.

황의 권위를 거부하기로 서약해야 했다. 용감한 토머스 모어(Thomas More)는 그것을 거부했기 때문에 처형되었다. 이제 헨리가 영국 교회의 수장이 되었다.

헨리는 자신이 이룬 변화 안에서의 경제적 이익을 영국의 중산층에게 제공함으로써 그들을 이러한 변화와 연결할 수 있으면 자신이 이룬 사태 해결이 궁극적인 것이 될 것으로 생각했다. 그는 로마교회가 소유하고 있는 재산을 탐냈으며, 크롬웰에게 수도사들의 죄악상의 증거를 수집할 것을 명했다. 1536년에 의회는 연간 수입이 200파운드 이하인 수도원들을 폐쇄하라고 명령했다. 376개의 수도원이 폐쇄되었고, 그들의 재산을 왕실이 인수했다. 1539년에는 그보다 규모가 큰 150개 이상의 수도원이 의회가 제정한 법에 따라 폐쇄되었다. 상원에서 28명의 수도원장이 사라졌다. 왕은 몰수한 토지와 재산 일부를 자신이 갖고 나머지는 중산층 지주들에게 주거나 싸게 팔았다. 그리하여 이들이 새로운 귀족이 되었고, 헨리와 의회가 주도한 교회의 변화를 지지했다. 헨리는 매년 약 십만 파운드의 수입을 얻었다. 재산을 빼앗긴 수도사들을 돌보아야 했으므로, 국가가 처음으로 구제 사업을 시작하여 일부 수도사들을 도와주었다.

토마스 크랜머. 헨리 8세 시대인 1532년 캔터베리 대주교로 재임. 예배에 영어 사용을 강조한 「공동기도서」가 그의 작품이다.

1539년에 의회가 "6개 신조"(Six Articles)를 통과시킨 것은 헨리가 영국교회와 로마교회의 종교적 유대만 파괴했음을 증명해준다. 이 신앙조항은 화체설, 일종성사, 독신제도, 비밀 고해 등을 지지했다.[5] 신학에서 영국교회는 계속 로마에 충성했다. 헨리는 1536년에 "10개 신조"를 발표하고 성경을 영어로 번역하는 것을 허락함으로써 개혁에 양보했다. 이에 따라 1539년에 틴데일과 커버데일이 발행한 성경의 개정판인 "대 성경"(Great Bible)이 발행되었다. 크렌머가 이 성경의 서문을 썼다. 교회에서는 그 성경을 대 위에 올려놓고 쇠사슬로 묶어놓았기 때문에 그 성경은 "쇠사슬로 묶인 성경"이라고 불리기도 했다. 외국의 공격 위험이 사라지자 헨리는 다시 1539년에 발표된 보수적인 "6개 신조"를 시행했다.

한편 헨리는 딸을 낳았다는 이유로 앤 볼린에게 싫증을 느꼈다. 딸의 이름은 엘리자베스였다. 1526년에 앤은 간통죄로 재판을 받고 참수되었다. 이제 헨리는 제인 시모어(Jane Seymour)와 결혼했는데, 제인은 헨리가 원하던 아들을 낳고 죽었다. 그 후 헨리는 클레베의 앤(Anne of Cleves)과 결혼했으나 이혼했고, 캐서린 하워드와 결혼했으나 그녀를 처형했고, 그다음에 캐서린 파(Catherine Parr)와 결혼했다. 캐서린은 헨리보다 오래 살았다.

헨리는 교회를 교황권에서 해방시켜 국교로 만들고 왕의 지배 아래 두었다. 그는 유언서[6]에 자신이 죽은 후 아들 에드워드가 왕위를 계승해야 하며, 에드워드의 후계자는 아라곤의 캐서린 소생인 메리, 메리의 후계자는 앤 볼린의 소생인 엘리자베스가 되어야 한다고 기록했다. 헨리가 사망했을 때 영국교회는 왕을 수장으로 하는 국교회였지만 교리적으로는 로마가톨릭이었다. 그러나 백성들은 모국어 성경을 소유할 수 있었다. 헨리의 아들 에드워드는 헨리가 1527년부터 1547년까지 교회운동으로 시작했던 개신교 개혁을

---

5) Ibid., pp. 233-34.

6) Carl Stephenson and Frederick G. Marcham, *Source of English Constitutional History* (New York: Harper, 1937), pp. 323-24.

수행해야 했다.

3) 에드워드 6세 때의 개신교 종교개혁 (1547-1553)

에드워드 6세는 9세에 왕위에 올랐으므로 외삼촌인 서머싯 공작(Duke of Somerset)이 섭정이 되었다. 약 2년 반 후에 노섬벌랜드의 공작(Duke of Northumberland)이 서머싯의 후임으로 섭정이 되었다. 서머싯 공작은 개신교에 공감했으며 어린 왕을 도와 영국에서의 개혁을 종교적이고 신학적인 것으로 만들 변화들을 시행했다. 1547년에 의회는 성찬 때에 평신도에게 잔을 주는 것을 허락했고, 반역과 이단에 관한 법 및 "6개 신조"를 폐지했고, 1549년에는 사제들의 결혼을 합법화했다. 1547년에는 기부금을 낸 사람의 영혼을 위해 미사를 드리는 제단의 폐지를 명령했다.

서머싯은 적극적인 조처도 취했다. 교회의 예배는 라틴어가 아닌 모국어로 진행해야 했다. 1549년에 제정된 "예배통일법"(Act of Uniformity)은 크랜머가 작성한 『공동기도서』(Common Prayer) 사용이 계기가 되었다. 그 책은 예배에서 성경 사용, 성경 봉독, 회중의 예배 참여 등을 강조했다. 1552년에 발행된 보다 더 개신교적인 경향의 제2판은 부처(Bucer) 때문에 칼빈주의의 영향을 받았음이 나타난다. 두 번째 예배통일법에서는 교회가 그 책을 사용해야 한다고 명령했다.[7] 이 기도서는 엘리자베스 여왕 때 약간 수정했을 뿐 그 후 영국국교회가 사용해온 것과 같다. 크랜머도 존 낙스 등 여러 신학자의 조언을 받아 신조를 작성했다. 그리하여 만들어진 "42개 신조"(Forty-Two Articles)는 1553년에 왕의 동의를 받아 영국국교회의 신조가 되었다. 그 신조는 특히 예정과 성찬에 대한 견해에서 어느 정도 칼빈주의 색채를 띤다. 에드워드 6세는 이 법에 서명한 후에 사망했다.

---

7) Henry Gee and William J. Hardy, comp., *Documents Illustrative of English Church History* (1896; reprinted ed., London: Macmillan, 1921), pp. 369-72; cf. pp. 358-66.

1553년부터 1558년까지 재위한 메리 여왕은 헨리와 아라곤의 캐서린 사이에서 태어났다. 메리가 다스린 시기에 대륙의 로마교회 내부에서 반종교개혁이 발생했다. 메리의 통치는 대륙에서 진행된 반종교개혁에 버금가는 것으로 간주할 수 있다. 가톨릭 신자인 레지널드 폴(Reginald Pole) 추기경의 조언을 받은 메리는 의회가 부친인 헨리 8세가 사망한 1547년에 시행되던 종교적 관습들을 회복하고 에드워드 때 이루어진 변화를 철회하게 했다. 의회는 필요한 조처에 동의했지만, 헨리 8세 때에 가톨릭교회에서 빼앗은 토지는 돌려주지 않으려 했다. 1554년에 메리는 스페인의 필립 2세와 결혼했는데, 영국 국민은 그 결혼을 환영하지 않았고, 필립은 메리의 사랑에 보답하지 않았다. 그는 1555년에 스페인으로 돌아갔다.

4) 로마가톨릭교회의 반발: 메리 튜더 시대(1553-1558)

화형장의 라티머와 리들리. 라티머는 "편하게 하십시오. 리들리 선생. 용기를 갖고 사내답게 행동합시다. 오늘 우리는 하나님의 은혜로 결코 꺼지지 않는 불을 잉글랜드에 붙일 것입니다."

이러한 변화를 받아들이기를 거부한 약 8백 명의 영국 성직자들이 맡고 있던 교구를 빼앗겼다. 그들은 메리가 주도한 박해에서 살아남기 위해 제네바나 프랑크푸르트로 도피했다. 영국 남동부의 상업지역에서 약 3백 명이 신앙 때문에 순교했다. 라티머(Latimer), 리들리(Ridley), 토마스 크랜머(Cranmer) 등 중요한 인물들도 순교했다. 라티머는 화형장의 말뚝에 묶여 있으면서 자기들이 하나님의 은혜로 말미암아 꺼지지 않을 촛불이 될 것이라고 말하여 리들리를 격려했다. 크랜머는 개신교 신앙을 철회했었지만, 나중에 그 철회를 번복했다. 그는 화형을 당할 때 철회서에 서명했던 손을 불 속에 넣었다. 이 용감한 세 순교자는 개신교 운동을 강화하는 데 크게 기여했다. 그들의 확신과 용기는 영국인들에게 자기들의 견해가 참된 것임을 확신하게 해주었다. 폭스(Foxe)는 『순교사』 (*Book of Martyrs*)에 이러한 박해의 참혹상을 자세히 기술하여 개신교운동에 대한 공감을 자아냈다. 메리의 가장 큰 실책은 스페인 사람과 결혼한 것, 교황의 권위를 회복시킨 것, 그리고 개신교인들을 박해한 것이었다. 영국인들은 한쪽으로 지나치게 치우치는 것을 좋아하지 않는다. 그래서 에드워드 6세 때에 일부에서 지나치게 개신교적인 변화에 반대했듯이, 메리의 지나침에 대해서도 반발했다. 엘리자베스가 왕위에 오름으로써 타협의 길이 마련되었다.

5) 엘리자베스 시대의 합의(1558-1603)

25세에 왕위에 오른 엘리자베스는 여러 가지 문제에 직면했다. 메리 스튜어트에게 왕위를 주장할 권리가 있었고, 스페인은 사망한 메리 튜더의 남편인 필립의 영국 왕권 주장을 구체화하기 위해 개입할 준비가 되어 있었다. 게다가 영국은 개신교와 가톨릭으로 분열되어 있었다. 가톨릭 성직자들이 엘리자베스의 부모 결혼의 합법성을 인정하지 않았으므로 엘리자베스는 개신교인이 될 수밖에 없었다. 그러나 그녀는 교황을 지지하는 세력에 공개적으로 대적하는 모험을 하려 하지 않았다. 따라서 그녀는 대다수의 영국 국민이 받아들일 수 있는 방침을 택했다. 영국 국민은 어느 쪽으로든지 극단으로 치우치는 것을 피할 수 있는 온건한 종교적 해결책을 선호했다.

1559년에 엘리자베스는 의회가 새로운 "수장령"(Act of Supremacy)을 통과시키게 했다.[8] 그리하여 엘리자베스는 "왕국의 최고 통치자이며…세속적인 일

---

8) Bettenson, *Documents*, pp. 234-35.

이나 영성적인 일에 있어서 최고 통치자"가 되었다. 이 호칭은 과거 헨리 8세가 주장한 "교회의 수장"이라는 호칭만큼 거부감을 유발하지 않았다. 왜냐하면, 그것은 여왕에게 행정적 권위를 부여하면서도 신앙과 도덕에 관한 문제들은 교회가 해결해야 한다는 뜻을 함축하기 때문이었다.

엘리자베스 1세를 모신 행렬. 엘리자베스는 25세 때 왕이 되었고 종교 문제에서 권위를 국교회에 부여했다.

"예배 통일법"9)의 발표로 1552년에 작성된 기도서를 약간만 수정하여 사용할 수 있게 되었다. 예배에 참석하지 않는 사람은 1실링의 벌금을 내야 했다. "42개 신조" 중 도덕률폐기론자, 재세례파, 천년왕국 신봉자 등에 대한 정죄 규정을 삭제하고 다른 조항들을 재구성하여 "39개 신조"를 작성했다. 1563년에 의회는 "39개 신조"를 영국국교회의 신조로 받아들였고,10) 목사들은 그 신조에 서명하라는 요구를 받았다. 1571년에 그 신조를 조금 수정했으며, 그 이후로 그것이 영국국교회의 신조로 사용되고 있다.

---

9) Ibid., pp. 235-39; Gee and Hardy, *English Church History*, pp. 458-67.

10) Philip Schaff, *Creeds of Christendom*, 6rh ed., 3 vols. (New York: Scribner, 1890), 3:486-516; Gee and Hardy, *English Church History*, pp. 477-80.

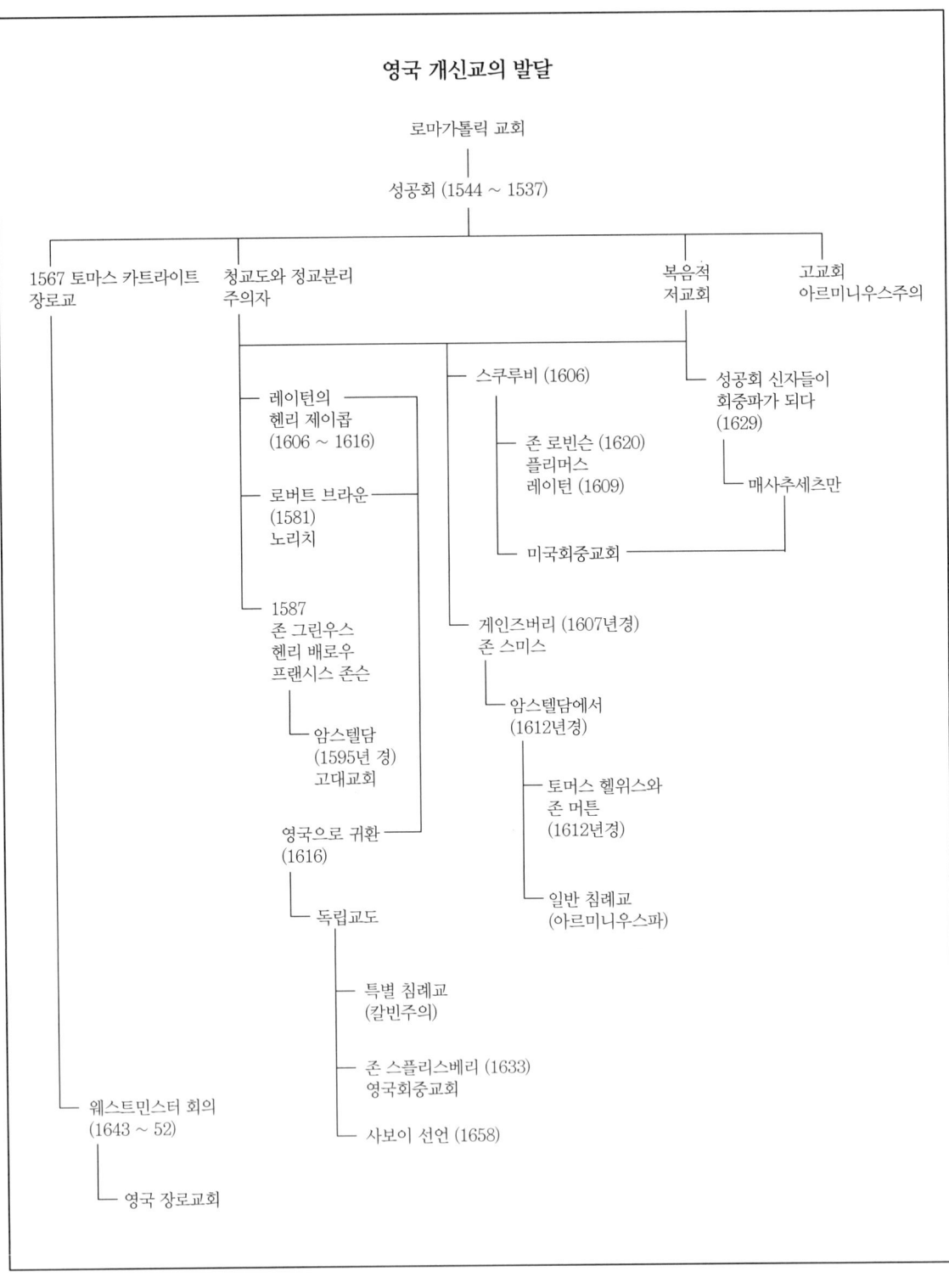

이 조처들은 온건했지만, 교황은 이에 대해 앙심을 품었다. 1570년에 교황 피우스 5세는 엘리자베스를 파문하고 영국 백성들을 엘리자베스에 대한 충성 의무에서 해방하는 교서를 발표했다.[11] 이에 대한 보복으로 엘리자베스는 영국을 교황제로 복귀시키려는 계획을 추진하고 있는 예수회를 대상으로 조처를 내렸다. 1568년에 윌리엄 알렌(William Allen)이 플랑드르의 두에(Douai)에 신학교를 세웠는데, 예수회는 이곳에서 영국 내의 교황 추종자들을 위해 비밀리에 봉사할 사람들을 훈련했다. 약 125명의 예수회 수도사들이 영국에서 처형되었다. 교황은 영국을 가톨릭 국가로 회복시키기 위해 스페인의 필립에게 도움을 구했다. 필립은 로마교회에 충성했으며 엘리자베스가 비밀리에 네덜란드의 반란을 지원하고 있음을 알고 있었기 때문에 이 제안을 받고 기뻐했다. 1588년에 필립은 스페인의 무적함대라고 알려진 대규모 함대를 구성하여 영국으로 항해했다. 그러나 치욕스럽게도 그의 함대는 규모가 작지만 노련한 선원들이 맡은 기동성 있는 영국 함대에 패배했다. 이 승리로 말미암아 영국은 유럽 개신교운동의 수호자가 되었으며, 영국을 교황권으로 복귀시키려는 교황의 마지막 소원이 수포가 되었다.

종교개혁 덕분에 영국인들은 모국어 성경에 접할 수 있게 되었다. 영국은 유럽에서 개신교운동의 수호자가 되었고, 네덜란드와 프랑스의 칼빈주의 개신교인들이 가톨릭 통치자와 맞서 싸우는 것을 지원해주었고, 하나의 국교를 채택했다. 아일랜드는 계속 로마 교황에게 충성했기 때문에 영국에 대한 아일랜드인들의 원한이 증가했다. 그리하여 엘리자베스 통치 말기에 발생한 아일랜드의 반란 때문에 엘리자베스의 재정 자원이 고갈되었다. 로마교회로부터 빼앗은 토지를 중산층에게 선물로 주거나 판매함으로써 새로운 튜더 귀족이 형성되었다. 수도원을 빼앗긴 수도원장들은 상원에 참석하지 않

---

11) Bettenson, *Documents*, pp. 240-41.

앉다. 교회의 복지 사역을 맡을 대리인이 필요했기 때문에 국가는 이 분야의 활동을 강화했다. 엘리자베스의 화해정책은 영국이 위대한 제국이 되게 하지 못했고 앞으로의 어려움이 예상되었다. 스페인과 교황을 물리침으로써 영국의 통치자들은 거리낌 없이 청교도주의 문제에 관심을 기울였다. 1567년부터 1660년까지 청교도들이 영국 국내 문제의 주요 요인이었다. 그들은 영국국교회를 전복하려는 것이 아니라 변화시키려 했다.

2. 청교도들과 정교(政敎)분리주의자들

1) 청교도

엘리자베스 여왕은 교황과의 싸움에서 승리했지만 새로 발흥한 청교도들의 세력 때문에 쉴 수 없었다. 그들은 감독제의 국교회를 장로교(Presbyterian Church)나 회중교회(Congregational Church)로 변화시키려는 위협을 가했다. 청교도들은 영국교회 안에 "교황제의 찌꺼기"가 많이 남아 있다고 주장했다. 그들은 성경에 따라 영국국교회를 정화하려(purify) 했다. 그들은 성경을 신앙과 삶의 무오한 척도로 받아들였다. 이러한 바람 때문에 1560년 이후 그들은 청교도(Puritan)라는 별명을 갖게 되었다. 1570년에 이르기까지 그들은 주로 로마가톨릭교회의 것이라고 여겨지는 교회의 의식과 복장을 계속 사용하는데 이의를 제기했다. 그들은 성인들의 날, 성직자들의 대사권, 십자가 표식, 세례받을 때 대부모를 세우는 관습, 성찬을 받을 때 무릎을 꿇는 관습, 목회자들이 중백의를 입는 것 등에 반대했다. 또 교인들이 안식일을 제대로 지키지 않는 것을 개탄했다. 그들은 윌리엄 아메스(William Ames, 1576-1633)와 윌리엄 퍼킨(William Perkin)의 칼빈의 사상 해석을 따랐다. 케임브리지 대학은 청교도들이 가장 큰 영향력을 발휘하는 중심지가 되었다.

청교도운동은 계속 성장하여 많은 법률가, 상인, 지방 지주들의 지지를 얻었다. 엘리자베스 여왕은 1593년에 교황의 위협을 종식한 후 청교도들을 규

재세례파, 브라운주의, 패밀리파, 가톨릭 신자 등에 관한 성공회의 관점을 보여주는 1641년의 만화.
성공회는 가톨릭 교도들과 이 분파주의자들이 성경 모포에 담아 던져올리며 올고 있다고 주장했다.

제할 법을 통과시켰다.[12] 이 법은 국교회 예배에 참석하지 않는 청교도들을 투옥할 권리를 당국자에게 부여했다. 청교도들이 비국교도가 아니라 국교회 내의 한 무리임을 기억해야 한다. 이들 중 카트라이트(Cartwright)와 그의 추종자들은 장로교 체계를 원했고, 제이콥(Jacob)과 그의 추종자들은 회중교회 체계의 국교를 원했다. 후자는 독립교도로서 청교도들의 집단을 형성했다. 독립교도들과 정교분리주의자들을 구분해야 한다. 정교분리주의자들은 교회와 국가의 분리, 그리고 회중이 교회를 다스릴 것을 원했다. 두 집단의 세력은 통치자의 박해에도 불구하고 계속 성장하여 영국교회에 유익한 비판세력이 되었다. 그들은 지나치게 유행을 따르는 의상, 주일성수를 게을리함, 죄의식의 결여 등을 정죄했다. 영국의 비국교도 분파들과 뉴잉글랜드 지방의 회중교회의 뿌리는 청교도운동이다.

리처드 후커(Richard Hooker, 1554?-1600)는 사망하기 몇 년 전 국교회에 대한 청교도의 위협에 대처하기 위해서 『교회 정체법』(Treatise of the Laws of Ecclesiastical Polity)을 저술했는데, 그것은 대체로 철학적인 내용이었다. 후커는

---

12) Ibid., pp. 242-43.

그 책에서 하나님이 주셨고 이성에 의해 발견된 법은 기본적인 것이라고 주장했다. 백성들의 동의를 받아 법에 따라 다스리는 통치자는 교회와 국가의 수장이므로 필요하다. 국가를 구성하는 국민은 국교회의 신자이며 두 영역에서 거룩한 법에 복종한다. 국왕에게 종속되는 감독들은 국교회를 감독해야 한다. 후커는 국가와 교회를 분리하려는 청교도들의 경향과 국가를 지배하려는 교황권의 요구에 반대했다. 청교도 신학자들은 국민이 하나님 밑에서 교회 내 주권의 원천이라고 믿었으므로 후커의 견해에 반대했다.

1570년경에 토마스 카트라이트(Thomas Cartwright, 1535-1603)가 케임브리지 대학 신학 교수가 됨으로써 청교도들은 예배의식의 개혁보다 신학과 교회 통치의 개혁을 강조하게 되었다. 그는 성경의 최종적 권위를 주장했으며, 그의 추종자들은 칼빈주의 신학을 채택했고 그 결과 39개 신조를 칼빈주의적으로 만들었다. 카트라이트는 1570년에 발행한 사도행전 강의서에서 주교들에 의한 교회 통치에 반대했다. 그의 주장으로는 교회 통치는 영적 기능만 소유하는 감독들이나 장로들의 장로회가 통제해야 했다. 이 체계는 근본적으로 회중이 선출하는 장로들에 의한 칼빈주의 교회 통치체계였다. 후일 카트라이트는 월터 트래버스(Walter Travers)의 『교회의 권징』(Ecclesiastical Discipline)을 번역했는데, 거기서 그는 모든 교구에 장로회를 설치하는 것을 옹호했다. 그는 1643년부터 1648년까지 대단한 영향력을 지녔던 영국 장로교회의 토대를 놓았다. 현대 영국의 장로교가 존재하게 된 것은 카트라이트 덕분이다. 1572년에 최초의 장로교회가 완즈워스(Wandsworth)에 세워졌다.

카트라이트의 장로교회 유형을 따르지 않은 청교도들은 헨리 제이콥(Henry Jacob, 1563-1624)의 사상을 채택했다. 제이콥은 독립적 또는 청교도적 회중교회의 창시자라고 할 수 있다. 독립파(Independents)는 로버트 브라운(Robert Browne)의 추종자들처럼 정교분리주의로 치닫지 않았다. 로버트 브라운은 기독교인들을 결속하는 고리로 교회의 언약을 강조했다. 제이콥은 1603년에 제임스 1세에게 제출한 "천 명의 청원"(Millenary Petition)에 서명한 사람 중 하나이다. 이 청원서는 영국의 감독제도를 버릴 것을 요청했다. 그는 각 회중이 국교회 안에서 자유로이 자신의 목회자를 선택하고 정책을 결정하고 일을 처리해야 한다는 견해를 주장하여 투옥되었다. 1606년경에 제이콥은 네덜란드로 이주했고, 미들부르크에서 영국인들의 목회자가 되었다. 네덜란드의 정교분리주의적 회중—이들은 후일 플리머스로 이주했다—의 목사인 존 로빈슨(John Robinson)과 제이콥은 서로에게 많은 영향을 주었다. 1616년에 제이콥은 영국으로 돌아왔고, 1616년부터 1622년까지 런던의 서더크(Southwark)에서 독립파 회중을 위한 목사가 되었다. 영국 내의 독립파 또는 회중파 청교도운동의 시작은 보잘것없었지만 점차 성장하여 올리버 크롬웰 시대에는 장로교 운동보다 더 강력해졌다. 크롬웰과 밀턴은 독립파 신자였다.

1658년에 제이콥을 따르는 회중파와 정교분리를 주장하는 회중들은 사보이에서 사보이 선언(Savoy Declaration)이라고 알려진 칼빈주의 신조를 작성했다.[13] 영국의 회중교회는 로버트 브라운의 정교분리주의 회중파의 후손이라기보다는 이 청교도적 회중파의 후손이다.

지금까지 논의한 성공회 청교도와 장로교 청교도와 독립 청교도와 다른 분리파 청교도의 차이점은 교회 계약이라는 사상인데, 그들은 이것에 의해 국교회와 상관없이 그리스도에게, 그리고 서로에게 충성하게 된다. 다음의 도표는 다양한 청교도 집단의 발달을 이해하는 데 어느 정도 도움이 될 것이다.

교회를 계약이라는 토대에 올려놓은 최초의 정교분리주의 집단은 1567년

2) 정교분리를 주장한 청교도

---

13) Schaff, *Creeds*, 3:707-29.

경 리처드 필츠(Richard Filz)에 의해 조직되었다. 1572년에 케임브리지 대학을 졸업한 로버트 브라운(Robert Browne, 1550?-1633)은 1580년이나 1581년에 노리치(Norwich)에서 교회 계약 아래 있는 집단을 구성했다. 그러나 그는 자기의 회중과 함께 그곳을 떠나 네덜란드로 도피했고, 네덜란드에서 분리주의적 회중파 원리를 설명하는 세 권의 논문을 저술했다. 가장 중요한 것은 『아무도 기다리지 않는 종교개혁』(Reformation Without Tarrying for Anie)이다. 브라운은 1582년에 저술된 이 글에서 신자들은 자발적인 계약으로 그리스도에게 및 서로에게 연합해야 하며, 직분자들은 교인들에 의해 선출되어야 하며, 어떤 회중도 다른 회중에 권위를 행사할 수 없다고 주장했다. 독립 회중교회와는 달리 분리파는 교회와 전혀 관계를 갖지 않았다. 브라운은 1592년에 영국에 돌아와서 국교회에서 성직 임명을 받아 죽을 때까지 그 일에 봉사했다. 그러나 그가 개발한 진보된 원리들은 계속 살아남았다.

브라운이 제시한 진보된 회중교회의 원리는 1586년경에 존 그린우드(John Greenwood)와 헨리 배로우(Henry Barrow)의 지도를 받아 런던에 등장한 회중에 의해 약간 수정되었다. 당국은 1593년에 이 견해 때문에 이 두 사람을 처형했다. 그리하여 그 무리는 네덜란드로 이주했고, 프랜시스 존슨(Francis Johnson)이 그들의 목사가 되었다. 1640년에 영국에서 배로우의 견해를 따르는 사람이 수백 명이었다.

분리주의 회중파의 셋째 집단이 1606년에 게인즈버러(Gainsborough)와 스크루비(Scrooby)에 등장했다. 스크루비의 집단은 존 로빈슨(John Robinson, 1575?-1625)이 이끌었는데, 그의 지도로 그 집단은 1608년에 네덜란드의 레이던에 정착했다. 후일 플리머스에서 유명해진 윌리엄 브래드포드(William Bradford, 1590-1657)도 이 집단의 회원이 되었다. 1620년에 메이플라워호를 타고 아메리카로 이주한 사람들이 바로 이 집단의 회원들이었다. 이 이민자들이 플리머스에 상륙하기 전에 메이플라워 서약(Mayflower Compact)에 서명함으로써 계약 사상을 정치 생활에 적용했음에 유의해야 한다. 게인즈버러 집단은 박해 때문에 1606년이나 1607년에 존 스미스(John Smyth, 1565?-1612)의 지도로 암스테르담으로 이주했는데, 이곳에서 그들은 메노파의 영향을 받았다. 1608년 또는 1609년에 스미스는 자신을 비롯하여 토마스 헬위스(Thomas Helwys, 1550?-1616?) 및 여러 신자에게 물을 붓는 형식의 세례를 베풀었다. 그가 이끈 회중파 일부는 오랜 협상 끝에 메노파와 합병했다.

토마스 헬위스와 존 머튼(John Murton), 그리고 그들의 추종자들은 1612년경에 영국으로 돌아가 최초의 영국침례교회(English Baptist Church)를 세웠다. 이 집단은 관수 형식의 세례를 실시했으며, 네덜란드에서 아르미니우스 논쟁이 진행되는 동안 친숙해진 아르미니우스의 교리를 신봉했다. 그들은 특별한 대속보다 일반적 대속을 신봉했기 때문에 일반침례교(General Baptist)라고 알려졌다. 이처럼 회중파 집단에서 최초의 영국침례교회가 출현했다.

1633년과 1638년에 런던에서 헨리 제이콥 회중의 분파에서 칼빈주의적 침례교, 또는 특별침례교도들의 강력한 집단이 생겨났다. 그들은 침례 형식의 세례와 제한된 대속을 강조한 칼빈주의 신학을 신봉했다. 존 스필즈베리(John Spilsbury)가 이끈 이 회중은 1638년에 영국침례교운동의 주된 세력이 되었다. 아메리카 침례교의 선조들을 이 집단에서 발견할 수 있다. 로저 윌리엄스(Roger Williams)는 아메리카 대륙에 갈 때는 침례교인이 아니었지만, 침례교의 원리를 받아들여 자신의 가르침에 반대하는 회중교도들을 대적하는 데 이것을 사용했다. 스미스필드에서 타오른 화형의 불길, 스페인의 무적함대, 존 폭스의 『순교사』, 그리고 가이 포크스(Guy Fawkes) 음모 등이 영국인들로 하여금 로마가톨릭교회에 반대하게 했다.

메리 튜더 때 피난한 사람들–유럽의 칼빈주의에 친숙해진 유배자들, 그리고 1560년에 제네바 성경에 의해 생겨난 종교적 요인들이 마침내 청교도운

3) 스튜어트 왕조와 청교도의 싸움

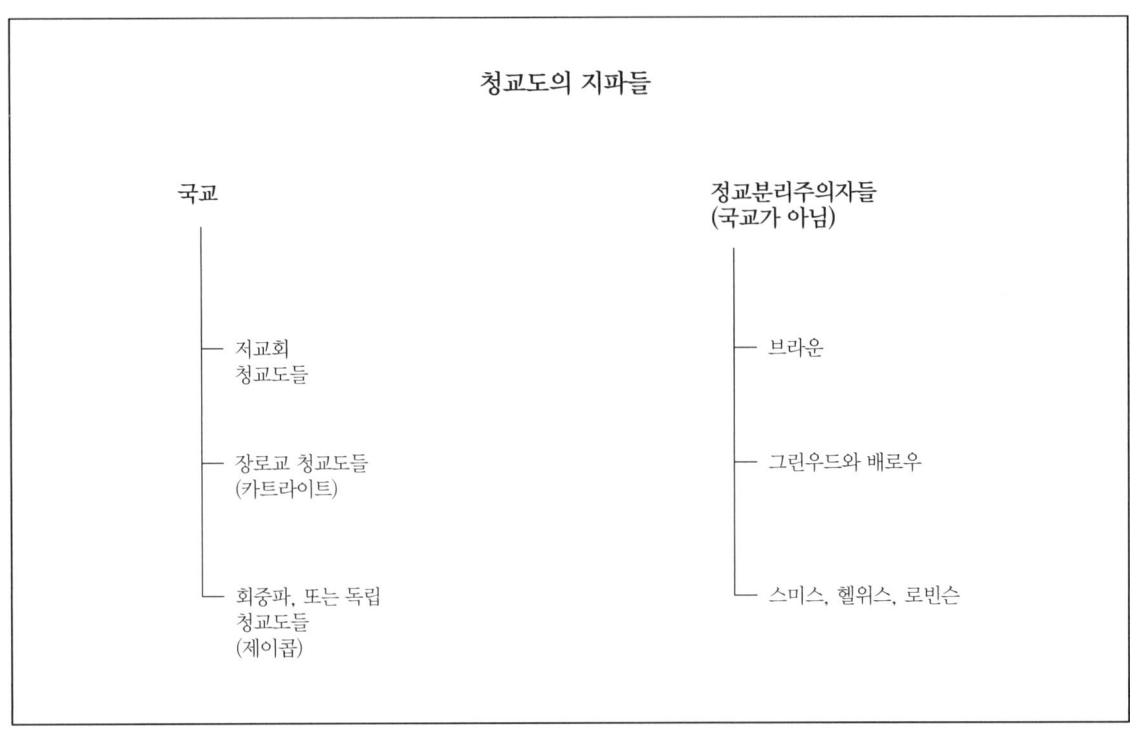

동을 이루어냈고, 이로 인해 엘리자베스는 많은 어려움을 겪었다. 그녀의 후계자인 스코틀랜드의 제임스 6세가 1603년에 영국의 제임스 1세로 왕위에 올랐을 때 청교도들은 감독제도를 좋아하는 이 칼빈주의적 국왕이 영국국교회 안에 장로교 통치를 확립하기를 원했다. 그들은 자기들의 소원을 강조하기 위해서 1603년에 그가 도착하자마자 천 명에 달하는 개신교 목회자들이 서명한 "천 명의 청원"을 제출했고, 영국국교회의 예배와 정체를 정화할 것을 요구했다.[14] 꼽추인 데다가 뚱뚱하고 허영심이 많고 말이 많은 이 통치자는 1604년에 헴프턴 코트 회의(Hampton Court Conference)를 소집했다. 청교도들이 또다시 개혁을 요구했을 때, 성난 제임스는 국교회를 따르지 않으면 그

---

14) Gee and Hardy, *English Church History*, pp. 508-11.

1641년의 풍자적 만화. 찰스 1세 때 캔터베리 대주교인 윌리엄 로드(왼쪽)와 두 명의 왕실 주교가 미신을 퍼뜨리고 있다고 공격하고 있다.

들을 왕국에서 쫓아내겠다고 말했다. 그리고 국교회 내의 장로교 정체에 관해서 "하나님과 마귀가 조화를 이루듯이" 장로교주의는 왕정과 조화를 이룬다고 말했다. 이 회의의 성과는 새로운 영어성경의 제작 허가였다. 54명의 신학자가 흠정역 성경(Authorized, or King James Version)이라고 알려진 성경 번역 작업에 착수했다. 이 성경은 1611년에 완성되었는데, 세월이 흐르면서 앵글로색슨족의 사랑을 받아 제네바 성경을 대신하게 되었다.

제임스와 청교도 사이의 문제에는 국교회의 통치 형태로 장로제를 선택할 것인지 감독제를 선택할 것인지에 관한 종교적 불화 이상의 문제가 포함되어 있었다. 그중 하나는 영국의 합법적인 보통법 법정과 튜더 왕조가 백성들을 완전히 통치하기 위해 세운 법의 지배를 받지 않는 법정 체재 사이의 갈등이었다. 또 하나의 문제는 군주나 의회가 최고 주권자인가 하는 문제와 관련된 것이었다. 거룩하게 임명된 주권자인 국왕은 오직 하나님께 대해서만 책임을 지는지, 의회의 동의로 임명되는지, 국왕이 세금을 거둘 수 있는지, 그것이 의회만의 특권인지에 관한 경제적인 문제도 있었다. 스튜어트 왕조로서는 불행하게도 제임스나 그의 뒤를 이어 왕위에 오른 세 사람은 튜더 왕조 사람들처럼 의회의 지지를 받는 왕정, 즉 부드러운 장갑 속에 쇠처럼 단단한 주먹을 숨기는 기술을 갖지 못했다. 엘리자베스와 제임스의 통치 기간에 청교도들은 도시의 상인들과 지방 지주 계층에서 지지자들을 확보했다. 이 집단은 위에 언급한 모든 면에서 통치자를 대적했고, 행동에 옮기기 위한 때를 기다렸다.

1625년에 왕위에 올라 1649년에 처형된 찰스 1세는 군주제도와 감독제도의 결합을 부친보다 강력하게 신봉했으며 담대하고 유능했지만 약한 인물이었다. 그는 비굴하게 복종하는 의회를 고집했으나 그러한 의회를 얻을 수 없게 되자 1629년부터 1640년까지 의회 없이 통치했다. 친 가톨릭 정책에 지쳤고 영국 내의 상황이 개선되기를 바란 많은 청교도가 아메리카로 이주했다. 1628년부터 1640년 사이에 최소한 2만 명이 영국을 떠나 아메리카로 갔다.

찰스는 윌리엄 로드(William Laud, 1573-1645)를 캔터베리 대주교로 임명했다. 로드는 체구가 작고 소견이 좁았다. 이로 말미암아 장차 그의 몰락을 초래할 일련의 사태가 야기되었다. 로드는 정체의 통일과 아르미니우스주의 신학을 선호했는데, 그것은 칼빈주의 청교도들이 싫어하는 것이었다. 게다가 그는 아르미니우스파 사람들을 교회의 요직에 임명했다.

로드가 1637년에 스코틀랜드 교회가 공동기도서를 사용하게 하려 함으로써 청교도들과 통치자들의 싸움이 시작되었다. 스코틀랜드인들은 영국과 스코틀랜드의 종교를 통일하기 위해 자기들의 예배와 정체와 신앙을 바꾸려는 이 시도에 반발했다. 에든버러에 있는 역사적인 세인트 자일스(Saint Giles) 교회에서 제니 게디스(Jenny Geddes)가 미사를 집전하려는 목사에게 자기가 앉아 있던 의자를 던진 것이 이 시기의 일일 것이다. 1638년에 스코틀랜드 국민은 장로교를 옹호하고 영국을 공격하자는 서약에 서명했다. 찰스는 그 공격을 물리치려 했지만 결국 돈을 주어 그들을 돌아가게 했다. 스코틀랜드인들은 다시 잉글랜드로 진군했고, 북부에 위협 거리로 남았다. 찰스는 전쟁비용을 얻기 위해 1640년에 의회를 소집했다. 이 의회는 1660년까지 계속되었기

훈련된 철기병을 이끌고 영국의 내란에서 왕당파를 정복한 올리버 크롬웰. 이 그림은 던바 전투에서의 모습이다.

때문에 장기의회(Long Parliament)라고 불린다.

장기의회는 자금을 제공하기 전에 먼저 찰스의 고문들을 투옥하거나 처형했고, 비합법적 법정들을 폐지했으며, 국가의 재정을 장악했다. 그러나 이 의회는 종교 문제에 관해서는 의견이 일치하지 않았다. 감독제도의 유지를 원한 온건파는 왕당파 또는 기사당원들이라고 알려졌고, 장로교나 회중파 형태의 정체와 교리를 원한 지방 지주들과 상인들은 청교도 또는 원두당(Roundheads)이라고 알려졌다. 1642년에 찰스가 하원의원 5명을 반역죄로 체포하려다가 실패한 후 국왕파는 의회에서 철수했고, 내란이 시작되어 1646년까지 계속되었다. 올리버 크롬웰(Oliver Cromwell, 1599-1658)의 능력 덕분에 장기의회에서 청교도들이 승리했다. 크롬웰이 다스린 훈련된 경건한 청교도들의 기병대인 철기대(Ironsides)를 모방하여 신형군(New Model Army)이 조직되었다. 1646년에 의회는 왕을 체포했다. 그 후 왕은 도망했고, 1648년에 잠시 두 번째 내란이 있고 난 후 1649년에 왕은 처형되었다.

한편 의회는 1643년에 감독제도를 폐지했고, 151명의 청교도로 구성된 웨스트민스터 의회를 위촉했다. 의회는 전쟁에서 스코틀랜드의 지원을 확보하기 위해 1638년에 체결된 엄숙동맹(Solemn League and Covenant)을 받아들였고, 국교회의 정체와 신조에 관해 조언해줄 8명의 스코틀랜드 장로교인들을 의회에 추가했다.[15] 이 무리는 1643년부터 1649년까지 매일 회의를 하여 1,163차례나 회의를 개최했다. 이 의회는 1652년에 끝났지만, 이 기간에 실질적인 일들이 모두 이루어졌다. 장로교 방침을 따른 『예배지침서』(Directory of Worship)가 1644년에 완성되어 1645년에 스코틀랜드와 영국 의회에서 채택되었다. 국교회로서의 장로교 정체를 옹호한 『교회 정체』(Form of Government)가 1625년에 완성되어 1648년에 의회에서 채택되었다. 이 의회의 가장 중요한 업적인바 칼빈주의적인 웨스트민스터 신앙고백(Westminster Confession of Faith)이 1646년에 완성되어 1647년에 스코틀랜드에서 받아들여지고 1648년에 영국에서 받아들여졌다.[16] 그리하여 1648년에는 칼빈주의적 장로교회가 영국의 국교회가 되었다. 1647년에 대요리문답과 소요리문답이 완성되었다. 이러한 일들을 행함으로써 신학자들로 구성된 웨스트민스터 의회의 실질적인 업무가 완료되었다. 미국장로교회의 헌법에 위에 언급된 문서들 모두가 포함된다.

의회 내의 장로교파는 군대에 그리 관심을 기울이지 않았는데, 그들이 회중파가 되었다. 장로교파가 군대의 밀린 급료 지급을 거부했고 장로교 형태의 국교만 고집하는 데 싫증을 느낀 회중파의 크롬웰은 1648년에 프라이드 대령에게 의회의 숙청을 명했다. 장로파가 축출되면서 회중파의 "잔당"이 의회를 맡았다. 크롬웰은 1649년에 국왕 찰스를 처형한 후 자신을 수장으로

---

15) Schaff, *Creeds*, 1:727-816.

16) Ibid., 3:598-673.

하는 공화정을 수립했다. 그는 1653년에 잔부의회(Rump Parliament)를 해산하고 호국경 정치(Protectorate)를 세워 1658년까지 군대의 도움을 받아 독재정치를 폈다. 그는 종교문제에서는 관대했다. 1656년에는 1290년에 추방된 유대인들의 귀환을 허락했다.

크롬웰이 사망한 후 1660년에 장기의회는 투표로 자진 해산했다. 청교도들의 엄격한 생활방식에 염증을 느낀 영국인들은 찰스 2세를 복위시키고 감독제도를 다시 채택했다. 클라렌든 법전(Clarendon Code)[17]이라는 엄격한 법은 교회와 국가의 직위를 국교회 신자들에게만 허용하고 청교도들의 집회를 금지했다. 약 2천 명의 칼빈주의 성직자들이 교회에서 쫓겨났고, 청교도운동은 영국의 비국교파 전통의 일부가 되었다. 가장 유명한 청교도 작가는 존 밀튼(John Milton, 1608-74)이다. 그의 서사시 『실낙원』(Paradise Lost)은 운문체로 된 신학적 논문이며, 『아레오파기타』(Areopagita)는 사상의 자유를 옹호한 책이다. 존 번연(John Bunyan, 1628-88)은 1678년에 기독교인의 생활 진보를 표현한 풍유 『천로역정』(Pilgrim's Progress)을 저술했다. 이 두 사람은 후대에 많은 영향을 주었다. 1689년의 명예혁명(Glorious Revolution)으로 제임스 2세가 축출된 후 영국의 비국교도들에게 신교의 자유가 주어졌다. 영국과 네덜란드는 국교회를 유지하면서 다른 교파에 신교의 자유를 허락했다.

참고문헌

Burgess, Walter H. *The Pastor of the Pilgrims*. New York: Harcourt Brace, 1920.

Burrage, Champlin. *The English Dissenters*, 2 vols. Cambridge: Cambridge University Press, 1912.

Carruthers, Samuel W. *The Everyday Life of the Westminster Assembly*.

---

17) Gee and Hardy, *English Church History*, pp. 594-632.

Philadelphia: Presbyterian Historical Society, 1943.

Coffin, Robert P. T. *Laud*. New York: Brentano, 1930.

Collinson, Patrick. *The Elizabethan Puritan Movement*. Berkeley: University of California Press, 1967.

Clark, Henry W. *History of English Nonconformity*. 2 vols. New York: Russel & Russel, 1965.

Dickson, A. G. *The English Reformation*. New York: Shocken, 1964.

Dickson, A. G., and Dorothy Carr, eds. *The Reformation in England*. London: Arnold, 1967.

Douglas, James D. *Light in the North*. Grand Rapids: Eerdmans, 1964.

Fraser, Antonia P. *Cromwell the Lord Protector*. New York :Knopf, 1974.

Gee, Henry, and William J. Hardy. *Documents Illustrative of English Church History*. London: Macmillan, 1921.

Haller, William. *Elizabeth I and the Puritans*. Ithaca, N.Y.: Cornell University Press, 1964.

___. *The Rise of Puritanism*. New York: Columbia University Press, 1938.

Knappen, Marshal M. *Tudor Puritanism*. Chicago: University of Chicago Press, 1939.

Loades, D. M. *The Oxford Martyrs*. New York: Stein and Day, 1970.

Mattingly, Gerrett. *Catherine of Aragon*. Boston: Little, Brown, 1941.

Maynard, Theodore. *The Life of Thomas Cranmer*. Chicago: Regnery, 1956.

Moorman, John R. H. *A History of the Church in England*. New York: Morehouse-Gorham, 1954.

Pearson, Andrew. *Thomas Cartwright and Elizabethan Puritanism*, 1553-1603. Cambridge: Cambridge University Press, 1925.

Plum, Harry C. *Puritanism*. Chapel Hill: University of North Carolina Press, 1943.

Porter, Harry C. *Puritanism in Tudor England*. Columbia.: University of South Carolina Press, 1971.

Prescott, H. F. M. *The Life of Mary Tudor*. New York: Macmillan, 1962.

Ridley, Jasper. *Thomas Cranmer*. Oxford: Clarendon, 1962.

Simpson, Alan. *Puritanism in Old and New England*. Chicago: University of Chicago Press, 1955.

Wands, W. C. *Anglicanism in History and Today*. New York: Nelson, 1962.

Warfield, Benjamin B. *The Westminster Assembly and Its Work*. New York: Oxford University Press, 1931.

제31장
반종교개혁과 그 평가

1545년에 이르러 루터교, 성공회, 개혁교회 등의 국교회, 그리고 급진적이거나 독립 형태의 재세례파 교회들이 알프스 이북 지역을 점유하고 있었던 듯하다. 이 교회들은 독일, 스칸디나비아, 프랑스, 스코틀랜드, 스위스, 영국 등지에 견고히 뿌리를 내렸다. 네덜란드에서만 1560년 이후에 개신교가 자리를 잡았는데, 그 이유는 종교적 열정이 로마가톨릭교회에 활기를 부여했기 때문이었다. 벨기에와 폴란드에는 개신교운동이 자리를 잡지 못했다. 이것은 고위 성직자들과 교황권의 주도로 진행된 가톨릭교회의 반종교개혁(Counter Reformation)의 결과였다. 반종교개혁은 교회를 내적으로 쇄신하고 개혁했으며, 외적으로는 개신교를 대적했다. 이 개혁으로 말미암아 1618년부터 1648년까지 진행된 30년 전쟁 중에 제국 내에서 개신교인들과 가톨릭 교인들의 최종적인 싸움을 초래한 요인이 생겼다. 가톨릭교회의 반종교개혁은 선교사들에 의해 퀘벡, 라틴아메리카, 그리고 동남아시아에 전해졌다.

개신교가 이탈리아를 장악하지 못한 데는 몇 가지 원인이 있다. 이탈리아는 통일을 이루지 못했기 때문에 가톨릭 신앙의 수호자인 스페인의 지배를 받았다. 로마는 교황의 소재지였고, 가톨릭교회는 성경을 이탈리아어로 번역하는 것을 금했다.

1. 반종교개혁

1) 교회의 쇄신과 개혁

로마가톨릭교회
(1545 ~ 1563)

반종교개혁
개신교에 대한 외적 작용

1. 국가 통치자
   a. 스페인 – 카를 5세, 필립 2세
   b. 프랑스 – 캐서린 드 메디치, 루이 14세

2. 예수회 – 로욜라와 『영신수련』

3. 금서 목록

4. 종교 재판소
   스페인 – 투르케마다
   로마의 종교 재판소

— 바울 3세

1563년 이후 가톨릭교회는 네덜란드를 잃었지만 벨기에와 폴란드를 되찾음.

가톨릭 종교개혁
내적 쇄신과 개혁

1. 수도회 – 예수회, 테아틴회, 우르술라회

2. 윤리 – 위원회, 바울 3세 1536-37

3. 인물 – 콘타리니 추기경, 바울 3세

4. 신비가 – 성녀 테레사, 사랑의 오라토리오 수도회

5. 회의 – 트리엔트 공의회 1545-63
   채택사항:
   a. 토마스 아퀴나스의 신학
   b. 불가타 성경
   c. 위경
   d. 트리엔트 신앙고백

6. 선교
   주체: 예수회, 프란치스코회, 도미니크회
   대상: 중앙아메리카와 남아메리카, 퀘벡, 중국, 인도, 일본, 필리핀, 인도네시아

7. 음악 – 팔레스트리나, 미사곡, 대위법

8. 바로크 건축양식
   일 예수 교회
   베르니니가 만든 기둥들

9. 신화 – 역사
   케사르 바로니우스
   교회사
   항상 동일한 하나의 교회

이질적인 것을 무조건 타파하려는 승리주의
(1563 ~ 1648)

1. 개신교운동의 전파를 방해한 강력한 요인은 1517년부터 1527년 사이에 활동한 "하나님 사랑의 오라토리오 형제회"(Oratory of Divine Love)였다. 약 60명의 중요한 평신도들과 성직자들로 구성된 이 비공식 기구는 영성훈련으로 심오한 영성생활을 실천하는 데 관심을 두었고, 구제와 개혁 사역을 지원했다. 이들 중 가장 중요한 회원은 1555년에 교황 바오로 4세가 된 조반니 피에트로 카라파(Giovanni Pietro Caraffa, 1475-1559), 그리고 개혁을 수행한 교황들에게 감화를 준 가에타노 디 티에네(Gaetano de Tiene, 1480-1547)이다. 카라파는 중세 시대 로마교회의 교의를 강력히 신봉했다. 이 성직자들의 집단은 사랑하는 교회 안에서 개인적인 확신을 회복하는 데 기여할 운동이라면 무조건 후원했다.

2. 교황 바오로 3세는 이들 중 가장 유능한 사람들을 추기경에 임명했다. 그는 1536년에 카라파, 개신교의 이신칭의 교리에 공감하고 있던 가스파로 콘타리니(Gasparo Contarini, 1483-1542)등 여러 명으로 위원회를 조직하여 종교개혁을 위한 계획을 세워 보고하게 했다. 그들은 1537년에 로마교회 내의 악습들이 전임 교황들과 무분별하게 성직과 관면(법의 적용을 면제해주는 것)을 매매한 추기경들의 잘못이라는 내용의 보고서를 제출했다.[1)]

3. 하나님 사랑의 오라토리오 형제회는 개신교의 확산을 저지하는 데 도움이 될 새 교단을 설립하도록 감화를 주었다. 가에타노 디 티에네는 카라파의 도움을 받아 1524년에 테아티노 수도회를 세웠다. 이 수도회는 재속 사제들이 종교적 공동체 안에서 가난과 순결과 순종의 규칙에 따라 생활하면서 본당 사제들처럼 자유로이 봉사하게 했다. 이 사제들의 설교와 가르침과 사회봉사가 이탈리아 내의 로마교회가 새로운 면모를 취하게 했다. 테아티노 운

---

1) Beresford J. Kidd, *The Counter-Reformation* (London: SPCK,, 1933), pp. 12-14; Colman J. Barry, *Reading in Church History* (Westminster, Md.: Newman, 3 vols., 1965), 2:96-102.

동은 급속히 이탈리아 전역으로 퍼졌다.

테아티노 수도회의 지도부와 회원들은 귀족들이었다. 그러나 1525년에 바시오의 마테오(Matteo da Bascio, 1495-1552)가 세운 프란치스코회의 개혁적 분파인 카푸친 수도회가 자기희생적인 봉사 정신과 대중 설교를 통해 농민들에게 호소했다. 이 수도회의 수도사들은 맨발에 뾰족한 후드를 썼기 때문에 식별하기 쉬웠다. 그들의 생활방식과 예배당은 테아티노 수도회의 것보다 단순하고 엄격했다. 1528년에 교황은 카푸친 수도회를 승인했다.

1535년에 안젤라 메리치(Angela Merici, 1474-1540)가 병자들을 돌보고 소녀들을 교육하기 위한 우르술라 수녀회를 설립했다. 이 수도회는 1544년에 교황의 승인을 받았다. 이 시기에 많은 수도회가 설립되어 로마교회를 위해 봉사했다.

가장 중요한 수도회로 예수회(Society of Jesus)를 들 수 있다. 모든 수도회에 속한 사람들이 교황에게 충성하고 순종했으며, 영혼을 구제하며 그 시대 사람들을 위한 사회봉사를 실천하려는 로마교회의 사역에 헌신했다.

4. 16세기에 문예부흥기의 사치하고 탐욕적이면서 지적인 교황들의 뒤를 이어 개혁을 지원하는 교황들이 활동했다는 사실도 개신교운동의 성장을 저지하는 데 도움이 되었다. 바오로 3세(1534-49)는 개혁을 강력하게 찬성했기 때문에 그가 교황으로 재임한 시기는 반종교개혁의 중요한 시기였다. 그가 재위하는 동안 예수회가 설립되고 종교재판소가 설치되었으며, 가톨릭 신자들이 읽지 말아야 할 책들을 수록한 금서목록이 출판되었고, 1545년에는 트리엔트 공의회가 개최되었다. 그는 1537년에 9명으로 위원회를 구성하여 로마교회의 악습에 관한 보고서를 작성하게 했다. 카라파 추기경이 교황 바오로 4세(1555-59)가 되었고, 반종교개혁을 지원했다. 그는 추기경 시절에 바오로 3세가 교회에서 이단을 제거하기 위해 종교재판소를 세우고 금서목록을 발행하도록 격려했었다. 교황이 된 그는 더 강력한 두 가지 무기를 만들었

가톨릭교회의 확장(16세기)

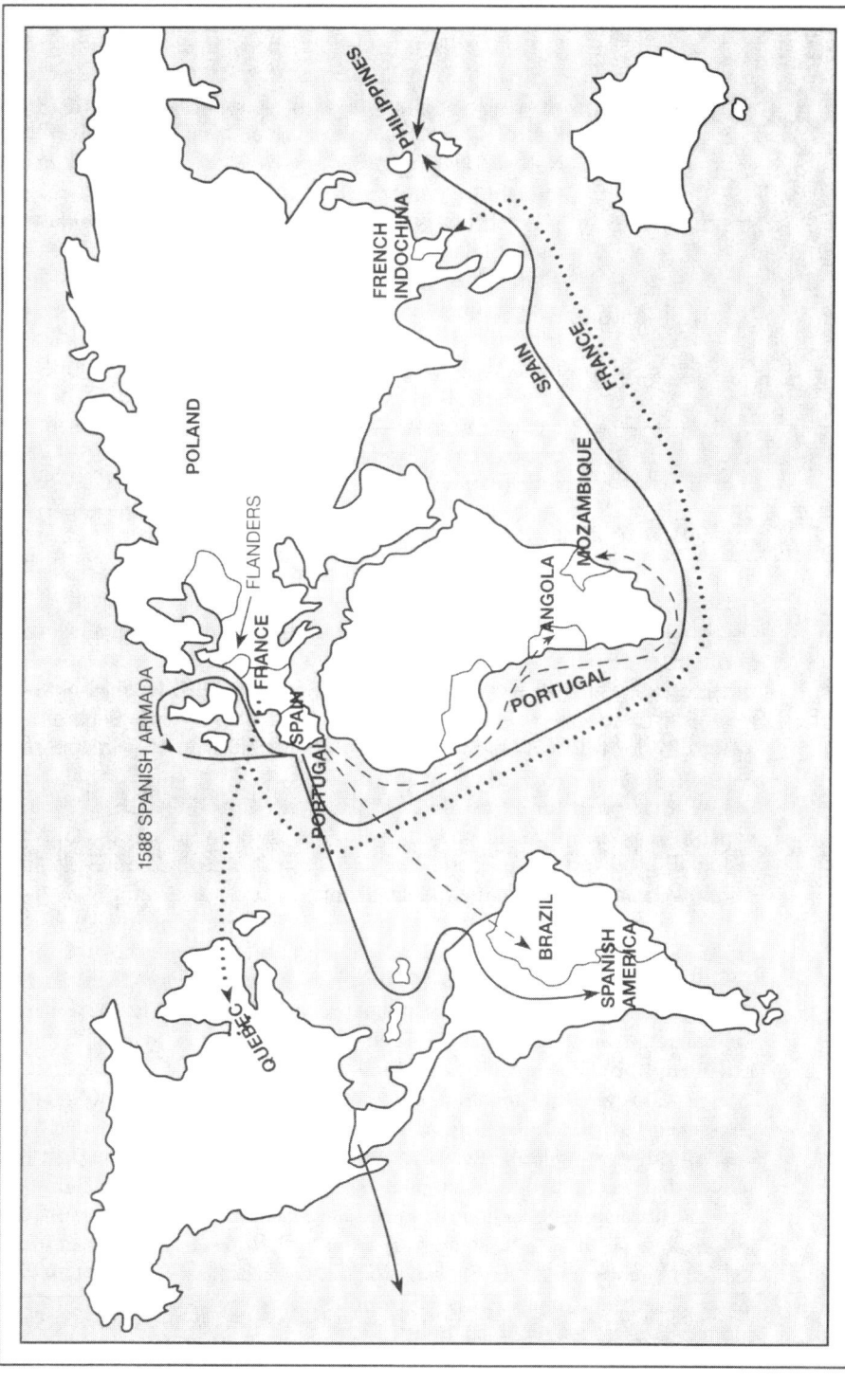

다. 그러나 그는 교황권을 스페인의 정치적 지배에서 해방하는 데 실패했으며, 친족들을 등용하는 죄를 범했다.

바오로 4세의 뒤를 이어 교황이 된 피우스 4세는 친족 등용이라는 악습을 제거하고 추기경단의 세력을 규제하는 데 성공했다. 식스투스 5세는 재정의 개혁을 이루었다.

새로운 영적 열심을 품고 이러한 실질적인 개혁을 시행하면서 수뇌부에서부터 깨끗해진 로마교회는 유럽 전역에서 신자들의 개혁을 이룰 수 있었으며, 개신교인들을 로마교회의 울타리 안으로 돌아오게 하려고 노력했다. 1590년에 이르기까지 교황권은 이러한 개혁으로 말미암아 큰 소득을 얻었다.

5. 라틴 아메리카, 퀘벡, 아시아, 아프리카에서 포르투갈과 스페인과 프랑스의 가톨릭 신자들에 의한 제국의 확장, 13개 식민지와 인도에서 개신교인 영국에 의한 확장, 그리고 인도네시아에서 네덜란드에 의한 제국의 확장과 종교적인 확장은 밀접하게 연결되어 있었다. 교황 알렉산더 6세는 1594년 토르데시야스 조약(Treaty of Tordesillas)에 의해 남아메리카를 스페인과 포르투갈에 분배했다. 가톨릭 통치자들은 왕립 회사를 통해 제국을 통제했지만, 개신교 국가들은 해외 개발을 개인 회사에 맡겼다. 개신교 식민지들은 개발을 위해 정착민들을 모았지만, 가톨릭 통치자들은 자신의 왕권을 위해 식민지의 부를 착취하려 했다. 가톨릭 선교는 교회와 그 지도자들이 주도했지만, 개신교인들은 자발적인 선교회를 이용했다. 1622년에 가톨릭 통치자들에 의한 국가적인 선교 후원이 교황 그레고리 15세가 설립한 신앙 전파를 위한 성성(Sacred Congregation for the Propagation of the Faith)으로 대치되었다. 아메리카 대륙, 아시아, 그리고 아프리카를 탐험한 가톨릭교회 지도자들은 주로 이베리아 반도 출신이었다. 개신교인 영국과 네덜란드는 그보다 늦게 등장했다.

라토렛(Latourette)이 주장했듯이, 19세기가 위대한 개신교 선교의 시대였다면, 16세기는 포르투갈과 스페인 탐험가들과 예수회 수도사들, 도미니크회 수도사들, 프란치스코회 수도사들 덕분에 위대한 로마가톨릭의 선교 시대였다고 말할 수 있다. 스페인과 포르투갈 출신의 예수회 수도사들, 나중에는 프랑스 출신의 예수회 수도사들은 신앙을 가지고 라틴아메리카, 퀘벡, 동남아시아, 아프리카의 앙골라와 모잠비크로 갔다. 1800년경에 러시아 정교회도 시베리아를 넘어 알래스카까지 선교사를 파송했다. 이들이 이 지역들을 탐험하고 정착함으로써 종교적 확장이 가능했다. 교황은 그것을 승인했다. 도미니크 교단과 프란치스코 교단도 이 사역에 참여했고 몇 명이 순교했다.

7세기에 네스토리우스파 기독교 신앙을 받아들였고 1300년경에 몬테 코르비노의 존(John of Monte Corbino)을 통해 가톨릭 신앙을 받아들였던 중국이 이번에는 예수회 선교사들을 통해서 가톨릭 신앙을 받아들였다. 마테오 리치(Matteo Ricci, 1552-1610)는 1601년에 북경에 도착했다. 그는 황제에게 시계를 선물했고, 중국 옷을 입고 중국 관습에 적응한 데다가 수학과 천문학 지식을 갖추고 있었기 때문에 곧 약 6천 명의 추종자들을 확보했다. 1700년에는 중국에서 예수회 선교사들을 따르는 사람이 30만 명이었다. 그러나 18세기 초에 황제가 수도사들에게 등을 돌림으로써 수도사들은 추방되었다.

이탈리아인 선교사 마테오 리치(왼쪽)가 중국 개종자와 함께 서 있다.

프란시스 사비에르(Francis Zavier, 1506-52)는 동아시아의 여러 지역에서 활동한 선교사인데, 1549년에 일본의 가고시

마에 상륙했다. 그는 30만 명의 일본인을 개종시켰다고 주장했다. 16세기에 도요토미 히데요시와 도쿠가와 이에야스가 예수회 수도사들을 유럽 제국주의의 앞잡이라고 여기면서 박해가 시작되어 이들의 수고가 수포가 되었다.

로버트 데 노빌리(Robert de Nobili, 1577-1656)는 인도에서 상류층 카스트와 같은 옷차림을 하고 그들의 문화를 연구하면서 그곳에 로마가톨릭교회를 전했다. 필리핀 사람들은 16세기 중반에 가톨릭 신앙에 귀의했는데, 지금도 대부분의 국민이 그 교회에 충성하고 있다. 수도사들은 인도차이나 반도에 들어가서 강력한 가톨릭교회를 세웠다.

중앙아메리카와 남아메리카는 스페인과 포르투갈 사람들을 통해서, 퀘벡은 프랑스인들을 통해서 로마가톨릭교회의 울타리 안에 들어왔다. 지금도 이 지역에는 로마가톨릭교회가 우세하다. 스페인과 포르투갈과 프랑스의 종교적 제국주의는 정치적 제국주의와 병행했다. 선교 사역의 확장에서 예수회가 주도적 역할을 했다. 선교 확장의 초기에 도미니크 수도사인 바톨로매 데 라스 카사스(Bartolome de Las Casas, 1474-1566)는 스페인 정착민들이 인디언들을 학대하고 노예로 삼는 데 항의하는 글을 썼다. 그는 왕의 명령으로 한동안 인디언 보호관으로 일했다. 1542년에 카를 5세가 인디언의 권리를 인정하는 인디즈 법(Laws of the Indies)을 발포했다. 예수회 선교사들은 파라과이에 인디언 자조 마을을 세웠고, 주니페로 세라(Junipero Serra)는 인디언을 보호하기 위해 캘리포니아 해안을 따라 선교부를 설립했다.

6. 카이사르 바로니우스(Caesar Baronius, 1538-1607) 추기경은 필립 네리(Philip Neri, 1515-95) 원장의 명령을 받아 마티아스 플라키우스(Mattias Flacius)가 편집한 13권으로 이루어진 『마그데부르크의 세기별 교회사』(Magdeburg Centuries)를 반박하기 위해 12권으로 구성된 『교회 연보』(Ecclesiastical Annals)의 저술에 착수했다(1588-1607). 플라키우스는 교황을 적그리스도로 묘사했지만, 바로니우스는 가톨릭교회가 항상 동일한 교회로서 사도들의 가르침에 충실해 왔

바로크 양식의 성 베드로 성당(로마)

다고 주장했다.

7. 성 베드로 성당의 성가대 지휘자인 조반니 다 팔레스트리나(Giovanni da Palestrina, 1524?-94)는 대위법을 사용하여 작곡했다. 그는 90개의 미사곡, 그리고 반종교개혁의 승리 정신을 선포하는 약 500개의 모테트(종교합창곡)를 작곡했다.

8. 바로크 건축은 교회의 승리주의(triumphalism: 이질적인 것들을 모조리 타도하려는 태도)를 표현했다. 조반니 베르니니(Giovanni Bernini, 1598-1680)가 로마의 성 베드로 성당 앞에 세운 기둥들과 교회 안에 설치한 제단 덮개는 교회의 위험을 선포한다. 로마의 일 게수 교회(Ill Gesu Church)와 마드리드 북쪽에 소재한 필립 2세의 엘 에스코리알 궁전-수도원 교회도 그 예이다.

2) 개신교운동에 대한 반작용

1. 스페인은 무슬림인 무어족과 유대인들을 축출함으로써 스페인을 통일하고 강화하려 하면서 민족주의와 종교가 연합했었기 때문에, 반종교개혁 사역에서 지도자가 되었다. 매우 신실했던 카스티야의 이사벨라(Isabella)와 아라곤의 페르디난드(Ferdinand)는 1469년에 결혼한 후 통일된 스페인이 로마에 충성하게 하려고 일했다. 1480년에 스페인에 설치된 종교재판소는 토마스 토르케마다(Thomas Torquemada)의 주도로 이단을 근절하기 위한 기구로 발달했다. 바오로 3세는 스페인을 모방하여 로마에 종교재판소를 세웠다. 예수회의 설립자인 이그나티우스 로욜라(Ignatius Royola)는 스페인 사람이었다. 역시 스페인 사람인 시메네스(Ximenes) 추기경은 알칼라 대학에서 교육받은 성직자들의 성경 연구를 부흥시켰고, 헬라어 신약성경을 인쇄한 최초의 인물이다. 그는 1520년에 콤플루툼 다언어 대조 성경(Complutensian Poluglot)을 출판했다. 이것은 불가타의 라틴어 성경 본문과 히브리어 성경 본문을 함께 제공한 책이다. 스페인과 네덜란드와 신성로마제국을 다스린 스페인의 국왕 카를 5세와 그의 뒤를 이어 왕위에 오른 필립 2세는 교황을 지지했다. 필립은 네덜란드를 가톨릭 신앙에 붙들어두고 영국을 다시 가톨릭 국가로 만들기 위해 많은 국고와 군사를 대가로 지급했다. 이처럼 스페인은 여러 면으로 로마교회의 위치를 견고히 하고 잃어버린 영토를 되찾기 위해 사용할 수 있는 힘을 제공했다. 스페인의 해군은 1571년에 레판토에서 무슬림 군대를 무찔렀다. 포르투갈과 프랑스도 교황을 지지했다.

2. 예수회는 로마교회를 적극적으로 선전하는 데 가장 효과적인 무기를 제공했다. 그들은 개신교인들을 가톨릭 신앙으로 돌아오게 할 도구로서 훌륭히 교육받은 수도사들의 설교를 강조했다. 이 교단의 창시자인 이그나티우스 로욜라(1491?-1556)는 부유한 바스크 귀족 가문에서 태어났다. 그는 스페인 귀족의 아들들이 일반적으로 행하던 도박, 싸움, 연애 등 기괴한 일들을 섭렵한 후에 군인이 되었다. 그는 1521년 프랑스와의 전투에서 다리에 상처

예수회의 설립자인 이그나티우스 로욜라. 그의 규칙은 순결과 가난, 그리고 교황에 대한 절대적 순종을 요구한다.

를 입어 오랫동안 병원에서 지냈다. 그는 그동안 종교 서적을 많이 읽었으며, 그 결과 1522년에 영적인 체험을 하고서 일생을 하나님과 교회를 위한 봉사 생활에 헌신하기로 했다. 그는 1523년에 성지를 여행했고 교육을 받기 위해 귀국했다. 1528년에 파리 대학에 입학했다. 1534년에 로욜라와 여섯 명의 동료가 주축이 되어 교단을 세웠고 1540년에 교황 피우스 3세의 승인을 받았다. 로욜라는 1541년에 이 교단의 총장이 되었다. 1556년에 이 교단에는 약 천 명의 수도사들이 있었다.

로욜라는 지원생들을 교단의 충실한 회원으로 만들어줄 지침서로 『영신수련』이라는 책을 저술했다. 이 지침에 따라 몇 주 동안 죄, 그리고 그리스도의 삶과 죽음과 부활을 묵상한다. 이렇게 오랫동안 영성훈련을 받은 지원자들은 지도자와 하나님께 충성하게 된다.[2] 회원들은 최종적으로 교단의 총장과 교황에 대한 특별한 순종을 서원한다. 총장 밑에 각 교구를 책임지는 대교구장들이 있다. 로욜라의 규칙은 순결과 가난과 깨끗함 외에 교황에 대한 맹목적이고 절대적인 순종을 요구한다.[3]

---

2) Paul Van Dyke, *Ignatius Loyola* (New York: Scribner, 1926), chap. 18.

3) Henry Bettenson, *Documents of the Christian Church*, 2d ed. (New York: Oxford

이 교단의 주요 기능은 교육, 이단과의 싸움, 그리고 해외선교였다. 이 교단은 항상 로마교회의 가장 중요한 교육기관들을 지배해왔다. 그들은 설교를 통해서 독일의 여러 지방을 로마가톨릭 신앙으로 되돌렸다. 또 몇 명의 영웅적인 선교사들을 배출했다. 프란시스 사비에르(1506-52)는 교단 초기의 탁월한 선교사이다. 사비에르는 동아시아 지방으로 진출하여 인도, 동인도 제도, 일본 등지에서 전도했고, 수천 명에게 세례를 주었다. 예수회 수도사들은 네덜란드 남부의 여러 지방, 그리고 루터교가 강력하게 뿌리를 내린 것처럼 보이는 폴란드를 로마교회로 돌아오게 했다. 그러나 그들은 이렇게 싸움에 치중하면서 영성을 상실했다. 그들의 윤리적 상대주의 때문에 그들은 선한 목적이라고 여기는 것을 성취하기 위해서 수단과 방법을 가리지 않았다. 또 그들은 이단과의 싸움에서 국가 통치자의 협력을 구했는데, 이로 말미암아 부당하게 정치에 개입하게 되었고, 그것이 후일 그들이 인기를 잃은 원인이 되었다.

3. 로마교회는 예수회 수도사들의 포교 사업을 지원할 두 가지 강압적인 무기를 가지고 있었다. 그것은 종교재판소와 금서목록이었다. 종교재판소는 13세기 초에 프랑스 남부에서 일어난 알비파를 대적하기 위해 만들어진 것이었다. 그것은 1480년에 스페인의 이단 문제를 다루기 위해 교황의 허가로 스페인에 설치되었다. 토마스 토르케마다(1420-98)의 주도로 만 명이 처형되었고, 시메네스 때에 약 2천 명이 사망했다. 교황 바오로 3세는 카라파의 조언을 받아들여 1542년에 종교재판소가 어느 지역에서든 이단에 대처하기 위한 도구라고 선포하는 교서를 발표했는데, 이것은 1854년에 폐지되었다. 고발된 사람은 무죄가 증명될 때까지 죄인으로 취급되었고, 고발자들을 대면하지 못했으며, 스스로 불리한 증언을 하게 될 수도 있었고, 고문을 받아 억

University Press, 1963), pp. 258-61.

지 자백을 했다. 유죄 선고를 받은 사람이 죄를 자백하고 이단 사상을 철회하지 않으면, 재산을 빼앗기거나 투옥되거나 화형 당했다. 이러한 형벌은 종교 재판관들이 지켜보는 데서 세속 당국자들이 시행했다.

4. 15세기 중엽의 인쇄 기술의 발달이 개신교 사상의 전파에 도움이 되었다. 로마교회는 이에 대응하기 위해서 금서목록, 즉 신자들이 읽어서는 안 될 책의 목록을 작성했다. 교황 바오로 4세가 된 카라파는 1559년에 최초로 금서목록을 발표했다. 에라스무스의 책과 개신교인들이 발행한 성경이 그 목록에 수록되었다. 교황은 1571년에 금서목록 성성(聖省)을 구성하여 그 목록을 현대까지 보존하는 책임을 맡겼다. 금서목록은 많은 가톨릭 신자들이 개신교 문헌을 읽지 못하게 했고, 종교재판소는 많은 사람이 개신교 견해를 철회하게 했다. 금서목록은 1966년에 폐지되었다.

5. 교황 바오로 3세는 로마교회 내부 개혁의 필요성을 절감했던 듯하다. 왜냐하면, 그는 1540년에 예수회를 인가했고, 1542년에 로마에 종교재판소를 설치했으며, 1544년에는 트리엔트 공의회를 소집하는 교서를 발표했기 때문이다. 트리엔트 공의회는 1545년 12월 13일에 열려 1563년까지 계속되었다. 그사이에 회의가 개최되지 않은 기간이 많다. 국가가 교황 위에 군림하는 것은 허락되지 않았다. 콘스탄스 공의회처럼 국가별로 투표한 것이 아니라 개인적으로 투표했다. 이탈리아인 참석자들이 전체 참석자들의 4분의 3 정도였다. 그러므로 교황과 이탈리아 성직자들은 그 회의를 장악

바오로 3세가 소집한 트리엔트 공의회는 1545년부터 1563년까지 개최되었다.

할 수 있다고 확신했다. 교황 바오로는 로마교회의 교리와 성직자들의 악습 개혁, 그리고 불신자들을 대적할 십자군의 가능성 등을 고려하기를 원했다. 최종적인 교령에 255명이 서명했지만, 25차례의 회의에서 75% 이상 참석한 회의는 거의 없었다.

1545년부터 1547년까지 계속된 제1차 회기에서 다양한 교리적 문제들이 거론되었다. 공의회는 성경만 아니라 제롬의 불가타 역본에 포함된 위경과 정경들, 그리고 교회의 전통이 신자들을 위한 최종 권위가 된다고 선언했다.[4] 이신칭의에 대해 논의한 결과 인간이 믿음에 의해서만 의롭다 함을 얻는 것이 아니라 믿음과 그에 따른 행위로 의롭다 함을 얻는다고 결정했다. 공의회는 일곱 가지 성례를 재확인했고, 교회의 악습 개혁에 관한 교령들이 작성되었다.

1551년부터 1552년까지의 제2차 회기에서 화체설이 재확인되었고, 개혁에 관한 추가 결정이 이루어졌다. 1562년부터 1563년까지의 마지막 회기에서 그 밖의 성례들, 결혼에 관한 규칙, 연옥에 관한 교령, 그리고 여러 가지 개혁 문제에 대한 상세한 논의가 이루어졌다.[5] 교황이 그 공의회를 통제했다는 것은 공의회가 교서에 의해 공의회의 작업을 확인해달라고 요청한 데서 입증된다. 1564년에 발표된 교황의 또 다른 교서에는 트리엔트 공의회에서 작성된 신앙의 요약이 수록되어 있다. 그것은 트리엔트 신앙고백(Tridentine Profession of Faith)이라고 알려졌다. 개신교에서 가톨릭으로 개종한 사람들만 아니라 가톨릭 성직자들과 교사들도 그것에 서명해야 했다. 서명하는 사람

---

4) Ibid., pp. 261-63.

5) Ibid., 264-66.

은 교황에 대한 "참된 순종"을 맹세해야 했다.[6]

　이 공의회의 진정한 의미는 중세 시대의 토미즘 신학에서부터 모든 신자에게 구속력을 갖는 권위 있는 교의로의 변화이다.[7] 개신교인들은 전통과 성경에 동등한 권위를 부여하는 것을 받아들이려 하지 않았으므로, 개신교와 화해할 수 없어졌다. 그러나 그것은 개혁을 통해 성직자 사회의 도덕적 표준을 높였다. 그 공의회는 목회자 교육을 위해 신학교들을 열었고, 1566년에는 로마교회 요리문답을 작성했고, 불가타 성경을 채택했다. 그 회의는 공의회주의가 최종적으로 패배하고 교황의 절대론이 승리한 회의이다. 트리엔트 공의회는 니케아 공의회와 제2차 바티칸 공의회와 함께 교회의 가장 위대한 공의회로 일컬어진다.

　교리 체계로 무장한 피터 카니시우스(Peter Canisius, 1521-97)와 같은 충실한 예수회 교육자들과 선교사들의 포교활동과 종교재판소의 위력 덕분에 교황권은 1560년 이후로 네덜란드를 제외하고는 개신교의 확장을 저지할 수 있었고, 개신교가 승리할 듯이 보인 폴란드를 탈환할 수 있었다. 1660년경에 정복과 개혁이 절정에 달했다.

　서방의 종교개혁과 반종교개혁이 동방에는 그리 영향을 미치지 못했다. 제네바에서 수학했고 1620년경에 콘스탄티노플 총대주교로 선출된 키릴 루카르(Cyril Lucar, 1572-1638)는 서방에서 진행되는 칼빈주의 운동에 관심을 가졌지만, 동방교회가 개신교를 받아들이는 것을 원하지 않은 백성들과 예수회의 반대를 받았다. 그는 1629년에 칼빈주의 색채가 강한 신앙고백서를 출판했다. 또 그는 가장 오래된 세 개의 성경 사본 중 하나인 알렉산드리아 사

---

6) Ibid., 266-68.

7) Philip Schaff, *Creeds of Christendom*, 6th ed., 3 vols. (New York: Scribner, 1890), 2:77-266을 보라.

본(Codex Alexandria)을 찰스 1세가 다스리는 영국으로 보냈다. 그의 적들은 코사크족의 반역을 선동했다는 혐의로 술탄에게 그를 처형하라고 설득했고, 1672년에 개최된 베들레헴 공의회는 그의 신앙고백서에서 종교개혁 교리의 색채를 띤 것들을 모두 거부했고, 심지어 그것이 그가 저술한 것이 아니라고 주장했다. 그리스 교회를 개신교화하려는 시도는 실패로 끝났다.

2. 30년 전쟁

개신교인이 된 독일의 통치자들이 아우크스부르크 화의(Peace of Augsburg)에도 불구하고 자기 영토를 개신교 진영으로 만들려 했기 때문에 로마가톨릭 측과 루터파는 불평을 품었다. 이 평화협정은 개신교로 개종하는 통치자는 자기 영토를 포기해야 한다고 규정했었다. 아우크스부르크 협상에서 인정받지 못했던 칼빈주의가 팔라티네이트 등의 독일 지방을 잠식했고, 칼빈주의자들은 합법적으로 인정받기를 원했다. 예수회 수도사들은 로마교회가 잃었던 지역을 되찾기 위해서 기회만 있으면 바바리아와 보헤미아 지방의 정치적인 일에 개입했다. 페르디난트 2세와 바바리아의 막시밀리안은 예수회 수도사들에게서 교육을 받았기 때문에 개신교를 싫어했다. 1606년에 도나우뵈르트(Donauwörth)의 루터교도들이 수도사들의 행렬에 돌을 던졌다. 수도사들은 수도원 밖에서는 자기들의 종교를 증명하지 않기로 합의했었지만 막시밀리안은 그들의 편을 들어 그 도시를 정복하고 군사들을 배치했다. 아우크스부르크에서 이룬 일치가 깨질 것을 염려한 개신교인 통치자들은 1608년에 복음주의 연합(Evangelical Union)을 결성했고, 1609년에는 교황을 지지하는 제후들이 가톨릭 동맹을 결성했다. 그리하여 제국 내의 경쟁적 종교 신앙 사이에 전쟁을 위한 전선이 그어졌다. 네덜란드와 영국에서 스페인을 대적한 표면적 전쟁과 독일, 프랑스, 스코틀랜드, 취리히 등지에서 내면적 싸움이 벌어지기 전에 먼저 이 국가들에서 종교개혁이 궁극적으로 정착했었음을 기억해야 한다.

1618년에 프라하에서 사람들을 창밖으로 내던진 사건이 30년 전쟁의 도화선이 되었다. 1619년에 황제가 된 페르디난트는 1617년에 후손이 없는 마티아스(Mattias) 황제의 후임으로 보헤미아의 통치자가 되었다. 1618년에 개신교인들이 마티아스의 대표자들을 프라하의 어느 성에서 창밖으로 내던졌다. 마티아스가 사망하자 보헤미아인들은 개신교 진영인 팔라티네이트의 통치자 프레데릭을 보헤미아의 통치자로 선출했다.

그리하여 벌어진 전쟁은 네 단계를 거쳤다. 제1단계인 1618년부터 1623년까지는 보헤미아 시대로서 페르디난트 황제와 바바리아의 막시밀리안이 한편이 되고 프레데릭과 보헤미아인들이 한편이 되어 싸운 시기이다. 1620년에 프라하 외곽의 화이트 산에서 벌어진 전쟁에서 독일의 개신교는 일시적으로 틸리(Tilly)에게 패했다.

1625년부터 1629년까지(제2단계)는 덴마크와의 전쟁 시기로서 독일 북부의 개신교 주들을 보헤미아와 같은 운명에서 보호하기 위해 싸운 시기이다. 덴마크의 크리스티안 4세가 독일의 제후들을 도우러 왔지만 유능한 장군 틸리와 발렌슈타인(Wallenstein)이 이끈 페르디난트 2세의 군대에 패했다. 황제는 1629년에 "복권 칙령"(Edict of Restitution)을 발표하여 1522년 이후 개신교인들이 취한 로마교회의 땅을 모두 양도하며, 가톨릭 제후들이 다스리는 지역에서 개신교인들을 축출하여, 루터교도들만 인정을 받아 신앙의 자유를 누릴 수 있다고 명했다.

전리품으로 인한 가톨릭 측 독일 제후들의 분열, 그리고 스웨덴의 구스타부스 아돌푸스가 개신교도들을 도와준 것 때문에 1630년부터 1635년까지 스웨덴 전쟁기(제3단계)가 초래되었다. 스웨덴의 통치자는 동료인 개신교도들을 돕고 아울러 발트 해를 스웨덴의 소유로 만들려 했다. 1632년에 벌어진 뤼첸 전투에서 신성로마제국의 군대는 개신교도들에게 패했다. 스웨덴은 원하던 발트 해 연안의 영토를 차지했고, 독일 북부는 로마가톨릭 교도들의 지배에서 벗어났다. 그러나 개신교도들은 독일 남부를 최종적으로 정복하지 못했다.

마지막 단계는 1635년부터 1648년까지로서 가톨릭 측인 프랑스가 개신교도들의 편에서 개입하게 된다. 이 이유는 리슐리외(Richelieu)가 프랑스의 영

30년전쟁(1618-48). 독일을 무대로 신교(프로테스탄트)와 구교(가톨릭) 간에 벌어진 종교전쟁. 위의 그림은 주민들 대부분이 죽은 마크데부르크에서의 전투를 묘사한다. "평화를 구하는 기도"라고 묘사된 왼쪽의 그림은 전쟁이 끝나기 1년 전에 요한 폰 리스트가 출판한 것이다.

토를 획득하고 스페인의 합스부르크 왕조 통치자와 신성로마제국을 괴롭히려 했기 때문이다. 그리하여 현대의 것과 같은 유럽 국가들의 체계가 등장했다.

1648년에 베스트팔렌 평화조약(Peace of Westphalia)이 체결되면서 오래고 처절한 싸움이 끝났다. 네덜란드와 스위스는 개신교 독립 국가로 인정되었다. 프랑스, 스웨덴, 그리고 장차 프로이센이 될 작은 국가의 영토가 확장되었고, 프랑스는 유럽의 주도적인 강대국이 되었다. 루터주의와 칼빈주의가 종교로 인정되었고, 개신교도들에게 국가의 관리가 될 수 있는 권리가 주어졌다. 1624년에 개신교 측이었던 지역이 개신교 진영에 머무는 것이 허락되었다. 이것으로 종교적 박해가 종식되었다. 베스트팔렌 조약 체결 이후 신성로마제국은 과거의 정치적 중요성을 잃고 지리학적 명칭으로 전락했다. 왜냐하면 이 제국의 통일을 유지해준 것이 종교였는데, 종교개혁과 전쟁 때문에 그것이 깨졌기 때문이다. 이 조약은 종교적으로나 정치적으로 유럽에 안정을 가져왔다.

이와 같은 해결을 얻기 위해 치른 대가는 엄청났다. 독일에서는 수백만 명이 목숨을 잃어 인구의 삼 분의 일이 줄었다. 여러 차례의 전쟁과 도시와 마을의 약탈로 말미암아 재산이 파괴되었다. 독일이 30년 전쟁 때 입은 재산 파괴와 생명의 손실과 도덕의 붕괴를 회복하는 데에는 수십 년이 걸렸다.

3. 종교개혁 회고

종교개혁은 하나의 보편교회에 의한 지배의 종식을 의미했다. 개신교주의가 승리한 국가에는 로마가톨릭교회 대신에 국가별로 개신교 국교회가 들어섰다. 루터교는 독일과 스칸디나비아에서 우세했다. 스위스, 스코틀랜드, 네덜란드, 프랑스, 그리고 헝가리는 칼빈주의를 신봉했다. 영국인들은 성공회를 세웠다. 종교개혁의 과격파인 재세례파는 국교회를 세우지 않았지만, 네덜란드, 독일 북부, 그리고 스위스에서 활발하게 활동했다. 종교개혁 집단

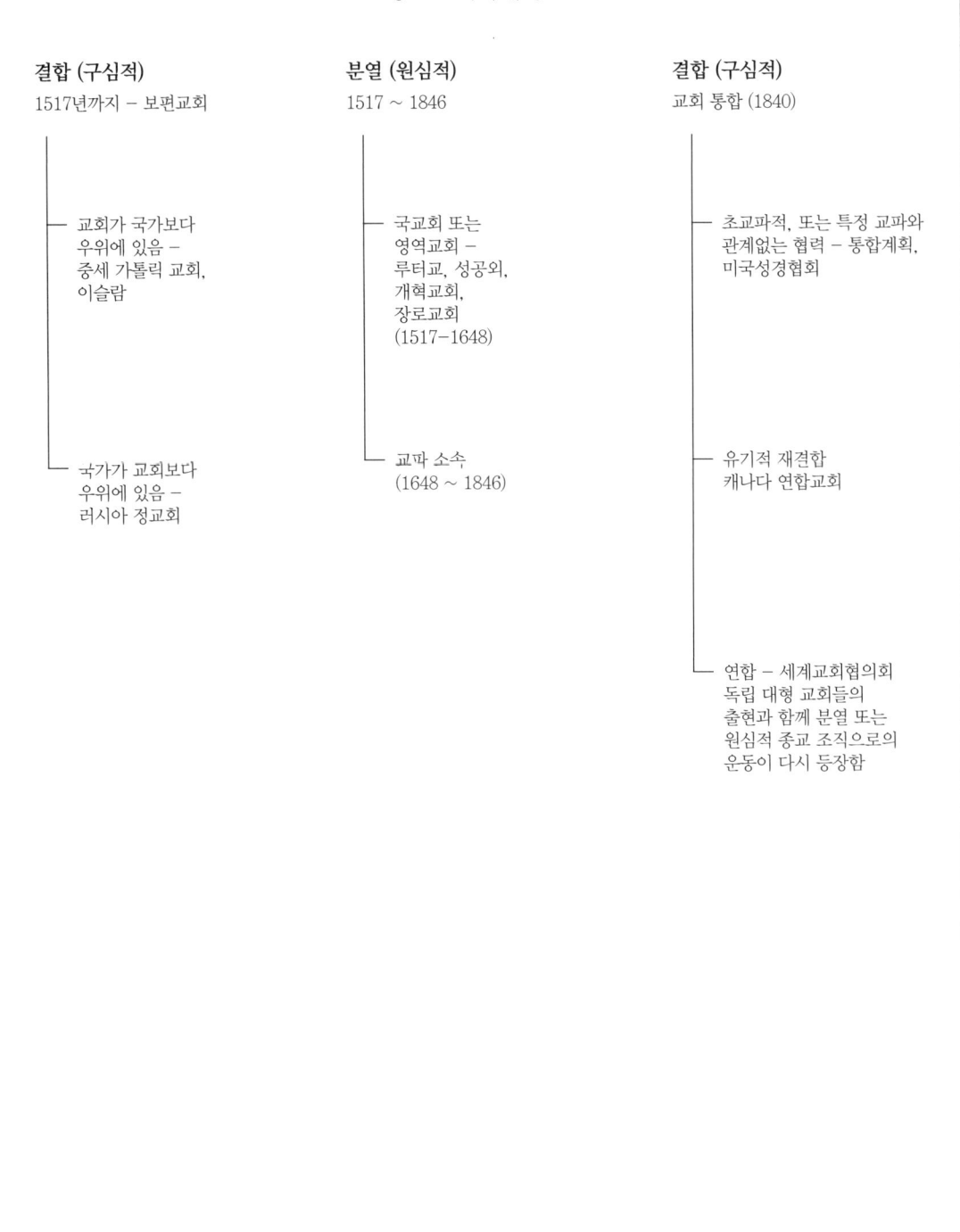

중에서 재세례파만 교회와 국가의 결합에 반대했다. 종교개혁 진영은 모두 교황의 지배에 반대했다. 그들은 국가와 분리된 신자들의 독립교회를 선호했다.

종교개혁으로 교리상의 큰 변화가 초래되었지만, 새로운 민족교회들이 과거의 교회가 물려준 것들과 완전히 결별했다고 생각해서는 안 된다. 개신교도들과 가톨릭교도들 모두 사도신경, 니케아 신경, 아타나시우스 신경 등 교회의 위대한 신조들을 받아들였다. 그들은 모두 삼위일체의 교리, 그리고 (소치니파를 제외하고는) 그리스도의 신성과 부활, 하나님의 계시인 성경, 인간의 타락, 원죄, 기독교인들이 도덕적 생활을 해야 할 필요성 등에 관한 교리를 신봉했다. 개신교도들은 오직 믿음에 의한 구원, 신앙과 삶의 무오한 규칙인 성경의 권위, 만인제사장설 등에 관해 의견이 일치했다. 게다가 각 종파는 다른 종파와 구분해주는 나름의 특이한 관점을 주장했다. 예를 들면 침례교도들은 침례에 의한 세례를 주장하고, 칼빈주의자들은 예정론을 주장했다. 이러한 관계가 개신교 신앙의 도표에서 증명된다. 교회사를 연구해보면 종교개혁이 신조의 발달에서 두 번째 위대한 시대라는 사실을 발견할 수 있

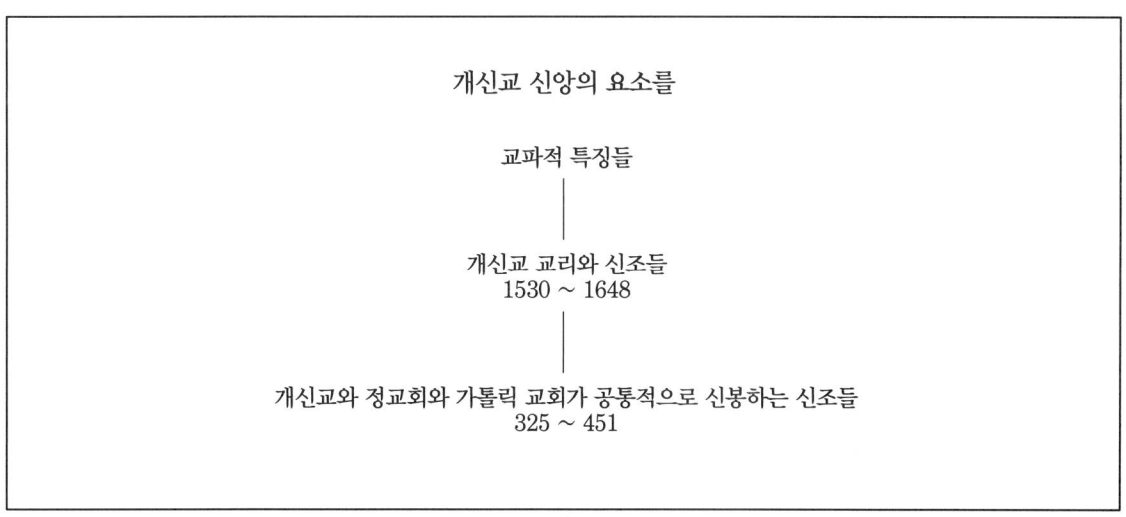

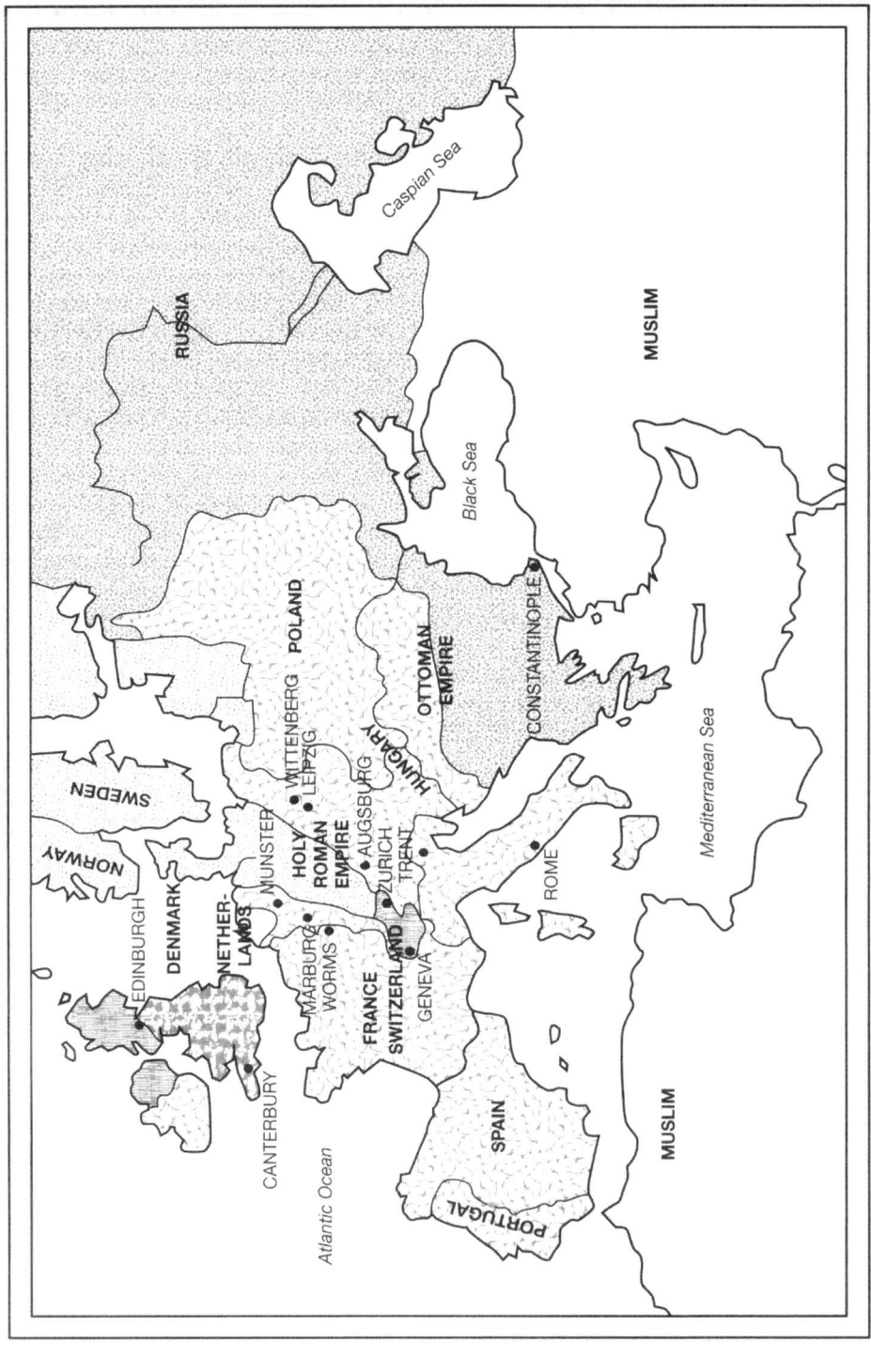

다. 325년부터 451년 사이에 보편교회 신조들이 작성되었다. 그러나 1450년부터 1648년 사이에 많은 개신교 신앙고백과 신조들이 작성되었고, 그것들을 오늘날까지 여러 개신교 교파에서 신봉하고 있다. 칼빈의 『기독교 강요』에서 찾아볼 수 있는 것과 같이 위대한 개신교 신학 체계들의 형성은 신조의 발달과 밀접하게 연결되어 있다.

개신교 운동은 인간의 세속적 관심과 영적 관심에 영향을 준 특정의 교리적 강조점과 관련이 있다. 이신칭의를 주장한 것이 종교적 개인주의를 부활하게 했다. 중세 시대에는 인간이 집단적인 교회 조직의 일부로서 가장 훌륭하게 발달한다는 견해 때문에 종교적 개인주의가 상실되었었다. 그러나 이제 인간은 직접 개인적으로 하나님께 나아갈 수 있게 되었다. 이처럼 개인을 강조한다고 해서 종교개혁이 삶의 집단적인 면을 등한히 한 것은 아니다. 예외가 있다면 재세례파는 교회를 강조했는데, 그 교회는 말씀 전파와 성례를 통해서 인정되어야 했다. 그러나 구원 문제에 관한 한 인간은 가톨릭교회의 성례를 통해 하나님께 나아갈 필요가 없었다.

이신칭의 교리가 성례 체계를 불필요한 것으로 만들었다. 만인제사장설은 하나님과 인간 사이의 중보자들로 구성된 성직정치의 중요성에 타격을 주었다. 신자들은 모두 하나님께 영적 제사를 드릴 수 있는 영적 제사장이기에 중보자가 필요하지 않았다.

성경의 궁극적 권위를 다짐한 것으로 말미암아 교회의 권위를 거부하게 되었다. 공의회의 교령, 교부들의 저술, 교황의 교서 등이 아닌 성경이 신앙과 관습의 궁극적인 척도가 되었다. 개인이 문법적, 역사적 배경에 주의를 기울임으로써 성경을 해석할 수 있다고 생각되었기 때문에 개인적인 해석의 권리가 강조되었다. 거의 모든 종교개혁자와 동료들이 성경을 자기들의 모국어로 번역했다.

종교개혁은 보편적인 초등교육을 향한 욕구를 창출했다. 모든 사람이 스스로 성경을 해석할 수 있으려면 글을 읽을 수 있어야 했기 때문이다. 개혁자들 모두가 초등교육, 중등교육, 대학교육 등 세 차원에서 학교를 설립하는 데 관심을 기울였다. 또 종교개혁은 경험적 학문이 발흥하는 유인이 되었다.

인간의 영적 평등을 강조한 것이 정치적 평등을 강조하는 것으로 이어졌다. 그리하여 종교개혁, 특히 칼빈주의 교리가 받아들여졌고, 교회와 국가 안에서 민주주의의 발흥이 촉진되었다. 평신도들도 교회의 정치에 깊이 참여하게 되었다.

종교개혁은 자본주의가 발생하는 유인이 되기도 했다. 왜냐하면, 대부분 종교개혁자들이 중세 시대의 고리대금업을 반대했기 때문이다. 절제, 근면, 세속적인 오락을 멀리할 것 등을 강조했기 때문에 새로운 경제적 모험을 위한 자본으로 사용될 수 있는 금액이 저축되었다. 그러나 종교개혁자 중 누군가에게 자본주의 발흥의 책임이 있다고 말하는 것은 공정하지 못하다. 이는 그것이 종교개혁이 발생하기 오래전부터 존재하고 있었기 때문이다.

시민의 경제적 복지에 대한 책임을 지는 현대 복지 국가들의 출발점도 종교개혁 시대에 교회의 재산을 몰수함으로 말미암아 재산을 빼앗기고 궁핍해진 사람들을 국가가 부양해준 데 있다고 볼 수 있다.

종교개혁은 설교의 부흥을 가져왔다. 루터와 같은 사람들은 말씀을 전하는 탁월한 설교자였다. 칼빈은 말씀을 가르치고 설교하는 데 많은 시간을 보냈다.

종교개혁은 로마가톨릭교회에도 영향을 주어 트리엔트 공의회의 반종교개혁에 대한 분명한 교의 진술과 도덕적 개혁을 일으켰다. 예수회는 아시아와 서반구에서 로마가톨릭교회의 선교 사역을 이끄는 지도자가 되었다.

1648년에는 기독교의 주요 교파들이 존재하게 되었다. 그 이후 현재까지 17세기에 처음으로 서유럽에 현저한 영향을 주기 시작한 세속주의에 직면한 이 다양한 교파들의 운명에 관심이 주어졌다.

참고문헌

Bangert, William H. *A History of the Society of Jesuits*. St. Louis: Institute of Jesuit Sources, 1932.

Brodrick, James. *The Origin of the Jesuits*. New York: Longmans, 1940.

___. *The Progress of the Jesuits 1556-1579*. London: Longmans, 1947.

___. *Saint Francis Xavier*. Garden City, N.Y.: Doubleday, 1957.

___ *Saint Ignatius Loyola*. New York: Farrar, Strauss, 1956.

Burns, Edward M. *The Counter-Reformation*. Princeton: Princeton University Press, 1964.

Caraman, Philip. *Ignatius Loyola*. San Francisco: Harper Collins, 1990.

Cronin, Vincent. *The Wise Man From the West*. London: Hart-Davis, 1955.

Daniel-Rops, Henry. *The Catholic Reformation*. New York: Dutton, 1962.

Dickens, Arthur G. *The Counter-Reformation*. New York: Harcourt, Brace, 1969.

Dolan, John P. *History of the Reformation*. New York: Desclee, 1955.

Dudon, Pere Paul. *Ignacio de Loyola. The Spiritual Exercises*. Westminster, Md.: Newman, 1951.

___. *Saint Ignatius of Loyola*. Translated by William J. Young. Milwaukee: Bruce, 1949.

Hadjiantoniau, George A. *Protestant Patriarch*. Richmond, Va.: John Knox, 1961.

Janelle, Pierre. *The Catholic Reformation*. Milwaukee: Bruce, 1959.

Jedin, Hubert. *A History of the Council of Trent*. Translated by Ernest Graf. St. Louis: Herder, 1941.

Kamen, Henry. *The Spanish Inquisition*. London: Weidenfeld and Nicholson, 1965.

Kidd, Beresford J. *The Counter-Reformation, 1550-1660*. London: SPCK,, 1933.

Lea H. C. *The Inquisition in Spain*. 4 vols. London: Macmillan, 1906-7.

Olin, John. *The Catholic Reformation*. New York: Harper, 1969.

O'Malley, John W. *The First Jesuits*. Cambridge, Mass.: Harvard University Press, 1993.

Polisensky, Joseph V. *The Thirty Year's War*. Translated by Robert Evans. Berkeley: University of California Press, 1971.

Schroeder, Henry J. *Canons and Decrees of the Council of Trent*. St. Louis: Herder, 1941.

Van Dyke, Paul. *Ignatius Loyola*. New York: Scribner, 1926.

Wedgewood, Cicely V. *The Thirty Year's War*. New Haven: Yale University Press, 1939.

이성주의, 신앙부흥운동, 분파주의(1648~1789)

제32장

북아메리카에서의 기독교 정착

현대사회는 삶에 대한 기독교적 통제와 통합으로부터 결별했다. 1648년의 베스트팔렌 조약은 교회사에서 종교개혁 시대에 발달한 종교 형태들과 그 후의 경향을 구분하는 분기점이 된다. 신앙부흥운동과 이성주의의 다양한 표명이 동시에 발달했다. 교회 안에 자유주의를 낳은 이성주의는 종교개혁의 신학과 성경과의 결별로 이어졌다. 국가와 교회의 분리에서 교파주의가 탄생했다. 종교에 대한 관용과 자유가 발달함에 따라 평신도들이 자발적으로 교회를 지원하고 더욱 더 민주적으로 교회의 일을 통제해야 할 필요성이 대두하였다. 식민지 개척자들은 죄 때문에 인간 및 인간이 만들어낸 제도에 결점이 있을 수 있다는 것, 그리고 그 권력을 제한해야 할 필요성을 인정했다. 사람들이 국교회의 신자로 태어나는 것이 아니므로 복음주의가 그들을 기독교 신앙으로 이끌어주기 위한 중요한 방편이 되었다. 안타깝게도 국가와 교회의 분리는 종종 하나의 종교를 다른 종교보다 선호하기를 거부하는 것, 그리고 국가의 일에서 무종교적 태도를 지니는 현상을 초래했다. 국가와 교회의 분리로 말미암아 20세기의 세속 국가가 나타났는데, 어떤 국가는 교회의 존속을 위협하기도 한다. 교파주의로 기우는 경향은 20세기에 재통합을 지향하는 경향들과 교회일치운동에 의해 어느 정도 상쇄되었다. 오늘날에는 종교개혁 이후 개신교 진영의 분열 대신에 재통합이 자리 잡은 듯

미국내의 종교개혁의 유산

브리티시 제도

- 영국
  - 로마가톨릭 교회 (메릴랜드)
  - 성공회 (조지아, 메릴랜드, 노스 캐롤라이나, 사우스 캐롤라이나, 버지니아)
  - 청교도 분리주의자들과 회중파 (매서추세츠)
    - 침례교 (프로비던스)
    - 코네티컷
  - 퀘이커파 (펜실베니아, 뉴저지)
  - 감리교
- 스코틀랜드
  - 존 위더스푼
    - 장로교 (펜실베이니아)
  - 얼스터
    스코틀랜드 – 아일랜드
    프랜시스 매케미

유럽 대륙

- 프랑스
  - 위그노
- 독일
  - 루터교
- 스웨덴
  - 루터파 (델라웨어)
- 네덜란드
  - 네덜란드 개혁파
    - 기독교 개혁파
    - 미국 개혁파 교회
  - 메노파 (펜실베이니아)

하다. 1792년 이후 개신교 선교운동과 사회적 욕구에 대처하기 위한 박애 운동이 현대 기독교의 일부가 되었다. 교회는 성경적 비평가들, 진화론자들, 그리고 전체주의 국가들의 공격에 직면해왔다.

이러한 현대교회사의 특징이 가장 잘 드러난 곳이 아메리카이다. 콜럼버스가 아메리카 대륙을 발견한 후 25년이 못 되어 종교개혁이 시작되었다는 사실에서 사람들은 감명을 받지 않을 수 없다. 종교개혁에서 생겨난 거의 모든 개신교 교파들이 아메리카 대륙에 도입되었고, 후대에는 가톨릭교회가 도입되었다. 유럽과의 거리, 자유 지원제의 등장, 되풀이되는 신앙부흥운동, 개척지의 영향, 그리고 아메리카로 건너온 분파들이 지닌 상대적인 자유주의 등이 아메리카의 기독교 활동을 창조적인 것으로 만들었다. 천막집회, 대중 복음 전도, 후한 구제, 금주운동, 종교적 욕구를 비롯하여 사회적, 문화적 욕구를 충족시켜주기 위한 제도적 교회, 청년 대상의 사역, 도시선교, 그리고 교회일치운동 등이 아메리카 기독교의 창조적인 면을 보여준다.

1. 아메리카 기독교의 이식기

가톨릭교도들과 개신교도들이 이룩한 아메리카 대륙에서의 정착은 종교와 중상주의적 제국주의가 주도했는데, 그것은 식민지가 모 국가의 유익을 위해 존재한다고 간주했다. 따라서 가톨릭교도들은 식민지를 통치자의 지배 아래 유지하기 위해 왕립 회사를 사용했고, 개신교 통치자들은 인디언들을 몰아내고 그곳에 정착하기 위해서 사적인 합자회사를 사용했다. 가톨릭교회는 남아메리카의 세례받은 인디언들의 마을과 애리조나와 뉴멕시코와 캘리포니아에서 사제들이 보호하는 인디언 마을들을 통해서 인디언들을 보호해 주었다. 멕시코와 페루에서는 스페인 사람들이 금과 은을 얻기 위해서 인디언들을 착취했고, 프랑스인들은 퀘벡에서 모피를 얻기 위해 인디언들을 착취했다. 가톨릭교도들은 퀘벡과 라틴아메리카에서 문화적으로 독점했고, 개신교인 앵글로색슨족은 북아메리카에서 독창적이고 혁신적인 문화 다원주의를 지향했다. 따라서 이베리아 반도의 가톨릭교도들은 반종교개혁 때에 가톨릭 진영인 아메리카와 아시아와 아프리카 제국을 획득했다. 19세기 영국은 인도와 아프리카와 북아메리카를 교역과 선교와 개화의 대상으로 삼았다.

앵글로색슨족이 대서양 연안의 북아메리카를 식민지화하도록 자극한 동기들은 다양하다. 많은 식민지 개척자들은 아시아의 보화, 귀중한 원료, 그리고 유익한 교역 시장을 확보하기 위해 서쪽 항로를 발견하기를 기대했다. 또 본토의 넘쳐나는 인구를 식민지가 흡수할 수 있다고 여겼기 때문에 식민지에 사람들이 파견되었다. 식민지 개척이 신세계에서 스페인의 군사적 위협에 대처하는 데 도움이 될 것이었다. 그러나 식민지를 개척하게 된 데에는 종교적인 동기가 중요했다. 대부분의 식민지 설립 허가서들이 원주민을 개종시키고 그리스도의 지배를 확장하려는 목장주들의 소원을 언급한다.[1] 플리머스와 살렘의 청교도들의 경우처럼, 식민지 개척자들이 나름의 방식으로 예배하는 데 관심을 두는 경우도 있었다. 따라서 영국, 프랑스, 스페인, 스웨덴, 네덜란드 등이 북아메리카에 식민지를 개척한 것을 북아메리카에 그들이 신봉하는 종교를 이식한 것과 분리하여 생각할 수 없다. 이들은 대부분 칼빈주의를 지향했다. 식민지 개척에 사용된 도구는 현대 주식회사의 선구자라 할 수 있는 합자회사였다. 그 기구는 식민지 개척 사업에 필요한 막대한 자금을 확보할 수 있었다.

1) 아메리카의 성공회

1606년에 아메리카에 식민지를 확보하고 토지를 개발할 수 있는 허가를 받은 버지니아 회사(Virginia Company)는 1607년 제임스타운(Jamestown)에 이주

---

1) Peter G. Mode, *Source Book and Bibliographical Guide for American Church History* (Menasha, Wis.: Banta, 1921), pp. 9-10, 26.

민들을 파견했다. 지주와 노동자로 구성된 이 이주는 공동체적 기초 위에 조직되었고, 영국국교회가 자리 잡을 수 있는 계기를 마련했다. 이주자 중에 로버트 헌트(Robert Hunt)라는 목사가 있었는데, 그는 개척자들이 통나무에 앉아있을 때 그들에게 성만찬을 베풀었다. 포카혼타스와 결혼한 존 롤프(John Rolfe)가 1612년에 담배 재배에 성공함으로써 식민지가 부를 축적할 수 있는 기초를 놓았다. 그 식민지는 1619년에 공동체 실험이 끝난 후에 비로소 경제적으로 번영했다. 버지니아 회사는 토지, 그리고 대의통치 집단을 선출하는 특권을 식민지 개척자들에게 주었다. 식민지에 정착하는 청교도적인 성공회 신자들이 점점 증가했다. 청교도적 경향을 지닌 알렉산더 휘태커(Alexander Whitaker)는 1611년부터 1617년까지 버지니아에서 주도적인 성공회 목회자로 일했다. 1619년에 담배 농장에서 일할 노예들을 네덜란드 상인들에게서 사면서 노예제도가 정착했다. 버지니아 회사는 1624년에 해산되었고, 버지니아는 국왕을 대신하여 총독이 다스리는 영국의 식민지가 되었다. 성공회가 새 식민지의 국교회가 되었다. 그리고 제임스 블레어(James Blair, 1655?-1743)가 1689년에 교회들을 감독하고 개혁을 시행하기 위한 주교 대리로 버지니아에 오기 전까지는 예배 의식이 영국국교회의 의식과 그리 다르지 않았다. 블레어는 1710년부터 1743년까지 브루톤 교구의 목사로 재임했다. 그는 1693년에 윌리엄과 메리 대학(College of William and Mary)을 세웠다.

영국 성공회는 1702년에 가톨릭교도들의 반대에도 불구하고 메릴랜드의 국교회가 되었다. 가톨릭교도들은 볼티모어 경(Lord Baltimore)의 허락으로 그 지방에 정착했었다. 결과적으로 볼티모어 경이 허용한 종교적 관용이 종식되었다. 그로 말미암아 1693년에는 원래 뉴욕에 정착했었던 네덜란드인들의 반대에도 불구하고 뉴욕 일부에서 성공회가 국교가 되었다. 1715년에 발표된 법에 따라 영국 성공회는 노스캐롤라이나의 국교회가 되었고, 그보다 일찍 1706년에 사우스캐롤라이나의 국교회가 되었다. 조지아는 1758년에 성공회를 받아들였다. 이러한 형태는 미국 독립전쟁(American Revolution) 이후에 변화되었다.

1701년에 메릴랜드의 토마스 브레이(Thomas Bray, 1656-1730)가 설립한 해외 복음 전도협회(Society for the Propagation of the Gospel in Foreign Parts)로 말미암아 다양한 국교회들 안에서 더욱 헌신적이고 영적인 목회 사역이 가능해졌다. 그 전까지의 국교회들은 도덕적으로나 영적으로 태만했었다. 이 협회는 3백 명 이상의 선교사들을 여러 식민지에 파송했다. 그리하여 남부 지방의 식민지에도 성공회가 자리를 잡았다.

미국독립혁명 이전에 남부 식민지에서 성공회가 가장 강력했고, 뉴잉글랜드에서 회중파국교회가 가장 강력했던 이유를 쉽게 알 수 있다. 식민지 시대에 다원주의와 경쟁으로 말미암아 로드아일랜드, 펜실베이니아, 메릴랜드 등지에서 종교의 자유가 주어졌다.

2) 뉴잉글랜드 회중교회의 정착

회중교회가 뉴잉글랜드의 국교회가 되었다. 17세기 초에 박해를 피해 스크루비(Scrooby)를 떠나 네덜란드의 레이던으로 이주했던 스크루비 회중은 젊은이들이 네덜란드인들과 궁극적으로 동화되는 것을 막기 위해 아메리카로 이주하기로 했다. 런던의 투기적 상인들로 구성된 회사가 항해 지원금으로 7천 파운드를 빌려주었다. 노동력 외에 다른 것으로는 공헌할 수 없었던 이 이주민들은 상인들의 어업 개발을 도와야 했다. 1620년 8월에 필그림 파더즈라고 알려진 백 명 이상의 이주민들이 메이플라워호를 타고 영국을 떠나 아메리카를 향했다. 이들은 몇 가지 이유로 버지니아 북부가 아니라 뉴잉글랜드의 플리머스에 상륙했다. 따라서 그들은 자기들이 거주하는 지역의 소유자인 식민회사로부터 다시 개발 허가를 받아야 했다. 그들은 무법자들이 식민지를 어지럽히는 것을 방지하기 위해 상륙하기 전에 통치 도구로서 메이플라워 맹약(Mayflower Compact)을 작성했다.² 그것은 실질적으로 세속 통치에 대한 정교분리주의 계약 사상의 확대였다. 그 서약은 플리머스가 1691년에 살렘 정착지들과 합병하여 매사추세츠 주가 될 때까지 그들의 주요 헌법이었다. 그들이 플리머스에 상륙한 것은 하나님의 섭리였다. 왜냐하면, 만일 버지니아에 상륙했다면 영국에서만큼 박해를 받았을 것이기 때문이다. 브루스터(Brewster) 장로가 그들의 종교 지도자로 활동했고, 윌리엄 브래드포드(William Bradford, 1590-1657)가 초대 총독이 되었다.

상륙한 첫해 겨울에 50명 이상이 사망했다. 그러나 이듬해 봄부터 이들의 형편이 개선되었다. 그리하여 그들은 곧 빚을 완전히 갚을 수 있었다. 교회는 그들 공동체 내의 영적, 사회적 삶의 중심이었다.

1628년 이후 많은 비-분리파 청교도들이 살렘과 보스턴에 정착했다. 1626년에 영국 도체스터(Dorchester)에서 사역하던 청교도 목회자 존 화이트(John White)가 살렘에 이주민들을 정착시키기 위해 식민회사를 조직했다. 약 50명으로 이루어진 이 집단은 1628년 가을에 살렘에 상륙하여 존 엔디코트(John Endicott)를 총독으로 선출했다. 이들은 회중파였거나 영국을 떠나기 전에 회중파로 기운 영국 국교회 신자들이었을 것이다.³ 이 일은 계약에 기초를 둔 회중파의 교회 통치 체계를 세우는 데 있어서 1628년부터 1629년 사이의 겨울에 분리파 진영의 식민지인 플리머스에 와서 의료 혜택을 베푼 새뮤얼 풀러(Samuel Fuller) 박사의 의료 서비스보다 더 크게 기여했다.

1629년에 화이트의 조직은 매사추세츠만(灣) 회사(Massachusetts Bay Company)와 합병했다. 영국을 떠나 이주하기를 원하지 않았던 매사추세츠만(灣) 회사

---

2) Ibid., p. 49.

3) Ibid., pp. 64-65. Cf. Peter Miller, *Orthodoxy in Massachusetts*, 1630-1650 (Cambridge: Havard University Press, 1933), chap. 5. esp. pp. 127-31.

의 주주들은 철수했고, 찰스 1세의 독재에서 벗어나기 위해 약 900명이 그 회사의 총독들과 함께 허가서를 가지고 아메리카로 항해했다. 1631년에 매사추세츠 의회는 교회의 신자들에게만 투표권을 주었는데, 회중교회가 그 주의 종교가 되었다. 정착민들은 감독제도를 거부했지만, 신앙의 통일이라는 원리는 지지했다. 존 윈스럽(John Winthrop, 1588-1649)이 살렘과 보스턴에 설립된 정착지의 총독이 되었다. 1628년부터 1640년까지 2만 명이 넘는 청교도들이 이 정착지에 왔다. 증가하는 교회들을 위해 사역한 목회자들은 대부분 케임브리지 대학 출신이었다. 그들은 사람들에게 성경을 해석해 주어 사생활이나 공적 생활에 그것을 적용하는 방법을 깨닫게 해주었다. 교회의 정체는 회중교회였지만, 이 청교도들의 신학은 칼빈주의였다.

인접 비옥한 지역들을 차지하려는 욕구, 그리고 뉴잉글랜드 식민지를 다스린 지도자들의 편협함 때문에 청교도들이 이 지역에 몰려들었다. 1633년에 뉴턴의 목사로 임명된 토마스 후커(Thomas Hooker, 1586-1647)는 교인들에게만 특권을 주는 데 불만을 품었다. 그리하여 그와 그의 회중은 서쪽으로 펼쳐진 비옥한 코네티컷 강 계곡으로 이주하는 것을 허락해달라고 주지사에게 청원했다. 그들이 이주하는 것이 허락되었고, 1633년에 세 개의 도시가 건설되었다. 1638년에는 새 식민지의 헌법으로 코네티컷 기본법(Fundamental Orders)이 작성되었다. 이 헌법은 이들이 떠나온 식민지의 헌법보다 진보적이었다. 왜냐하면, 총독만 교인이어야 했으며,[4] 통치는 정부의 관리 선출을 통해 표현된 주민들의 동의에 기초를 두었기 때문이다.

1692년 남자 14명과 여자 6명을 교수형에 처한 살렘의 마녀재판은 그들의 편협의 척도였다. 개인적 회심 체험이 쇠퇴하면서 매사추세츠의 교회들은 회심하지 않는 2세대의 자녀들이 투표권을 갖도록 세례받는 것을 허락했다.

---

4) Mode, *Source Book*, pp. 97-98.

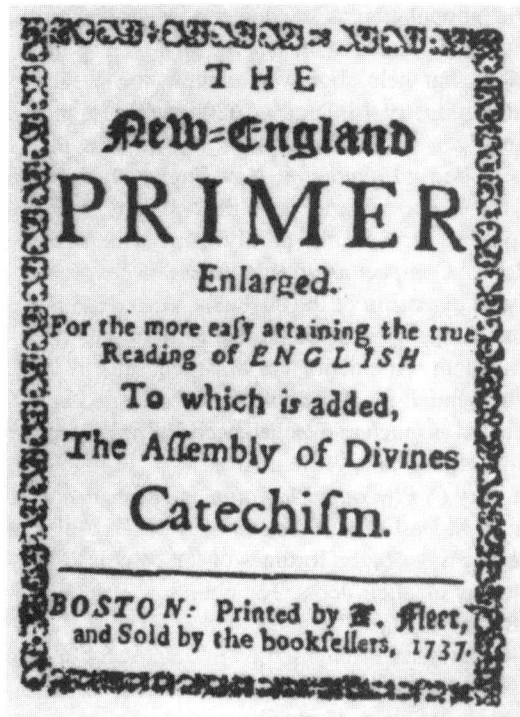

1737년판 『뉴잉글랜드 글자 교본(New England Primer)』 표지

또 하나의 식민지의 건설은 런던의 어느 교회 목사인 존 데이븐포트(John Davenport, 1597-1670), 그리고 그가 목회하던 교회의 교인이었던 테오필루스 이튼(Theophilus Eaton)에 의해 이루어졌다. 이튼은 그 회중에 속한 많은 사람과 함께 1636년에 아메리카로 이주했다. 그들은 보스턴에서는 행복할 수 없다고 여겨 오늘날 코네티컷의 남쪽에 해당하는 뉴헤이븐(New Haven)에 식민지를 세웠다. 그들은 협정으로 인디언들의 땅을 획득했고, 1639년에 성경에 기초를 둔 공화국을 세웠다. 이 공화국은 교인들에게만 투표권을 주었다. 1664년에 이 식민지는 다른 식민지들과 합병하여 코네티컷 주가 되었다.

1646년 케임브리지 대회(Synod of Cambridge) 이후 신학과 정체의 통일성이 보장되었다. 이 대회에서 4개 식민주 대표들은 웨스트민스터 신앙고백을 신앙의 표현으로 채택했으며, 1648년에 케임브리지 강령(Cambridge Platform)[5]을

---

5) Ibid., pp. 76-77.

New England Primer

SCHOOL-HOUSES, APPARATUS, AND TEXT-BOOKS.

We are fortunate in being able to present our readers with an exact transcript of the four pages of the first illustrated alphabet printed in this country. Some of our readers may recognize their old friends of the later editions of the Primer, in which "Young Timothy" and "Zaccheus he" were drawn to nature less severely true. The whole belongs to that department of literature which "he who runs may read, and he who reads will run."

A In A D A M 's Fall
   We finned al.

B Heaven to find,
   The Bible Mind.

C Chrift crucify'd
   For finners dy'd.

D The Deluge drown'd
   The Earth around.

E E L I J A H hid
   By Ravens fed.

F The judgment made
   F E L I X afraid.

N N O A H did view
   The old world & new

O Young O B A D I A S,
   D A V I D, J O S I A S
   All were pious.

P P E T E R deny'd
   His Lord and cry'd.

Q Queen E S T H E R fues
   And faves the *Jews*.

R Young pious R U T H.
   Left all for Truth.

S Young S A M ' L dear
   The Lord did fear.

G As runs the Glass,
   Our Life doth pass.

H My Book and Heart
   Must never part.

I J O B feels the Rod,—
   Yet bleffes GOD.

K Proud Korah's troop
   Was fwallowed up

L L O T fled to *Zoar*,
   Saw fiery Shower
   On *Sodom* pour.

M M O S E S was he
   Who *Israel's* Hoft
   Led thro' the Sea.

T Young T I M O T H Y
   Learnt fin to fly.

U V A S T H I for Pride,
   Was fet afide.

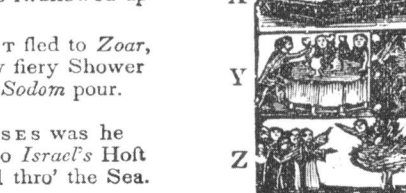

W Whales in the Sea,
   GOD's Voice obey.

X X E R X E S did die,
   And fo muft I.

Y While youth do chear
   Death may be near.

Z Z A C C H E U S he
   Did climb the Tree
   Our Lord to fee.

작성했다. 이 강령에서 각 교회가 자율을 유지하지만 다른 교회들과 관계를 갖고 교제하며 공의회에 참석해야 한다고 선언했다. 각 교회는 신자들을 서로에게, 그리고 교회의 머리이신 그리스도에게 연결해주는 교회 계약에 의해 이루어졌다. 목사들과 집사들이 가장 중요한 직분자였고, 어느 교회에서 성직자를 임명할 때 임명식을 인근 교회의 목회자들이 거행했다.

초기 청교도들은 이교도 이웃을 완전히 무시하지는 않았다. 록스베리 교회(Roxbury Church)의 목사 존 엘리엇(John Eliot, 1604-90)은 1646년에 인디언 사회에서 사역을 시작하고 개종자 마을을 조성했다. 1674년까지 3천 6백 명의 기독교인 인디언들이 14개의 마을을 형성했다. 불행히도 정착민들과 다른 인디언들 사이의 전쟁 때문에 그가 세운 마을들이 파괴되었다. 또 그는 1661년과 1663년에 구약성경과 신약성경을 인디언의 언어로 번역하여 출판했다.

3) 미국 침례교회의 설립

미국 침례교회의 출발도 청교도들의 급속한 유입과 연결되어 있다. 케임브리지에서 성공회 사역을 위한 교육을 받은 로저 윌리엄스(Roger Williams, 1603?-83)는 정교분리주의자들의 견해를 받아들였다. 그는 독립 정신 때문에 1631년에 영국을 떠나 보스턴으로 갔고, 그곳에서 다시 플리머스로 갔다. 이는 그의 생각에 보스턴 교회가 자체를 깨끗하게 하지 못했다고 생각했기 때문이었다. 그는 2년 동안 플리머스에서 사역했다. 1635년에 살렘의 교회가 그를 목사로 청했을 때 존 코튼(John Cotton)의 부추김을 받은 주 의회가 개입했다. 주 의회는 그에게 6주 안에 의회 관할 지역에서 떠나라고 명령했다. 이는 그가 인디언의 토지 소유권을 지지했고, 하나의 국교 제도에 반대했으며, 행정관리들이 개인의 종교를 지배할 권한이 없다고 주장했기 때문이었다.

그는 아내와 자녀들을 저당 잡힌 집에 남겨둔 채 겨울에 숲속에 들어가 방황하다가 인디언들을 만나 그들의 도움을 받았다. 1636년에 그는 인디언들에게서 약간의 땅을 구입하여 프로비던스(Providence)를 세웠다.

북아메리카 프로비던스 로드아일랜드에 최초의 침례교를 설립한 로저 윌리엄스. 그는 살렘에서 쫓겨나 숲속을 헤매다가 인디언의 도움을 받았다.

이듬해에 앤 허친슨(Anne Hutchinson, 1591-1643) 부인이 당국으로부터 추방령을 받았다. 그 이유는 그녀가 자기 집에서 집회를 개최하면서 은혜의 언약이라는 것을 선포했기 때문이었다. 이 언약은 행위의 언약과 반대되는 것이었다. 그녀의 말에 의하면 존 코튼을 제외한 모든 목사가 행위의 언약을 전파했다고 한다. 그녀는 내면의 빛이라는 개념과 구원의 확실한 보장을 주장했기 때문에 어려움에 부닥쳤다. 그녀는 아기를 낳기 직전에 그 식민주에서 추방되어 한겨울에 걸어서 로드아일랜드(Rhode Island)로 갔다. 그녀와 그녀의 추종자들은 그 지역의 뉴포트(Newport)와 포츠머스(Portsmouth)에 정착했다. 의사요 전도자였던 존 클라크(John Clarke, 1609-76)는 뉴포트에 있는 교회의 교육 장로가 되었는데, 이 교회가 침례교였는지는 확실하지 않다.

1639년에 프로비던스에 교회가 세워졌고, 윌리엄스를 포함한 모든 교인이 다시 세례를 받았다. 그들이 침례 형식으로 세례를 받았는지에 대해서는 약간의 의심이 있다. 어쨌든 이 열두 명의 교인들은 침례교 방침에 따라 교회를 조직했다. 그것이 미국 최초의 침례교회였을 것이다. 1638년에 뉴포트에 교회가 있었지만, 기록에 의하면 뉴포트에 최초의 침례교회가 등장한 것은 1648년의 일이다. 지금도 뉴포트의 교회와 프로비던스의 교회는 자기들이 미국에서 가장 오래된 침례교회라고 주장하고 있다. 후일 윌리엄스는 프로비던스에서 철수했다. 그러나 그는 로드아일랜드 설립을 위한 임시 허가를 확보하는 등 계속 그 지방을 위해 봉사했다. 이 허가장은 1663년에 찰스 2세가 수여한 허가장에 의해 확인되었다.[6] 윌리엄스의 가장 큰 업적은 교회와 국가의 분리, 그리고 양심의 자유를 강조한 것이다. 현대의 가장 큰 침례교 단체는 로드아일랜드에서의 그의 초기 활동에서 생겨난 것이다.

슈발 스턴즈(Shubal Stearns, 1706-1771)는 샌디크리크(Sandy Creek), 노스캐롤라이나, 사우스캐롤라이나 전역에 침례교 메시지를 전했다. 회중파를 떠나 침례교인이 된 아이작 백거스(Isaac Backus, 1724-1806)는 종교적 지원을 위한 세금납부의 종식에 의한 정교분리를 원했다. 그는 1764년에 로드아일랜드 대학을 설립하고 1765년부터 1799년까지 이사로 활동했다.

4) 가톨릭교회의 메릴랜드 정착

중앙아메리카와 남아메리카는 스페인과 포르투갈로부터 라틴계인 로마가톨릭 문화를 받아들였다. 그러나 퀘벡과 루이지애나를 제외한 북아메리카는 북유럽과 서유럽으로부터 다원적인 앵글로색슨족의 개신교 문화를 받아들였다. 1565년에 스페인 사람들이 잠시 플로리다에 가톨릭교회를 도입했고, 그 후에 뉴멕시코, 애리조나, 캘리포니아에 도입했다. 프랑스인들은 퀘벡에 가톨릭교회를 소개했다. 그러나 가톨릭교회는 1634년에 이르기까지 메릴랜드에 있는 13개 식민지에 뿌리를 내리지 못하고 있었다. 1850년 이후에 이주한 아일랜드인들과 독일인들은 대부분 가톨릭 신자들이었다.

볼티모어 경 부자—조지 캘버트(George Calvert, 1580?-1632)와 그의 아들 세실 캘버트(Cecil Calvert, 1605-74)—는 메릴랜드 지방을 잇달아 다스린 식민지 지배자이다. 이상주의적인 로저 윌리엄스와는 달리 캘버트 부자는 이윤추구에 관심을 두었다. 그 식민주가 개설된 1643년 이후 그들이 신교의 자유를 허락했으므로 가톨릭 신자들뿐만 아니라 개신교인들도 그곳에 정착할 수 있

---

6) Ibid., pp. 119-120.

었다. 캘버트의 엄격한 정치적 통제와 종교적 관용이 균형을 이루어 마침내 1692년에 메릴랜드는 왕실 식민지가 되었다. 1692년에 제정된 식민지 의회(Colonial Assembly)의 법을 1702년에 영국 정부가 최종 승인함에 따라 성공회가 메릴랜드의 국교가 되었다.

5) 펜실베이니아와 퀘이커파

퀘이커교도들은 1656년에 보스턴에 등장했다. 그러나 그들은 곧 자기들이 교회와 국가의 분리를 주장하고 교리에 무관심하므로 뉴잉글랜드의 청교도들이 자기들을 환영하지 않음을 알았다. 1674년 이후 뉴저지는 동부와 서부로 나뉘어 1702년까지 그 상태로 있었는데, 서부의 뉴저지가 퀘이커교도들의 정착지가 되었다. 그러나 윌리엄 펜(William Penn)의 노력으로 펜실베이니아가 퀘이커교도들의 피난처가 되었다. 찰스 2세는 펜의 부친에게 1만 6천 파운드의 빚이 있었는데, 그 빚을 갚기 위해서 1681년에 펜에게 펜실베이니아의 통치권을 주었다. 펜은 그 식민주를 어떤 종류든 신앙 때문에 박해받는 사람들이 피할 수 있는 도피성으로 만들었다. 이것이 펜실베이니아의 종교사를 연구할 때 드러나는 분파들의 다양성을 설명해준다. 1683년에 많은 독일인 메노파 신자들이 필라델피아 근처의 저먼타운(Germantown)에 정착했다. 많은 모라비아 교도들은 1735년부터 1740년까지 잠시 조지아에 거주한 후 1740년에 펜실베이니아에 정착했다. 모라비아 교도들의 지도자인 친첸도르프(Zinzendorf)는 1741년에 펜실베이니아를 방문하여 독일계 분파들을 통일하려 했지만 성공하지 못했다. 베들레헴이 모라비아 교도들의 주요 중심지가 되었다. 아메리카의 루터교 기원은 뉴암스테르담이라는 네덜란드의 식민지, 그리고 델라웨어 강 언저리의 스웨덴 식민지이다. 그러나 루터교가 분명한 조직을 갖추게 된 것은 1742년에 헨리 뮈렌버그(Henry Muhlenberg, 1711-87)가 아메리카 대륙에 상륙하면서부터이다. 그는 1748년에 펜실베이니아에 루터교 총회를 구성했다. 독립전쟁이 발발할 무렵 펜실베이니아에 약 7만 5천 명의 루터교인들이 있었다. 남부의 식민지들은 성공회가 지배하고 북부의 식민지들은 회중교회가 지배한 데 반해, 펜실베이니아에서 종교의 특징은 종교적 다양성이었다.

6) 미국의 장로교회

17세기 초에 제임스 1세가 아일랜드의 본토인들을 몰아내기 위해 아메리카로 보낸 스코틀랜드의 장로교인들은 북아일랜드의 이민에 기여했다. 영국의 교역법에 따라 아일랜드에 기해진 경제적 차별대우 때문에 많은 스코틀랜드-아일랜드계 사람들이 1710년 이후에 식민지로 이주했다. 1750년까지 아메리카로 이주한 사람이 거의 20만 명에 달했다. 많은 사람이 잠시 뉴잉글랜드에 체류한 후 뉴저지와 뉴욕으로 옮겨갔다. 그들은 얼스터(Ulster) 카운티와 오렌지 카운티에 거주했다. 더 많은 사람은 펜실베이니아의 중부와 서부로 이주하여 피츠버그에서 영향력을 미쳤다. 그리하여 피츠버그가 미국 장로교회의 중심지가 되었다. 또 일부는 남쪽으로 이동하여 버지니아와 쉐난도 계곡(Shenandoah Valley)으로 갔다.

1683년에 식민지에 도착한 아일랜드인 프란시스 매케미(Francis Makemie, 1658-1708)가 미국 장로교회의 시조이다. 그는 1706년에 필라델피아에 장로회를 구성했고, 1716년에 최초의 식민지 총회가 개최했다. 그 회의에서 웨스트민스터 신앙고백이 신앙의 표준으로 채택되었다. 장로교회는 식민지에서 가장 큰 교회인 성공회, 회중교회, 침례교회와 어깨를 나란히 했다.

7) 식민지의 감리교회

감리교회는 1760년 이후에 로버트 스트로브리지(Strawbridge)가 메릴랜드에 도입했고, 필립 엠베리(Philip Embury)와 캡틴 웹(Captain Webb)이 뉴욕에 도입했다. 존 웨슬리는 1768년에 리처드 브로드만(Richard Broadman)과 조셉 필무어(Joseph Pilmoor)를 선교사로 파송했다. 1771년에 위대한 순회전도사 프랜시스 애즈베리(Francis Asbury, 1745-1816)가 도착했다. 그는 식민지에 감리교회가 공식적으로 조직된 1784년에 초대 감독이 되었다.

그리하여 150년에 걸친 식민지 역사의 초기에 종교개혁으로 생겨난 다양한 교회들이 영국을 교량으로 하여 유럽에서부터 미국에 이식되었다. 독립전쟁이 일어날 때까지 메릴랜드와 중부의 식민지에서 잠깐을 제외하고는 하나의 국교회가 주도권을 잡았다. 독립전쟁 이후 교회와 국가의 분리로 말미암아 아메리카의 교회들은 불신자들과 교인들의 자녀들을 신자들의 교제 안에 이끌어오기 위한 복음 전도와 모험에 필요한 재정을 자발적인 지원에 의지했다.

2. 식민지의 교육

『뉴잉글랜드의 첫 열매』(New England's First Fruits)라는 팸플릿에 의하면 가정과 교회와 세속 정부가 세워지고 생계 수단이 확보된 후 정착민들은 가장 먼저 교육에 관심을 두었다. 칼빈과 루터는 개인이 성경을 읽고 교회와 국가의 지도자들이 훈련을 받으려면 교육이 필요하다고 강조했으므로, 이러한 관심의 기원은 종교개혁의 전통 안에 있다. 그들의 교육과정과 초기 아메리카 교육기관의 교육과정에서 성경이 우선적인 위치를 차지했고, 고전 학문은 성경을 알기 위한 도구로서 부차적인 위치를 차지했다. 식민지에서의 직업교육은 영국의 도제 체계를 유지함으로써 보장되었다. 이 체계에서는 한 사람이 특정 분야에 통달할 때까지 스승 밑에서 도제로 일해야 했다.

북부의 식민지에서는 초등교육이 법제화되어 정부의 관심사였지만, 남부에서는 부유한 가문에서 개인적으로 가정교사를 고용함으로써 같은 목적이 보장되었다. 라틴어 학교 또는 문법학교라고 알려진 중등교육 기관들은 학생에게 고전 언어들의 기초를 제공함으로써 대학에서 공부할 수 있는 바탕을 마련해주기 위해 세워졌다. 단과대학은 세속 지도자들이나 종교 지도자들을 배출하기 위한 것이었다.

1636년에 현세대의 문화적, 종교적 전통을 다음 세대에 전해줄 수 있는 문학적 사역을 보장하고 앞서가는 지식을 배우기 위해 하버드 대학이 설립되었다.[7] 삶과 학문의 주요 목적은 하나님과 그 아들 그리스도를 알며 하나님이 학문의 유일한 기초가 되는 데 있었다. 존 하버드(John Harvard)는 유아기의 하버드 대학에 약 800파운드와 400권의 장서를 기증했다.

윌리엄스버그(Williamsburg)에 소재한 윌리엄과 메리 대학(William and Mary College)은 "훌륭한 목회자 배출"을 목적으로 설립되었다. 1701년에 코네티컷의 청교도들은 청년들에게 "진보적인 종교 교육"을 제공하여 교회의 지도자들이 부족하지 않게 하려고 예일 대학(Yale College)을 설립했다. 1726년에 아일랜드인 목사 윌리엄 테넌트(William Tennent, 1673-1746)가 자기 자녀들과 여러 소년의 목회자 교육을 위해 필라델피아 근처에 "록 대학"(Log College)을 설립했다. 1747년에 조나단 디킨슨(Jonathan Dickinson)은 이 노력을 지속하기 위해 학교 설립허가를 받았다. 뉴저지 대학이라고 알려진 이 학교는 프린스턴으로 옮겨갔고, 결국 프린스턴 대학(Princeton University)이라고 알려졌다. 킹스 대학(King's College)은 왕의 허가로 설립되었다. 침례교인들은 1764년에 교파적 차이점에 상관하지 않고 종교와 학문을 가르친 기관으로 로드아일랜드 대학(Rhode Island College)을 설립했다. 세월이 흐르면서 그 대학은 브라운 대학(Brown University)이 되었다. 다트머스(Dartmouth) 대학은 1770년에, 러트거즈(Rutgers) 대학은 1825년에, 그리고 퀘이커파 대학인 헤이버포드(Haverford) 대학은 1833년에 설립되었다. 집단마다 교회와 국가를 위한 경건한 지도자 배출을 위해 고등교육기관을 세우려 했다.[8]

---

7) Ibid., pp. 73-75. E. E. Carins, "The Puritan Philosophy Education" in *Bibliotheca Sacra*, 104(July-September 1947): 326-36도 보라.

8) Ibid., pp. 20-21, 109-10, 244-50, 288-90.

3. 대각성
(The Great Awakening)

개신교 측인 북아메리카, 브리티시 제도, 스칸디나비아, 스위스, 독일, 네덜란드 등지에서 몇 차례 신앙부흥이 발생했다. 신앙부흥은 대서양 연안의 개신교 진영에서 발생한 것으로서 일반적으로 위기의 시대에 신자들이 죄를 회개하고 경건한 생활과 간증과 사역에 종사하게 한 운동이었다. 그것은 종종 같은 시기에 여러 지역에서 자발적으로 발생하여 많은 사람이 회심하는 결과를 낳았는데, 이들은 경건한 신자가 되어 가정과 직장에서 경건한 생활을 하였다. 대각성은 조나단 에드워즈와 같은 경건한 목사들이 주도한 것으로서 도시나 농촌에서 자발적으로 발생한 일련의 회중 각성 운동이었다. 신앙부흥은 에드워즈의 교회에서처럼 지역적인 것이 있고, 1830-31년에 찰스 피니의 집회에서처럼 도시 중심의 것이 있고, 1802년 예일대학에서 발생한 것이 있고, 1801년에 케인릿지의 천막집회에서 이루어진 것이 있고, 1971년의 사스캬츄완(Saskatchewan) 신앙부흥이 있고, 대각성처럼 대서양 연안에서 발생한 것도 있고, 1857-95의 평신도 신앙부흥처럼 세계적인 것이 있고, 1900년 이후의 세계적인 각성도 있었다. 종종 복음 전도와 신앙부흥이 혼동되곤 한다. 실제로 복음 전도는 기독교인이 아닌 사람이 회심하여 그리스도를 받아들인 결과이다.

대서양 연안의 앵글로색슨족과 튜턴족의 기독교, 그리고 미국 기독교 신앙의 특색은 되풀이되는 신앙부흥이다. 신자들에게 자극을 줌과 동시에 교회와 관계를 맺지 않고 있는 사람들에게 복음을 전해야 할 필요성이 이러한 영적 각성이 발생한 동기인 듯하다. 이러한 영적 각성은 여러 시대에 십 년에 한번, 위기의 시기에 발생한 듯하다. 1865년 이전의 영적 각성들은 임의적이고 비조직적이고 전원적이고 마을 단위 회중의 각성이었다. 1700년 이전에는 얼마 동안 개척지의 영향, 활발한 인구 이동, 일련의 전쟁, 그리고 일부 지역에서 교회와 국가를 분리하려는 경향 때문에 야기된 도덕과 종교의 쇠퇴가 현저했다.

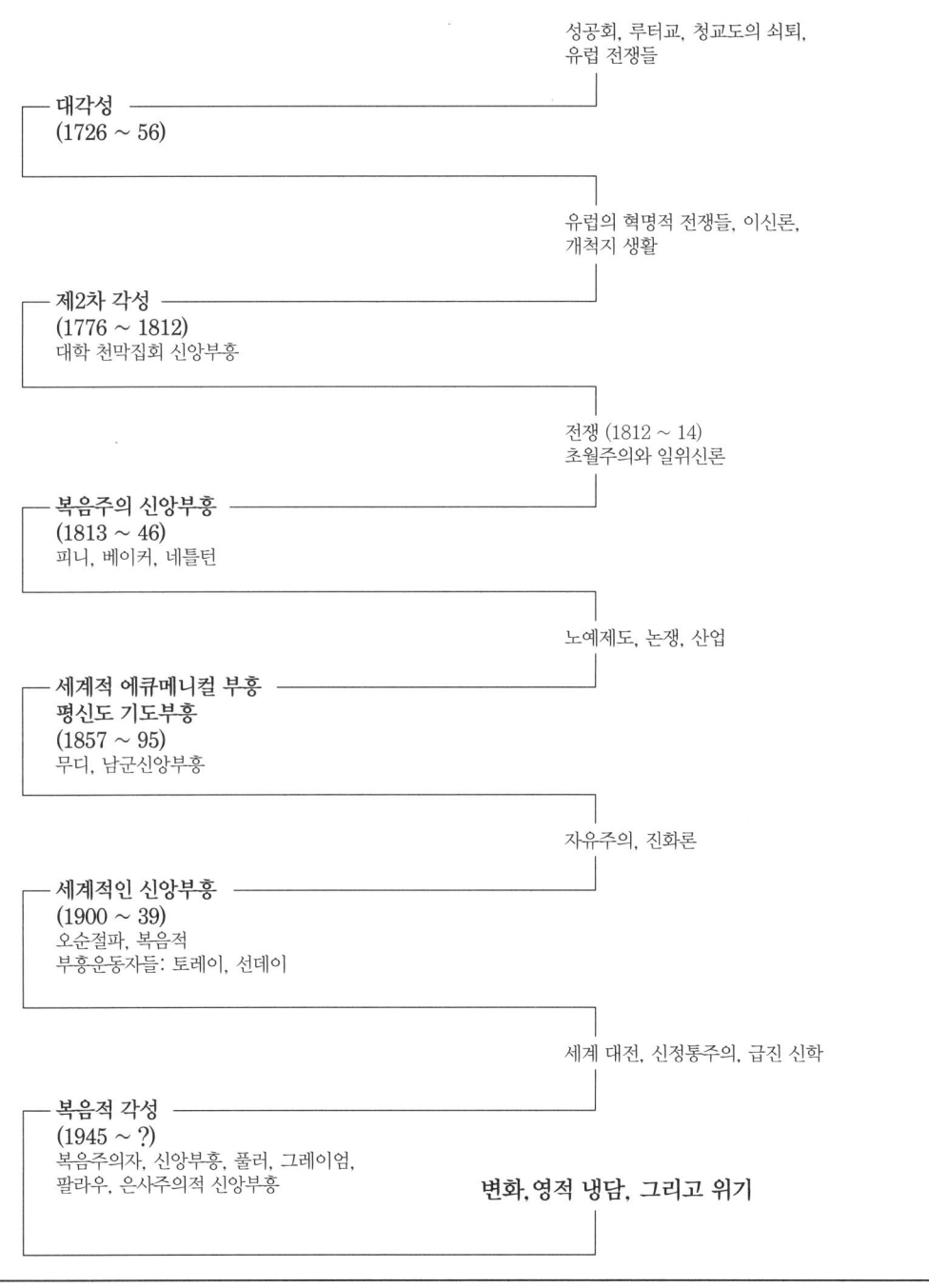

칼빈주의적 대각성의 출발점은 테오도르 프렐링후이젠(Theodore Frelinghuysen)이 1726년에 뉴저지에서 네덜란드 개혁교회 회중에 행한 설교였다. 그 신앙부흥이 사람들을 자극하여 진지한 영적, 도덕적 생활을 추구하게 했다. 프렐링후이젠의 사역은 장로교 목사 길버트 테넌트(Gilbert Tennent, 1703-64)에게 영향을 주었다. 그리하여 그들은 스코틀랜드와 아일랜드 사람들이 이주한 중부의 식민지에서 신앙부흥의 복음 전도자로 일했다. 그 결과 1739년에 화이트필드(Whitefield)가 중부 지역의 식민지에 도착했을 때는 이미 신앙부흥의 토대가 굳게 놓여 있었다.

중부의 여러 식민지에서 시작된 칼빈주의파 네덜란드 개혁교회와 장로교회의 신앙부흥의 불길은 곧 조나단 에드워즈(Jonathan Edwards, 1703-58)의 수고로 뉴잉글랜드 지방 회중파에게 퍼졌다. 에드워즈는 17세 때인 1720년에 예일대학을 졸업했고, 1727년에 메사추세츠 서부의 노샘프턴(Northampton)에서 부교역자로 일했다. 그는 설교할 때 원고를 읽었음에도 그의 진지한 태도와 기도가 교인들에게 감화를 주었다. 1741년에 행한 "진노하신 하나님의 수중에 있는 죄인들"이라는 설교는 그의 설교 능력을 보여주는 감명적인 예이다. 1734년에 시작된 신앙부흥은 뉴잉글랜드 전역으로 퍼져나가 1740년에 절정에 달했다.[9] 이 무렵 조지 화이트필드(George Whitefield, 1714-70)가 보스턴에 등장했다. 보스턴 및 뉴잉글랜드 전역

조나단 에드워드는 회중파 목사요 부흥설교가요 인디언 선교사요 작가요 프린스턴 대학 학장이었다. 어떤 사람들은 그가 북아메리카에서 가장 위대한 철학자요 신학자라고 생각한다.

---

9) Ibid., pp. 214-21.

제32장 북아메리카에서의 기독교 정착

조지 화이트필드는 영국인 복음 전도자요 칼빈주의 감리교의 창시자이다. 이 그림은 1770년에 매사추세츠주 뉴베리포트에 있는 조나단 파슨의 집에서 그가 마지막으로 설교하는 모습을 묘사하고 있다.

에서 한 그의 설교는 큰 성공을 거두었다. 1750년에 에드워즈는 강단을 떠나야 했고, 그때부터 1758년까지 인디언 선교사로 봉사했다. 그는 1758년에 프린스턴 대학 총장이 되었는데, 그해에 천연두 예방접종 때문에 사망했다. 그는 칼빈주의 신학을 지지했다. 그리고 인간은 하나님에게 돌아갈 이성적 능력을 가지고 있지만, 전적으로 타락했기 때문에 도덕적 능력이나 성향이 부족하다고 여겼다. 이 능력은 하나님의 은혜로 주어져야 한다. 그는 『의지의 자유』(Freedom of Will)에서 하나님의 주권과 사랑을 강조했다. 인간이 기독교인이 된 후 하나님의 사랑이 인간을 하나님 자신 및 하나님께 대한 봉사로 이끈다고 그는 진술했다.

중부의 여러 식민주의 장로교인들은 신앙부흥의 불길을 남부로 전달했다. 새뮤얼 데이비스(Samuel Davies, 1723-61)는 버지니아 주 하노버 카운티에서 장로교의 신앙부흥을 이끄는 지도자가 되었다. 이것은 새뮤얼 모리스(Samuel Morris)가 자신의 "독서실"에서 이웃에게 종교 서적을 읽어준 데서 시작되었다. 남부의 침례교 신앙부흥은 뉴잉글랜드의 대니얼 마셜(Daniel Marshall)과 슈발 스턴즈(Shubal Stearns, 1706-71)의 사역 덕분이다. 그들의 설교는 다소 감정적이었다. 노스캐롤라이나에서 많은 사람이 침례교 신자가 되었다. 남부 지방에서 발생한 감리교 신앙부흥의 뿌리는 감독교회 목사인 데버러 재럿(Devereux Jarratt, 1733-1801)과 평신도 설교자들의 노력의 결과이다.

화이트필드는 1738년부터 1769년까지 일곱 차례 여러 식민지를 여행하면서 이 모든 신앙부흥을 주도한 설교자들의 수고를 통합했다. 종종 설교에 특이한 현상이 따르기도 했지만, 이 신앙부흥은 그 세기가 끝날 무렵에 발생한 제2차 각성운동보다 건전한 형태였다. 그것은 유럽의 경건주의(Pietism)나 영국의 메소디스트 신앙부흥운동에 비견할 수 있는 것이었다.

그러한 운동에 특이한 결과들이 따랐다. 인구가 30만 명인 뉴저지 주에서 3만 명에서 4만 명이 회심하고 150개의 교회가 세워졌다. 남부 지방과 중부 지방에서 수천 명이 새 신자가 되었다. 가정, 사역, 오락 등에서도 도덕 수준이 높아졌다. 프린스턴 대학, 킹스(컬럼비아) 대학, 햄프턴-시드디 대학을 비롯하여 여러 대학이 새로운 회중들을 위한 목회자 교육을 시작했다. 선교 사역에도 박차를 가하여 1743년에는 데이비드 브레이너드(David Brainard, 1718-47)가 개인적인 희생을 감수하고 인디언 선교 사역에 종사했다. 화이트필드는 조지아 주 베데스다(Bethesda)에 보육원을 세웠다. 그 밖에 많은 인도주의적 사업이 신앙부흥 덕분에 이루어졌다. 신앙부흥운동에 대한 교회의 태도와 관련하여 목회자들이 견해를 달리하면서 분파주의가 야기되었다. 뉴잉글랜드의 성직자들은 "옛빛파"(Old Lights)와 "새빛파"(New Lights)로 분열되었다. 옛빛파는 찰스 천시(Charles Chauncy)가 이끌었는데, 그는 신앙부흥, 순회 전도자, 그리고 많은 신앙부흥사의 칼빈주의에 반대했다. 반면에 에드워즈가 이끈 새빛파는 신앙부흥운동과 약간 수정한 칼빈주의를 지지했다. 이 분열로 말미암아 보수집단과 진보집단이 생겨났다. 19세기 초에 천시의 집단에서 유니테리언파가 생겨났는데, 그들이 뉴잉글랜드의 회중교회를 분열시켰다.

1741년에 중부의 여러 식민지에서 발생한 신앙부흥운동 때문에 장로교가 둘로 분열했는데, 이들은 1758년까지도 통합하지 못했다. 필라델피아와 인근 지방의 목회자들로 구성된 "구파"(Old Side)는 교육을 받지 못한 사람들이 사역하는 것을 허락하고 그들을 목회자로 임명하는 것, 신앙부흥운동을 하는 사람이 기존의 교구에 침투하는 것, 신앙부흥을 추진하는 사람이 목회자들의 사역에 비판적인 태도를 보이는 것 등에 반대했다. "신파"(New Side)는 신앙부흥, 훈련받지 않았지만 특별한 영적 은사를 나타내는 사람이 새 교회를 돌보는 일을 허락하는 것 등을 지지했다. 뉴저지의 네덜란드 개혁파와 남부의 침례교도들도 신앙부흥운동에 대한 교회의 태도 문제로 얼마 동안 분열되었다. 그러나 신앙부흥운동은 아메리카의 삶에 귀중한 영향을 미쳤고, 식민지들을 통합하고 평신도들을 부각하며, 영국과 프랑스의 북아메리카 식민지 전쟁(1756-63)의 문제를 영적으로 직면하는 데 도움을 주었다.

4. 교회와 미국 독립전쟁

미국 독립전쟁도 식민지의 교회에 많은 문제를 가져다주었다. 메릴랜드와 버지니아 등 남부 지방의 성공회는 혁명적인 취지에 충실했고, 중부 지방은 독립을 지지하는 사람들과 영국을 지지하는 사람들로 분열되었고, 뉴잉글랜드는 대체로 영국에 충성했다. 존 웨슬리가 왕당파로서 왕을 지지했기 때문에 감리교인들은 식민지의 취지에 충성하지 않는다는 비난을 받았다. 그러나 일반적으로 그들은 중립을 지켰다. 평화주의자들인 퀘이커파와 메노파와 모라비아 교도들은 평화주의 원리 때문에 전쟁에 참여하지 않았다. 회중파, 침례파, 루터파, 가톨릭, 장로교 등은 독립전쟁을 지지했다. 목회자들과 교육자들은 설교와 교육을 통해서 국민의 동의를 기초로 하는 교회의 계약이라는 사실을 확대하여 해석하여 국가를 세우는 데 필요한 국민의 동의에 기초를 둔 정치적 계약을 주장했다. 통치자는 하나님의 법에 어긋나게 행동하여 자신의 계약이나 행동을 범해서는 안 되며 국민이 혁명을 일으킬 것을 기대할 수도 없다.

1783년에 전쟁이 끝남으로써 중요한 결과들이 초래되었다. 교회의 영향은 어느 국교회에 가해진 금령과 수정헌법 제1조(First Amendment to the Constitution)에 제시된 것과 같은 자유로운 종교 신앙 권리 등의 발달에 기여했다. 또 그것은 하나의 국교회가 있었던 주(洲)에서 교회와 국가의 분리를 초래했다. 독립전쟁 동안 메릴랜드와 뉴욕에서 국교제가 폐지되었다. 1786년에 제퍼슨의 노력으로 성공회는 버지니아에서 특권적 지위를 상실했다. 1817년에는 뉴햄프셔, 1818년에 코네티컷, 1833년에 매사추세츠에서 회중교회와 정부가 분리했다.

교회들은 1789년에 민족정부를 형성한 국가들처럼 헌법을 만들고 국가적 조직을 갖추었다. 코크(Coke)와 애즈베리가 이끈 감리교도들은 1784년에 감독감리교(Methodist Episcopal Church)라는 국교회를 조직했다. 성공회 신자들은 1789년에 미국 성공회(Protestant Episcopal Church)를 세웠다. 장로교인들은 1788년에 국가교회를 세웠고 1789년에 제1차 전국 총회가 개최되었다. 네덜란드 개혁교회는 1792년에, 독일 개혁교회는 1793년에 국가교회를 조직했다. 뉴잉글랜드의 교회들은 조직의 중앙집권화와 국가화 경향의 영향을 그리 받지 않았다. 제2차 대각성운동을 통해 새로운 국가교회들에 새로 영적 열정이 주어진 것은 다행한 일이다. 이 대각성운동은 이 신흥국가가 헌법을

13개 식민지에서의 대각성(1726~1756)

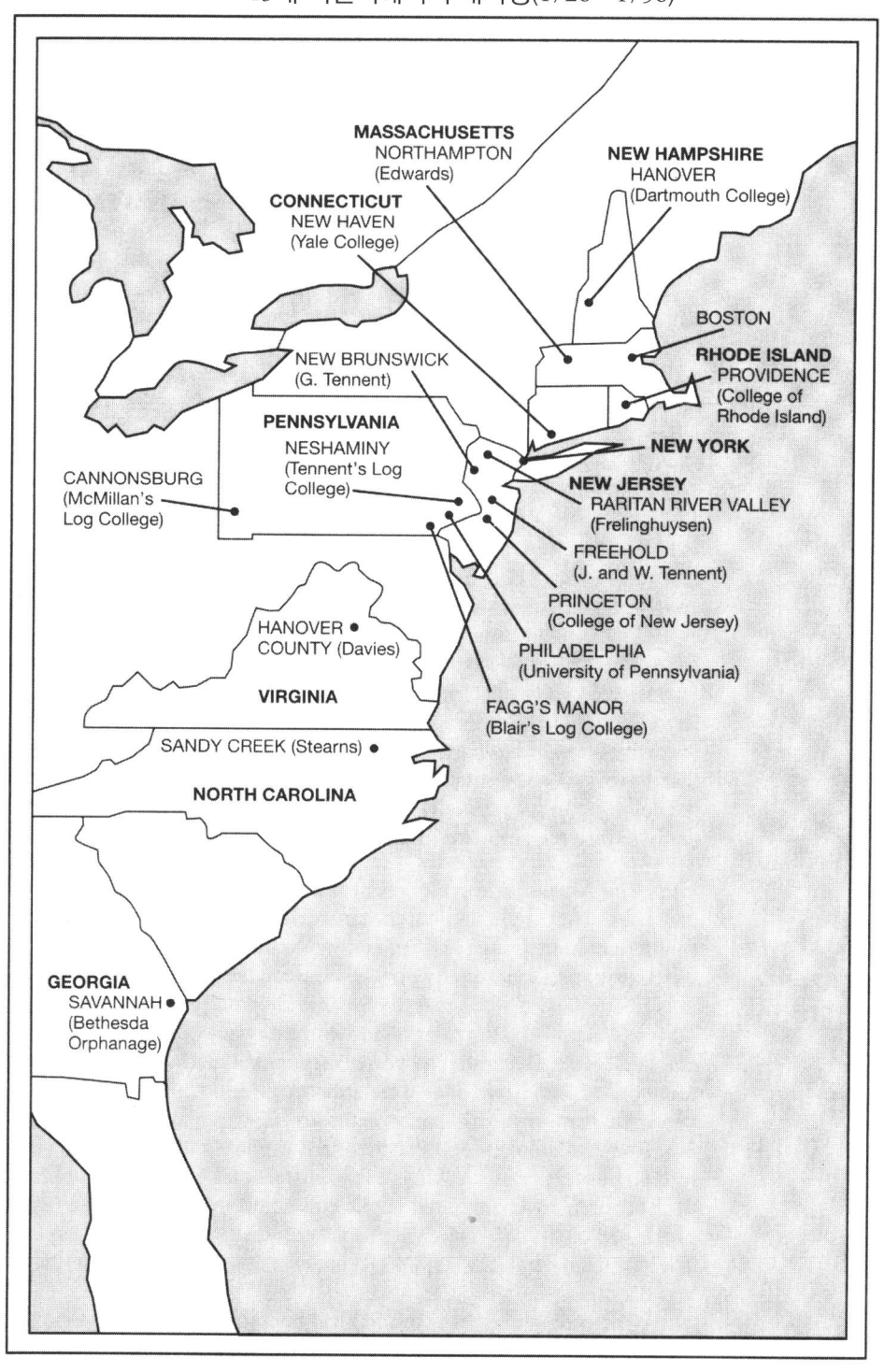

채택할 즈음에 시작되었다. 미국의 교회들은 전쟁에 지쳐 있었고, 이제 새로 통일된 국가에 선교할 준비가 되어 있었다.

캐나다 교회들도 혁명의 영향을 받았다. 캐나다의 침례교회, 회중교회, 그리고 성공회는 캐나다 동부로 이주한 3~4만 명의 토리당원들 때문에 강해졌는데, 이들은 왕당파라고 알려져 있었다. 그들은 캐나다에서 영국적인 요소를 강화했다. 노바스코샤(Nova Scotia)에서 헨리 알린(Henry Alline, 1748-84)의 수고로 괄목할 만한 부흥이 일어났다. 1774년에 퀘벡법으로 말미암아 프랑스 가톨릭교회(French Roman Catholic Church)에 특권을 주었을 때 가톨릭 측인 퀘벡과 개신교 측인 로어캐나다(Lower Canada, 온타리오)의 종교에서 이원론이 두드러졌다.

참고문헌

Ahlstrom, Sidney E. *A Religious History of the American People*. New Haven: Yale University Press, 1972.

Albright, Raymond W. *A History of the Protestant Episcopal Church*. New York: Macmillan, 1964.

Alexander, Archibald. *The Log College, 1851*. Reprint. London: Banner of Truth Trust, 1968.

Armstrong, Maurice, and Lefferts Leotscher. *The Presbyterian Enterprise*. Philadelphia: Westminster, 1956.

Alkins, Gaius G., and Frederick L. Fagley. *The History of American Congregationalism*. Boston: Pilgrim, 1942.

Beardsley, Frank G. *A History of American Revivals*. New York: American Tract Society, 1904.

Bibby, Reginald W. *Unknown Gods*. Toronto: Stoddart, 1993.

Blumhofer, Edith, and Randall Balmer, eds. *Modern Christian Revivals*. Urbana: University of Illinois Press, 1993.

Bowden, Henry W. *Dictionary of American Religious Biography*. 2d ed. Westport, conn.: Greenwood Press, 1993.

Boyer, Paul. *When Time Shall Be No More*. Cambridge: Harvard University Press, 1992.

Brauer, Jerald C. *Protestantism in America*. Revised ed. Philadelphia: Westminster, 1965.

Bridenbaugh, Carl. *Mitre and Sceptre*. New York: Oxford University Press, 1962.

Coen, C. C. *Revivalism and Separatism in New England*, 1740-1800. New Haven: Yale University Press, 1962.

Delaney, John. *Dictionary of American Catholic Biography*. Garden City, N.Y.: Doubleday, 1984.

Dolan, Jay P. *The American Catholic Experience*. Garden City, N.Y.: Doubleday, 1985.

Duewel, Wesley L. *Revival Fire*. Grand Rapids: Zondervan, 1995.

Edwards, Jonathan. *Edwards on Revival*. New York: Dunning & Spalding, 1832.

Ellis, John T. *American Catholicism*. 2d rev. ed. Chicago: University of Chicago Press, 1969.

___. *Catholics in Colonial America*. Baltimore: Helicon, 1965.

___. *Documents of American Catholic History*. 2d ed. Milwaukee: Bruce, 1962.

Ferm, Vergilius, ed. *The American Church of the Protestant Heritage*. New York: Philosophical Library, 1953.

Garrett, John. *Roger Williams*. New York: Macmillan, 1970.

Gaustad, Edwin S. *A Religious History of the American People*. New York: Harper, 1966.

___. *The Great Awakening in New England*. New York: Harper, 1957.

___. *Historical Atlas of Religion in America*. Rev. ed. New York: Harper and Row, 1976.

___. *Liberty of Conscience*. Grand Rapids: Eerdmans, 1991.

Gewehr, Wesley M. *Great Awakening in Virginia*, 1740-1790. Durham. N.C.: Duke University Press, 1930.

Glazer, Nathan. *American Judaism*. Rev. ed. Chicago: University of Chicago Press, 1972.

Grant, John W. *A History of the Christian Church in Canada*. 2 vols. Toronto: Mcgraw-Hill, Ryerson, 1966-72.

Handy, Robert T. *A History of the Churches in the United States and Canada*. Oxford: Clarendon University Press, 1976.

Hanzsche, William T. *The Presbyterians*. Philadelphia: Westminster, 1934.

Hardman, Keith J. *Seasons of Refreshing: Evangelism and Revivals in America*. Grand Rapids: Eerdmans, 1995.

Heimert, Alan, and Perry Millet, eds. *The Great Awakening*. Indianapolis: Bobbs-Merrill, 1967.

Hudson, Winthrop S. *Religion in America*. 2d ed. New York: Scribner, 1973.

James, Sydney V. A. *People Among Peoples*. Cambridge: Harvard University Press, 1963.

Jones, Rufus M. *The Quakers in the American Colonies*. London: Saint Martins's, 1923.

Lippy, Charles H., Robert Choquette, and Stafford Poold. *Christianity Comes to America*. New York: Paragon, 1992.

McLoughlin, William G. *Issac Backus and the American Pietistic Tradition*. Boston: Litter, Brown, 1967

Melton, J. Gordon. *The Encyclopedia of American Religion*. 3d ed. Detroit: Gale Research, 1989.

___. *Religious Leaders of America*. Detroit: Gale Research, 1991.

Miller, Perry. *Jonathan Edwards*. New York: Sloane, 1949.

Mode, Peter G. *Source Book and Bibliographical Guide for American Church History*. Menasha, Wis.: Banta, 1921.

Moir, John S. *The Cross in Canada*. Toronto: Ryerson, 1966.

Murray, Ian H. *Jonathan Edwards*. Edinburgh: Banner of Truth Trust, 1987.

___. *Revival and Revivalism, 1750-1838*. Edinburgh: Banner of Truth Trust, 1994.

Nelson, E. Clifford, ed. *The Lutherans in America*. Philadelphia: Fortress, 1975.

Noll, Mark. *A History of Christianity in the United States and Canada*. Grand Rapids: Eerdmans, 1992.

Noll, Mark, ed. *Eerdmans' Handbook to Christianity in America*. Grand Rapids: Eerdmans, 1983.

Norwood, Frederick A. *The History of American Methodism*. Nashville: Abingdon, 1974.

Olmstead, Clifton E. *History of Religion in the United States*. Englewood Cliffs, N.J.: Prentice-Hall, 1960.

Pilcher, George. *Samuel Cavies, Apostle of Dissent in Colonial Virginia*. Knoxville: University of Tennessee Press, n.d.

Rawlyk, George A. *The Canada Fire*. Kingston: McGill-Queens, 1994.

____. *Ravished by the Spirit: Religious Revivals, Baptists and Henry Alline*. Montreal: McGill, 1984.

Reed, Daniel G., ed. *Dictionary of Christianity in America*. Downers Grove, Ill.: InterVarsiity Press, 1990.

Rudolf, L. C. *Francis Asbury*. Nashville: Abingdon, 1966.

Schlenther, Boyd S. *The Life and Writings of Francis Makemie*. Philadelphia: Presbyterian Historical Society, 1971.

Smith, H. Sheton; Robert T. Handy, and Lefforts A. Loetscher, eds. *American Christianity*. 2 vols. New York: Scribner, 1960-63.

Smith, James W., and A. Leland Jamison, eds. *Religion in American Life*. 4 vols. Princeton: Princeton University Press, 1961.

Sweet, Williams W. *Makers of Christianity*. 3 vols. New York: Henry Holt, 1937.

____. *Methodism in American History*. Nashville: Abingdon, 1954.

____. *Religion in Colonial America*. New York: Scribner, 1942.

____. *Religion in the Development of American Culture, 1765-1840*. New York: Scribner, 1952.

____. *Religion on the American Frontier*. 4 vols. Chicago: University of Chicago Press, 1931-46.

____. *Revivalism in America*. New York: Scribner, 1945.

____. *The Story of Religion in America*. 2d rev. ed. New York: Harper, 1950.

Tanis, James. *Dutch Calvinistic Pietism in the Midle Colonies*. The Hague: Nijhoff, 1967.

Tappert, Theodore G., and John W. Doberstein, trans. *The Journals of Henry Muhlenberg*. Philadelphia: Muhlenberg, 1945.

Torbet, Robert B. *A History of the Baptists*. Rev. ed. Valley Forge, Pa.: Judson, 1963.

Tracy, Joseph. *The Great Awakening*. Carlisle, Pa.: Banner of Truth Trust, 1989.

Walsh, H. H. *The Church in Canada*. Toronto: Ryerson, 1956.

Ward, W. R. *The Protestant Evangelical Awakening*. New York: Cambridge, 1992.

Wentz, Abdel R. *A Basic History of Lutheranism in America*. Philadelphia, Muhlenberg, 1955.

Winslow, Ola E. John Eliot, *Apostle to the Indians*. Boston: Houghton, Mifflin, 1968.

Wolf, Richard C. *Documents of Lutheran Unity in America*. Philadelphia: Fortress, 1966.

Ziff, Langer. *The Career of John Cotton*. Princeton: Princeton University Press, 1962.

제33장
이성주의, 신앙부흥운동, 로마가톨릭교회

16세기는 칼빈과 루터 등 창조적인 지도자들의 노력으로 개신교가 발생하고 그 기본사상이 발달한 시기이다. 불행히도 17세기에 개신교에서 사람들이 지적으로 받아들인 정통 교의 체계가 발달했다. 이 체계는 특히 실생활에서의 교리의 표현보다 교의에 더 관심을 두게 된 독일의 루터교에서 새로운 스콜라철학이 일어나게 했다. 이처럼 냉정한 기독교 사상의 지적 표현이 1560년부터 1648년 사이에 벌어진 종교전쟁들, 그리고 이성주의 철학과 경험주의 학문의 발흥과 더불어 1660년부터 1730년 사이에 영국과 유럽, 후에는 아메리카에서의 이성주의와 종교적 형식주의로 이어졌다. 정통주의에 대해 이성주의 철학자들과 과학자들이 나타낸 혐오감, 자연종교의 등장, 그리고 교회를 하나님 및 서로에 대해 계약을 맺은 신자들의 집단이라고 강조하는 것 등에서 종교적 관용주의와 교파주의가 출현했다.

17세기 말부터 18세기에 이 개신교 정통주의에 대한 두 가지 반응이 발달했다. 하나는 이성주의로서 이신론(理神論)이라는 자연종교로 표현되었다. 나머지 하나는 신앙부흥운동이다. 후자는 종종 내면의 빛 신학(theology of inner light)이라는 것을 강조하는 것으로 표현되었고, 어떤 경우에는 성경과 개인의 경건을 강조하는 것으로 표현되었다. 다음 쪽의 도표는 1648년부터 1789년 사이에 발생한 다양한 운동들의 관계를 보여준다.

1. 이성주의와 종교

현대 사상은 진리 발견에서 이성과 과학적 방법의 중요성을 강조하고 과거의 전통에 예속되는 것을 거부한다. 이러한 사상들은 30년 전쟁이 끝나면서부터 프랑스 혁명이 시작되기 전까지의 시대에 등장했다. 이러한 사상들이 종교에 미친 영향을 고려할 때 그것들이 등장한 원인과 결과에 관심을 기울일 필요가 있다.

1) 이신론(理神論)의 기원

17세기 이성주의 발생에 기여한 몇 가지 요인이 있다. 그 시대의 탁월한 과학자들의 수고로 과학적 지평이 확대되었다. 과거의 지구 중심의 우주론이 사라지고 태양 중심의 우주론이 등장했다. 이 이론은 니콜라스 코페르니쿠스(Nicholas Copernicus, 1473-1543)가 주장하고, 갈릴레오 갈릴레이(Galileo Galilei, 1564-1642)가 대중화했다. 뉴턴(Isaac Newton, 1642-1727)은 젊어서부터 우주 전체를 조종하는 기본 원리가 있는지에 관심을 가졌다. 그는 1687년에 『수학 원리』(Principia Mathematica)를 저술했다. 그는 이 책에서 중력의 법칙이라는 사상을 개진했다. 중력이 물리학에서의 제 현상을 통합하는 열쇠를 마련해주었다. 그것이 다윈의 생물학적 성장이라는 개념으로 대치되기 전까지 사람들은 자연법의 원리를 근본적인 것으로 간주했고, 우주를 자연법에 의해 작동되는 기계 또는 메커니즘으로 간주하게 되었다. 이성에 의해 발견된 자연법의 원리가 정치, 경제, 종교 등 다양한 지식의 분야에 적용되었다.

진취적인 상인들이 사업을 위해 지구의 사방으로 다니게 되면서 유럽인들이 다른 문화에 친숙해졌다. 기독교가 아닌 타 종교에 대한 지식이 유럽에 소개되었고, 학자들은 이러한 종교와 기독교를 비교하기 시작했다. 그들은 여러 원리 안에서 유사성을 발견했다. 이로 말미암아 사람들이 성경이나 사제들과 상관없이 소유하는 근본적인 자연종교가 있을 것으로 생각하게 되었다. 그리하여 사람들의 생각이 이신론으로 흐르게 되었는데, 그것이 자연적이면서도 과학적인 종교를 제공해 주는 것처럼 보였다.

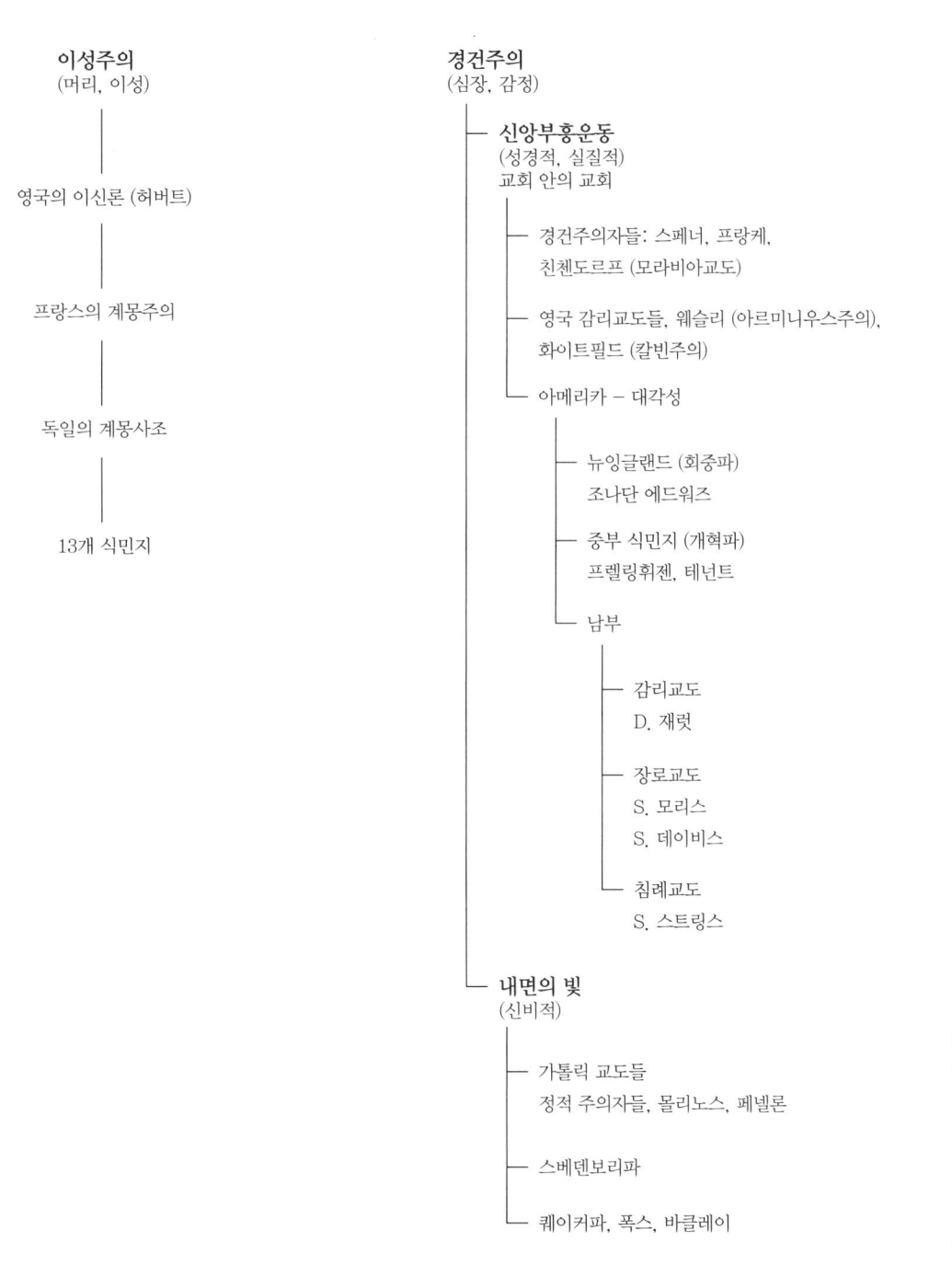

새로운 경험주의 철학과 이성주의 철학도 이성의 이름으로 전통에 도전했다. 이 철학들은 지식에 이르는 주된 방법으로 계시가 아닌 이성과 인간의 판단력을 사용했다. 그들은 현세적이었기 때문에 알아야 할 실재인 하나님보다 인간이라는 주제에 더 관심을 두었다.

경험주의는 실증주의자들과 실용주의자들이 신성시해온 방법을 학문에 공급했다. 프랜시스 베이컨(Francis Bacon, 1561-1626)은 1620년에 『신기관』(Novum Organum)을 펴냈다. 그는 그 책에서 자연을 해석하는 귀납적 방법을 개진했다. 그는 이 방법이 중세 시대에 스콜라 철학자들이 사용했던 아리스토텔레스의 연역적 방법을 대신할 것으로 생각했다. 과학자들은 과학적 방법으로 알려진 귀납적 방법을 사용했고, 권위만을 토대로 하는 것을 받아들이지 않았다. 그는 하나의 가정을 제시하고 자신의 실험적 사상과 관련된 사실들을 관찰하고, 실험을 반복하여 그 사실들을 조사한 후에 일반적인 법칙을 개진했다. 과거의 연역적 방법은 권위에 따라 받아들여진 일반적인 원리를 하나의 사실과 연결하고, 그 일반적 원리의 타당성을 시험하지 않은 상태에서 결론을 끌어냈었다.

존 로크(John Locke, 1632-1704)의 경험주의 철학은 베이컨의 주장을 강화해 주었다. 로크는 『인간 오성론』(Essay Concerning Human Understanding, 1690)에서 시간과 공간 등 인간의 본유관념 존재를 부정하고 갓 태어난 아기의 정신이 빈 공간이라고 주장했다. 아기의 의식이 그의 정신에 지각을 제공함에 따라 아기에게 지식이 임하며, 그것이 지각에 반영됨으로써 지식을 만들어낸다. 이처럼 지식을 지각과 연결하는 것은 삶에 대한 유물론적 접근방식을 형성한다. 로크의 사상과 베이컨의 사상이 결합하여 지식 획득의 주요 방법으로서 과학적 방법을 찬양하게 되었다.

일찍이 이성주의 철학자들의 학파도 인간이 계시에 의지하지 않고 이성에 의해 진리를 발견할 수 있다고 주장했었다. 자연신학이 신학의 출발점이

르네 데카르트. 프랑스의 철학자요 수학자. 정신세계와 물질세계의 존재를 믿은 이원론자이다. 그는 오직 이성으로만 하나님과 영혼의 존재를 받아들일 수 있다고 믿었다.

되어야 했다. 데카르트(Rene Descartes, 1596-1650)는 자신의 사유 능력과 의식을 제외한 모든 것에 대한 의심을 출발점으로 하는 철학을 발달시켰다. 그는 다양하고 자명한 원리들을 수학적으로 알 수 있는 사상 체계를 구축했다. 그는 인간의 이성 안에 시간과 공간과 같은 본유관념들이 있어서 정신은 감각이 가져다주는 자료들을 조직할 수 있다고 주장했다. 데카르트는 정신세계와 물질세계의 존재를 믿는 이원론자였지만 이성에 의해서만 하나님과 영혼의 존재를 받아들일 수 있다고 믿었다. 그의 사상은 인간이 이성과 과학적 방법만으로 지식을 획득할 능력이 있다는 신념을 강화하는 경향이 있었다. 이성주의 철학과 뉴턴의 과학적 원리는 인간이 이성과 과학적 방법에 의해 자연법을 발견할 수 있고 그것들과 조화롭게 살 수 있다는 견해의 등장을 초래했다.

이신론은 지식에 대한 과학적이고 철학적인 접근에서 야기된 결과였다. 그것은 17세기에 영국에서 출현하여 프랑스, 독일, 아메리카로 전해졌다. 그것은 자연종교 또는 이성의 종교였다. 이신론은 세상을 창조하신 후 이성에 의해 발견할 수 있는 자연법에 의해 다스림을 받게 하신 초월적인 하나님을 믿는 신앙 체계를 제시했다. 따라서 하나님은 "부재자 하나님"(absentee God)이 되었다. 이신론자들은 하나님이 피조세계를 초월하여 계신다고 주장한다. 범신론자들은 하나님이 피조세계 안 어디에나 내재해 계신다고 주장한다. 그러나 유신론자들은 초월적인 하나님은 피조세계의 일부가 아니며 다만 섭리로서, 그리고 그리스도를 통한 대속자로서 피조세계 안에 내재해 계신다고 주장해왔다.

2) 이신론의 교의

기록된 계시를 소유하지 않은 종교인 이신론은 별들이 총총한 하늘과 내면의 도덕률을 강조했다. 이신론의 주된 교의 중 하나—이신론자들도 교의, 즉 이성으로 발견할 수 있는 자연종교에 관한 법칙을 소유한다—는 하나님의 뜻을 증명해주는 증거들을 지닌 피조세계의 제일원인이신 초월자 하나님에 대한 신앙이다. 이신론자들은 하나님이 피조세계를 자연법 아래 조종되도록 하고 떠나셨으며, 그러므로 기적, 하나님에게서 임한 계시인 성경, 예언, 섭리, 신인(神人)이신 그리스도 등이 필요하지 않다고 주장한다. 이신론자들은 그리스도가 도덕 교사에 불과하다고 가르쳤고, 예배는 하나님에게 속한 것이라고 주장했다. 또 하나의 교의는 "덕과 경건"이 인간이 하나님께 드릴 수 있는 가장 중요한 예배라는 신앙이다. 하나님의 윤리적 법들은 하나님의 윤리적 지침서인 성경과 인간의 본성 안에 기록되어 있다. 인간의 본성 안에서 이성에 의해 하나님의 윤리적 법들을 발견할 수 있다. 인간은 자신의 악행을 뉘우치고 윤리법에 따라 살아야 한다. 왜냐하면, 영혼이 불멸하며 각 사람은 죽은 후에 상을 받거나 벌을 받을 것이기 때문이다.

에드워드 허버트(Edward Herbert of Cherbury, 1583-1648)가 1624년에 이신론의 기본 교의를 제시한 후부터 데이비드 흄(David Hume, 1711-76)의 시대에 이르기까지 이신론이 영국 상류층의 사고(思考)를 지배했다. 허버트의 신앙을 요약해보면 불멸하는 영혼이 영원한 벌을 받지 않고 영원한 상을 받으려면, 인간은 회개하고 하나님을 예배해야 한다. 찰스 블런트(Charles Blount, 1654-93)도 유력한 이신론자이다. 존 톨런드(John Toland, 1670-1722)와 섀프츠베리 경(Lord

Shaftsbury, 1671-1713) 등 여러 사람의 주장으로는, 기독교는 신비한 것이 아니며 이성으로 증명할 수 있는 것이었다. 이성으로 증명될 수 없는 것은 거부되어야 한다. 흄은 성경의 기적을 공격했다.

많은 사람이 기독교 정통신앙을 옹호하려 했다. 기독교인의 경건한 삶에 관해 『경건하고 거룩한 삶으로의 진지한 부름』(A Serious Call to a Devout and Holy Life)이라는 책을 저술한 윌리엄 로(William Law, 1686-1761)는 *Case of Reason*(1732)이라는 책도 저술했는데, 그 책에서 하나님이 이성을 초월하시는 분이므로 인간이 이성적 과정에 의해 종교 전체를 이해할 수 없다고 주장했다. 조셉 버틀러(Joseph Butler, 1692-1752)는 『종교의 유비』(Analogy of Religion)에서 만일 이성이 권위가 된다면 이신론자들이 성경의 하나님을 공격하기 위해 사용하는 논거들이 자연의 하나님에게 적용될 것이라고 주장했다. 버틀러는 정통 기독교가 이신론보다 더 훌륭하게 문제들에 대한 해답을 제공한다는 것을 증명하기 위해 개연성으로부터의 증명법(argument from design)을 사용했다.

윌리엄 팰리(William Paley, 1743-1805)는 인간이 하나님께 복종하고 불멸을 예지하는 선한 생활을 하게 하려고 성경, 그리스도, 기적들 안에 자신을 계시하신 하나님의 존재를 증명하기 위해 목적론적 신 존재 증명법(argument from design)을 사용했다.

3) 이신론의 전파

허버트와 새프츠베리 등 영국의 이신론자들이 프랑스를 여행한 것, 이신론 서적들이 해외에서 번역되어 출판된 것, 또 루소(Rousseau)와 볼테르(Voltaire) 등 프랑스인들이 영국을 여행한 것 등 때문에 이신론이 프랑스로 전해졌고 18세기 프랑스의 계몽 사상가들이 우호적인 견해를 취했다.

루소의 이신론은 그의 저서 『에밀』(Emile)에 개진되었고, 볼테르의 이신론은 교회를 공격한 그의 모든 저서에 스며 있다. 달랑베르(D'Alembert)와 디드로(Denis Diderot, 1713-84)는 보편적 지식을 다룬 이성주의의 『백과전서』(Encyclopedie)를 편집했다. 프랑스에서의 싸움은 가톨릭교회와 이신론적 자유 사상가들 사이에 벌어졌다. 자유사상가들의 이신론적 이데올로기가 1789년에 프랑스 혁명군을 합리화해주었다는 점에서 자유 사상가들은 유럽에 큰 변화를 초래하게 될 프랑스 혁명의 도래에 큰 영향을 미쳤다.

이신론자들의 저술, 톨런드가 하노버를 방문한 것, 그리고 볼테르가 프리드리히 대제의 궁에 머문 것 등으로 말미암아 독일에 이성의 종교가 전해졌다. 독일에서는 그 이전의 경건주의자들 활동에도 불구하고 이신론이 환영을 받았다.

영국인 이신론자들의 이주, 이신론의 저술들, 이신론을 추종하는 영국 군대의 장교들이 1756년부터 1763년까지 아메리카에서 근무한 것 등은 이신론이 신대륙에 전파되는 계기가 되었다. 프랭클린, 제퍼슨, 에탄 알렌(Ethan Allen), 토머스 페인(Thomas Paine) 등은 아메리카 대륙의 중요한 이신론자였다. 페인의 저서 『이성의 시대』(Age of Reason, 1795)는 이신론자들의 사상을 대중화하는 데 기여했다. 그리하여 영국, 프랑스, 독일을 비롯하여 아메리카도 파괴적인 이신론의 영향을 받게 되었다.

4) 이신론의 결과

이신론은 국가의 전능이라는 사상을 강화하는 데 도움을 주었다. 왜냐하면, 루소 같은 사람은 국가가 자연적인 기원을 가지고 있다고 주장했기 때문이다. 국가는 자기의 통치자를 선택한 주권적 국민 사이의 사회적 계약에서 생겨났다. 통치자에게는 국민에 대한 책임이 있으므로, 만일 그가 임무 수행에 실패한다면 국민은 통치자를 바꿀 권리를 소유한다. 주권적 국민에게만 예속되는 국가는 삶의 모든 분야에서 지고하다. 이신론은 인간이 근본적으로 선하며 완전할 가능성을 소유한다는 개념의 발달에 도움을 주었다. 따라서 인간은 세상에서 더 완전한 질서를 향해 경주하는 지속적인 과정을 기대할 수 있다. 이신론은 인간의 죄를 무시하므로 부당하게도 낙관적이다. 방법론에서 이성주의를 강조하는 현대의 자유주의는 이신론의 영향을 많이 받고 있다. 이신론자들은 현대의 성경에 대한 고등비평 체계를 만들어내는 데 도움을 주었다.

그러나 기독교가 이신론에서 얻은 유익도 있다. 신교(信敎)의 자유가 등장한 것을 비난할 사람은 없을 것이다. 이 신교의 자유가 등장하는 데 주도적인 역할을 한 것이 이신론자들이었다. 이는 그들은 이성적인 종교 사상이 거리낌 없이 주장되어야 한다고 여겼기 때문이다. 이신론자들은 이성적 존재인 인간의 권위를 믿었기 때문에 정통 기독교인들과 협력하여 다양한 박애 활동을 폈다. 학문 연구를 자극한 것이 본문비평과 주석 분야에 유익한 결과를 낳았다. 학자들은 권위 있는 성경 본문을 개진하여 그것이 훌륭한 보존 상태에서 원저자로부터 전해 내려왔음을 증명하는 데 도움을 주었다. 정확한 성경 주석에 문법과 역사를 적용한 것 역시 간접적으로 이성주의의 영향이다.

유럽 대륙과 영국, 아메리카 등지에서 발생한 신앙부흥운동이 이성주의와 이신론의 발달과 동시에 이루어졌다. 어떤 경우에 이 운동들은 성경을 통하지 않고서도 인간에게 영적 조명을 제공할 수 있는 "내면의 빛"을 강조한 것에 기초를 두었다. 가톨릭교회의 정적주의(Quietism)와 영국의 퀘이커운동(Quakerism)이 이러한 경향을 증명했다. 성경에 기초한 신앙부흥운동은 루터교와 성공회 안에서 발생한 경건주의(Pietism)와 감리교운동에 의해 증명될 수 있을 것이다.

2. 신비주의와 종교
1) 유럽 대륙의 신비주의

정적주의는 17세기 가톨릭교회 안에서 발생한 신비주의 운동이었다. 그것은 영혼이 내면의 빛의 영향에 수동적으로 자신을 개방함으로써 직관적으로 직접 하나님께 접근하는 것을 강조했다. 그것은 교의의 이론적 설명을 강조한 데 대한 반작용이었다. 정적주의의 선구자로 밀라노의 대주교요 추기경이었던 카를로 보로메오(Charles Borromeo, 1538-84), 이그나티우스 로욜라, 스페인의 테레사, 프랑스의 프랑수아 드 살(Francis of Sales, 1567-1622) 등을 들 수 있다. 프랑수아 드 살의 저서인『경건생활 입문』(Introduction to the Devout Life, 1609)은 현대의 개신교인들이 읽어도 유익한 책이다. 반종교개혁에 속한 이 신비가들의 뒤를 이은 것이 17세기의 정적주의자들이다.

몰리노스(Miguel Molinos, 1640-1697?)는『영성 지도』(Spiritual Guide, 1675)에서 영혼이 자신을 개방하여 하나님에게서 오는 영적인 빛을 받는 방법으로서 영혼의 수동성을 강조했다. 그러한 상태에서는 인간의 의지가 발휘되어서는 안 된다. 그의 사상을 기욘 부인(Madame Guyon, 1648-1717)이 받아들였다. 그녀는 신비체험의 목표인 하나님과의 합일, 그리고 그것을 성취하는 방법으로 수동적 관상을 강조했다. 왕실 교사였던 페넬론(Francis Fenelon, 1651-1715)은 기욘 부인을 부세(Bousset)의 공격에서 옹호해주었다. 그의 저서『기독교적 완전』(Christian Perfection)은 정적주의 경향이 강하다. 그 책은 가톨릭 교인들뿐만 아니라 개신교인들의 경건생활에 도움을 주어왔다.

개신교 신비주의자인 스웨덴의 과학자 스베덴보리(Emanuel Swedenborg, 1688-1772)는 유형적인 자연세계의 배후에는 그에 상응하는 영적 세계가 있다는 결론에 이르렀다. 그는 천상의 존재들과의 대화를 통해서 이 두 세계 사이의 의사전달이 가능하다고 주장했다. 그는 성경을 영적으로 해석하여 천상의 존재들이 그에게 가져다준 계시들과 연결했다. 1788년에 런던에 세워진 새 예루살렘교회(Church of the New Jerusalem)는 지금도 존속하고 있다.

독일의 신비가인 야콥 뵈메(Jacob Boehme, 1575-1624)는 개인에게 주시는 하나님의 직접적인 계시를 선호했다. 그는 서유럽에서 윌리엄 로와 같은 사람들에게 영향을 미쳤다.

2) 영국의 신비주의

찰스 1세와 의회 사이에 전쟁이 벌어진 시기와 잉글랜드 공화국(왕정이 폐지되었던 1649-60년의 기간)이 세워졌던 시기에 영국의 종교 무대에 퀘이커파가 등장했다. 그들은 기성교회의 교리와 하나님 의지의 유일하고 최종적인 계시인 성경을 밀쳐두고 내면의 빛(Inner Light)이라는 교리를 선호했다. 그것은 성령이 성경과 상관없이 하나님에 대한 직접적인 지식을 주실 수 있다는 의미였다. 그들은 몬타누스파와 비슷했지만, 다행히 그들의 신비적 경향은 도덕적 열심과 강력한 사회적 열정에 의해 균형을 이루었다.

조지 폭스(George Fox, 1624?-91)는 직조공의 아들로 태어나 구둣방 견습공 생활을 했다. 그는 1643년에 두 명의 청교도가 먼저 포기하는 사람이 술값을 낸다는 조건으로 술내기 시합을 하는 것을 보고 자극을 받아 영적 진리 탐구를 시작했다. 1647년에 그는 만족스러운 종교적 체험을 하고 진리 탐구를 끝냈다. 그리하여 그에게 기독교는 생활방식, 즉 하나님에게 직접 나아갈 수 있는 신비체험이 되었다. 그는 설교를 시작했다. 그를 따르는 무리가 1652년에 조직을 만들고 자신을 "친구들"(Friends)이라고 불렀다. 그들은 퀘이커파(Quakers)라고 불렸다. 1652년에 스와스모어 홀(Swartmore Hole)의 마거릿 펠(Margaret Fell, 1614-1702)이 퀘이커교도가 되었고, 그녀의 집은 퀘이커파의 비공식적 중심지가 되었다. 폭스는 1669년에 그녀와 결혼했다. 선교적 열심과 당국의 박해로 말미암아 그 신봉자들이 영국 밖에서 새로운 정착지를 찾으려 했기 때문에 퀘이커파는 급속하게 퍼져나갔다. 폭스가 13개 식민지를 방문했을 때(1672-73) 그곳에서 많은 퀘이커 집단을 발견했다. 1666년에 질서를 세우고 회원들의 행동을 규제하기 위한 방편으로 월례집회 제도가 세워졌다.

로버트 바클레이(Robert Barclay, 1648-90)가 이 운동의 신학자가 되었다. 그는 1678년에 『참 기독교 신학 변증』(An Apology for True Christian Divinity)을 출판했

다. 그의 명제들은 퀘이커 신학의 핵심을 묘사한다.[1] 그는 영이 하나님의 유일한 계시자이며 인간에게 영적 조명을 주는 내면의 빛의 원천이라고 보았다. 성경을 부차적인 신앙의 척도에 불과하며 성경 기자들의 영감은 폭스를 비롯한 퀘이커교도들의 영감과 같은 수준의 것으로 간주했다. 퀘이커 신자에게 임한 계시들은 "성경 또는 바르고 건전한 이성"에 어긋나는 것일 수 없었다. 내적 조명을 받기 때문에 전문적인 사역이 필요하지 않았고, 내면적이고 영적이었기 때문에 두 가지 성례는 물질적 상징과 의식으로부터 분리되었다. 퀘이커교도들은 전쟁에 참전하지 않았고, 노예제도에 반대했다. 미국의 퀘이커교도인 울만(Woolman)은 노예제도 폐지를 언급한 최초의 인물 중 하나이다. 법정에서의 서약이 금지되었고, 인간적인 직함이 존중되지 않았다. 이 때문에 퀘이커교도들은 상류층 사람들이 직함을 사용하며 하류층 사람들이 모자를 쓰지 못하게 되어 있는 영국에서 어려움을 겪었다. 많은 퀘이커교도가 투옥되었다. 그러나 박해에도 불구하고(오히려 박해 때문에) 그 운동이 성장했다. 1660년에 영국에는 약 5만 명의 퀘이커 교도들이 있었다.

 찰스 2세는 윌리엄 펜(1644-1718)의 부친에게 진 6만 파운드의 빚을 갚기 위해서 펜에게 아메리카의 넓을 땅을 주었는데, 그 덕분에 펜은 사람들을 박해에서 구해줄 수 있었다. 펜은 1682년에 완전한 종교의 자유라는 기초 위에 펜실베이니아를 세웠고, 퀘이커교도들을 비롯하여 유럽의 박해받는 분파들에게 피난처를 제공했다. 펜실베이니아와 웨스트저지에서 퀘이커교도들이 증가했다.

 퀘이커교도들은 사회봉사가 중요한 부분을 차지하는 강력한 선교 계획에 의한 신앙전파를 강조하면서도 교육을 등한히 하지 않았다. 해버포드

---

1) Henry Bettenson, *Documents of the Christian Church*, 2d ed. (New York: Oxford University Press, 1963), pp. 252-56; Philip Schaff, *Creeds of Christendom*, 6th ed., 3 vols. (New York: Scribner, 1890), 3:789-98.

완전한 종교의 자유를 제공한 펜실베이니아의 설립자인 윌리엄 펜. 토머스 버치의 작품인 이 그림은 펜의 아메리카 도착을 묘사하고 있다.

(Haverford) 대학과 스와스모어 대학을 비롯한 많은 훌륭한 학교들은 퀘이커교도들이 교육에 관심을 기울였음을 증언해준다. 이 운동에도 분열과 영적 열정이 식는 위험이 있었다. 교리에 대한 관심의 부족, 그리고 성경 같은 객관적이고 역사적인 표준의 부재 때문에 때로는 지나친 신비주의로 흘렀고, 때로는 그리스도의 위격을 제대로 찬양하지 않는 모호한 유신론으로 흐르기도 했다.

독일에서 발생한 경건주의운동은 내면의 빛을 강조하는 신비주의와 전혀 다른 운동이다. 그것은 17세기 루터교회의 정통주의에 대한 복음주의적 교정책으로 발생한 것이다. 경건주의는 내면적, 주관적, 개인적인 성경공부와 기도로의 복귀를 강조했다. 평신도나 목회자는 날마다 실질적인 경건생활로써 성경의 진리를 드러내야 했다. 경건주의가 발생하는 데 작용한 여러 요인

3. 신앙 부흥과 종교

1) 유럽 대륙의 신앙 부흥

이 있지만, 그 운동은 주로 필립 스페너(Philip Spener, 1635-1705)의 노력의 결과였다. 스페너는 1666년에 프랑크푸르트에서 목사가 되었다. 그는 1670년에 "경건회"(collegia pietatis)라는 모임을 조직했다. 그것은 실질적인 성경공부와 기도를 위한 가정집회였다. 그는 『경건한 소원』(Pia Desideria, 1675)이라는 저서에서 루터교도들의 개인적 경건 함양을 위한 도구로서 "오두막 기도회"(cottage prayer meeting)를 강조했다. 그는 또 목회자 교육이 성경적이고 실질적인 것이 되어야 하며, 장래의 목회자들을 위한 수습 기간이 필요하다고 주장했다. 1686년에 그는 궁중 설교자가 되어 드레스덴에 갔다. 1691년에 그곳을 떠나 베를린에 있는 교회의 목사로 부임하여 죽을 때까지 그곳에 머물렀다. 경건주의는 독일, 네덜란드, 스칸디나비아 등지에서 활발했다.

프랑케(August Francke, 1663-1727)와 라이프치히 대학의 몇 명의 친구들도 성경공부 모임을 조직했다. 프랑케는 드레스덴을 방문하는 동안 스페너의 영향을 받았다. 스페너는 1692년에 그를 할레대학의 교수로 임명했다. 할레대학은 곧 경건주의의 중심지가 되었다. 프랑케는 1695년에 가난한 어린이들을 위해 무료 초등학교를 세웠고, 2년 후에 중등학교를 세웠다. 그는 보육원도 세웠다. 1719년에 성경 사본을 출판하여 보급하기 위해 친구가 세운 성경연구회 설립에도 영향을 주었다.

경건주의는 성경 연구와 토론, 그리고 그것을 일상생활과 경건생활의 함양에 적용하는 것을 강조했다. 성경의 조명자이신 성령의 기능도 강조되었다. 참 신앙의 표현으로서의 선행도 강조되었다. 그리하여 루터교회 안에 새로운 영적 활력이 주입되었다. 한편 할레는 선교의 중심지가 되었다. 아프리카, 아메리카, 아시아, 태평양 제도에서 할레 출신 선교사들의 선구적 사역이 이루어졌다. 성경 기자들이 의도했던 참 의미를 파악하기 위해 언어와 교회사에 대한 학문적 연구가 이루어졌다. 경건주의자들이 교리에 무심했기 때문에 어떤 사람들은 관념론이라는 철학을 받아들였다.

모라비아교회의 창시자인 니콜라스 친젠도르프 백작. 그는 그리스도에 대한 개인적 허신을 강조했다. 이 석판화는 1850년경의 것이다.

경건주의는 루터교회에 영적 활력을 불어넣었을 뿐만 아니라 친첸도르프(Zinzendorf, 1700-60) 백작이 모라비아 교회를 세우게 하는 결과를 낳았다. 친첸도르프는 할레에 있는 프랑케의 학교와 비텐베르크에서 수학했는데, 비텐베르크에서는 법학을 공부했다. 친첸도르프는 그리스도께 대한 개인적인 헌신의 생활을 강조했다. 1722년에 모라비아 난민들이 친첸도르프의 베르텔스도르프(Berthelsdorf) 영지에 헤른후트(Hernhut)를 세웠고, 1727년에 친첸도르프가 그 조직의 지도자가 되었는데, 그 조직은 1727년 5월 12일의 기도회에서 탄생한 것이었다. 기도회로 모이는 관습은 백 년 동안 지속했다.

모라비아 교회는 1742년에 독립교회로 인정되었다. 1745년에 모라비아 교회는 감독, 장로, 집사 등 세 가지 조직을 갖추었다. 그 운동은 선교의 이상을 가지고 있었기 때문에 윌리엄 캐리가 선교사로 인도에 가기 전인 18세기 중엽에 서인도제도, 그린란드, 인도, 아프리카 등지에 약 150명의 선교사를 파송했다. 모라비아 교도들은 60명마다 한 명의 선교사가 필요하다고 주장했다. 1732년에 다비드 니치만(David Nitschmann, 1696-1722)이 버진 제도(Virgin Islands)에 파송되었다. 자이스베르거(David Zeisberger, 1721-1808)는 아메리카 인디언 사회에서 성공적으로 사역했다. 모라비아 교도들은 조지아에 잠시 머문 후 펜실베이니아로 이동했다. 친첸도르프는 1743년에 아메리카를 방문했을 때 펜실베이니아에서 독일 개신교도들을 모라비아 교회 안에 통합하려 했다. 친첸도르프의 열렬하면서도 시적으로 표현된 그리스도에 대한 헌신은 그 운동의 신학자인 스팡겐베르크(August Spangenberg)에 의해 신학적으로 표현되었다. 웨슬리가 모라비아 교도들의 도움을 받아 그리스도에 대한 개인적인 믿음을 소유하게 되면서 감화의 순환이 완성되었음은 흥미롭다. 위클리프의 가르침이 보헤미아 형제단의 창시자인 후스에게 영향을 주었고, 보헤미아 형제단에게서 모라비아 교회가 출현했다. 모라비아 교회는 영국의 존 웨슬리의 영성생활에 큰 감화를 주었다. 안타깝게도 17세기와 18세기에 유럽 대륙에 대한 영국의 영향력이 이신론과 이성주의를 촉진했다.

2) 영국의 신앙 부흥

16세기의 종교개혁과 17세기의 청교도운동에 이어 발생한 감리교 신앙부흥은 영국에서의 세 번째 종교적 각성이었다. 그것은 존 웨슬리(John Wesley, 1703-91)와 연결되어 있다. 종교에 관해서는 웨슬리가 18세기를 지배했다. 역사가들은 감리교운동이 18세기의 위대한 역사적 현상으로서 프랑스혁명이나 산업혁명에 비견할 수 있다고 인정한다. 어떤 사람들은 웨슬리의 설교가 영국을 프랑스 혁명과 비슷한 혁명에서 구했다는 사상에 동의한다. 감리교운동과 영국국교회의 관계는 경건주의운동과 루터교회의 관계와 같다.

일찍이 웨일스에서는 탈가르트에서 교사로 활동한 하웰 해리스(Howell Harris, 1714-73)와 그리피스 존스(Griffith Jones, 1683-1761) 목사를 통해서 신앙부흥이 임했다. 웨일스의 칼빈주의 감리교회는 이 각성에서 성장해 나온 것이다. 존스는 웨일스에서 성경읽기를 가르치기 위해 학교를 설립하여 15만 명이 넘는 학생들을 가르쳤다. 웨일스의 칼빈주의 감리교는 조지 화이트필드와 헌팅던 여사의 노력의 산물이다.

앞에서 이성주의적 종교인 이신론이 상류층에서 폭넓게 지지를 받았음을 살펴보았다. 국교회의 설교는 도덕적이고 상투적인 말이 가득한 장황한 훈

감리교의 창시자 존 웨슬리. 메소디스트라는 명칭은 웨슬리의 신성클럽 회원들의 성경공부와 기도 습관, 규칙적으로 감옥과 빈민들을 찾아 봉사한 것 때문에 붙여진 것이다.

계에 불과했다. 고위 성직자들은 고액의 월급을 받았지만 5천 개가 넘는 교회의 하위 성직자들의 수입은 일 년에 20파운드에서 50파운드 정도에 불과했으므로 유능한 인물을 기대할 수 없었다. 그들이 지방 대지주의 식객이 되어 그의 조야한 운동이나 술잔치에 참여하는 일이 비일비재했다. 도덕이 땅에 떨어졌다. 18세기 초에 싸구려 술 때문에 죽은 사람들과 수용소로 보내지는 사람들이 증가하고 사망률도 증가했다. 도박이 만연했다. 정치 지도자인 찰스 제임스 폭스는 24세 때 10만 파운드를 잃었다고 한다. 개를 자극하여 소를 물어 죽이게 하는 것, 곰 놀리기(개를 자극하여 묶어놓은 곰을 귀찮게 하도록 하는 놀이), 여우 놀리기, 수탉 놀리기 등이 일반적인 소일거리였고, 교수형 집행을 구경하는 것이 온 가족의 소일거리가 되기도 했다. 그 시대는 병든 시대로서 신학을 의심하며 열정이 부족한 시대였다.

웨슬리는 새뮤얼 웨슬리와 수산나 부부에게서 태어난 19명의 자녀 중 15번째 자식이었다. 1709년에 웨슬리의 집에 불이 났을 때 그는 간신히 죽음을 면했다. 그일 때문에 그는 종종 자신을 "불 속에서 꺼낸 나뭇가지"라고 언급했다. 그는 1720년에 장학생으로 옥스퍼드 대학에 입학했다. 1726년부터 1751년까지 링컨칼리지의 연구원이었고, 1728년에 사제로 서품되었다. 그는 2년 동안 엡워스 근처의 교구를 돌보는 부친을 돕다가 연구원 임무에 복귀했다. 웨슬리는 "신성 클럽"(Holy Club)의 주도적 인물이 되었다. 이 클럽에는 그의 동생 찰스도 가입해 있었다. 이 클럽 회원들의 체계적인 성경공부와 기도 습관, 그리고 감옥과 가난한 가정에서 규칙적으로 사회봉사를 한 것 때문에 학생들은 그들에게 메소디스트(Methodist)라는 별명을 붙였다. 1735년부터 1737년까지 웨슬리는 조지아 식민지 오글소프(Oglethorpe)의 궁중 목사로 일했다.[2] 그의 의식주의적 사상, 엄격한 성직자 정신, 단순성, 여인들과의 허물없는 관계 등 때문에 교구민들과의 관계에 많은 어려움이 야기되었으므로, 그는 1737년에 귀국했다. 1738년 5월 24일, 루터의 『로마서 주석』 (Commentary on Romans) 서문을 낭독하는 것을 듣던 중 웨슬리의 마음이 이상하게 뜨거워졌고, 그는 죄로부터의 구원을 위해 그리스도만 의지하게 되었다. 그의 동생 찰스도 이틀 전에 비슷한 경험을 했다. 조지아를 향해 항해하던 중 바다에서 큰 폭풍을 만났을 때 모라비아 교도들이 보여준 담대한 행동, 조지아에서 만난 스팡겐베르크의 말,[3] 그리고 피터 뵐러(Peter Böhler)[4]의 노력이 웨슬리의 회심에 큰 영향을 미쳤다. 웨슬리는 모라비아 교회를 더 자세히 연구하기 위해 헤른후트를 방문했다.

1739년에 조지 화이트필드(George Whitefield, 1714-70)가 웨슬리에게 브리스톨 야외 설교에 참여해 달라고 요청했다(웨슬리는 1740년에 화이트필드의 칼빈

---

2) 오글소프가 1733년에 독일 출신의 채무자들과 박해받는 개신교도들을 위한 피난처로 조지아 주를 세웠다.

3) 조지아에 도착한 웨슬리는 모라비아 교도들의 지도자인 스팡겐베르크를 만났다. 스팡겐베르크는 웨슬리에게 "당신은 예수 그리스도를 압니까?"라고 물었고, 웨슬리는 "나는 그분이 세상의 구세주이심을 압니다"라고 대답했다. 스팡겐베르크는 "그렇습니다. 그런데 그분이 당신을 구원해주셨음을 아십니까?"라고 되물었다.

4) 뵐러도 웨슬리가 만난 모라비아 교도였다. 뵐러의 가르침이 지닌 세 가지 요점은 철저히 자기를 복종시키는 믿음, 즉각적인 회심, 그리고 믿는 기쁨이었다.

주의 신학 때문에 그와 헤어졌다). 그리하여 야외설교자로서의 웨슬리의 사역이 시작되었다. 그 기간에 웨슬리는 말을 타고 영국, 스코틀랜드, 아일랜드 등지를 20만 마일 이상 여행하면서 약 42,000차례 설교했으며, 200권 정도의 책을 저술하고, 추종자들을 조직했다. 그는 감리교협회를 조직했고, 1739년에 브리스톨에 교회를 세웠다. 같은 해에 런던에 있는 주물공장 건물

첫 감리교 회의. 1784년에 영국 감리교인들의 선례를 따라 자체의 조직을 갖춘 미국 감리교회가 설립되었다.

을 구입하여 사역의 본부로 사용했다. 1735년에 기독교인이 된 화이트필드는 1739년에 야외설교자가 되었고, 개종자들을 여러 개의 협회로 조직하고 평신도 설교자들을 채용했으며, 보육원 사업 등 사회적인 면을 강조했다.

찰스 웨슬리(Charles Wesley, 1707-88)가 작곡한 찬송가들이 그러한 집회에 큰 도움이 되었다. 찰스는 6천 개 이상의 찬송을 작곡했는데, "천사 찬송하기를", "비바람이 칠 때와", "하나님의 크신 사랑" 등은 지금도 전 세계적으로 사랑받는 찬송이다. 찰스는 회중파 신학자요 영국 찬송가 작곡의 아버지라 할 수 있는 왓츠(Issac Watts, 1674-1748)가 개척한 길을 따라 그 당시까지 사용되어온 형식, 즉 성경 구절에 운율을 붙인 것과는 다른 찬송을 작곡했다.

웨슬리는 국교회와의 결별을 원하지 않았으므로 자기를 따르는 사람들을 조직하여 스페너의 "경건회"(collegia pietatis)와 비슷한 회(society)들을 조직했다. 1742년에 그 회들은 다시 10~12명으로 구성된 속(class)으로 세분되었고, 평신도 지도자가 각각 속을 감독했다. 1744년에 최초 설교자들의 연회

영국과 독일의 대각성(1726~1758)

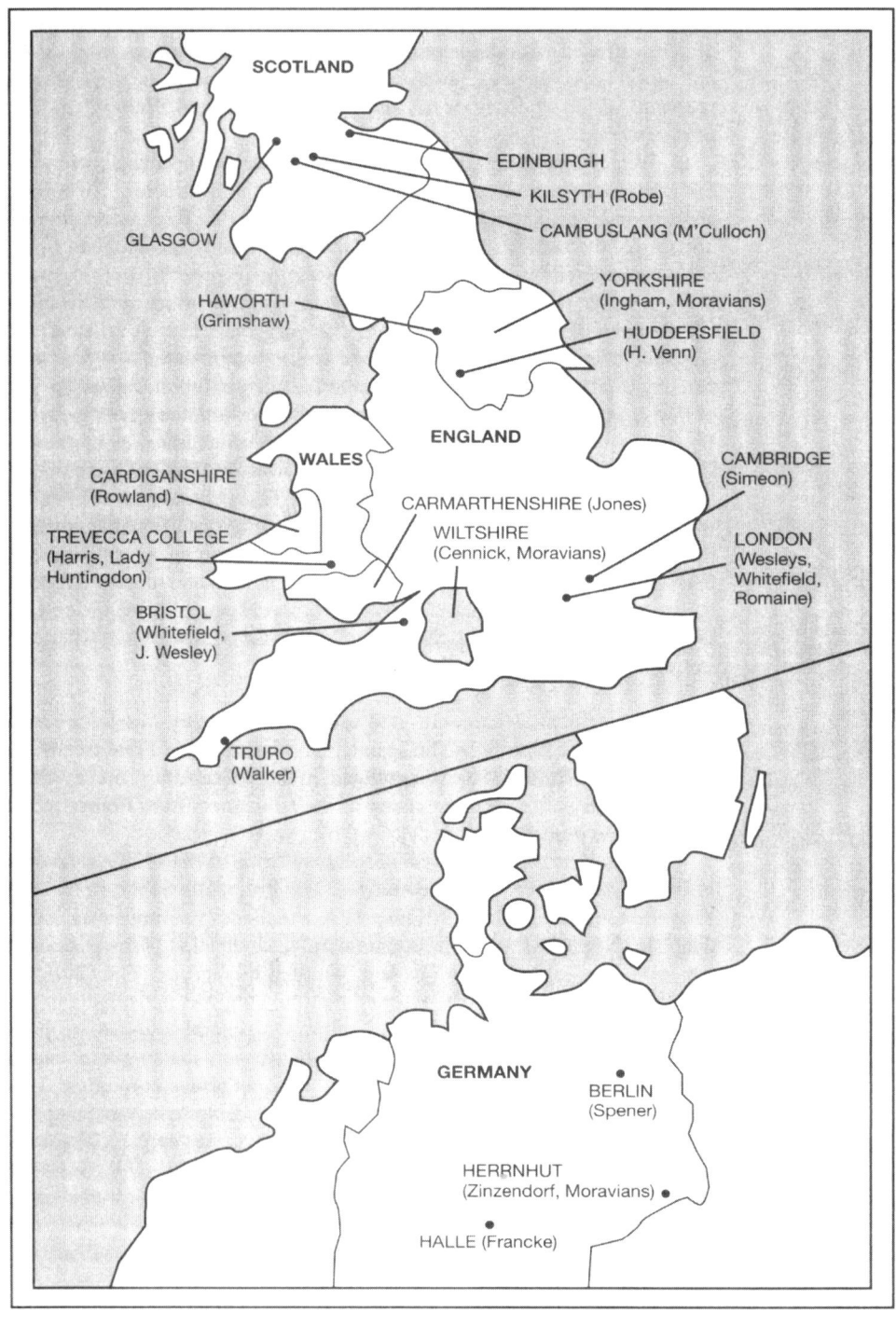

(Annual conference)가 런던에서 개최되었다. 1746년에 그는 영국을 7개의 순회 교구로 나누었다. 1784년에 두 명을 목회자로 임명했고, 토마스 코크(Thomas Coke)를 미국 감리교회의 감리사로 임명했다. 같은 해에 그 협의회가 감리교 예배당 등 재산을 소유하는 것이 합법화되었다. 그해에 미국 교회가 국가적 조직을 갖추었다. 1792년에 웨슬리가 사망한 후 영국의 감리교도들이 국교회와 분리된 감리교회로 조직되었다. 감리교회의 감독제도, 제단 철책 앞에 무릎을 꿇고 성찬을 받는 것 등은 국교회의 영향이 남아 있음을 증명해준다.

웨슬리가 화이트필드와 헤어진 후 감리교회는 아르미니우스파의 신학을 받아들였다. 그러나 웨슬리가 강조한 주된 교리를 강조했다. 이것은 하나님의 사랑이 신자의 마음을 채워 죄를 몰아내고 절대적으로 거룩한 삶을 촉진하므로, 기독교인이 동기에 있어서 이 세상에서 절대적으로 완전할 수 있다는 믿음이었다. 이 발전적 과정은 신앙의 행위로 시작되어야 했다. 웨슬리는 이것이 죄가 없거나 무오한 완전함이 아니라 하나님의 사랑이 가득한 심령은 동기 면에서 죄가 없을 수 있다는 것임을 분명히 했다. 판단의 실수가 도덕적으로 좋지 않은 결과를 만들어내겠지만, 이상적인 상태를 성취할 가능성은 존재했다. 이것이 그의 편지들[5] 및 『기독교인의 완전에 관한 쉬운 해설』(A Plain Account of Christian Perfection)에 기록된 가르침인 듯하다.

웨슬리는 복음이 사회에 영향을 주어야 한다고 주장했으며, 감리교의 신앙부흥운동이 영국 사회에 영향을 미쳤음을 부인할 수 없다. 그는 술, 노예제도, 전쟁 등에 반대했다. 만일 영국의 노동자들이 그리스도를 받아들이지 않았다면, 프랑스에서 발생한 노동자들의 봉기와 같은 일이 벌어졌을 것이라고 믿을 만한 근거가 있다. 대부분의 후대 노동 지도자들은 속회에서 연설

---

[5] John Telford, ed. *The Letters of the Rev. John Wesley* (London: Epworth, 8 vols., 1931), 2:280-82; 4:213; 5:38, 223. Schaff, *Creeds*, 3:807-13.

훈련을 받았다. 부분적이지만 그 신앙부흥의 영향 때문에 술 판매가 중지되었다. 웨슬리는 노예제도 폐지를 지지했다. 그는 1746년에 영국 최초의 무료의무실을 세웠다. 그는 주일학교운동을 대중화한 로버트 레이크스(Robert Raikes)와 교도소 개량운동가인 존 하워드(John Howard)에게 감화를 주었다. 웨슬리가 사망할 무렵 미국에는 강력한 감리교회가 존재했다. 그가 사망하고 나서 얼마 후 7만 명에 달하는 영국인 추종자들이 국가적 교회를 조직했다. 이 근면한 사람은 영국 노동자들의 종교생활을 변화시켰다. 감리교 신앙부흥의 결과인바 영국 국교회 내에서의 복음적 신앙부흥이 영국의 상류층을 변화시키고, 19세기에 영국이 세계 평화를 지키며 국가들의 지도자가 되는 데 도움을 주었다. 화이트필드는 감리교 신앙부흥의 예언자였고, 존 웨슬리는 조직가였으며, 찰스 웨슬리는 가수였다.

4. 가톨릭교회

16~17세기에 예수회, 도미니크회, 프란치스코회 등이 추진한 선교 사역, 17세기의 얀센주의, 그리고 같은 세기에 발생한 정적주의와 1685년에 프랑스에서 발생한 위그노 추방에 대해서는 이미 다루었다.

1648년부터 1789년까지 전제주의 왕권 시대에 전제군주들은 자기 국가에서 교황권의 세력을 제한하려 했다. 1438년의 군사조직은 이 방침을 따른 프랑스의 조처였다. 프랑스에서 발생한 이러한 경향은 교황의 정치 세력을 국가별 성직정치에까지 뻗으려는 교황권 지상주의와 반대되는 것으로서 교황권 제한주의(Gallicanism)라고 알려졌다. 1682년에 부세(Bousset)가 작성한 갈리아 신조(Gallican Articles)는 국왕이 세속사에서 교황에게 종속되지 않는다는 것, 교황은 총공의회에 종속되며, 그의 권력은 프랑스 교회와 국가의 헌법에 따라 제한된다는 것, 그리고 그들이 교황의 신앙 정의들을 받아들이지, 교황이 징계를 받지 않는 것은 아니라는 것 등을 확인했다. 이것은 요세프 2세 시대(Joseph II, 1741-90)에 신성로마제국에서 발생한 요셉주의(Josephism)에 버금가는 것이다. 독일에서는 왕이 교회의 신앙에 순종하면서도 교회의 지도자들에게 권력을 행사하는 경향을 묘사하기 위해 니콜라스 폰 혼타임(Nicholas von Hontheim, 1701-90)의 필명인 페브로니우스주의(Febronianism)라는 용어가 사용되었다. 그것은 신흥 민족국가 통치자들의 세력의 강화와 민족주의 감정의 대두를 나타냈다.

5. 러시아정교회

러시아교회는 1589년에 대주교에게 총대주교직을 부여했다. 이 때문에 러시아정교회는 동방교회 내의 다른 총대주교들과 동등한 역할을 지닌 지도자를 소유한 국교회가 되었다. 일찍이 로마가 야만족들에게 함락되고 1453년에 콘스탄티노플이 무슬림에 함락됨으로써 러시아인들은 모스크바를 "제3의 로마"라고 생각하게 되었다.

1650년 이후 새로운 총대주교 니콘(Nikon)은 과거 러시아의 관습이었던바 십자성호를 그을 때 손가락을 두 개가 아닌 세 개를 사용함으로써 교회의 의식 개혁을 추구했다. 아바쿰(Avvakum)이라는 성직자가 이끄는 집단은 이것을 비롯한 여러 가지 개혁에 반대했으며, "구교도"(Old Believers)라고 불렸다. 아바쿰은 1682년에 화형을 당했다. 그를 따르는 사람들은 공공연하게 교회에 반대하여 새 집단을 구성했으며, 지금도 존재하고 있다.

1721년에 표트르 1세(Peter the Great)가 총대주교직을 폐지하고 교회를 "러시아정교회 최고 회의"(Holy Synod)의 통제 아래 둠으로써 교회는 더 직접적인 국가의 통제를 받게 되었다. "러시아정교회 최고 회의"(Holy Synod)는 표트르 1세 직속의 공무원이 주재했다. 그리하여 교회는 국가와 밀접하게 연결되어 실질적으로 국가의 한 부서로 전락했다. 1917년에 공산주의자들이 교회와 국가를 분리했고, 교회는 새 총대주교를 선출했다.

참고문헌

Baker, Frank. *From Wesley to Asbury*. Durham, N.C.: Duke University Press, 1976.

Barbour, Hugh, and Arthur O. Roberts. *Early Quaker Writings*, 1690-1700. Grand Rapids: Eerdmans, 1973.

Belden, Albert D. *George Whitefield the Awakener*. New York: Macmillan, 1953.

Bennet, Richard. *The Early Life of Howell Harris*. London: Banner of Truth, 1962.

Brailsford, Mabel R. *A Tale of Two Brothers*. New York: Oxford University Press, 1954.

Braithwaite, William. *The Beginning of Quakerism*. London: Macmillan, 1923.

___. *The Second Period of Quakerism*. 2d ed. Cambridge: Cambridge University Press, 1961.

Bready, J. Wesley. *England: Before and After Wesley*. New York: Harper, 1938.

Burtner, Robert W., and Robert E. Chiles, eds. *A Compend of Wesley's Theology*. Nashville: Abingdon, 1954.

Cameron, Richard M. *Methodism and Society in Historical Perspective*. New York: Abingdon, 1961.

___. *The Rise of Methodism, A Source Book*. New York: Philosophical Library, 1954.

Cannon, William R. *The Theology of John Wesley*. New York: Abingdon-Cokesbury, 1946.

Clark, Elmer T. *An Album of Methodist History*. Nashville: Abingdon, 1952.

Cragg, Gerald T. *The Church in the Age of Reason*. Harmondsworth, Middlesex: Penguin, 1960.

Dallimore, Arnold A. *George Whitefield*. 2 vols. Edinburgh, 1979.

Davis, Arthur P. *Isaac Watts*. New York: Dryden, 1943.

Edwards, Maldwyn L. *After Wesley*. London: Epworth, 1935.

___. *Methodism in England*. London: Epworth, 1943.

Fox George. *George Fox's Journal*. Edited by Ruffs M. Jones. New York: Putnam,

1963.

Gay Peter. *Deism*. Princeton: Van Nostrand, 1968.

Gell, Frederick. *Charles Wesley the First Methodist*. Ner York: Abingdon. 1964.

Green, Vivian H. H. *John Wesley*. London: Nelson, 1964.

___. *The Young Mr. Wesley*. New York: Saint Martin's, 1961.

Harmon, Rebecca L. *Susanna*. Nashville: Abingdon, 1968.

Henry, Stuart C. *George Whitefield, Wayfaring Witness*. Nashville: Abingdon, 1957.

History of the Moravian Church. Bethlehem, Pa.: Interprovincial Board of Christian Education, 1967.

Lewis, A. J. *Zinzendorf, The Ecumenical Pioneer*. Philadelphia: Westminster, 1962.

Lunn, Arnold. *John Wesley*. New York: Dial, 1929.

McGuard, Ina D. *Miss Hannah Ball, A Lady of High Wycombe*. New York: Vantage, 1964.

Moulton, Philip P., ed. *The Journal and Major Writings of John Woolman*. New York: Oxford University Press, 1971.

Noble, Vernon. *The Man in Leather Breeches*. London: Elek, 1953.

Orr, John. *English Deism*. Grand Rapids: Eerdmans, 1934.

Outler, Albert C. *John Wesley*. New York: Oxford University Press, 1964.

Rattlebury, J. Ernest. *Wesley's Legacy to the World*. Nashville: Cokesbury, 1929.

Ross, Isabel. *Margaret Fell, Mother of Quakerism*. London: Longmans, 1964.

Russel, Elbert. *The History of Quakerism*. New York: Macmillan, 1943.

Scheffel, David. *In the Shadow of Antichrist*. Peterborough, Ont.: Broadview, 1991.

Schmidt, Martin. *John Wesley*. 3 vols. Translated by Norman P. Goldhawk. New York: Abingdon, 1932.

Semmel, Bernard. *The Methodist Revolution*. New York: Basic, 1973.

Spener, Philip J. *Pia Desideria*. Translated by Theodore Tappert. Philadelphia: Fortress, 1964.

Tuttle, Robert. *John Wesley: His Life and Theology*. Grand Rapids: Zondervan, 1978.

Tyerman, Luke. *The Life and Times of the Reverend John Wesley, M.A.* 3d ed. 3 vols. New York: Harper & Brothers, 1876.

Tyson, John R., ed. *Charles Wesley*. New York: Oxford, 1989.

Vickers, John R. *Count Zinzendorf*. New York: Abingdon, 1969.

Weinlick, John R. *Count Zinzendorf*. New York: Abingdon, 1956.

Wiseman, Frederick D. *Charles Wesley Evangelist and Poet*. New York: Abingdon, 1932.

Wood, A. Skevington. *The Burning Light*. Grand Rapids: Eerdmans, 1967.

신앙부흥운동, 선교, 모더니즘(1789~1914)

제34장

가톨릭교회의 승리와 변천

1789년부터 1914년 사이에 가톨릭교회는 세속 재산을 잃고 정치적 영향력도 크게 상실했다. 프랑스 혁명 당시의 교황권의 치욕스러운 운명은 반종교개혁 시기의 놀라운 발전과 대조를 이룬다. 나폴레옹 시대의 전쟁 이후 낭만주의적 반작용이 진행되는 동안 가톨릭교회는 다시 명성과 권력을 획득하여 1870년에 이르렀다. 그때부터 제1차 세계대전이 발생할 때까지 유럽 여러 국가의 가톨릭교회 역사에서 특권의 상실과 교권반대주의의 등장이 두드러진다. 이러한 어려움은 국교회들과 보편적인 가톨릭교회의 관계에서 생겨난 것이었다.

비스마르크(Bismarck)와 카보우르(Cavour)의 노력으로 독일과 이탈리아가 1870년에 민족국가로 출현했다. 이 신흥국가들은 자기 국가 내에서 교황의 세력을 제한했다. 1776년부터 1826년까지 프랑스, 아메리카, 라틴 아메리카 등지에서 발생한 혁명은 가톨릭교회의 정치 세력에서 벗어나기 위한 국가의 민족적 통제를 자극했다. 1682년 프랑스의 갈리아 신조가 그 예이다.

1. 프랑스혁명과 교황권(1789-1815)

프랑스혁명이 일어나기 전의 악화한 경제적, 정치적, 사회적, 법적 상태, 1689년에 영국에서 명예혁명이 성공한 것, 1776년의 미국 독립전쟁 등이 작용하여 루이 16세를 대적하는 대중혁명의 권리를 합리화하는 이데올로기가 발달했다. 이 이데올로기는 계몽 사상가들의 가르침이 낳은 결과였다. 여기에는 루소, 몽테스키외(Montesquieu), 디드로, 볼테르라고 알려진 프랑수아 마리 아루에(Francois M. Arouet) 등이 포함된다. 루소와 몽테스키외는 혁명을 위한 정치적 이데올로기를 제공했고, 볼테르는 로마교회를 비판하면서 신교(信敎)의 자유를 주장했다.

프랑스 내에서의 로마가톨릭교회에 대한 비판에 몇 가지 근거가 있음을 인정해야 한다. 로마교회는 많은 토지를 소유하고 있었고, 거기서 생기는 수입은 대부분 고위 성직자들의 것이었다. 볼테르는 로마가톨릭교회 지도자들이 이끄는 종교보다 이성의 종교를 좋아했다. 그러나 이들은 혁명이 아닌 개혁을 원했다.

1789년 11월 프랑스 국민의회는 교회의 토지를 국가의 소유라고 선언하고, 이 토지를 상환할 수 있는 증권을 발행했다. 후일 이 증권은 화폐로 유통되었다. 1790년 초에 수도원들이 법에 따라 폐쇄되었다. 1790년 여름에 의회는 "성직자 기본법"(Civil Constitution of the Clergy)[1]을 통과시켰다. 이에 따라 주교들은 대교구의 수에 맞추어 85명으로 줄었다. 관리를 선출하는 선거인들이 주교들을 선출하여 그 결과를 교황에게 통보하게 되었다. 국가가 성직자들의 급료를 지급하며, 성직자들은 국가에 대한 충성을 맹세해야 했다. 교회의 권력은 로마가톨릭교회의 교의를 진술하는 것으로 제한되었다. 성직자들은 교회의 토지 상실에 대해서는 격하게 반대하지 않았지만, 이 새로운 조처가 교회의 세속화를 의미한다고 여겨 크게 반대했다. 그리하여 약 4천 명의 성직자들이 프랑스를 떠났다.

1793년부터 1794년까지 지속한 공포정치(Reign of Terror) 때에 로마가톨릭

---

[1] John H. Stewart, *A Documentary Survey of the French Revolution* (New York: Macmillan, 1951), pp. 158-59; 169-81.

교회와 프랑스 국가는 완전히 분리되었다. 당시 많은 사람이 혁명에 반대하여 처형되었다. 이때 교회의 지지는 자발적인 것이었다. 무신론적인 지도자들은 1793년에 프랑스에 이성의 종교를 도입하려고 노트르담 사원에서 젊은 여배우를 이성의 여신으로 임명하는 대관식을 거행하기도 했다. 이처럼 극단적인 조처를 받아들이려 하지 않은 사람들도 일요일을 휴일로 하지 않고 매 10일을 휴일로 삼는 달력의 변화를 받아들였다. 이 달력은 1793년 10월 7일에 채택되어 1804년까지 사용되었다. 그것은 일요일과 성인들의 날들을 제거하려는 의도를 지닌 것이었다. 로베스피에르(Robespierre)는 이신론자들이 주장하는 신의 종교를 선호했다. 이 짧은 기간에 로마가톨릭교회는 엄청난 반대에 직면했다. 심지어 교황이 체포되어 죄수로서 프랑스로 호송되어 그곳에서 사망했다.

1799년에 정권을 장악한 나폴레옹은 프랑스인들 다수가 로마가톨릭 교도임을 깨닫고 1801년에 정교 협약에 의해 로마가톨릭교회와 국가의 제휴를 제안했다. 그 협약에서 나폴레옹은 가톨릭교회가 "대다수의 프랑스 국민의 종교"임을 인정했지만, 가톨릭교회를 국교로 삼지 않았다. 국가가 주교들을 지명하고 교황이 임명하며, 성직자들은 국가로부터 급료를 받게 되었다. 그러나 1790년에 국가가 몰수한 가톨릭교회의 재산은 반환되지 않았다. 이 협약이 1905년까지 프랑스 교회와 국가의 관계를 지배했다. 그러나 1802년의 기본조약(Organic Articles)은 프랑스에서는 정부의 동의 없이 교황의 교서를 발행하거나 종교회의를 개최할 수 없다고 규정했다. 그리하여 교회가 국가의 통제를 받았다. 1905년에 프랑스의 가톨릭교회가 국가와 분리되었다.

2. 교황 권력의 회복
(1814-70)

1870년에 교황권은 유럽 대륙에서 잃었던 토대를 되찾았다. 오스트리아의 재상 메테르니히(Metternich)는 유럽에서의 국민적 봉기나 민주주의적 봉기를 방지하고 현재 상태를 유지하기 위해서 유럽의 통치자들과 로마교회의 동맹을 지지했다. 이러한 관점 때문에 그는 힘이 닿는 한 어디에서나 교황권을 지지했다. 그가 의장이었던 빈 의회는 교황령의 영지들을 교황에게 돌려주었다. 메테르니히는 그의 "신앙고백"(Confession of Faith, 1820)에서 사회의 보루인 종교의 중요성에 대해 진술했다.

낭만주의 운동도 교황권에 도움이 되었다. 이는 그것이 18세기의 이성주의에서 생겨난 결과였기 때문이다. 그것은 삶에 대한 직관적 접근을 강조했다. 낭만주의자들은 산문보다는 시로 사상을 표현했고, 형식보다 내용을 중시했으며, 지나간 중세 시대와 자연을 찬미했다. 또 지성보다는 감정에 호소했다. 워즈워스(Wordsworth)는 자연 안에 계신 하나님의 현존을 강조했고, 월터 스콧(Walter Scott)와 휴 월폴(Hugh Walpole)은 중세 시대를 찬양하는 소설을 썼다. 샤토브리앙(Shateaubriand)은 교회를 찬양하는 글을 남겼다. 루소는 자연 상태의 인간이 가장 행복하다고 썼다. 그는 사람들이 자신의 일반적 의지—이것은 다수의 투표를 통해 발견되어야 했다—의 표현을 통해 통치자를 선택하는 권리를 강조함으로써 사람들에게 통치에 적합한 기질이 있다는 신념을 표현했다. 그의 『사회계약론』(Social Contract)은 "인간은 자유로운 존재로 태어났지만, 현재 어느 곳에서나 속박을 받고 있다"라는 말로 시작된다. 화가들도 형식이나 원리에 관심을 기울이지 않았고, 실제의 복사본을 캔버스에 표현하기보다는 그 실체가 주는 감명을 표현하려 했다. 그들의 그림은 자연의 초상화가 아닌 자연의 해석이었다. 관념론 철학도 인간 본성에서 의지와 감정의 측면을 강조했다. 칸트는 인간이 본성 안에 소유하고 있는 권리라는 의식을 기초로 하여 신, 영혼, 그리고 불멸성에 대해 논증했다. 사람들이 자기 나라의 과거사에 관심을 두게 되었다. 1790년부터 1850년까지 유럽을 휩쓴 이 낭만주의의 표현들 때문에 종교가 인간을 더 굳게 장악했다. 특히 화려하고 의식주의적이고 감각적인 로마가톨릭교회는 종교적 상상력과 정서에 자유를 부여했다.

1773년에 클레멘트 14세가 해산한 예수회는 1814년에 교황 피우스 7세의 교서에 의해 다시 조직을 갖추었다. 그들은 즉시 교육선교 활동을 시작했다. 그들은 과거와는 달리 국가의 정치 활동에 그리 개입하지 않았다.

1829년에 오코넬(Daniel O'Connell)의 업적인 가톨릭교도 해방령(Catholic Emancipation Act)으로 영국 내에서 로마가톨릭교도들이 투표나 공직을 맡는 것을 금했던 정치적 조처가 해제되었다. 1869년에 글래드스턴(Gladstone)은 성공회가 아일랜드의 국교가 아니라고 선포했으며, 그리하여 아일랜드 국민은 성공회를 지원하기 위한 십일조를 내지 않고 자발적으로 가톨릭 성직자들을 지원할 수 있게 되었다. 19세기 중엽에 프로이센, 프랑스, 오스트리아 등지에서 이와 유사한 제한 조처들이 제거되었다.

영국 국교회 안에서 발생한 옥스퍼드운동(Oxford movement)도 직접적으로든 간접적으로든 로마가톨릭교회에 도움을 주었다. 1845년에 이 운동의 지도자인 헨리 에드워드 매닝(Henry Edward Manning)과 존 헨리 뉴먼(John Henry Newman)이 로마가톨릭교회에 합류했고, 1862년에는 군인, 교수, 의원 등 약 625명의 저명인사와 거의 250명의 국교회 성직자들이 가톨릭교회로 귀의했다. 옥스퍼드 운동은 국교회의 고교회 진영에서 화체설, 수도원운동, 의식주의적 예배, 삶에서의 교회의 중요성에 대한 의식 등을 회복시킴으로써 간접적으로 로마교회를 도왔다. 고교회파에 속하는 많은 국교도가 가톨릭교회로 옮겨갔다.

피우스 9세(1792-1878)는 1846년부터 1878년까지 교황으로 재위했다. 그는 가톨릭교회를 강화하기 위해서 어떤 기회도 놓치지 않았다. 그는 1852년에 교회의 주교들과 상의한 후 "형용할 수 없는 하나님"(Ineffabilis Deus)이라는 회칙을 발표하여 성모의 무염시태 교리를 선포했다. 그 후 이것은 모든 신자

가 구원받기 위해서 받아들여야 하는 가톨릭교회의 교의로 간주되었다.[2]

이 일이 있은 직후 교황은 로마교회에 적대적인 것처럼 보인 그 시대의 민족주의와 정치적 자유주의에 관심을 두기 시작했고, 1864년에는 오류목록(Syllabus Errors)을 발표했다.[3] 그는 이 목록에서 범신론적 경향을 지닌 관념론이라는 새로운 철학, 종교적 관용, 정교분리, 사회주의, 성경협회들, 세속적인 학교 체계, 교황이 세속적 권력을 소유하지 못한다는 견해, 종교의식에 의하지 않은 결혼, 성경비평 등을 정죄했다. 그는 이러한 사상이 자신이 교황으로 있는 교회의 유익을 파괴한다고 여겼다. 그는 1863년에 *Quanto Cura*에 첨부된 *Quanto Conficiamur*에서 가톨릭교회 안에만 구원이 있다고 주장했다.

1870년에 바티칸공의회의 회칙에서 교황무오설을 선포한 것은 피우스의 업적의 절정이다. 그 선언은 1870년에 참석자 533명에 의해 승인되었다. 그 날 공의회에 100명 이상이 불참했고 2명이 반대했다. 밖에서 사납게 몰아치는 천둥 번개가 내부에 반영되지 못했다. 공의회가 받아들인 그 성명의 핵심은 세상 교회의 머리인 교황이 신앙이나 도덕과 관련하여 발언한 것은 모두 무오하며, 구원을 얻으려는 신자는 그것을 교의로 믿어야 한다는 것이었다.[4] 그 교리에 의하면 교황이 신앙과 도덕에 관한 최종 권위이므로, 교회 공의회가 필요 없게 되었다. 1871년에 요한 폰 될링거(Johann J. Von Döllinger, 1799-1890)가 이끄는 "구 가톨릭교"(Old Catholic Church)가 등장했다.

---

2) Henry Bettenson, *Documents of the Christian Church*, 2d ed. (New York: Oxford University Press, 1963), p. 271.

3) Ibid., pp. 272-72.

4) Ibid., pp. 273-75.

3. 교황의 권력에 대한 저항(1871-1914)

교황무오설의 선포와 정치적 권력의 상실은 시간적으로 큰 간격을 두고 벌어진 일이 아니다. 1870년에 무오설을 선포한 직후 교황권은 반교권적인 적대감을 경험하기 시작하여 여러 나라에서 권력을 상실하기 시작했다. 1870년에 루이 나폴레옹이 프랑스와 프로이센 사이의 전쟁 위협에 대처하기 위해서 교황권을 보호하고 있는 프랑스 수비대를 철수하자 이탈리아 군대가 로마를 장악했고, 교황권은 바티칸 건물 인접 지역을 제외한 세속 재산을 모두 상실했다. 그러나 이탈리아 정부가 1871년에 보장법(Law of Papal Guarantees)을 통해 관대한 제안을 했음에도 불구하고 교황은 새로운 이탈리아 민족 입헌군주국과 타협하려 하지 않았다. 이 법에 의하면 교황이 잃은 세속 재산에 대한 보상으로 매년 64만 5천 불을 영구히 지급하며 교황이 바티칸에 재산을 보유하는 것을 허락하고, 그 지역에서의 자치권, 그리고 국가가 개입하지 않을 것이 보장되었다. 교황은 이 타협안을 받아들이지 않았고, 가톨릭교도들이 이탈리아 정부의 관직을 맡거나 투표하는 것을 금지하는 명령을 발표하고, 스스로 바티칸에서의 연금 생활에 들어갔다. 후대의 교황은 1929년에 무솔리니 정부와의 협정으로 이 상태에서 벗어났다.

독일의 로마교회는 철혈재상 비스마르크(Bismarck) 때문에 어려움을 겪었다. 비스마르크는 로마가톨릭교회의 국제성이 1871년에 베르사유 궁전에서 선포한 독일 제국 국민의 통일에 방해가 된다고 여겼다. 그는 이 "검은 국제기구"(Black Internationale)가 사회주의의 붉은 국제기구(Red Internationale) 못지않게 독일 민족의 통일에 위협이 된다고 생각하여 문화투쟁을 벌였다. 1872년에 그는 예수회 수도사들을 추방했고, 1873년에는 5월 법(May Laws)을 통과시켰다. 이 법은 교육을 교회의 수중에서 빼앗고 중요한 통계를 국가가 통제하고 종교의식에 의하지 않은 신고 결혼을 명하고, 성직자들의 교육을 국가의 대학에서 하도록 했다. 비스마르크는 1073년에 하인리히 4세가 카노사에서 당한 치욕을 기억하면서 자신은 하인리히처럼 카노사로 가지 않을 것이라고 말했다. 그러나 그는 1870년대 말에 전쟁을 포기하고 가톨릭교도들에게 가한 규제 중 일부를 폐지해야 했다. 이는 사회주의와의 싸움에서 가톨릭교회가 소중한 협력자임을 발견했기 때문이었다.

이 시기에 프랑스에서 반교권적 감정이 가장 강했다. 1902년에는 수녀원과 수도원의 교육 활동이 법으로 금지되었다. 그러나 1905년에 프랑스 하원에서 정교분리법이 통과되면서 가장 심한 타격이 임했다. 이제 국가가 성직자들의 봉급을 지급하지 않으며, 교회의 재산을 국가가 인수하게 되었다. 성직자들은 종교적 목적으로 재산을 사용하기 위한 허가를 받기 위해 협회를 구성해야 했다. 국가는 특별한 형식의 신앙을 인정하지 않으려 했다. 그리하여 로마교회는 1801년의 정교 협약으로 획득했던 특권적 지위를 잃었다. 교황은 새 법을 탄핵했지만, 법은 그대로 시행되었다.

1878년부터 1903년까지 교황으로 재위한 레오 13세는 예수회 출신으로서 폭넓은 행정 경험을 가지고 있었다. 그는 민족국가들, 특히 비스마르크가 다스리는 독일의 권력에 반대하는 회칙을 발표했다. 그는 회칙 임모르탈레 데이(Immortale Dei, 1885)에서 교회와 국가는 모두 하나님에게서 비롯된 것이며 각기 하나님이 주신 기능을 지닌다고 주장했다. 그러나 그는 국가가 교회를 통제하려 하거나 검증되지 않은 주권을 주장함으로써 하나님의 권위를 인정하지 않는 것을 비난했다.

레오는 1891년에 레룸 노바룸(Rerum Navarum)을 발표하여 정치에서만 아니라 경제에서의 교회의 도덕적 권리를 주장했다. 그는 이 문서에서 국가는 사유재산을 자연적인 권리로 인정하며 계층의 합법적 존속을 인정해야 한다고 주장했다. 노동자들은 조합 안에서 협력할 권리가 있고, 국가는 노동자들에게 가해지는 불의를 완화하며 임금을 적정 수준으로 올려주기 위한 조처를 해야 한다. 그는 사회주의를 비판했는데, 글을 통해서 사회주의와 공산주의를 반대했었다. 피우스 11세는 쾨드라게시모 안노(Quadragesimo Anno, 1931)에서 같은 원리를 고쳐서 서술하고 변화된 조건에 순응했다. 요한 23세도 마뗄 엣 마지스뜨라(Mater et Magistra)에서 그것을 다시 확인하고 새롭게 진술했다.

신학에서 레오는 아에테르니 파트리스(Aeterni Patris, 1879)에서 가톨릭 학교와 신학교에서 아퀴나스의 신학을 공부해야 할 필요성을 강조했다. 그는 프로비덴티시무스 데우스(Providentissimus Deus, 1893)에서 성경무오설을 주장했다.

피우스 10세(1835-1914)는 1903년부터 교황으로 재위했다. 그는 온갖 형태의 자유주의를 대적하여 투쟁을 계속했다. 프랑스에서 성경공부를 지도한 교사 르와지(Alfred Loisy, 1857-1940)는 성경과 관련하여 성경 개론과 주석에서부터 역사적 연구로 진행하기를 원했다. 그는 특별 창조, 메시아에 관한 언급, 그리스도가 로마교회를 세우셨다는 주장 등에 직접 도전했다. 영국의 조지 티렐(George Tyrrell, 1861-1909)은 역사비평을 성경에 적용하려 했고, 성경에 진화론이 없다고 생각했다. 이 두 사람은 파문당했다. 교황은 『비통한 결과에 대해서』(Lamentabili Sane Exitu, 1907)와 파센디 도미니(Pascendi Domini, 1907)에서 근대주의 사상을 열거하고 정죄했다. 이 때문에 가톨릭교회 내에서 자유주의는 개신교 내에서만큼 문제가 되지 않았다.

1881년에 릴(Lille)에서 개최된 회의를 비롯한 일련의 회의 개최, 1959년에 루르드(Lourdes)에서 성모 마리아를 강조한 것, 그리고 포르투갈의 파티마 등지에서 마리아가 사람들에게 나타났다는 주장 등으로 말미암아 교회 안에 새로 열심의 물결이 밀려왔다. 예수성심축일을 지키는 것도 이러한 추이를 장려했다. 베네딕트회 수도사들은 예배의식을 강조했고, 몇 가지 성례를 위한 기도문을 모국어로 번역했다.

지금까지 1789년부터 1914년 사이에 유럽의 주요 국가에서 가톨릭교회가 처한 상황에 대해 언급했다. 1914년 이후 공산주의의 확장과 20세기에 발생한 두 차례의 세계대전으로 말미암은 무질서 때문에 로마가톨릭교회는 더 많은 어려움에 직면하게 되었다.

참고문헌

Althoz, Josef L. *The Churches in the Nineteenth Century*. Indianapolis: Bobbs-Merrill, 1967.

Butler, C. *The Vatican Council*. 2 vols. New York: Longmans, 1930.

Freemantle, Anne, ed. *The Papal Encyclicals in Their Context*. New York: Putnam, 1956.

___. ed. *The Social Teachings of the Church*. New York: New American Library of World Literature, 1963.

Ratte, John. *Three Modernists*. New York: Sheed & Ward, 1967.

Readon, Bernard M. G. *Roman Catholic Modernists*. Stanford: Stanford University Press, 1970.

Vidler, Alec R. *A Variety of Catholic Modernists*. Cambridge: Cambridge University Press, 1970.

___. *The Church in an Age of Revolution*. Harmondsworth, Middlesex: Penguin, 1961.

제35장
유럽과 대영제국의 종교와 개혁

1789년부터 1914년 사이에 북아메리카와 남아메리카에서 모국의 유익을 위해 식민지를 장악했던 제국주의의 중상주의가 아시아와 아프리카에서는 산업혁명에 따라 식민지를 모국에 필요한 원료 공급원이요 시장으로 여기는 제국주의로 대치되었다. 원주민을 개화시키고 개종시켜야 한다는 책임의식이 등장했다. 따라서 1815년부터 1914년까지는 위대한 선교의 세기였다. 13개 식민지를 잃은 것으로 말미암아 브리튼에서 식민지의 자치와 자유로 이어지는 운동이 발생했다. 영토와 경제에서만 아니라 종교적으로도 확장되었다.

19세기 영국의 종교 생활의 특징은 국교회와 비국교파 교회들 안에서 신앙부흥의 요인들이 실질적으로 표현된 것, 영국 국교회의 의식주의, 그리고 자유주의이다. 첫 번째 특징은 선교활동과 사회개혁을 육성한 운동을 이루어냈고, 두 번째 특징은 교회 안에 강력한 예배 중심의 운동을 만들어냈고, 마지막 특징은 모든 주요 교파들 안에 진보적 요소를 만들어냈다. 스코틀랜드 종교의 특징은 스코틀랜드 교회를 떠났던 다양한 집단들의 재결합이다. 아일랜드 교회의 특징은 세금으로 영국성공회를 지원하는 것과 자발적인 헌금에 의해 로마가톨릭교회를 지원하던 관행이 1869년에 국교인 성공회를 폐지함으로 말미암아 완화되었다는 것이다. 이와 비슷한 현상들이 대륙에서도

1. 영국의 종교생활

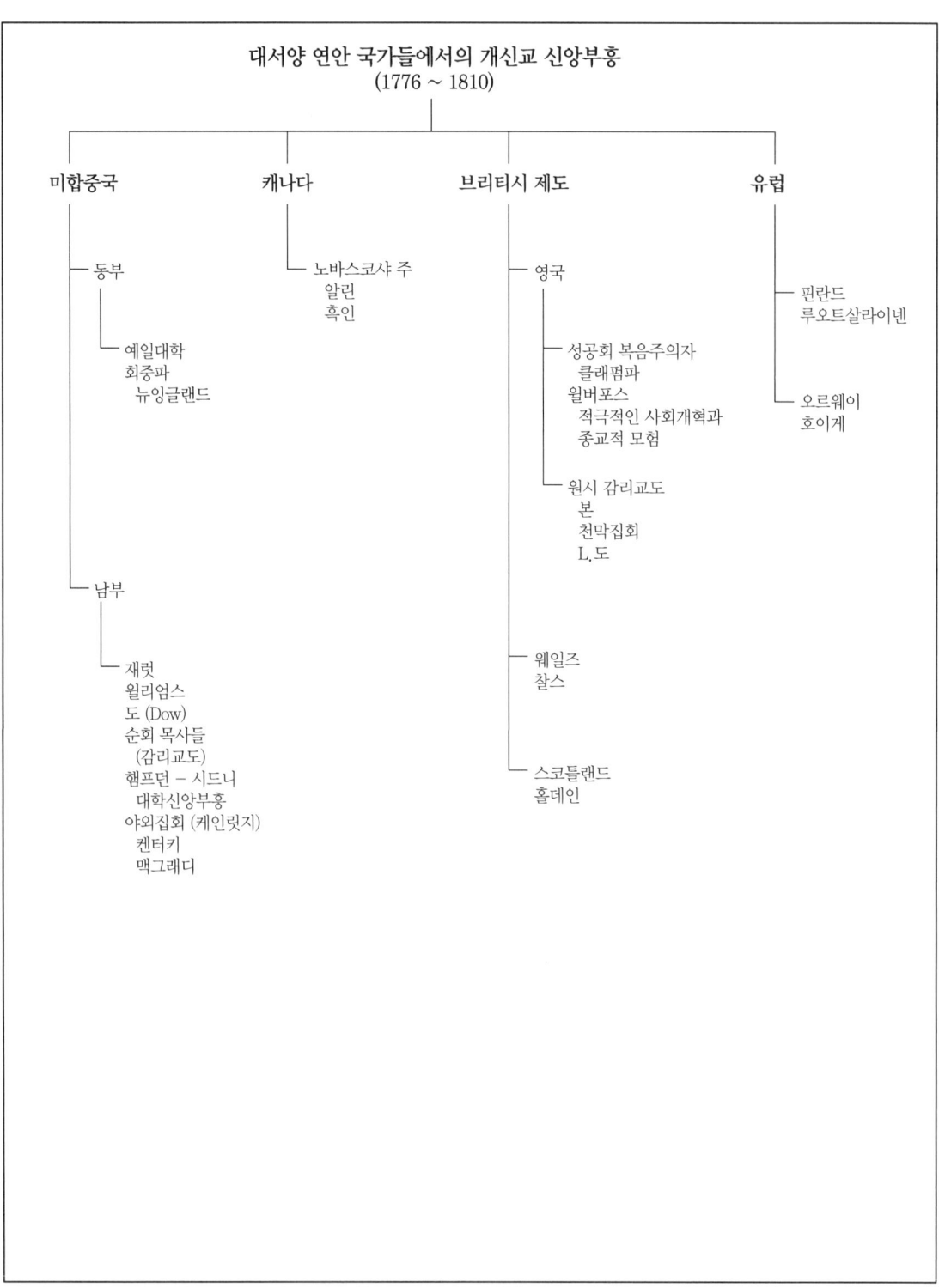

발생했다.

(1) 복음 전도자들

영국을 지배하던 왕당파는 영국에서 프랑스혁명과 유사한 혁명이 일어날 것을 두려워하게 되었다. 1790년부터 1820년까지 상승세를 타던 개혁이 정지되고, 1820년부터 1852년 사이에 종교적이고 인도주의적인 진보적 요인들이 협력하여 의회를 통해 많은 개혁을 이루어냈다. 웨슬리의 신앙부흥과 그 이후의 복음주의적 신앙부흥으로 형성된 종교적 요인들이 사회개혁과 선교를 향한 열심 등 실질적인 결실을 이루어냈다. 현대의 위대한 선교사학자 라토렛(Latourette)은 19세기를 위대한 선교의 시대라고 말했다. 개인적인 경건과 그리스도 및 성경에 대한 헌신이 고취되었다.

18세기 초에 있었던 웨슬리의 아르미니우스주의 신앙부흥은 영국의 노동자들과 농민들에게 개인적인 종교를 가져다주는 큰 영향력을 발휘했다. 그러나 18세기 말에 국교회 내의 상류층이 칼빈주의 신앙부흥의 영향을 받았다. 1790년부터 1830년까지 국교회 내에서 신앙부흥의 영향력이 감지되었다. 계몽주의의 경솔한 생활이 사라지고 개인적 경건과 그리스도에 대한 믿음과 박애주의적이고 사회적인 활동이 나타났다.

초기 복음주의자들은 영국 전역에 산재해 있는 교구에서 교구목사로 봉사했다. 그런 사람 중 하나가 존 뉴턴(John Newton, 1725-1807)이다. 그는 노예상인 소유의 노예로 전락했던 젊은 불신자였다. 그는 회심하고 교육을 받은 후 목회자로 임명되었다. 1764년에 올니(Olney)에서 목사로 사역한 그는 곧 영적 지도자로 인정되었고, 올니 외부의 많은 사람도 그에게 도움을 구했다. 그는 "나 같은 죄인 살리신", "귀하신 주의 이름은" 등의 찬송을 작곡했다. 수줍고 예민하고 병약했던 윌리엄 쿠퍼(William Cowper, 1731-1800)는 "샘물과 같은 보혈은"을 비롯한 많은 찬송을 지었다. 뉴턴의 후계자인 토마스 스콧

1) 영국 국교회

유럽의 제2차 대각성(1776~1810)

- FINLAND (Ruotsalainen)
- NORWAY
  - BERGEN (Hauge)
  - OSLO
- SCOTLAND STIRLING (Haldanes)
- IRELAND DUBLIN (Dow)
- WALES BALA (Charles)
- MOW COP (Bourne)
- ENGLAND (Dow)
- CAMBRIDGE (Simeon, Milner)
- LONDON (Evangelical Laymen, Clapham Sect)

(Thomas Scott, 1747-1821)은 복음주의자들이 널리 사용한 성경주석을 저술했다.

복음 전도운동을 이끈 학구적 지도자는 밀너(Issac Milner, 1750-1820)와 찰스 시므온(Charles Simeon, 1759-1836)이다. 시므온은 케임브리지 대학을 복음주의의 중심지로 만들었고, 그 집단의 사역과 삶을 이끄는 지침인 칼빈주의 신학을 만들었다.

클래펌(Clapham)의 부유한 사람들로 구성된 클래펌파는 경건한 교구목사 벤(John Venn, 1759-1813)의 지도로 1792년부터 1813년까지 사회개혁을 이끈 많은 평신도를 배출했다. 이 평신도 집단은 종종 손톤(Henry Thornton, 1760-1815)의 자료실에서 모임을 했다. 부유한 은행가인 손톤은 매년 수입 중 막대한 금액을 자선사업에 내놓았다. 동인도회사의 회장인 그랜트(Charles Grant), 노예 해방을 위해 싸운 윌버포스(William Wilberforce), 식민지의 선교사들을 도와준 관리의 부친인 스테픈(James Stephen) 등 많은 중요한 복음 전도자들이 런던에서 5km 거리에 있는 이 상류층 마을에서 살았다. 그들은 1787년에 해방된 노예들이 정착할 개인 식민지로서 시에라리온을 세우고 정부가 책임을 질 수 있을 때까지 지원했다. 후일 미국의 복음주의자들이 미국 내의 해방 노예들을 위해 라이베리아를 세웠다.

복음주의는 엑서터 홀(Exeter Hall) 집단을 통해서 정부에 영향력을 발휘했다. 런던의 엑서터 홀은 대부분의 선교회가 연례 회의를 개회하는 건물이었다. 이 모임들이 복음주의적 여론에 영향을 주었기 때문에 종종 정부는 선교사들의 이해와 관련된 일이 있을 때 우호적으로 행동하곤 했다.

존 필립(John Philip, 1775-1851)은 1819년부터 죽을 때까지 남아프리카에서 회중파 선교 사역의 감독으로 봉사한 유능한 사람이다. 그는 엑서터 홀의 영향력을 사용하여 케이프 콜로니(Cape Colony, 희망봉의 옛 명칭)의 호텐토트족을 착취하지 못하게 규제할 수 있었다. 엑서터 홀의 영향력이 백인 정착민들이나 상인들이 원주민을 착취하고 학대하는 것을 방지하는 데 발휘되었다.

복음 전도자들은 정치와 교리에는 관심이 없었고, 성경공부와 기도에서 영감을 얻는 경건한 생활로 기독교 신앙을 표현하는 데 관심을 두었다. 널리 읽히고 있는 윌버포스의 책 『실질적 견해』(Practical View, 1797)는 중생의 유일한 요인인 대속, 이신칭의, 성령의 조명 아래 이루어지는 성경 읽기, 사회에 대한 진정한 봉사라는 결과를 낳은 실질적 경건 등에 대한 복음주의적 관심을 표현한다.

애덤 스미스(Adam Smith)의 추종자들, 그리고 제러미 벤담(Jeremy Bentham)과 존 스튜어트 밀(John Stuart Mill)의 저서에서 영감을 얻으려 한 진보적 철학자들이 정치개혁을 촉진했다. 그들은 이성적인 인간 개성의 권위를 믿었다. 그러나 복음 전도자들은 인간이 영적 존재로서 잠재적 혹은 실질적인 하나님의 아들이라고 믿었기 때문에 사회개혁을 촉진했다. 1787년부터 1850년까지의 대부분의 사회개혁은 복음 전도자들이 가난한 사람들을 위해 노력한 결과였다.

윌리엄 윌버포스(William Wilberforce)는 피트(Pitt)를 비롯한 유명한 사람들과 사귀면서 방탕하게 생활하다가 1784년에 아이작 밀너로 말미암아 회심했다. 그 후 그는 대영제국 내에서의 노예제도 폐지를 위해 헌신했다. 1772년에 영국 내에서 노예 소유를 금지하는 법원의 판결이 이루어졌다. 1807년에 의회는 영국인의 노예매매를 금지하는 법을 통과시켰다. 1815년에 빈 의회에 파견된 영국 사절의 노력으로 말미암아 복음주의적 여론이 형성되어 대부분의 유럽 국가에서 노예매매를 금지하게 되었다. 이 때문에 영국인 납세자들은 큰 대가를 치러야 했다. 왜냐하면, 스페인과 포르투갈은 영국으로부터 70만 파운드를 제공하겠다는 약속을 받고 동의했기 때문이다. 1833년 윌버포스가 죽기 직전에 법이 통과됨으로써 영국에서의 노예 소유가 종식되었다. 그 법은 70만 명에 달하는 노예들을 해방하는 주인들에 대한 보상금으로 약

윌리엄 윌버포스. 대영제국에서 노예제도를 종식시키는 데 헌신한 복음 전도자이다. 그가 죽기 직전인 1833년에 하원에서 노예제도 폐지법이 통과되었다.

1억 불을 보장했다. 윌버포스와 의회 내 복음주의적 친구들의 노력이 없었다면 이 일은 성취될 수 없었을 것이다. 윌버포스는 1797년에 『실질적 견해』(Practical View)를 출판했다. 그것은 정치와 개혁에 성경적 원리를 적용하라는 호소로서 여러 나라 언어로 여러 판 인쇄되었다.

제2세대 복음 전도자로 새프츠베리 경(Lord Shaftsbury, 1801-85)을 들 수 있다. 그는 사회주의자인 어머니와 술주정뱅이 정치가의 아들이었다. 유모 덕분에 그리스도를 믿게 된 그는 14세 때 가난한 사람들과 학대받는 사람들을 위해 자신을 헌신했다. 그는 하원에 개혁법 제정을 요청하여 보장을 받기 위해 자료들을 세심하게 정리해 두었다. 그는 보상을 받지 않고 자기 일을 행하기 위해서 고위직도 거절했다. 물론 그가 소속된 위원회의 다른 사람들은 의회로부터 급여를 받았다. 1840년에 16세 이하의 소년들에게 굴뚝 청소처럼 힘들고 위험한 일을 맡기지 못하게 하는 법을 통과시켰다. 1842년에는 여인들과 10세 미만의 소년들이 탄광에서 일하는 것을 금지하는 법을 통과시켰다. 그의 노력으로 1845년에 베드럼(Bedlam)과 같은 수용소의 정신이상자들을 보호하는 법이 제정되었다. 베드럼 수용소에서는 사람들에게서 돈을 받고 정신이상자의 행동을 구경시키는 것이 관례가 되어 있었다. 그가 유익한 법을 제정하게 하는 데 성공함으로써 부도덕함이 가득한 숙박업소들이 붐비던 것은 과거의 일이 되었다.

역시 복음주의자인 존 하워드(John Howard, 1726-90)는 비국교도로서 웨슬리의 신앙부흥에 감화를 받아 자신의 삶과 재산을 바쳐 교도소 개량에 헌신했다. 그는 1790년에 교도소를 시찰하다가 티푸스에 걸려 죽을 때까지 8만 킬로미터를 여행하면서 교도소 개량을 위해 사재 3만 파운드를 사용했다. 그의 노력으로 교도관들이 월급을 받고 음식을 준비할 예산이 마련되었

새프츠베리 백작은 14살 때 빈민 봉사에 헌신하기로 결심했다. 그는 유모 때문에 기독교로 개종했다.

으므로, 그들은 교도소 유지를 위해 죄수들에게 돈을 강요할 필요가 없어졌다. 사회에 대해 범한 죄의 형벌이 아닌 교정책으로서 징역형이 강조되었다. 1883년에 영국에서 노예 해방을 주도한 벅스턴(T. F. Buxton)의 처제인 엘리자베스 프라이(Elizabeth Gurney Fry, 1780-1845)가 이 사역을 계속했다.

유명한 드라마 작가 한나 모어(Hannah More, 1745-1833)가 시작했고 1780년에 로버트 레이크스(Robert Raikes, 1735-1811)가 어린이들의 종교교육과 기본적인 읽기, 쓰기, 간단한 산수 등을 교육하기 위해 대중화한 주일학교운동을 복음 전도자들이 채택했고, 국교회도 그것을 도입했다. 1799년에 설립된 Religious Tract Society와 1804년에 클래펌파의 틴머스 경(Lord Teignmouth)을 초대 회장으로 설립된 영국해외성경협회(British and Foreign Bible Society)는 인쇄물을 통해서 복음을 전파하는 데 대한 복음주의자들의 관심이 실질적으로 표현된 것이다. 1813년에 러시아에, 1807년에 캐나다에, 1816년에 미합중

국에 성경협회가 설립되었다. 미합중국에서는 1946년에 성경협회들의 사역을 조정하기 위한 성경협회가 조직되었다. 복음주의자들은 그 시대의 강력한 선교운동 지지자였다.

(2) 광교회운동(Broad Church Movement)

복음주의자들은 신앙부흥의 영적 영향력을 대변하고 옥스퍼드운동은 의식 분야를 대변한다고 보면, 광교회운동은 영국 국교회 내의 사회적이고 진보적인 요소를 대변한다고 할 수 있다. 광교회운동은 1830년에 시작되었고, 19세기 내내 추종자들이 생겨났다. 이 진보적 경향의 광교회파는 시인이요 설교자인 콜리지(Samuel Taylor Coleridge)가 옥스퍼드에 소개한 칸트의 관념론의 영향을 받았다. 그들은 하나님에 대한 직관적 의식과 하나님의 아들로 간주되는 그리스도가 인간 안에 내재한다고 강조했다. 아담의 타락과 대속은 축소되거나 무시되었다.

프레데릭 모리스(Frederick D. Maurice, 1805-72)와 성직자요 소설가인 찰스 킹슬리(Charles Kingsley, 1819-75)가 이끈 광교회운동의 일파는 기독교 사회주의 집단을 세웠다. 그들은 사람들에게 정치적 민주주의 및 경제적, 사회적 민주주의를 제공해줄 사회적 입법조처로 세상에 하나님 나라를 이룩하려 했다.

또 다른 파는 존 콜렌소(John W. Colenso, 1814-83) 주교의 사상과 비슷한 사상을 주장했다. 콜렌소는 1862년에 어느 원주민이 제기한 질문에 만족하게 대답해주지 못하면서 오경의 저자가 모세인지 의심하게 되었다. 케이프타운의 감독에 의해 면직된 콜렌소는 후일 그보다 더 고위 성직자에 의해 복직되었다. 소년들을 위한 럭비(Rugby) 사립학교 교장이었던 토마스 아놀드(Thomas Arnold, 1795-1842)와 세인트 폴 학교 학장이었던 헨리 밀먼(Henry Milman, 1791-1868)도 콜렌소와 같은 집단에 속해 있었다. 그 집단은 독일 성경비평가들의 이론을 채택했다. 이처럼 광교회의 두 진영은 신학에서의 자유주의와 사회복음을 육성했다.

(3) 옥스퍼드운동(Oxford Movement)

옥스퍼드 대학과 관련된 옥스퍼드운동(1833-45)은 개인의 신앙생활에서 교회 의식의 중요성을 강조했다. 1833년에 그 운동의 지도자들은 『시론』(Tracts for the Times)이라는 잡지를 출판하기 시작했다. 그들은 이 잡지에서 사도 전승(apostolic succession), 세례에 의한 중생, 예배에서 의식의 중요성 등에 대한 관심을 불러일으켰다. 많은 국교회 성직자들이 그들의 사상을 받아들였다.

그 운동은 부분적으로는 국가가 교회를 지배하는 데 대한 항의였다. 1828년과 1829년에 의회의 법에 따라 비국교도들과 가톨릭교도들에게 종교의 자유를 부여한 것과 1832년에 중산층에게 참정권을 부여한 것 때문에 많은 성직자는 장차 국교를 반대하는 세력이 지배하는 의회가 국교회를 폐지하게 될까 염려했다. 과거 고딕 시대의 영화를 강조하며 예배에서 심미적 감정을 자극할 아름다운 의식을 사랑하는 낭만주의 운동은 그 운동이 주창하는 의식주의에 기여했다. 사람들은 의식과 복장의 역사에 관심을 두게 되었고, 과거의 화려한 예배를 회복시키려 했다.

영국국교회 내에 있는 이러한 세력들을 상징하는 그 집단은 옥스퍼드운동, 고교회 운동, 앵글로-가톨릭 운동, 그 지도자 중 하나인 에드워드 퓨지(Edward Pusey)의 이름을 따서 퓨지 운동, 또는 『시론』(Tracts for the Times)이라는 잡지 때문에 트랙트 운동(Tractarian Movement) 등 다양한 이름으로 불려왔다.

존 헨리 뉴먼(John Henry Newman, 1801-90)은 1833년에 처음으로 『시론』(Tracts for the Times)을 발행한 후 옥스퍼드파의 지도자가 되었다. 런던의 은행가의 아들인 뉴먼은 칼빈주의 교리 아래 성장했고, 옥스퍼드운동에 참여하기 전에 한동안 옥스퍼드 대학에서 자유주의에 심취한 적도 있었다. 그는 "내갈 길 멀고 밤은 깊은데"라는 찬송을 지은 것으로 알려져 있는데, 1845년에 가톨릭으로 개종하기 전까지 옥스퍼드운동의 실질적 지도자였다. 그는 『시론』을 20회 이상 집필했다. 그중 마지막 잡지인 90호(Number Ninety)는 39개 신조와 기도서에 대한 논평으로 구성되어 있다. 뉴먼은 이 논문에서 이 문서들이 로마가톨릭교회를 반대하는 것이 아니라고 주장했으며, 다만 로마교회 내의 악습들을 정죄했다. 그는 공동기도서와 39개 신조가 영국 국교회와 가톨릭교회의 연속성을 보여준다고 생각했다. 1845년 이후 그의 친구인 헨리 에드워드 매닝(Henry Edward Manning), 그리고 옥스퍼드와 케임브리지의 신학 지도자들과 목회자들 250명을 포함하여 약 875명이 그와 함께 로마가톨릭 신앙으로 개종했다. 뉴먼의 저서 『나의 생애를 위한 변론』(Apologia Pro Sua Vita, 1864)은 그의 생애와 업적을 기록한 자서전적인 글이다. 그는 말년에 가톨릭교회의 추기경이 되었다. 그는 사상의 기초를 교부들에 두었고, 사도직 승계, 미사에 그리스도가 실제로 현존하신다는 것, 그리고 세례에 의한 중생을 받아들였다.

뉴먼이 가톨릭교회로 개종한 후 옥스퍼드 대학의 히브리어 교수인 에드워드 퓨지(1800-82)가 그 운동의 지도자가 되어 죽을 때까지 일했다. 옥스퍼드운동에 참여한 사람들은 교회의 영적 본질, 그리고 국가의 지배로부터의 해방을 주장했다. 그들은 애매한 집단으로서의 교회와 교회 내의 방탕한 개인주의 사이에서 중도적 주장을 계발하려 했다. 그들은 성찬의 떡과 포도주 안에 그리스도가 실제로 현존하신다는 것과 세례에 의한 중생을 강조했다. 그들은 칭의의 중요한 요인으로 성례를 중시한다는 점에서 가톨릭교회에 매우 근접했다.

이 운동의 참여자들은 십자가와 등불 사용을 옹호함으로써 교회의 예배에서 화려한 의식의 중요성을 다시 강조했다. 고딕식 건물도 예배에 도움이 된다고 생각했다. 이 집단의 금욕적인 경향은 금욕적 예배와 봉사 생활을 추구하려 하는 남성들과 여성들을 위한 수도원 건립으로 표현되었다. "Cowley Fathers"는 남성들을 위한 그러한 기구 중 하나이다.

그 운동은 미사의 성례적 본질과 사도직 승계를 강조함으로써 국교회와 비국교회의 틈을 더욱 벌어지게 했다. 또 그것은 영국 국교회 내에 복음주의자들과 사이가 좋지 않은 새로운 파를 만들어냈다. 그러나 그 운동을 시작한 사람들이 가난한 사람들과 신자가 아닌 사람들에게 제공한 봉사를 인정해야 한다. 그 운동은 많은 사람에게 로마가톨릭 신앙과 강력한 복음주의 신앙 사이의 절충안을 제공했고, 국교도들에게 보편적인 기독교 유산을 상기시켜 주었다.

2) 비국교도들의 신앙생활

앞에서 언급한 세 가지 운동이 국교회를 동요시키고 활력을 주는 동안 독립교회들 사이에서 새로운 현상이 발달하기 시작했다. 구세군은 감리교 목사인 윌리엄 부스(William Booth, 1829-1912)가 야외 복음 전도와 사회사업에 의해 사람들을 회심시키기 위해 시작한 것이다. 그 조직에 구세군이라는 명칭이 붙었다. 1878년에 부스는 성직정치 기구와 제복을 갖추고 군사적인 방침으로 조직했다. 현재 그 조직은 세계적인 것이 되었다.

원래 변호사였던 존 다비(John N. Darby, 1800-82)는 아일랜드 교회의 목사가 되었다. 그는 1831년에 더블린에 형제단(Brethren)을 조직했다. 그 형제단은 만인제사장설과 성령의 직접적인 인도하심을 강조하며 성직 임명에 의한 목회사역을 받아들이지 않았다. 그들은 성경을 열심히 공부했고, 자기들의 삶에서 실질적인 경건을 나타냈다. 브리스톨에 대규모 보육원을 세운 조지 뮐러(George Muller, 1805-98)와 본문비평을 연구한 위대한 학자 트레겔레스(Samuel Tregelles, 1813-75)가 이 집단 소속이었다. 초기에 플리머스가 이 집단의 중심지였기 때문에 플리머스 형제단(Plymouth Brethren)이라는 명칭이 주어졌다. 또 다른 회원 토마스 바나도(Thomas J. Barnardo, 1845-1905)는 1870년 이후 소년들

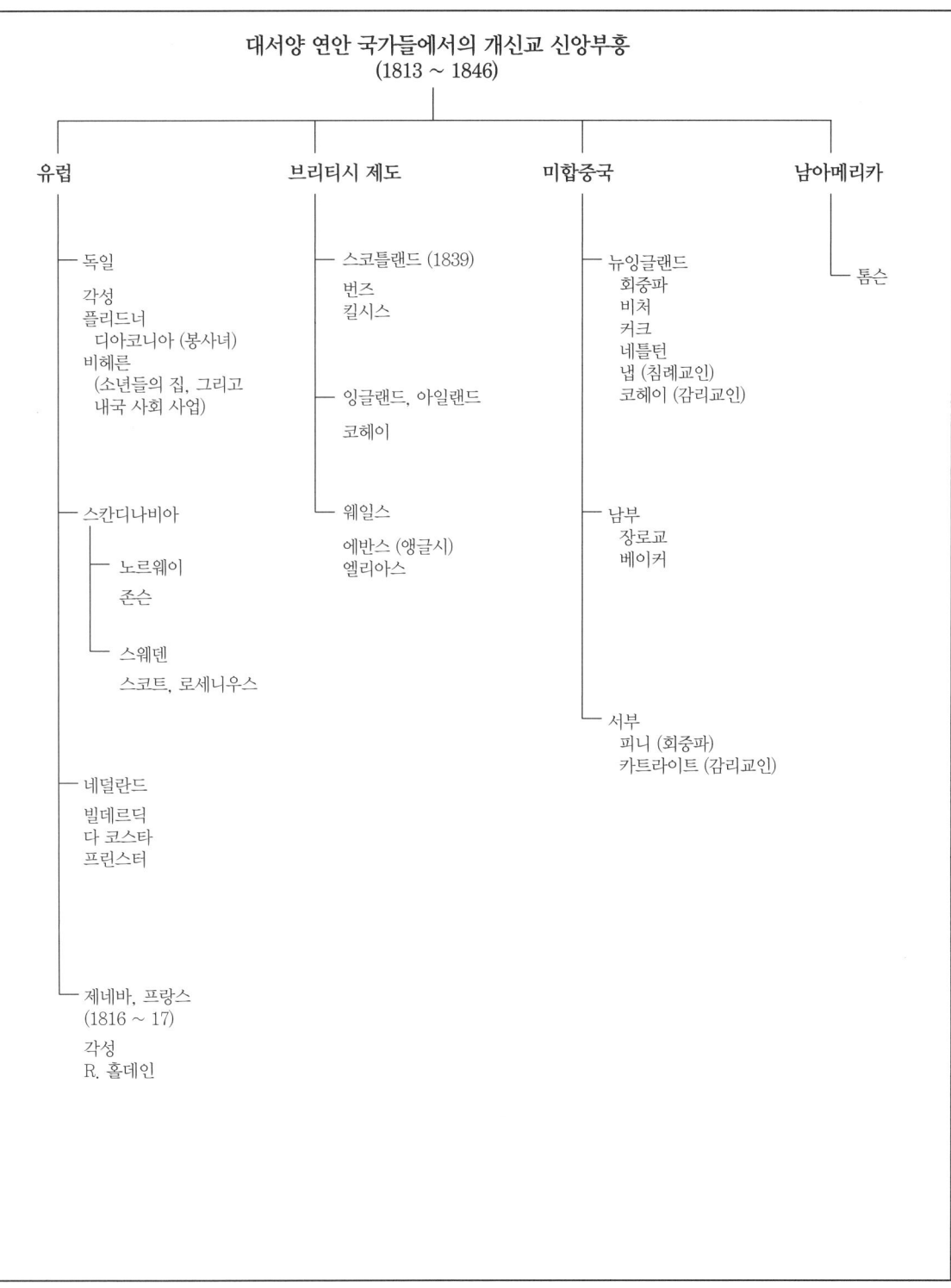

을 위해 많은 보육원을 세웠다.

스코틀랜드 장로교회의 목사인 에드워드 어빙(Edward Irving, 1792-1834)은 사도시대에서처럼 성령의 은사를 받아야 한다고 생각했다. 그의 추종자들은 방언과 그리스도의 임박한 재림을 강조했다. 1842년에 조직된 가톨릭사도교회(Catholic Apostolic Church)에 많은 사람이 합류했다.

1800년대 중반의 탁월한 설교자인 찰스 H. 스펄전

1844년에 조지 윌리엄스(George Williams, 1821-1905)가 도시 청년들의 사회생활, 훈련, 기독교적 환경에서의 생활 등의 욕구를 충족시키기 위해 기독교청년회(Young Men's Christian Association)를 설립했다. 이 기구는 1851년에 미합중국에 등장했다. 1855년에 비슷한 목적으로 자매기구인 기독교여자청년회(Young Women's Christian Association)가 설립되었다.

찰스 스펄전(Charles H. Spurgeon, 1843-92)은 19세기 중엽 영국의 중요한 설교자가 되었다. 갈수록 많은 사람이 몰려들었기 때문에 더 큰 교회로 옮겨야 했으며, 1861년에는 메트로폴리탄 타버너클(Metropolitan Tabernacle)로 옮겼다. 3만1천 파운드를 들여 지은 이 교회는 4천700명을 수용할 수 있었다. 1891년에 그의 교회에는 거의 만 5천 명이 모였다. 그는 목회자 대학(Pastor's College)을 설립했는데, 그가 사망할 즈음 이 대학에서 약 900명의 설교자를 교육했다.

매년 여름에 개최된 케직 사경회(Keswick victorious-life meeting)는 1875년에 캐

대서양 연안의 개신교 신앙부흥(1813~1846)

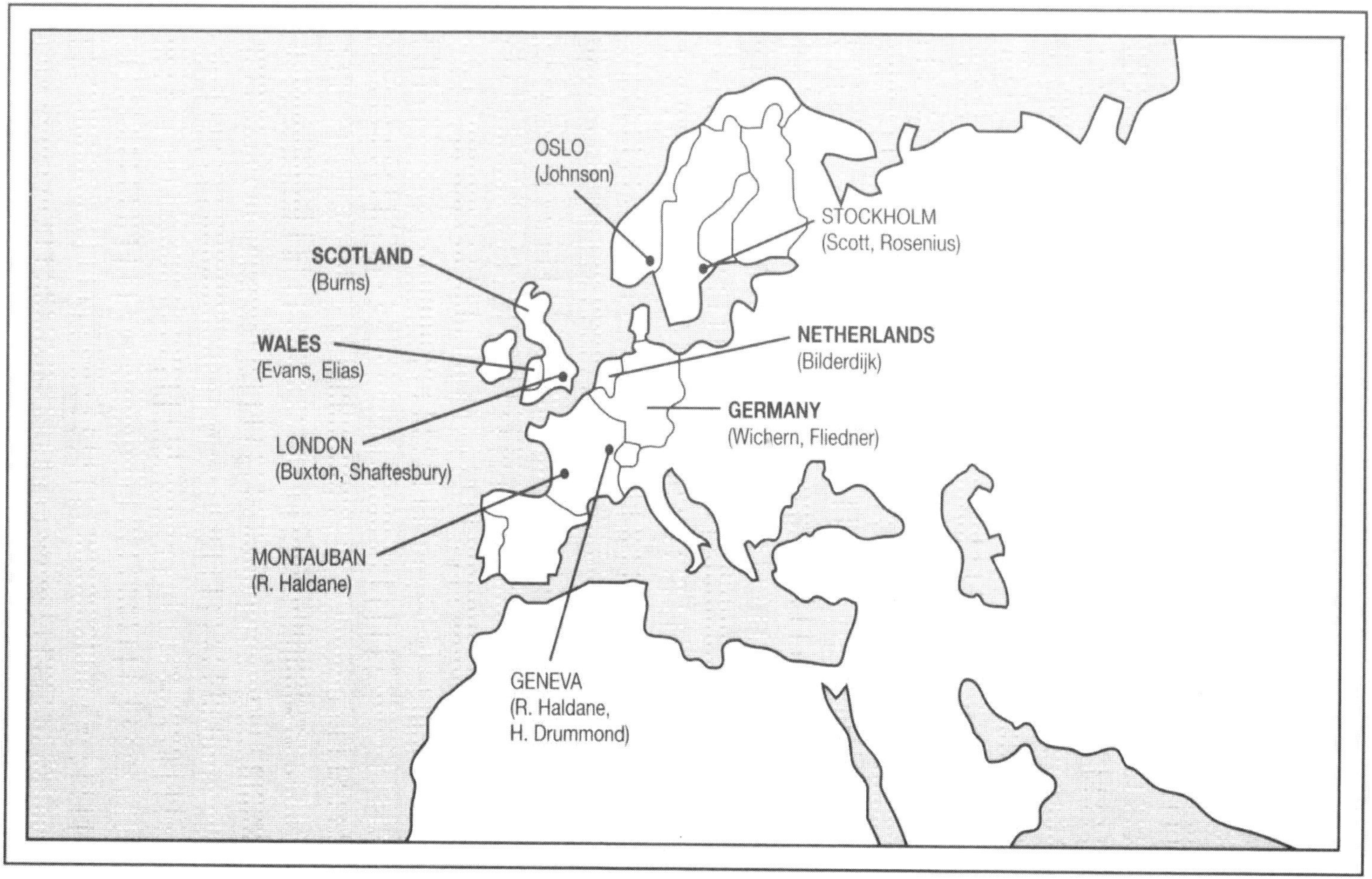

- STOCKHOLM (Scott, Rosenius)
- NETHERLANDS (Bilderdijk)
- GERMANY (Wichern, Fliedner)
- OSLO (Johnson)
- GENEVA (R. Haldane, H. Drummond)
- SCOTLAND (Burns)
- WALES (Evans, Elias)
- LONDON (Buxton, Shaftesbury)
- MONTAUBAN (R. Haldane)

논 하트포드-배터스비(Canon T. D. Hartford-Battersby)의 지도로 시작되었다. 이 사경회는 모든 교파의 신자들을 대상으로 했다. 설교는 신자가 죄를 물리치고 승리의 생활을 할 수 있게 해주는 즉각적이고 점진적인 성화를 강조했다. 케직 유형의 사경회는 미국과 캐나다의 여러 중심지로 전파되었다.

1857년과 1858년에 미국에서 평신도 기도부흥과 관련하여 발생한 신앙부흥이 1859년에 영국을 휩쓸어 교회를 부흥시키고 사회개혁을 촉진했다. 이 국제적인 평신도 기도부흥운동은 1857년 9월 23일에 뉴욕에서 제레미 람피어(Jeremy Lampier)의 정오집회와 더불어 시작되었다. 미합중국과 영국제도에서 백만 명 이상이 구원받았다.

1904년과 1905년에 로퍼(Loughor)라는 탄광마을에서 에반 로버츠(Evan Roberts, 1878-1951)의 사역으로 시작된 웨일스의 신앙부흥은 세계적인 각성의 선구적 역할을 했다. 1857년과 1859년의 신앙부흥운동들과 1905년부터 1907년까지 지속된 신앙부흥운동에 대해서는 이미 언급했으며, 그 운동들의 사회적 영향은 에드윈 오르(Edwin Orr)의 저서에 기록되어 있다. 1907년에 발생한 한국의 신앙부흥도 웨일스의 신앙부흥과 관련된 주요한 각성이었다.

2. 영국 개신교 선교사들의 노력

종교개혁 시대의 개신교는 선교 사역을 그리 많이 행하지 않았다. 왜냐하면, 그들은 생존을 위한 투쟁과 조직을 다지는 데 몰두해 있었기 때문이다. 반면에 반종교개혁 시기에 가톨릭교회 내의 예수회를 비롯한 여러 교단이 위대한 선교 사역을 했다. 그러나 1792년에 윌리엄 캐리(William Carey)의 사역으로 시작된 여러 집단의 결합으로 말미암아 19세기에 위대한 선교 사역이 시작되었다. 그리하여 개신교 선교 역사에서 19세기는 "위대한 시대"라고 불린다. 20세기의 강조점은 교회의 재결합 또는 교회일치운동(Ecumenism)이다.

이러한 선교 열정은 경건주의자들과 감리교도들, 그리고 영국성공회의 복음주의자들 사이에서 일어난 신앙부흥운동의 결과였다. 신자들은 사람들을 회심하게 하여 자신이 경험한 것과 같은 종교적 체험을 하게 하려 했다. 네덜란드와 영국 등 개신교 국가가 절대 지배권을 확보함으로써 유럽인들은 다른 국가 국민의 영적 욕구에 대해 알게 되었다. 리빙스턴(Livingston), 그렌펠(Grenfell), 레프만(Rebmann)과 크라프(Krapf) 등 탐험선교사들은 아프리카 대륙 선교의 필요성과 범위를 전 세계에 알렸다. 개인과 하나님의 관계의 중요성을 강조하는 종교개혁의 관점이 그러한 사역을 향한 최종적인 동기를 제공했다. 국가가 아닌 개인이 대상이 되었다. 제2차 각성 이후 1792년부터 1830년까지 선교와 개혁을 지원하는 협회들이 영국과 북아메리카에 설립되었다.

인도에서는 1813년에 동인도회사가 선교사들을 받아들인 후에 선교 사역이 시작되었다. 중국은 1858년에 톈진 조약을 체결함으로써 선교사들을 받아들였고, 그 조약에 의해 제2차 아편전쟁이 종식되었다. 중국이 아편을 받아들이게 된 전쟁 때문에 선교 사역의 문을 열게 된 것은 역설적인 일이다.

1792년 이후 많은 선교회가 조직되었다. 여러 나라의 언어를 독학한 구두 수선공 윌리엄 캐리(William Carey, 1761-1834)가 품었던 이상이 결실을 보아 불과 13파운드 정도의 기금을 토대로 침례교선교회(Baptist Missionary Society)가 영국의 케터링(Kettering)에 설립되었다. 그가 1792년에 작성한 팸플릿이 영국의 침례교 및 다른 교회에 영향을 주어 선교사들을 파송하게 했다. 그는 세람푸르 대학(Serampore College)을 설립했다. 그는 교파를 초월하여 선교 사역에 협력하기 위해 1810년에 케이프타운에서 회의를 개최할 것을 제안했다. 캐리는 인도에 가서 생계를 위해 염색공장을 운영하다가 1800년에 덴마크령인 세람푸르로 옮겨갔다. 조지 그렌펠(George Grenfelll, 1848-1906)은 침례회가 배출한 위대한 탐험선교사였다. 1884년부터 1886년 사이에 콩고 강과 그 지류들을 탐험한 공로는 스탠리가 아닌 그렌펠에게 돌려야 한다.

대영제국의 확장과 선교(1648~1914)

캐리가 보낸 편지가 1795년에 회중파로 하여금 런던선교회(London Missionary Society)를 설립하게 했다. 존 필립(John Philip), 리빙스턴(Livingstone), 로버트 모파트(Robert Moffat), 그리고 보어인(네덜란드계 남아프리카공화국 사람) 식민지 개척자들이 원주민을 약탈하는 것을 막기 위해 영국 정부에 베추아날랜드(Bechuanaland) 합병을 권한 존 매켄지(John Mackenzie) 등은 이 선교회가 배출한 선교 정치가들이다.

1796년과 1797년에 스코틀랜드 장로교가 스코틀랜드 선교회(Scottish Missionary Society)와 글래스고 선교회(Glasgow Missionary Society)를 설립했다. 1799년에 복음주의자들이 교회선교회(Church Missionary Society)를 설립했다. 이 선교회의 위대한 선교사는 우간다에서 활동한 번역 선교사 필킹턴(Pilkingron, 1865-97), 우간다를 대영제국의 지배 아래 두게 했고 우간다가 얼마 동안 아프리카에서 가장 훌륭한 나라가 되게 한 정책을 수립한 선교사 감독 조지 알프레드 터커(George Alfred Tucker, 1849-1914)가 있다. 감리교는 1817년에 웨슬리 선교회(Wesleyan Missionary Society)를 세웠다. 허드슨 테일러(J. Hudson Taylor, 1832-1905)는 1865년에 중국내륙선교회(China Inland Mission)를 설립했는데, 그 선교회는 중국 내 선교사들의 40%를 포용했다. 그밖에도 여러 선교회가 잇달아 유럽에 설립되었고, 세계 전 지역에 선교사들이 파송되었다.

윌리엄 캐리의 표어는 "하나님에게서 오는 큰일을 기대하고, 하나님을 위해 큰일을 하자"였다. 캐리는 인도에 가서 인도 백성들의 언어로 번역하는 일을 지휘했다. 1813년에 인도가 선교사들에게 문호를 개방한 후 헨리 마틴(Henry Martyn, 1781-1812) 등의 선교사들이 선교 사역을 시작했다. 마틴은 데이비드 브레이너드(David Brainard)의 자서전을 읽고 선교사가 되려는 마음을 품었다. 1810년에 최초의 미국선교회가 설립된 후 영국 선교사들은 미국 선교사들과 협력했다. 이 지역에서 많은 독신 여성들이 선교사가 되었다.

1800년에 여성들도 선교회를 조직했다. 에이미 카마이클(Amy Carmichael,

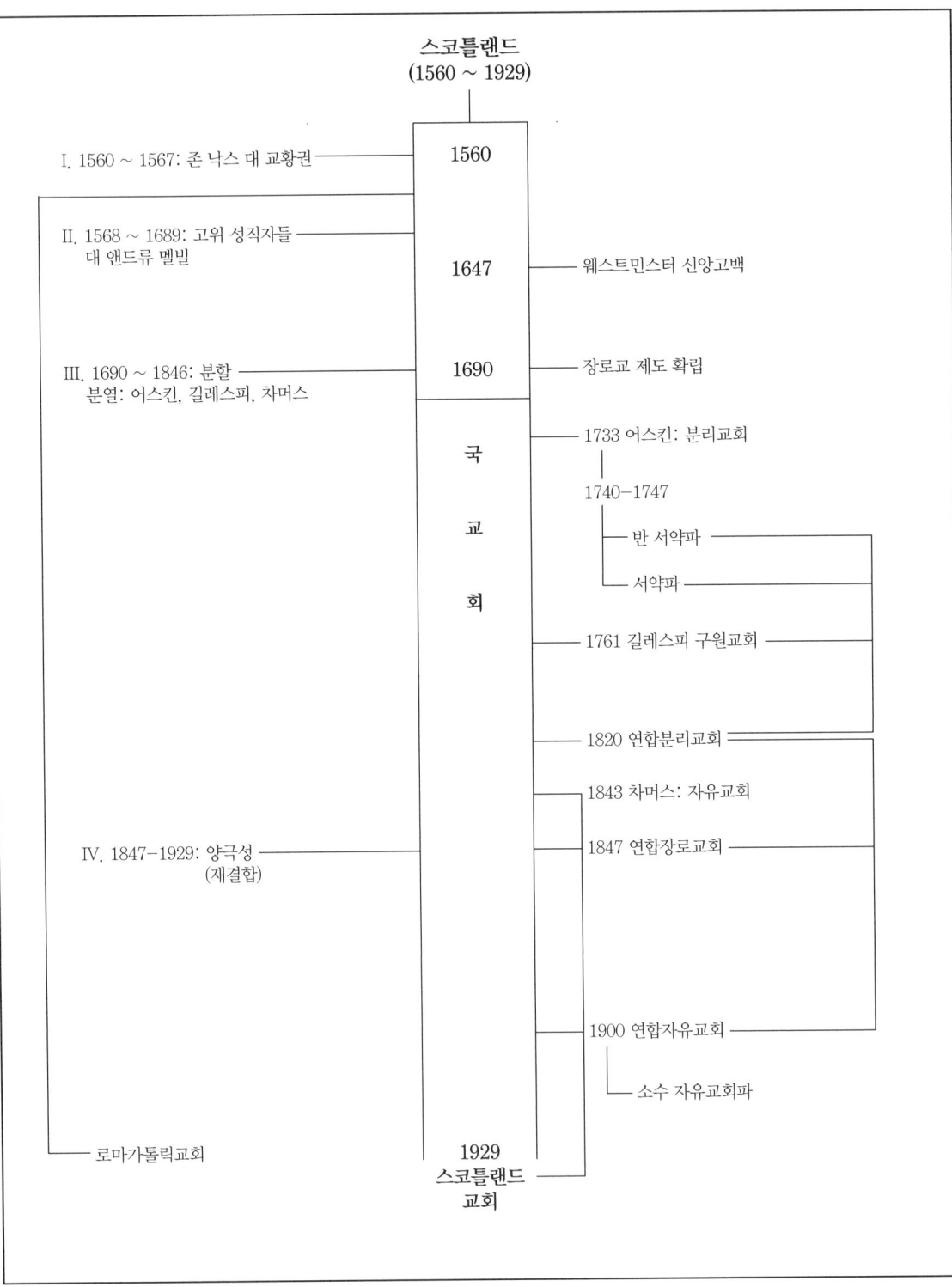

1867-1951)은 1895년에 인도로 갔고, 힌두교 사원에 창녀로 팔려가는 여아들을 구했다. 그녀는 인도 남부에 도나버 공동체(Dohnavur Fellowship)를 세웠다. 클라라 스웨인(Clara Swain)은 1870년에 인도에서 활동한 최초의 여자 의사였다. 아이다 스커더(Ida Scudder, 1870-1960)는 인도에서 부친의 의료 사역을 계속했고, 아프리카 벨로어(Vellore)에 의과대학을 세웠다. 메리 슬레서(Mary Slessor, 1848-1915)는 아프리카 오지 부족들 사이에서 약 40년 동안 살면서 선교에 성공했다. 그녀는 영국 영사로도 임명되었다.

선교사 부인들의 공적을 잊어서는 안 된다. 메리 리빙스턴은 남편 데이비드 리빙스턴과 떨어져서 여러 해 동안 영국에서 지내면서 남편이 중앙아프리카를 탐험하고 복음을 전하도록 도왔다. 앤 저드슨(Ann Judson, 1789-1826)은 남편의 성경 번역을 도왔고, 남편이 미얀마 정부에 의해 투옥되었을 때 그의 고통을 덜어주었다. 1900년에 북아메리카와 브리티시 제도에서 여성들이 활발하게 선교에 참여했다.

런던선교회는 모라비아 교도들을 따라 남아프리카에 가서 원주민 사회에서 사역했다. 물론 보어인 식민지 개척자들과 마찰을 겪었다. 존 필립(John Philip)은 원주민들에게 시민으로서의 자유를 주라고 영국 정부에 권하여 원주민의 권리를 보호했다. 로버트 모팻(1795-1883)은 성경을 남아프리카 주요 부족들의 언어로 번역했다. 데이비드 리빙스턴은 1841년부터 1873년까지 중앙아프리카에 대한 지리적 지식을 증가시켰고, 잠재적인 마을 선교 중심지들을 파괴하려는 아랍 노예상들과 싸웠다. 그의 목적은 선교 사역의 증진이었다. 스코틀랜드 장로교인들이 리빙스턴의 도전을 이어받아 중앙아프리카의 큰 호수 지역에서 사역했다. 복음적인 교회선교회가 우간다에 파송한 선교사들은 그곳에서 사역하다가 순교했다.

로버트 모리슨(Robert Morrison, 1782-1834)은 중국어를 공부했는데, 1858년 이후 선교사들이 중국에 접근하는 것이 허락된 후 곧 중국어 사전과 성경을 마련했다. 아도니람 저드슨(Adoniram Judson, 1788-1850)은 미얀마어 사전을 만들고 성경을 미얀마어로 번역했다. 호주의 새뮤얼 마스던(Samuel Marsden, 1764-1838)은 뉴질랜드의 마오리족에게 복음을 전했다. 뉴질랜드 마오리족이 백인 민주사회에 흡수된 것은 그와 선교사들의 공적이었다.

원주민들의 구원뿐만 아니라 문화적 업적에서 선교 사역의 결과는 엄청났다. 탐험 선교사들은 지리적 상태를 세상에 최초로 알려준 사람이기도 했다. 영국 왕립지리학회 명부에 많은 선교사의 이름이 탐험가로서의 업적 때문에 등록되어 있다. 그 밖에 알렉산더 매케이(Alexander Mackay)와 제임스 스튜어트(James Stuart)는 각기 우간다와 니아살랜드(말라위공화국의 옛 명칭)에서 최초의 도로를 건설했다. 선교사들은 남아프리카의 러브데일 같은 학구적 교육기관과 산업훈련학교를 개교했고, 새로운 곡식을 도입했으며, 원주민의 생활 수준 향상을 위해 교역을 촉진했다. 일부 선교사들은 영국 정부가 식민지 개척자들보다 원주민들의 이익을 더 보호해줄 것으로 생각하여 대영제국 확장에 앞장섰다. 모팻, 모리슨, 필킹턴, 캐리 등은 원주민에게 그들의 언어로 된 성경을 공급하기 위해 하나님이 사용하신 사람들이다. 어떤 면에서 선교 운동은 현대 교회일치운동의 선조라 할 수 있다. 이는 원주민들이 기독교인들의 분열상을 알지 못한 상태에서 많은 교파의 선교사들이 함께 일하기 시작했기 때문이다. 기독교는 세계적인 종교가 되었다.

이러한 발전에는 투쟁이 따랐다. 극동지방의 민족주의, 그리고 선교사들과 서방 제국주의의 연계로 말미암아 중국을 비롯한 여러 국가에서 문제가 야기되었다. 공산주의와 가톨릭교회는 종종 개신교의 선교 활동을 대적해왔다. 많은 선교사가 주장한 자유주의도 점차 큰 문제가 되고 있다. 이러한 장애에도 불구하고, 편견을 갖지 않은 역사가는 교회가 선교 사역을 위한 노력을 통해 세상에 기여한 큰 공적을 인정할 것이다.

3. 스코틀랜드 교회의 분열과 재통합

스코틀랜드 교회는 1567년에 로마의 지배에서 벗어난 후 채택한 칼빈주의 신학과 장로교 체제를 어떻게 유지할 것인지에 관한 문제에 직면했다. 1세기가 넘도록 스코틀랜드인들은 스튜어트 왕조의 왕들과 감독 체계를 강요하는 주교들에 반대해 왔다. 제임스 2세가 영국에서 도망치고, 윌리엄과 메리가 영국의 왕좌를 차지한 후 1690년에 장로교회가 스코틀랜드의 국교로 자리 잡았다.

1690년부터 1848년까지 스코틀랜드 교회는 성직서임권 문제로 분열되어 있었다. 성직서임권이란 왕이나 영주들이 회중을 돌볼 목회자 선출을 지시할 수 있다는 것을 의미했다. 성직서임권은 1712년에 영국 의회의 법에 따라 공식적인 것이 되었다. 스코틀랜드인들이 교회의 자유를 위해 싸우는 동안 많은 분열이 발생했다. 스코틀랜드 교회 총회는 회중이 목회자를 선택할 권리를 소유한다고 주장한 어스킨(Ebenezer Erskine, 1680-1754)을 해임했다. 1733년에 어스킨은 여러 사람과 함께 연합장로회(Associate Presbytery)를 구성했는데, 이것은 1740년에 분리교회(Secession Church)가 되었다. 이 교회는 1747년에 다시 둘로 분열했으나 1820년에 합병하여 연합분리교회(United Secession Church)가 되었다.

성직서임권 문제로 말미암아 1761년에 토마스 길레스피(Thomas Gillespie, 1708-74)가 구원교회(Relief Church)를 세웠다. 1847년에 구원교회와 연합분리교회가 성직서임을 반대한다는 공통점 때문에 통합하여 연합장로교회(United Presbyterian Church)가 되었다.

위대한 수학자요 설교자요 신학자인 토마스 차머스(Thomas Chalmers, 1780-1847)는 1843년에 회중의 목회자 선출권 문제, 그리고 스코틀랜드에서 복음주의 신앙부흥으로 촉진된 신앙부흥 정신의 성장 문제 때문에 일단의 무리를 이끌고 자유교회(Free Church)를 세웠다.

차머스가 주도한 신앙부흥 이전에 로버트 홀데인(Robert Haldane, 1764-1842)

과 제임스 홀데인(James Haldane, 1768-1851)이 이끈 신앙부흥이 있었다. 국교 목회자들의 삼 분의 일이 넘는 474명이 탈퇴했다. 자유교회는 공격적인 복음주의 선교단체가 되었다. 1868년에 이 교파에는 800개의 교회와 약 천 명의 성직자들이 소속되어 있었다. 1900년에 이 교회와 연합장로교회가 통합하여 연합자유교회(United Free Church)가 되었다. "Wee Fees"라는 소수 집단은 통합을 거부하고 계속 스코틀랜드 자유교회(Free Church of Scotland)로 존속했다. 1919년에 연합자유교회와 스코틀랜드 교회(Church of Scotland)가 통합하여 스코틀랜드 교회(Kirk of Scotland)가 되었다. 이는 1874년에 의회에서 성직서임을 폐지함으로 말미암아 분열의 주된 원인이었던 성직서임권 문제가 이미 오래전에 사라졌기 때문이었다. 오늘날 스코틀랜드 교회(Church of Scotland)가 스코틀랜드의 주요 교회이다.

자유주의도 스코틀랜드의 교회들이 직면한 문제였다. 1881년에 에버딘의 자유교회 대학의 교수직에서 해임된 윌리엄 로버트슨 스미스(William Robertson Smith)는 독일의 비평적 사상을 스코틀랜드에 전하고 자유주의를 일으킨 인물이다.

4. 아일랜드 교회

종교개혁 당시 아일랜드인들은 가톨릭교회 안에 남아있었고 영국인들은 개신교를 받아들였기 때문에 민족 간의 반목, 그리고 정복자에 대한 피정복민의 증오가 치열해졌다. 영국의 국왕이 된 제임스 1세가 북아일랜드에 스코틀랜드인들을 이주시킴으로써 분열이 심화하였다.

종교적 관점에서 볼 때 1689년부터 1914년 사이에 아일랜드에는 두 가지 중요한 사건이 있었다. 첫째 사건은 1710년부터 1760년 사이에 약 20만 명에 달하는 북아일랜드 스코틀랜드인들이 아메리카로 이주한 일이다. 그들이 미국 장로교회 운동의 중심이 되었다. 1840년대에 감자 흉작으로 백만 명 이상이 미합중국으로 이주했는데, 그들은 대부분 가톨릭 신자들이었다.

두 번째 중요한 사건은 1869년에 국교였던 성공회를 폐지한 것이다. 그 때까지 아일랜드인들은 성공회를 지원하기 위해 교회에 세금을 내야 했고, 자기들의 참 목회자로 받아들이고 있는 가톨릭 성직자들을 위해 자발적으로 기부금을 내야 했다. 1829년에 가톨릭교도 해방령에 의해서 그들에게 시민권이 주어졌다. 이 법 덕분에 가톨릭 신자들이 왕위, 아일랜드의 총독, 캔터베리 대주교 등의 지위를 제외한 모든 공직에 임명될 수 있게 되었다. 이러한 변화가 가톨릭교도들의 비통함을 완화하는 데 도움이 되었지만, 영국인들과 아일랜드인들 사이의 종교적 적대감은 20세기까지 지속하고 있다. 1859년의 얼스터(Ulster) 신앙부흥이 북아일랜드를 영적으로 쇄신해주었다.

5. 유럽 대륙의 교회

영국과 북아메리카의 각성운동에 비견할 수 있는 독일의 내국 선교(Inner Mission)와 프랑스어권인 서유럽에서의 각성(Reveil)은 1825년부터 1860년 사이에 발생했다. 로버트 홀데인(Robert Haldane)은 19세기 초에 신앙부흥의 불길을 스위스에 전파했다. 알렉산드르 비네(Alexandre Vinet, 1797-1847), 세자르 말랑(César Malan, 1787-1864), 프랑수아 가우센(Francis R. Gaussen, 1790-1863), 그리고 교회 사가인 메를 도비뉴(Merle D'Aubigne) 등의 지도자들은 스위스의 각성운동을 도왔다. 프레데릭과 모노(Adolphe Monod)는 프랑스의 지도자였다.

독일 국내 선교의 각성은 요한 비헤른(Johann H. Wichern, 1808-81)의 사역에서 시작되었다. 1848년에 복음 전도사역과 신앙부흥의 실질적인 사회적 결과를 증진하기 위해 구호선교회가 시작되었다. 비헤른은 1833년부터 보육원과 양로원과 수용소, 도시선교회, 그리고 죄수들이나 선원들을 위해 일할 기구들을 함부르크에서 시작했다. 1830년대에 테오돌 플리드너(Theodore Fliedner, 1800-64)가 카이제르베르트(Kaiserwerth)에서 교회 사회사업에 참여할 개신교 여집사단을 조직했다. 프린스터(Groen Van Prinster)는 네덜란드에서 그와 유사한 신앙부흥운동을 주도했다. 아브라함 카이퍼(Abraham Kuyper)의 영적 성장은 그의 방대한 신학적 저술 및 암스테르담 자유대학의 설립으로 이어졌다. 덴마크의 그룬트비(Nicolai F. S. Gruntdvig, 1783-1872)는 경건주의적 각성을 강조했고, 협동조합과 "민속학교"(folk school)의 발달을 위해 노력했다. 스웨덴의 조지 스콧(George Scott)와 노르웨이의 기슬레 요한슨(Gisle Johnson)은 스웨덴의 한스 하우게(Hans Hauge, 1771-1824)의 사역과 연결된 초기의 각성운동을 계속했다. 대륙에서의 운동들은 미합중국과 영국 제도에서 진행된 운동들보다 사회적인 경향을 나타내는 듯했다.

1907년에 한국 장로교회에 놀라운 영적 각성이 일어났다. 장로교 선교사인 존 네비우스(John Nevius)는 한국을 방문하여 장차 제자들을 교육할 한국인 사역자들과 복음 전도여행을 해야 할 선교사들에게 자조(自助), 자치(自治), 자전(自傳)을 강조했다. 그 결과 1907년부터 신앙부흥이 일어나 수천 명이 신앙을 갖게 되었다. 1970년대에 또 한 차례의 신앙부흥이 일어났으며, 오늘날 한국 국민의 약 20%가 기독교인이다.

참고문헌

Bacon, Ernest W. Spurgeon. *Heir of the Puritans*. London: Allen & Unwin, 1967.

Balleine, G. R. *A History of the Evangelical Party*. London: Longmans, 1911.

Battiscomb, Georgina. *Shaftsbury*. Boston: Houghton Mifflin, 1975.

Best, Geoffrey, ed. *The Oxford Movement*. Chicago: University of Chicago Press, 1970.

Bready, J. Wesley. *Lord Shaftsbury and Social Industrial Progress*. London: Allen & Unwin, 1926.

Brown, Ford K. *Fathers of the Victorians*. Cambridge: Cambridge University Press, 1961.

Burleigh, J. H. S. *A Church History of Scotland*. Oxford: Oxford University Press, 1960.

Cairns, Earle E. *Saints and Society*. Chicago: Moody, 1960.

Campbell, Reginald J. *Livingstone.* New York: Dodd, 1930.

Coad F. Roy. *A History of the Brethren Movement*. Grand Rapids: Eerdmans, 1969.

Coupland, Reginald. *Wilberforce: A Narrative*. Oxford : Clarendon University Press, 1923.

Ervine, St. John. *God's Soldier: General William Booth*. 2 vols. New York: Macmillan, 1935.

Fairweather, Eugene R., ed. *The Oxford Movement*. New York: Oxford University Press, 1964.

Hinchcliff, Peter B. *John William Colenso*. London: Nelson, 1964.

Hodder, E. *Life and Times of the Seventh Earl of Shaftbury*. 3 vols. London: Hodder & Stoughton, 1886.

Hopkins, Charles H. *History of the YMCA in North America*. New York: Association, 1951.

Howse, Ernest. *Saints in Politics*. Toronto: Toronto University Press, 1952.

Ironside, Harry A. *A Historical Sketch of the Brethren Movement*. Grand Rapids: Zondervan, 1942.

Jeal, Tim. *Livingstone.* New York: Putnam, 1973.

Meacham, Standish. *Henry Thornton of Clapham, 1760-1815*. Cambridge: Harvard University Press, 1964.

Neil Stephen S. *Colonialism in Christian Missions*. New York: McGraw-Hill, 1966.

Newman, John H. *Apologia Pro Sua Vita*. London: Longmans, 1873.

Orr, J. Edwin. *The Flaming Tongue*. Chicago: Moody, 1973.

____. *The Second Evangelical Awakening in Britain*. London: Marshall, Morgan & Scott, 1949.

Scharpff, Paulus. *History of Evangelism*. Translated by Helga B. Henry. Grand Rapids: Eerdmans, 1966.

Searer. George. *David Livingstone: His Life and Letters*. New York: Harper, 1957.

Searer, Roger. *George Muller*. Wheaton, Ill.: Shaw, 1975.

Ward, Wilfred P. *The Life of John Henry Cardinal Newman*. New York: Longmans, 1912.

Wood, Arthur S. *The Inextinguishable Blaze*. Grand Rapids: Eerdmans, 1960.

제36장
신앙의 원수들

19세기에 교회가 여러 시대를 거치는 동안 보존하려고 노력해온 신앙을 위협하는 중요한 운동들이 있었다. 성경비평은 르네상스에 의해 형성된 개인주의적이고 인문주의적인 분위기에서 생겨난 것이다. 이것은 18세기의 이성주의와 개인주의에 의해, 그리고 낭만주의운동과 독일의 관념론 철학의 역사적 관점에 의해 강화되었다. 산업혁명으로 삶의 표준이 높아짐으로써 생겨나고 발달한 물질 편중도 모든 계층 사람들의 정신을 신앙과 삶의 표준으로서의 성경의 절대적 권위로부터 돌려놓는 데 기여했다. 진화론이라는 생물학 이론을 성경에 적용함으로써 기독교 신앙은 종교적 진화 체계의 산물에 불과하게 되었다. 성경의 권위를 부인한 것은 이러한 견해에 따른 논리적 결과였다.

1. 성경비평

사람들은 대체로 성경에 대한 세 가지 접근 방법의 하나를 따랐다. 경건주의자들은 진리를 일상생활에 적용하는 것이 기준이 되는 경험주의적 관점으로 성경에 접근했다. 다른 사람들은 성경을 교리의 근원이 되는 책으로 여겼다. 또 다른 사람들은 역사적 접근 방법을 택했는데, 그것은 성경을 윤리적 지침서로만 보는 관점을 낳는다. 이 마지막 방법은 19세기에 독일 관념론 철학의 영향을 받아 유행하게 되었다. 역사비평 방법과 진화론을 종교 현상에 적용하여 결합하게 되면서 성경비평 체계의 배경이 완성되었다.

성경에 대한 비평적 접근 방법을 받아들이는 사람과 성경의 완전함과 영감을 믿는 신자는 각기 다른 기본 사상을 가지고 있으므로, 이들 사이에 토론이 이루어지기 어렵다. 급진적 성경비평가는 성경이 다른 문헌들과 마찬가지로 문헌비평의 기준에 따라 판단되어야 하는 책에 불과하며 종교의 진화가 존재한다고, 그리고 성경에 기록된 현상들을 초자연적으로 해석하지 않고 자연적으로 설명해야 한다고 주장한다. 이런 사람들은 성경을 인간 기록자가 기록한 책으로 간주하며, 성경 기자들에게 영감을 준 성령의 기능을 무시한다.

1) 성경비평의 철학적·신학적 배경

임마누엘 칸트(Immanuel Kant, 1724-1804)의 관념론 철학이 슐라이어마허(Schleiermacher), 헤겔(Hegel), 리츨(Ritchel) 등의 견해와 결합하여 성경에 대한 비평적 접근에 유리한 철학적 배경을 이루었다. 감각을 강조한 로크(Locke)의 사상과 이성을 강조한 데카르트의 사상을 자연현상에 관한 지식을 여는 열쇠로 받아들였다. 그러나 칸트는 『순수이성비판』(Critique of Pure Reason, 1781)에서 인간이 감각이나 이성으로는 하나님이나 영혼에 대해 알 수 없다고 주장했다. 그는 그것들을 "본체"(noumena)의 세계의 자료로 분류했다. 그는 경건주의적 배경 때문에 "지상명령"(categorical imperative), 즉 도덕적 의무감이나 양심이 종교의 출발점이 되어야 한다고 주장했다. 칸트는 『실천이성비판』(Critique of Practical Reason, 1781)에서 인간은 도덕의식을 가지고 있으며 그 의식을 공급한 하나님이 존재한다고 말했다. 양심의 명령에 순종하는 사람이 그 보상을 받으려면 영혼과 불멸의 생명이라는 선결 조건이 필요하다. 이는 종종 선한 사람이 이 세상에서 상을 받지 못하기 때문이다.

칸트는 인간이 본체들의 세계를 알 수 없다고 주장했기 때문에 그의 체계에서는 성경에 있는 역사적이고 객관적인 하나님의 계시가 인정되지 않는

게오르그 W. F. 헤겔. 신학과 성경비평에 강력한 영향을 미친 독일 철학자이다.

다. 그의 견해에 의하면 성경은 인간이 만든 역사서로서 다른 책들과 마찬가지로 역사비평의 대상이 되어야 한다. 칸트의 체계에는 신인(神人)이신 그리스도가 설 자리가 없다. 인간의 자유의지와 옳은 것에 대한 본유 의식이 종교의 창조자가 되며, 그 종교 안에서 그는 원래 자신 안에 내재하고 있는 도덕성을 발달시킨다. 인간의 내면에는 "신적 불티"(spark of divine)가 있다고 강조하는 점에서 칸트의 관념론과 현대의 자유주의 사이에 논리적인 연속성이 있다. 현대의 자유주의자들은 인간이 도덕적으로 선한 행위와 궁극적인 불멸을 얻으려면 그 신적 불티를 배양하면 된다고 주장한다. 이런 식으로 칸트는 성경비평과 현대 진보적 신학의 철학적 틀을 마련하는 데 도움을 주었다.

인간의 도덕적 본성 안에서 종교의 출발점을 발견해낸 칸트와는 달리, 슐라이어마허(Friedrich D. Schleiermacher, 1768-1834)는 감정을 종교적 체험이 발달하여 나오는 근원적 요소로 삼는다. 슐라이어마허는 모라비아파 학교에서 교육을 받았다. 그의 철학의 주관적 본질은 모라비아 교도들과 낭만주의의 영향을 받은 것이다. 그의 저서 『기독교 신앙』(Christian Faith, 1821?)에서 종교는 교회의 권위에 기초한 일련의 신념이나 의무로 제시되지 않고 인간이 작은 존재자로 속해 있는 장엄한 우주 안에서 느끼는 절대적 의존감의 결과로 제시된다. 인간이 수동적으로 하나님을 의존하고 있음을 인식할 때 기독교 신앙은 인간이 하나님과 가장 잘 조화를 이루게 한다. 그리하여 종교는 그리스도에 대한 주관적 이해에 불과하게 된다. 그리스도는 인간을 우주 안에 내재하시는 절대자와 화해하게 해주는 중재자 역할을 한다. 그리하여 인간은 하나님의 뜻의 역사적 계시에 대한 의존에서 해방되며, 만족스러운 종교체험을 하려면 그리스도 안에서 하나님에 대한 의존감만 배양하면 된다. 종교의 정수가 주관성이라는 견해 때문에 슐라이어마허는 "근대 신학의 아버지"라 언급되기도 한다.

헤겔(George W. F. Hegel, 1770-1831)도 역사신학과 성경에 대한 비평적 접근에 큰 영향을 주었다. 헤겔이 "정"(thesis)과 "반"(antithesis)이라고 부르는바 모순들의 화해라는 윤리적 과정에 의하면 역사 안에 자신을 나타내려 하시는 절대자가 하나님이다. "합"(synthesis) 또는 화해가 새로운 한 쌍의 모순을 만들어내며, 그것들은 다시 새로운 화해 또는 합의 과정을 통해 융합한다. 그리하여 헤겔은 절대자가 현현되는 방법으로 철학적 진화를 주장했다. 마르크스는 헤겔의 변증법 또는 논리학을 이어받았다. 히틀러와 무솔리니는 국가 및 국가를 다스리는 독재자를 찬양하기 위해서 헤겔에게서 절대자의 현현으로서의 국가를 강조한 점을 취했다.

알브레히트 리츨(Albrecht Ritschl, 1822-89)은 종교적 감정을 종교의 기초로 받아들인 슐라이어마허의 영향을 받았다. 그러나 그는 종교는 사회적인 의존의식(social consciousness of dependence)이라고 주장했다. 복음서의 역사적 그리스도는 믿음에 의해 개인에게 주어지는 구원과 죄의 실질적 계시를 주셨다. 성경은 공동체 의식(community consciousness)의 기록에 불과하며, 따라서 다른 책들과 마찬가지로 역사적 연구의 대상이 되어야 한다. 이처럼 리츨은 다른 철학자들처럼 종교를 주관적인 것으로 만들었고, 성경에 대한 극단적인 비평 연구의 길을 열었다. 또 그는 종교 문제에 대한 사랑의 사회적 접근 방법을 고취했다.

합리적인 계몽주의와 낭만주의 시대의 관념론 철학은 계시로서의 성경의 초자연적 본질을 파괴하려 하며 성경을 인간 인식 안에서의 종교의 주관적인 진화의 기록으로 만드는 비평을 낳았다. 성경을 연구하는 경건한 사람은 이러한 파괴적인 비평을 반대하기 위해서 모든 성경비평을 거부해서는 안 될 것이다. 고등비평, 역사비평, 문헌비평 등의 명칭으로 불리는바 위의 파괴적인 견해들과 어느 정도 연결된 개론은 성경을 구성하고 있는 각각의 책들의 역사적 배경을 연구하는 것에 불과하다. 본문비평은 성경 본문이 기자들에게서 직접 전해진 것인지 확인하기 위한 것으로서 성경 본문에 대한 연구이다. 본문비평은 결과적으로 우리가 성경의 원저자들의 저술을 소유하고 있다고 확신할 수 있도록 성경 본문에 높은 수준의 정확성을 부여해주었다. 그리하여 과격한 비평가라도 성경의 교리나 가르침에 의심을 제기할 수 없게 되었다. 성경 안의 거룩한 계시에 대한 믿음을 파괴한 것은 본문비평이 아닌 과격한 고등비평이었다.

고등비평의 대중화는 18세기 프랑스의 의사 장 아스트뤽(Jean Astruc, 1684-1766)과 관련되어 있다. 그는 창세기를 두 부분으로 구분했다. 그는 창세기의 어느 부분에서는 엘로힘(Elohim)이 사용되고 어느 부분에서는 여호와(Jehovah)가 사용되었음을 발견하고서 창세기에 두 개의 문서가 자료로 사용되고 있다고 가정했다. 요한 아이히호른(Johann G. Eichhorn, 1752-1827)은 성경이 인간의 책으로서 읽혀야 하며 인간적 의미에 의해 검증되어야 한다는 공식적인 견해를 개진했다. 그는 그러한 학문에 고등비평이라는 명칭을 부여했다. 아이히호른은 하나님을 지칭하는 데 사용된 명사들 외에도 문헌상의 여러 가지 특성에 주목했고, 창세기뿐만 아니라 육경(창세기부터 여호수아서까지) 전체가 여러 개의 문서가 혼합되어 이루어져 있다고 생각했다. 1853년에 후펠트(Hupfeld)는 처음으로 오경이 모세가 많은 자료를 근거로 기록한 설화가 아니라 최소한 두 명 이상 저자의 작품이라고 주장했다. 그라프(Karl H. Graf,

2) 성경 비평

1815-69)와 벨하우젠(Julius Wellhausen, 1844-1918)은 그라프-벨하우젠 이론이라는 상세한 이론을 개진했다. 그 이론은 고등비평가들에 의해 채택되어왔다. 이 이론에 의하면 여호와라는 명사가 사용된 부분들은 가장 초기의 것인 J문서, 다른 저자의 것인 E문서, D문서라고 알려진 신명기 문서, 그리고 P문서 등으로 구성되어 있다. 그리하여 오경의 통일성 및 저자가 모세라는 주장이 부인된다.

후대의 비평가들은 이사야서를 두 부분으로 나누었으며, 다니엘서의 기록 연대가 마카비 시대라고 주장함으로써 그것을 예언과 역사가 아닌 역사로 간주했다. 성경 안에서의 교리의 발달은 진화론적 경향에 따라 설명되었다. 비평가들은 신(神) 개념이 시내 산에서의 원시적인 폭풍신에서 예언자들의 윤리적이고 일신론적인 하나님으로 발달했음을 강조했다. 성경적 고고학자들의 업적이 많은 비평가로 하여금 과거의 과격한 주장을 버리게 했고, 성경에 대한 보수적인 견해를 확인해주는 경향이 있다.

신약성경에 대한 고등비평의 출발점은 헤르만 라이마루스(Hermann S. Reimarus, 1694-1768)와 관련되어 있다. 그는 함부르크 대학에서 동양 언어를 가르쳤다. 그는 『익명 씨의 단편』(Fragments, 1778)으로 발행된 유고(遺稿)에서 성경에 기록된 기적들의 가능성을 부인하고, 신약성경 기자들의 기적 이야기들이 포교를 위해 만들어낸 거짓말이라는 사상을 개진했다. 라이마루스의 유고집을 출판한 레싱(Gotthold Lessing, 1729-81)은 인간의 종교적 발달에서 원시 시기에는 성경이 안내자 역할을 하지만 더 발달한 단계에 이르면 이성과 의무가 안내자가 된다고 주장했다.

페르디난드 바우르(Ferdinand C. Baur, 1792-1860)는 1831년에 초대교회 안에 율법과 메시아를 강조하는 일종의 유대교가 존재했다고 주장했다. 이것을 베드로의 저술에서 관찰할 수 있다. 바울은 로마서와 갈라디아서 등에서 하나의 안티테제를 개진했다. 이러한 책의 강조점은 율법이 아닌 복음이었다.

2세기의 보편교회는 베드로의 견해와 바울의 교리의 진테제(synthese)를 나타냈다. 이 진테제는 누가복음과 목회서신에 드러나 있다. 바우르는 이러한 틀 안에서 신약성경 책들의 연대를 추정하는데, 그 책들이 베드로의 경향, 바울의 경향, 요한의 경향을 반영하는 방식에 따라서 추정한다. 그리하여 신약성경 책들의 연대를 확인할 때에 역사적 자료보다는 주관적이고 철학적인 전제들이 우위를 차지했다.

20세기의 신약성경 비평은 복음서에 대한 세 가지의 다르면서도 상호의존적인 접근 방법에 초점을 두었다. 자료비평(source criticism)은 공관복음(마태복음, 마가복음, 누가복음)의 저술 순서, 그리고 그 문서들이 상호의존하거나 그보다 초기의 자료를 의존하는 정도에 관심을 둔다.

1920년대와 1930년대에 복음서가 문서로 기록되기 전에 구전으로 전해져 온 형태들을 알려주는 증거를 연구하기 위해 양식비평(form criticism)이 등장했다. 이 방법은 복음서에 진리가 숨겨져 있는 형태와 전통의 층들을 벗겨낸 후에 발견할 수 있는 그리스도에 대한 진리가 담겨 있다고 주장한다. 가장 최근의 것인 편집비평(redaction criticism)이 중심적 위치를 차지한다. 그것은 복음서 기자들이 그리스도의 삶과 사역에 대한 기사 속에 도입했다고 주장되는 미묘한 변화들의 의미와 방식을 분석할 것을 제안한다.

신약성경에 대한 비평적 견해를 수용하는 일부 신학자들은 복음서의 핵심이 예수의 윤리적 가르침 안에 있으며 바울이 예수의 단순한 윤리적 종교를 구속의 종교로 변화시켰다고 여긴다. 고등비평은 많은 사람으로 하여금 성령의 감화를 받은 사람들을 통해서 주어지는 하나님의 계시로서의 성경 영감설을 부인하고 그리스도의 신성과 십자가에서의 구원 사역을 부인하거나 축소하게 한다. 슈트라우스(David F. Strauss, 1808-74)의 저서 『예수의 생애』(The Life of Jesus, 1835-36)에 이 모든 견해가 결합되어있다. 슈트라우스는 그리스도의 신성뿐만 아니라 신약성경의 완전성과 기적을 부인했다. 그는 그리스도를 스스로 메시아라고 생각한 인간으로 보았다.

　　종교개혁의 산실이었던 독일에서 비평이 발달했다. 히틀러가 이끈 독일의 역사는 인간이 성경에 있는 하나님의 계시를 부인하고 사상과 행동의 권위로서 계시 대신에 이성과 과학을 택할 때 어느 정도까지 그 방향으로 치달릴 수 있는지를 보여준다.

2. 유물론

　　19세기에 기독교 신앙을 위협했고 오늘날도 위협하고 있는 운동 또는 관점은 유물론(materialism)이다. 고등비평보다 더 미묘한 유물론은 현대 사회가 높은 생활의 표준이라는 물질적 가치관을 강조하는 관습이라고 정의할 수 있을 것이다. 인간은 이러한 삶에 관심을 기울이는 만큼 영원한 삶의 영적 가치를 등한히 할 것이다. 1760년부터 1830년 사이에 발생한 산업혁명의 결과로 높은 생활 표준이 가능해졌다. 인간의 수작업 대신 기계력을 사용함으로써 값싸게 많은 분량의 물건을 생산할 수 있게 되었다. 이러한 물질주의적 삶의 표준이 가장 크게 강조된 곳이 아메리카이다. 아메리카에서 사회복음을 주창한 월터 라우센부쉬(Walter Rauschenbusch)와 칼 마르크스(Karl Marx)는 삶에서 물질과 관련하여 먼저 중요하다고 생각되는 것을 강조했다. 경쟁과 자유 시장을 지닌 자유 기업 체제를 강조하는 애덤 스미스(Adam Smith, 1723-90)의 『국부론』(The Wealth of Nations)은 물적재(material goods)에 관심을 두는 경향을 자극했다. 물적재의 분배를 강조하는 사람들은 "사람이 빵만으로 사는 것이 아니다"라는 사실을 망각하고 있다.

3. 창조론과 진화론

　　성경에 대한 철학적·문학적·역사적 비평이 하나님에게서 온 계시로서의 성경에 대한 믿음을 파괴했고, 산업혁명으로해 도입된 유물론이 내세에 대한 무관심을 일으켰다고 본다면, 다윈(Charles R. Darwin, 1809-82)과 그의 후계자들의 견해는 죄라는 것이 존재하지 않는다거나 죄란 인간의 내면에 있는

자연선택에 의한 진화론을 주창한 찰스 다윈. 이 사진은 「종의 기원」을 출판할 무렵의 것이다.

동물적 본능의 잔재에 불과하다는 개념을 만들어냈다. 철학적 교리로서의 진화론의 기원은 아리스토텔레스 시대로 거슬러 올라간다. 그것을 과학적 토대에 올려놓은 최초의 인물이 다윈이다.

다윈은 박물학자가 되기 전에 의학과 신학을 공부했다. 그는 1831년부터 1836년까지 비글(Beagle)호를 타고 항해하면서 방문한 대륙과 섬들에 있는 동물들과 화석들의 차이점들을 생물학적 진화에 의해서만 설명할 수 있다고 확신했다. 그는 1859년에 『종의 기원』(Origin of the Species)을 출판했는데, 당시 앨프리드 월리스(Alfred Wallace)가 자신과 비슷한 결론에 도달했음을 알고 있었다. 다윈은 그 책에서 재생산이 기하학적으로 이루어지며 종의 생존에 필요한 것보다 훨씬 많은 것들이 생산되지만, 자연선택 또는 생명을 향한 투쟁이 다양한 종들의 수효를 한결같게 보존해준다고 주장했다. 이 투쟁에서 어떤 개체들은 환경에 대한 적응 과정을 통해서 생존에 알맞은 특성을 발달시킨다. 이러한 특성이 성선택(sexual selection)으로 유전된다. 그리하여 가장 적합한 것만이 생존한다. 다윈은 인간과 동물의 신체 구조의 유사성이 자신의 이론을 증명해준다고 생각했다. 그러나 그는 이것을 비롯하여 여러 가지 유사성들이 피조물이 처한 환경의 유사성 때문에 자신의 피조물에 유사한 신체 구조를 주신 창조자의 의도를 증명해주는 증거가 될 수 있음을 망각했다. 다윈은 『인간의 유래』

(Descent of Man, 1871)에서 이 이론을 인간에 적용했고, 인간이 공통의 조상들에 의해 유인원과 연결되어 있다고 주장했다.

인간과 동물 사이의 연속성에 대한 다윈의 사상은 "변화를 동반하는 유전"(descent with changes) 또는 연속성으로 요약되었다. 이 견해는 하나님에 의한 특별한 창조, 또는 비연속성이라는 성경적 관념과 반대가 된다. 다윈은 인간과 동물의 유사성을 강조하면서 인간의 뇌가 특별히 더 큰 것, 말할 수 있는 능력, 기억, 양심, 하나님에 대한 관념들, 영혼 등을 무시했다. 결론적으로 인간을 동물과 동종(同種)으로 인정해줄 잃어버린 고리(인류와 유인원의 중간에 있었다는 가상의 동물)는 발견되지 않았다. 많은 군(群)들 사이의 교잡육종은 불가능하다. 창조행위를 표현하기 위해 사용된 "Bara"라는 히브리어는 하늘과 땅, 포유류, 그리고 인간의 창조에 대해서만 사용된다(창 1:1, 21, 27). 하나님은 각각의 군이 그 자체와 같은 유형을 재생산하게 하셨다고 한다.

진화론이 하나님께서 직접 인간을 지으셨다는 것을 부인하지만, 가장 큰 피해는 그 이론을 종교의 발달에 적용한 데서 비롯되었다. 하나님과 성경이 인간의 종교의식 진화에 따른 산물로 간주되었고, 성경의 책들 연대도 그에 따라 추정되었다. 그리스도의 재림을 통한 하나님의 직접적 개입으로 이 세상에 완전한 것이 온다는 성경적 종말론 대신에 인간의 노력으로 개선되는 진화론적 세계관이 제시되었다. 인간은 원죄에 물들지 않았기 때문에 구세주이신 그리스도가 필요 없다고 주장되었다. 테니슨(Tennyson)은 자서전적인 시『인메모리엄』(In Memoriam, 1850)에 진화를 시적으로 표현했다. 진화는 인종우월주의 사상을 정당화하기 위해서도 사용되었다. 왜냐하면, 그 사상이 적자생존이라는 다윈의 개념과 가장 잘 맞는 것처럼 보였기 때문이다. 또 그것은 절대적인 윤리학의 토대나 표준을 소유하지 못한 것을 정당화하기 위해서 사용되었다. 선한 행위란 각 세대가 적절한 사회적 행동에 적합하다고 여기는 행동이다. 진화론은 전쟁을 적자생존을 위한 방법으로 찬양하는 데

도 사용되었다.

이러한 결론들은 하나의 생물학적 이론을 검증하지 않은 채 다른 분야에 적용한 데서 생겨난 것들이었다.

4. 공산주의

20세기 교회는 사회주의라는 강력한 적과 대면했다. 이 운동의 기원은 칼 마르크스(1818-83)의 유물론 철학에 있다. 마르크스는 애덤 스미스(Adam Smith)에게서 노동만이 가치를 만들어낼 수 있다는 사상을, 헤겔에게서 그 방법을, 유토피아주의적 사회주의자들에게서 유토피아적 목표를 받아들였다. 마르크스와 엥겔스(Friedrich Engels)는 1848년에 『공산당 선언』(Communist Manifesto)이라는 팸플릿에 자신의 견해를 요약하여 제시했다. 마르크스는 헤겔의 철학에 심취했었지만, 헤겔의 절대자를 유물론으로 대치했다. 그는 실체란 운동 중인 물질에 불과하다고 주장했다. 그는 이러한 토대 위에서 사회의 종교적·정치적·사회적인 모든 기구가 사람들이 생계를 유지하는 방법에 의해 결정된다는 사상을 형성했다. 자본가들이 잉여가치 또는 이윤을 위하기 때문에 계급투쟁이 발생한다. 마르크스는 노동만이 가치를 만들어낼 수 있다고 믿었기 때문에 이윤은 노동자의 것이라고 주장했다. 마르크스는 헤겔의 논리를 적용하여 이 투쟁의 과정을 도표화 했다. 자본주의는 그것의 안티테제인 무산자(無産者)들을 만들어냈다. 이 무산자들은 자본주의를 파괴하고 일시적으로 무산자나 노동자들이 지배한 후에 계급이 없는 사회를 세울 것이다. 레닌(Lenin)은 이 체계를 실행에 옮길 수 있는 공격적 전략들을 마련했다. 그는 헌신적이고 유식한 공산주의자들의 작은 무리가 노동조합이나 정부와 같은 민주적 조직 안에 침투할 수 있고 권력을 장악하기 위해 전쟁이나 위험한 시기를 이용할 수 있다고 강조했다. 스탈린은 러시아에서 이 강령과 기법을 성공적으로 결합했다.

마르크스와 그의 추종자들은 "인간은 빵만으로 살 것이다"라고 믿었다.

그들은 인간의 죄를 무시했는데, 그들이 곳곳에서 자행하는 잔인한 통제를 의지하지 않는 한 인간의 죄가 항상 그들의 이상적인 질서를 어지럽힐 것이다. 그들은 하나님, 성경, 또는 절대적인 표준들을 인정하지 않았고, 인간의 문제를 지나치게 단순화했다. 그들은 "종교는 인민의 아편"이라고 주장한다. 경제적 요인을 강조한 것이 역사가들에게 도움이 되었지만, 최근의 역사는 마르크스주의가 모든 형태의 종교에 근본적인 적대감을 지니고 있음을 드러내 준다. 기독교와 교회의 존속은 특별한 정치체계 또는 경제 체계에 의존하지 않지만, 공산주의자들이 실천하는 사회주의가 교회와 타협하기 어렵다는 것을 깨달아야 한다.

성경비평, 다윈의 진화론, 그밖에 사회적이고 지적인 요인들이 19세기 말에 종교적 자유주의를 만들어냈다. 진보적 신학자들은 자유주의가 발달하게 된 것을 설명하는 열쇠로서 진화론을 종교에 적용해왔다. 그들은 인간의 종교 체험의 계속성을 지나치게 강조하므로 기독교는 성경과 그리스도를 통해서 임한 하나님의 계시가 아닌 종교적 진화의 산물이 되었다. 기독교적 체험이 신학보다 더 강조되었다. 보수적 기독교는 계속 다양한 형태의 자유주의와 사회주의를 대적해 왔다.

참고문헌

Bales, James D. *Communism: Its Faith and Fallacies.* Grand Rapids: Baker, 1962.

Daniels, Robert V. *The Nature of Communism.* New York: Random, 1962.

Hoover, J. Edgar. *A Study of Communism.* New York: Holt, Rinehart, and Winston, 1962.

Kenyon, Frederick C. *The Text of the Greek Bible.* London: Duckworth, 1937.

Klotz, John W. Genes. *Genesis and Evolution.* St. Louis: Concordia, 1955.

Nash, Henry S. *The History of Higher Criticism of the New Testament.* New York:

Macmillan, 1906.

Vincent, Marvin R. *A History of the Textual Criticism of the New Testament.* New York: Macmillan, 1903.

Young, Edward J. *An Introduction to the Old Testament.* Grand Rapids: Eerdmans, 1949.

Zimmerman, Paul A., ed. *Darwin, Evolution, and Creation.* St. Louis: Concordia, 1959.

제37장
민족주의 시대의 미국교회

　1789년에 이르러 프랑스와 인디언의 전쟁 중 영국군 장교들이 이신론 및 이신론 문헌들을 여러 식민지에 소개한 것, 그리고 프랑스 혁명의 영향 때문에 대각성의 영향력이 크게 감소했다. 예일 대학은 이 시대의 퇴폐적인 종교 정신을 나타내준다. 중생을 고백하는 학생들이 매우 드물었다. 학생들 사이에서 도박, 방탕, 악덕, 술 취함 등이 성행했고, 학생들은 무신론자인 것을 자랑으로 여겼다. 제2차 대각성은 19세기에 발생한 많은 신앙부흥 중 최초의 것으로서 이와 같은 실망스러운 상황을 개선했다.

　미국 독립전쟁 때부터 제1차 세계대전 사이에 미합중국은 전반적으로 전원적이고 개신교적인 틀을 갖게 되었다. 복음주의자들은 "자비로운 제국"(Benevolent Empire)을 창조했다. 아서 태판(Arthur Tappan, 1786-1865) 등 일부 실업가들은 피니(Finney), 테오도르 웰드(Theodore Weld), 그리고 오벌린 대학을 지원했다. 무디의 필라델피아 신앙부흥회를 위해 천막을 제작한 존 워너메이커(John Wanamaker, 1838-1922)는 1833년 미국 노예폐지협회 등 자발적인 협회들의 설립을 돕고 경제적으로 지원해주었다. 남북전쟁 이후 이민 때문에 가톨릭교가 득세하면서 이 나라는 종교적인 면에서 더 다원적이고 세속적인 국가가 되었다. 개신교는 이전에 누렸던 독점권을 상실했다.

1. 신앙부흥과 자발적인 협회들

1787년에 버지니아 주의 햄던-시드니(Hampden-Sydney)라는 작은 대학에서 제2차 각성이 시작되었다. 세 명이 학생이 자신의 영적 상태에 관심을 가진 데서 시작된 그 신앙부흥이 워싱턴 대학으로 전해졌고, 그곳에서 남부의 장로교회로 퍼졌다.

1802년에 예일 대학은 총장인 티모시 드와이트(Timothy Dwight, 1752-1817)의 주도로 뉴잉글랜드 회중파의 신앙부흥이 시작되었다. 불신앙과 성경에 관한 드와이트의 학구적이고 진지한 메시지가 학생들의 불신앙을 철저히 파괴했다. 그 신앙부흥 기간에 학생들의 삼 분의 일이 회심했다. 그 불길은 다트머스 대학, 윌리엄스 대학 등 여러 대학으로 퍼졌다. 후일 예일 대학에 또 한 차례의 신앙부흥이 일어났다.[1] 이처럼 동부의 신앙부흥은 대학에서 시작되었다.

많은 사람이 이주한 개척지에도 신앙부흥이 전파되었다. 1820년대에는 13개 주 이외의 지역에 거주하는 사람들이 전체 인구의 사 분의 일이었다. 이 새로운 정착지에서는 술이 대부분의 사회적·도덕적 문제의 원인이었다. 장로교인들이 개척지에 신앙부흥을 전하는 데 주축이 되었다. 제임스 맥그리디(James McGready, 1758?-1817)의 사역으로 천막집회가 시작되었다. 가장 유명한 천막집회는 1801년 8월에 케인 릿지(Cane Ridge)에서 개최되었다. 통계에 의하면 1만 명이 참석했다고 한다.[2] 그 집회에서 쓰러지거나 경련을 일으키거나 뒹굴거나 춤추거나 짖는 소리를 내는 등 이상한 육체적 현상들이 발생했다. 천막집회를 처음 시작한 것은 장로교인들이었지만, 후일 침례교인들과 감리교인들도 그 방법을 사용했다. 피터 카트라이트(Peter Cartwright,

---

1) Peter G. Mode, *Source Book and Bibliographical Guide for American Church History* (Mensha, Wis.: Banta, 1921), pp. 339-42.

2) Ibid., pp. 336-39.

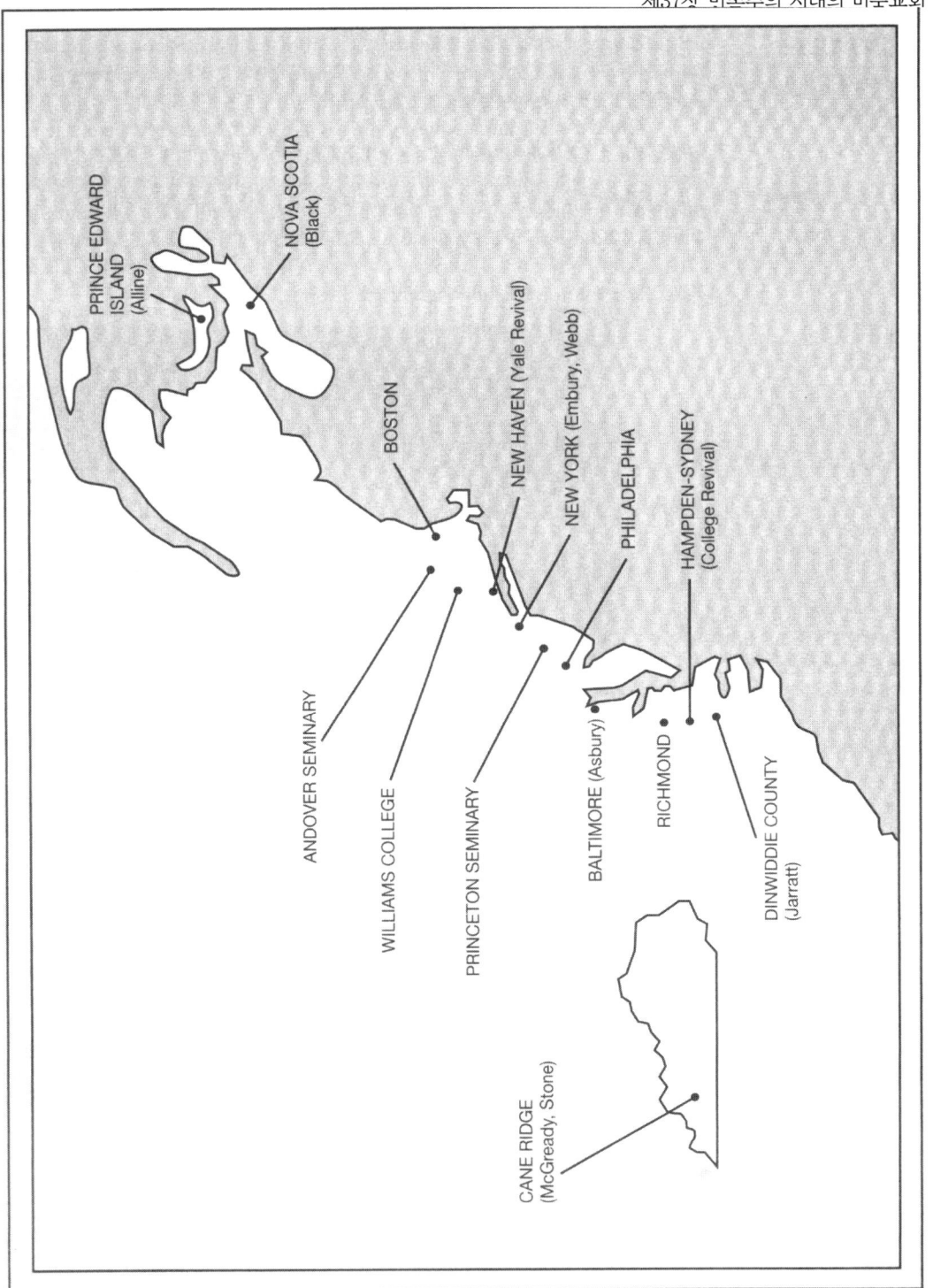

미국의 제2차 각성 (1776~1810)

1785~1872)는 인기 있는 감리교 천막집회 설교자였다. 그는 이따금 반대에 직면하면 물리적 강제력을 사용했지만, 신앙부흥에서 이루어진 바람직한 결과들에 대해서는 의심이 있을 수 없었다. 켄터키와 테네시 같은 개척지도 그 신앙부흥의 혜택을 받았다. 개척지에서의 신앙부흥운동은 뉴잉글랜드에서

야외 집회는 1800년대에 장로교인들이 미국 국경 지방에서 시작했다. 때때로 참석자들은 쓰러지거나 경련을 일으키거나 구르거나 춤을 추거나 짖는 소리를 내는 등 이상한 육체적 현상을 경험했다.

야외집회 설교단

말씀전파에 의해 초래된 조용한 영적 각성보다 훨씬 더 위대했다.

대각성운동에서처럼 신앙부흥으로 말미암아 교회 내에 분열이 있었다. 컴벌랜드 장로교는 제대로 교육을 받지 않은 사람들을 성직에 임명하여 개척지 교회에서 시무하게 했는데, 이 때문에 분열이 생겼다. 이 분열 때문에 1810년에 컴벌랜드 장로교(Cumberland Presbyterian Church)가 생겼다. 이 교회는 천막집회와 순회전도 체계를 활용하여 신앙부흥을 옹호함으로써 개척지에서 가장 강력한 교회 중 하나가 되었다.

1807년에 아메리카로 이주한 스코틀랜드계 아일랜드인 장로교인 토머스 캠벨(Thomas Campbell, 1763-1854)이 또 다른 분열을 주도했다. 캠벨이 장로교에 속하지 않은 사람들에게 성찬을 베풀려 했는데, 그의 교회가 그것을 허락하지 않았다. 그는 성경에 기초를 두고서 교파에 구애되지 않는 신앙에 대해 설교하기로 했다. 곧 많은 침례교도가 그를 따랐다. 그의 아들 알렉산더가 미국에 온 후 그는 침례를 실시하며 그리스도의 재림을 강조하는 회중교회를 조직했다. 1830년에 이들은 침례교에서 분리하여 "디사이플파"(Disciples)를 만들었다. 1832년에 디사이플파가 바턴 스톤(Barton W. Stone, 1772-1884)을 따르는 크리스천 교회와 통합하여 제자교회(Disciples Church) 또는 그리스도인의 교회(Christian Church)가 세워졌다.

제2차 각성은 간접적으로 뉴잉글랜드에 유니테리언 교회가 등장하는 것을 촉진했다. 미국에서 최초의 유니테리언교회는 1785년에 보스턴의 킹스 채플의 교인들이 투표하여 예배에서 삼위일체에 대한 언급을 삭제하기로 하면서 등장했다. 1806년에 헨리 웨어(Henry Ware)는 유니테리언 견해를 가지고 있었음에도 하버드대학 신학 교수로 임명되었다. 1808년에 정통파 회중교도들이 이 일에 항의하여 앤도버 신학교(Andover Theological Seminary)를 세웠다. 1819년에 윌리엄 채닝(William E. Channing)이 볼티모어에서 유니테리언 교리를 설교했다.³⁾ 그 설교가 그 후 보스턴과 뉴잉글랜드 전역에 등장한 100개 이상의 유니테리언 교회의 신앙의 토대가 되었다. 이 교회들은 정통 기독교 신앙과 신앙부흥운동에 반대했다. 1820년 매사추세츠 대법원의 데드험 판결(Dedham Decision)로 교구 안에 거주하는 사람들은 교회에 참석 여부와 상관없이 목회자를 청빙하는 투표에 참석할 권리를 부여받게 되었다. 1825년에 125개 회중으로 구성된 미국 유니테리언 교회 협회는 인간의 선함, 품성훈련에 의한 구원, 하나님의 통일성, 그리스도의 인성, 인간의 심령 안에 하나님이 내재하심 등의 교리를 주장했다.

신앙부흥운동의 또 다른 중요한 결과는 개척지의 도덕 수준 개선이었다. 감리교도들과 침례교도늘이 승가하면서 음수와 방탕 대신에 경건한 행농이 증가했다. 신앙부흥운동은 장로교에서 시작되었지만, 감리교와 침례교가 더 많은 추종자를 얻었다. 그 이유는 그들은 교육받은 사람의 목회 사역을 그리 강조하지 않았으며 장로교에서 사용하지 않는 천막집회를 널리 사용했기 때문이었다. 켄터키에서 3년 동안 만 명이 침례교인이 되었다.

이때부터 미국 기독교에서 주중에 기도회를 하는 것이 중요한 제도가 되었다. 미국에서 주일학교도 이때 시작되었다. 1786년에 버지니아의 어느 가정에서 주일학교가 개최되었고, 1790년에 필라델피아의 어느 교회에서 주일학교 제도를 도입했다. 그 후 주일학교는 미국 기독교에서 빠뜨릴 수 없는 요소가 되었고, 교회가 청년들에게 성경의 진리를 교육할 수 있게 되었다. 1780년부터 1830년 사이에 장로교와 회중파가 교육받은 목회자들을 양성하기 위해 12개 이상의 대학을 설립함으로써 고등교육이 강화되었다. 1809년에 하버드 대학 내의 유니테리언주의 위협에 대처하기 위해 앤도버 신학교가 설립되었고, 그 직후에 프린스턴 신학교(1812), 오번(Auburn) 대학, 뱅거

---

3) Ibid., pp. 404-7.

(Bangor)대학이 설립되었다. 1820년 매사추세츠 주 대법원의 판결에 따라 교회에 등록 여부와 상관없이 모든 투표자가 목사 청빙 투표에 참석할 수 있게 되었다.

국내선교와 해외선교에 대한 열정도 신앙부흥운동의 결과였다. 1810년에 미국해외선교위원회(American Board of Commissioners for Foreign Missions)가 설립된 것은 부분적으로 윌리엄스 대학에서 밀즈(Samuel Mills, 1783-1818)를 비롯한 몇 명의 학생들이 개최한 건초더미 기도회(haystack prayer meeting)의 결과이다. 밀즈가 서부와 남부를 두 차례 여행한 결과 1816년에 미국침례회가 설립되었다. 밀즈는 아프리카로 갔고, 미국의 해방된 흑인 노예들의 고향으로 라이베리아를 선택했다. 그는 귀국 도중에 해상에서 사망했다. 후일 다른 교회들도 선교회를 조직했고, 1900년에는 미국인들의 선교 사역이 고조되었다.

미얀마에서 활동한 선교사 저드슨(Adoniram Judson, 1788-1850)은 성경을 미얀마어로 번역했다. 1850년에 미얀마의 교회는 7천 개가 넘었다. 네틀턴의 사촌인 코안(Titus Coan, 1801-82)은 1837년부터 1839년까지 하와이에서 큰 신앙부흥을 일으켜 수천 명을 개종시켰다. 쉘든 잭슨(Sheldon Jackson, 1834-1909)은 개척지에서 이동식 교회(portable church)를 세우고 효과적으로 활용했다. 1892년에는 알래스카 선교사로서 에스키모족의 경제를 위해 순록을 소개했다. 휘트먼(Marcus Whitman, 1802-47)과 그의 아내 나르시사(Narcissa)는 오리건의 인디언들과 함께 일하다가 살해되었다.

이때 국내선교와 해외선교가 크게 확장되었다. 선교, 성경 보급, 사회적 목적 등을 행하는 것을 목표로 한 자발적인 초교파 선교회들도 많이 설립되었다. 국내에서의 이러한 노력을 돕기 위해서 1825년에 미국찬송가협회(American Tract Society)가 조직되었고, 1816년에 미국성경협회(American Bible Society)가 조직되었다. 19세기 초부터 여러 교파에서 교인들을 위해 주간 종교신문을 발행하기 시작했다.

제2차 대각성과 더불어 신앙부흥운동이 끝난 것이 아니다. 아사헬 네틀톤(Asahel Nettleton, 1783-1844)은 1811년부터 1822년까지 순회 목사로 활동했다. 그는 한 교회에 한 달 동안 머물면서 집회를 개최하고 상담하고 심방했다.

찰스 피니(Charles G. Finny, 1792-1875)는 1821년에 회심한 법률가이다. 그는 1830년과 1831년에 뉴욕 주 로체스터에서 개최된 집회에서 신앙부흥 설교자로 대중의 관심을 끌었다. 그의 신앙부흥운동의 "새 방법들" 안에는 일정 기간 신앙부흥 집회를 계속하는 것, 설교에 구어체를 사용하는 것, 제철이 아닌 때에 예배드리는 것, 대표기도나 설교 때에 개인을 호명하는 것, 그리고 강단 근처에 신앙심을 높이려 하는 사람들의 좌석을 비치하는 것 등이 포함되어 있었다. 그는 얼마 동안 뉴욕 시에서 사역한 후 오하이오 주 오벌린(Oberlin)에서 사역했고, 1851년에 오벌린 대학 학장이 되었다. 신앙부흥과 조직신학에 대한 그의 강의는 큰 영향을 미쳤다.

1857년과 1858년에 정오 기도회가 성장하여 형성된 기도 중심의 초교파 평신도 신앙부흥은 1857년 9월 23일에 제레미아 랜피어(Jeremiah Lanphier)가 뉴욕 시 풀턴에서 시작했는데, 거기에는 여섯 명이 참석했다. 6개월 동안 뉴욕의 정오기도회에 만 명이 참석했다. 50만 명에서 백만 명이 새로 믿게 되었는데, 감리교가 가장 많은 새 신자를 얻었다고 한다. 이 신앙부흥과 비견할 수 있는 것이 얼스터를 비롯하여 세계 여러 곳에서 발생했다. 1863년과 1864년에 남군(Confederate Army) 내의 기도회에서 15만 명이 회심했고 군인교회들이 세워졌다.

남북전쟁이 끝난 후 신앙부흥의 성격이 바뀌었다. 무디(Dwight L. Moody)가 1873년부터 1875년까지 영국제도에서의 집회에 성공함으로써 신앙부흥운동은 도시의 교회 밖의 거대한 대중 집회장에서 개최되는 전문적이고 조직적인 대중 복음 전도집회로 변했다. 무디는 1886년에 시카고복음 전도회(Chicago Evangelization Society)를 조직하는 일을 도왔다. 1889년 가을에 이 전

드와이트 L. 무디.
무디는 성직자로 임명된 적이 없지만, 많은 사람은 그가 19세기 말의 가장 영향력 있는 성직자라고 여겼다.

도회가 발달하여 무디신학교(Moody Bible Institute)가 설립되었다. 이 새로운 형태의 복음전파에 종사한 무디의 후계자들로는 토레이(Reuben A. Torrey), 집시 스미스(Gypsy Smith), 빌리 선데이(Billy Sunday) 등이 있다. 1949년 이후 가장 널리 알려진 복음 전도자는 빌리 그레이엄(Billy Graham)이다.

피니의 도시 중심 신앙부흥회는 교회에서 개최되었지만, 그는 목회적 순회 신앙부흥사가 활동하던 시기에서 교회보다는 공립 운동장에서 집회를 개최한 무디와 같은 도시의 전문적인 복음 전도자가 활동하는 시기로 전환한 시기의 인물이었다. 초대 시대부터 구도자들이 공적으로 그리스도에 대한 신앙을 고백하는 것을 장려했지만, 대각성 시기의 목회적 지도자들은 신자들의 삶에서 발생하는 성령의 자연스러운 행위를 강조했다. 제2차 대각성과 피니의 경우에는 사람들에게 어느 정도 의지의 자유가 있다고 생각되었으므로 인간적인 수단도 사용되었다. 피니는 구도자들을 일어서게 함으로써 그리스도에 대한 공적인 반응을 대중화했다. 1830년에 로체스터에서는 구도자들을 설교단과 가까운 자리에 앉도록 했다. 무디는 구도자들에게 일어나서 상담실로 가게 했다. 빌리 선데이와 빌리 그레이엄은 구도자들이 앞으로 나와 상담받게 했다. 이러한 행동들은 회개한 사람이 그리스도께 죄 사함을 구한다는 것을 표현하는 것이었다.

이 시기에 많은 여성이 회심했다. 피비 팔머(Phoebe Palmer, 1807-74)와 랭크포드(Sarah Lankford) 자매가 1835년부터 1874년까지 가정에서 화요집회를 개최하여 성화된 완전의 두 번째 사역을 추구할 수 있게 해주었다. 팔머는 1867년에 뉴저지의 바인랜드에 "전국천막집회"(The National Camp Meeting to Promote Holiness)를 조직하는 일을 도왔다. 그녀는 집회에서 신앙부흥의 옹호자요 연사로 활동했다. 1857년 10월 온타리오주 해밀턴에서 개최된 집회는 500명을 회심하게 했고, 그해 기도 부흥의 자극제가 되었다. 그녀는 1839년에 감리교 속회를 이끈 미국 최초의 감리교 여성 지도자였다. 사회개혁에 대한 그녀의 관심으로 1858년에 바우어리에 "Five Points Mission"이 설립되었다. 흑인 복음 전도자인 어맨다 스미스(Amanda B. Smith, 1837-1915)는 1879년부터 1881년까지 인도에서, 1882년부터 1890년까지 라이베리아에서 활동했다. 노예였던 이사벨라 봄프리(Isabella Bomefree, 1797-1883)는 순회 설교사가 되어 노예제도폐지와 여성의 권리를 위해 일했다. 해리엇 비처 스토(Harriet Beecher Stowe, 1811-96)는 유명한 『톰 아저씨의 오두막집』(Uncle Tom's Cabin)을 저술했다. 그 책은 1851년에 National Era에 연재물로 출판되었는데, 1852년에 책으로 출판되었을 때 미국에서 50만 부가 판매되었다. 이 책과 그림키 자매의 사역이 노예제도 폐지에 도움이 되었다. 프랜시스 윌라드(Francis Willard, 1839-98)는 금주운동을 벌였다. 그녀는 1879년부터 1893년까지 미국 기독교여성절제연합(WCTU)을, 1894년부터 1898년까지 국제 기독교여성절제연합을 주재했다. 그리하여 여성들의 권리와 다양한 봉사의 기회가 확보되었다.

2. 사회 개혁

19세기의 미국교회는 사회 개혁에 관심을 기울였다. 신앙부흥운동으로 말미암아 당시에 유행하던 총이나 칼로 결투하는 관습에 반대하는 분위기가 형성되었다. 강단에서의 설교 외에 알렉산더 해밀턴(Alexander Hamilton)이 버르(Aron Burr)와의 결투에서 사망한 사건을 계기로 곧 그 관습이 폐지되었다.

교회가 사회개혁에 관심을 두면서 서서히 채무자를 감옥에 가두는 관습이 폐지되고 감옥의 개혁이 촉진되었다.

19세기와 그 이전의 교회는 술 문제에 관심을 두었다. 1784년에 벤저민 러쉬(Benjamin Rush)는 술이 건강에 좋다는 이론을 배격하고 완전한 금주에 기초한 금주운동을 지원해줄 것을 교회에 요청했다. 항상 사회문제에 관심을 지니는 감리교는 교인들에게 술을 팔지도 말고 사지도 말라고 요청했다. 장로교와 회중교도 곧 같은 조처를 했다. 곧 금주를 장려하고 주류 사업을 대적하기 위해 많은 금주협회가 결성되었다. 1874년에 미국 기독교여성절제연합이 조직되었다. 그중 가장 중요한 것은 금주협회들의 연맹인 주류판매반대연맹(Anti-Saloon League, 1895)이다. 제1차 세계대전 이후 술이 범죄를 유발한다는 인식, 그리고 33개 주에서 금주를 시행한 것이 그 연맹의 활동에 도움이 되었다. 1920년에 미국 수정헌법 제18조(금주법)가 발효되어 시행되다가 1933년에 폐지되었다.

식민지 시대에 흑인들은 주로 교회의 뒷좌석에서 예배드렸다. 2천 불을 지급하고 해방된 노예 리처드 앨런(Richard Allen, 1760-1831)은 회심하고 3년 동안 감리교 순회 목사로 일했고, 그 후 필라델피아의 성 조지 감리감독교회에 출석했다. 1787년에 무릎을 꿇고 기도하는 흑인들에게 나가라고 명령했을 때, 앨런과 존스(Absalon Jones)가 그들을 이끌고 나가 베델교회(Bethel Church)를 세웠다. 다른 흑인 교회들이 그들과 합류하여 1816년에 아프리카 감리감독교회를 세웠고, 앨런이 초대 감독이 되었다. 그 교회는 교인이 1856년에 2만 명, 1994년에는 3천500만 명 이상으로 성장했다. 1821년에 설립된 아프리카 감리감독 시온교회(African Methodist Episcopal Zion Church)는 현재 교인이 200만 명이 넘는다. 로트 캐리(Lott Carey, 1780-1828)는 1821년부터 1828년까지 시에라리온에서 흑인 침례교 선교사로 활동했다. 흑인들은 감리교와 침례교를 선호해왔다.

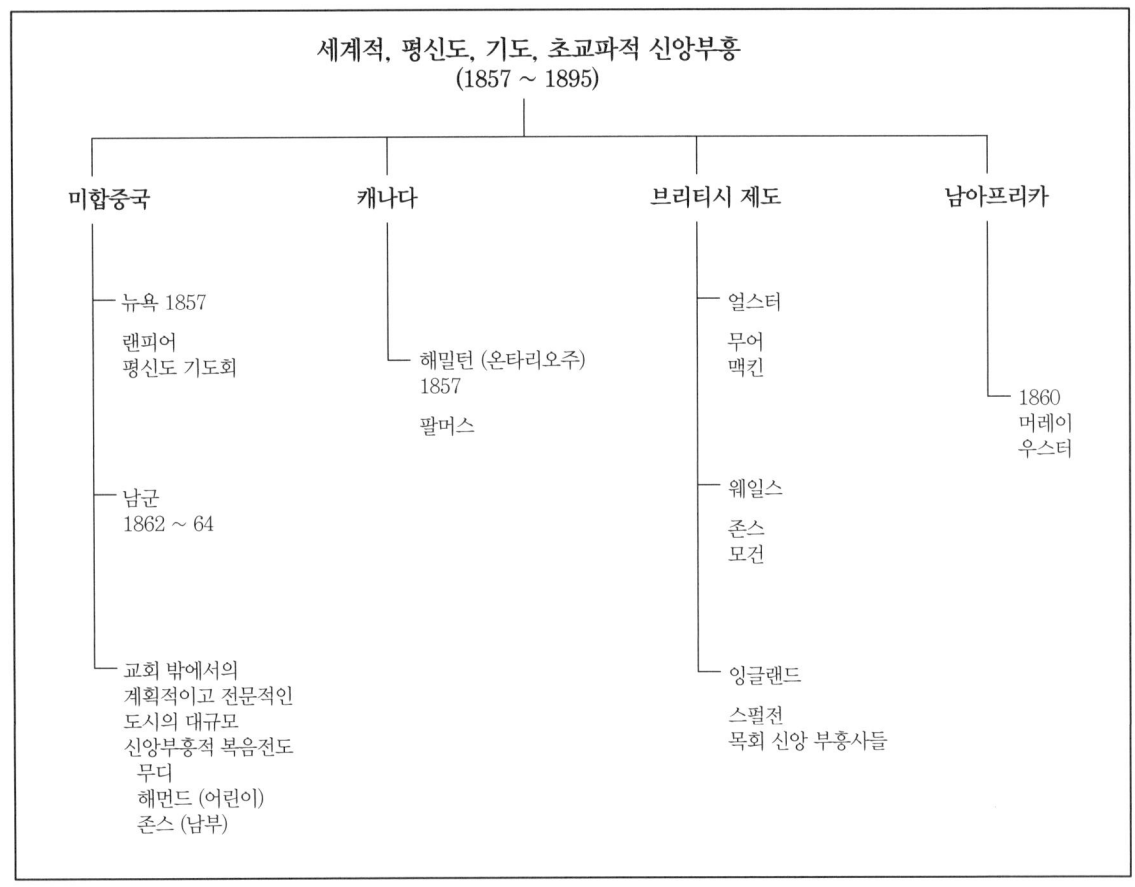

19세기 전반기에 교회는 노예제도라는 심각한 문제에 직면했다. 1769년에 로드아일랜드의 회중파 교도들은 노예들의 처우 개선을 위한 시도로서 노예제도에 반대했다. 존 울먼(John Woolman)의 『일지』(Journal, 1756-72)에는 노예를 해방하라고 권면한 경건한 퀘이커교도의 헌신적인 노력이 기록되어 있다. 1883년경에 신시내티의 레인 신학교가 테오도르 웰드(Theodore Weld)라는 학생이 주도한 노예제도 반대운동의 중심이 되었다. 1831년부터 1860년까지 지속한 이 운동의 목표는 노예제도 폐지였다. 신학교 실무자들이 그 운동을 금지하려 했으므로 학생들은 오벌린 대학으로 옮겨갔다. 1833년에 미국노예제폐지협회(American Anti-Slavery Society)가 설립되었다. 『리버레이터』(Liberator)지의 편집장인 윌리엄 개리슨(William L. Garrison), 시인 존 휘티어(John Greenleaf Whittier), 교육자인 조나단 블랜차드(Jonathan Blanchard), 『톰 아저씨의 오두막집』의 저자인 해리엇 비처 스토(Harriet Beecher Stowe) 등의 영향으로 노예제도 폐지 운동은 급속히 성장했다.

한편 남부에서는 뉴잉글랜드와 영국의 직물공장들이 증가하면서 목화 생산을 위해 노예제도가 절대적으로 필요했다.

종교적 설득으로 노예제도를 폐지하려는 시도 때문에 몇 개의 교파가 분열되어 나왔다. 1843년에 많은 사람이 감리교 감독교회(Methodist Episcopal Church)에서 탈퇴한 후 노예를 소유하지 않는 사람들만 교인이 될 수 있다는 기초 위에 웨슬리안 감리교회(Wesleyan Methodist Church)를 조직했다. 1845년에 북침례교회가 노예제도를 반대했기 때문에 남침례교 총회가 조직되었다. 같은 해에 남감리감독교회(Methodist Episcopal Church, South)가 설립되었다. 1857년과 1861년에 노예제도와 신학 문제로 남장로교(Southern Presbyterians)가 분리해 나왔다. 그들은 1864년에 통합하여 미국장로교회(Presbyterian Church in the United States)를 구성했다. 최근에 재통합을 위한 움직임이 있지만, 이처럼 노예제도 문제로 분열해 나온 교회들은 아직 북부의 형제들과 통합하지 못하고 있다. 이러한 분열상에도 불구하고 교회가 노예제도를 해결되어야 할 사회문제로 간주하여 양심적으로 대처했음을 기억해야 한다. 남북전쟁이 일어났을 때 양측의 교회들은 가난한 사람들과 고통받는 사람들을 돕기 위해 최선을 다했다. 남북전쟁과 수정헌법 제13조에 의해 노예제도가 폐지되었지만, 흑인 차별은 1960년대까지 계속되었다.

3. 개척지와 도시의 분파들

19세기에 미국의 개척지와 여러 도시에 컴벌랜드 장로교회와 제자교회 등 새로운 교파들 외에 이단적인 분파들이 등장했다. 모르몬교와 재림파

(Adventist)가 개척지에 출현했고, 크리스천 사이언스가 뉴잉글랜드의 도회지에 등장했다.

노이즈(John H. Noyes, 1811-86)는 1848년에 오나이다 공산촌(Oneida Community)을 세웠다. 그는 죄 없는 완전성, 천년주의, 사회주의, 결혼은 남편과 아내 간의 구속력 있는 계약이 아니며 단지 공동체의 조정으로 이루어진 합의 사항일 뿐이라는 "복합 결혼"(complex marriage) 등의 사상을 결합했다. 후일 그의 조직은 은 제품으로 유명해졌다.

조셉 스미스(Joseph Smith, 18054-44)는 자신이 1827년에 뉴욕 주 팔미라 근처의 산에서 도금된 책을 발굴했다고 주장했다. 그는 그 책을 3년 동안 번역하여 『모르몬경』(Book of Mormons)이라는 제목으로 출판했다.[4] 많은 사람이 그를 따랐다. 그는 1831년부터 1837년까지 오하이오 주 커틀랜드를 조직의 본부로 삼았다. 1839년에 쫓겨나기 전까지 미주리 주의 인디펜던스가 그들의 본부였고, 그다음에 일리노이 주의 노부(Nauvoo)가 본부였다. 1843년에 조셉 스미스가 계시를 받고서 일부다처제를 인정했는데, 이에 대한 반대 때문에 1844년에 스미스가 살해되었다.[5] 그리하여 1846년부터 1848년 사이에 모르몬교도들은 브리검 영(Brigham Young, 1801-77)의 지도로 유타 주로 이주했다. 솔트레이크 시(Salt Lake City)는 지금도 가장 큰 규모의 모르몬 집단들이 모여 있는 중심지이다. 이들의 공격적인 선교 사역으로 전세계의 많은 사람이 모르몬교를 받아들였다. 약 3백만 명의 교인을 가진 이 집단은 말일성도예수그리스도의 교회(Church of Jesus Christ of Latter-Day Saints)라고 알려져 있다. 창시자의 아들 조셉 스미스 주니어가 이끄는 두 번째 규모의 집단은 일부다처제를 거부했고, 미조리 주 인디펜던스에 본부를 두고 강력한 조직을 세웠다.

---

4) Ibid., pp. 191-99.

5) Ibid., pp. 499-501.

이 집단은 복원말일성도예수그리스도의 교회(Reorganized Church of Jesus Christ of Latter-Day Saints), 또는 세이커파(Shakers)라고 알려져 있다.

모르몬교도들은 모르몬경과 성경을 경전으로 받아들인다. 그들은 이 세상의 시온을 기다리며, 신학적으로 그리스도에게 구세주로서의 정당한 지위를 부여하지 않는다.[6] 모르몬교도들은 죽은 사람을 대신하여 살아 있는 사람에게 세례를 준다. 그리고 국가에서 금하기 전까지 후손을 많이 얻기 위해서 일부다처제가 시행되었던 듯하다.

개척지에서 발생한 또 다른 분파인 제7일 재림교(The Seventh-Day Adventist)는 윌리엄 밀러(William Miller, 1782-1849)에 의해 세워졌다. 밀러는 성경을 열심히 공부했는데, 다니엘서와 계시록을 공부하면서 에스라가 예루살렘에 귀환한 기원전 457년을 기준으로 하여 2천300년이 되는 해에 그리스도가 재림할 것이라고 확신하게 되었다(단 8:14). 그는 1843년을 그리스도가 재림하는 해로 계산했다. 수천 명이 그의 생각을 받아들여 그리스도의 재림을 준비하기 시작했다. 1843년 또는 1844년에 기대했던 것과는 달리 그리스도가 재림하지 않았으므로, 밀러의 추종자들은 교회에서 박해를 받았다. 그들은 1860년에 재림교파를 구성했다. 히람 에드슨(Hiram Edson)은 그리스도가 세상의 성소가 아닌 하늘 성소에 오셨다는 이론으로 1843년과 1844년에 그리스도가 재림하지 않은 것을 설명했다. 엘런 화이트(Ellen G. White, 1827-1915)가 밀러를 대신하여 지도자가 되었다. 재림교에는 몇 개의 파가 있지만, 그들은 대부분 토요일이 안식일이며, 죽은 후부터 부활하기 전까지 영혼이 잠을 자며, 장래에 악한 의지가 멸절될 것이라고 믿는다. 그러나 대부분의 가르침에 있어서 그들은 정통적이다. 1994년에 북아메리카의 신자가 822,150명이고, 전 세계의 신자는 8,383,558명이었다.

---

6) Ibid., p. 491.

강신술(Spiritualism)도 이 시기에 미국에서 시작되었다. 1848년에 뉴욕 주 히데스빌에 사는 폭스 부부의 침실 문을 두드리는 이상한 소리가 났다. 소문에 의하면 후일 그들은 그것이 유치한 장난이었다고 고백했다고 한다. 어쨌든 그들은 하룻밤 사이에 유명해졌고 많은 사람이 그들을 따랐다. 후일 그들은 강신론 교회(spiritualist church)를 조직했다. 강신술을 행하는 영매(靈媒)들은 죽은 자들과의 의사소통을 목적으로 한다. 강신술은 사랑하는 자를 잃은 사람들에게 호소력이 있었고, 전쟁 이후에 강력한 지지를 받았다. 아서 코난 도일(Arthur Conan Doyle)과 엘라 휠러 윌콕스(Ella Wheeler Wilcox) 등 유명인사들이 강신술을 참 종교로 받아들였다.

남북전쟁 이후 보스턴에 등장한 크리스천사이언스(Christian Science)는 철학적 경향을 지닌 분파이다. 그것은 메리 베이커(Mary Baker, 1821-1910)라는 상상력이 풍부하고 감상적인 여인이 만든 것이다. 첫 남편 글로버(Glover)가 사망한 후 메리의 히스테리 증세가 심화했다. 1853년에 치과의사인 피터슨과 재혼하여 1873년에 이혼했다. 그 후 1877년에 에디와 결혼했다. 여러 차례 결혼생활을 하면서 메리는 자신의 신경증적 성향에 대한 도움을 구했다. 1862년에 메리는 큄비(P. P. Quimby)를 만났다. 큄비는 질병과 물질의 실체를 부인하는 진리를 인정하는 것에 의한 치료를 강조했다. 메리는 큄비의 원고에서 얻은 "새로운 과학"(new science)의 시술사로 나섰고, 많은 사람이 메리를 따랐다. 메리는 학습을 통해서 자신의 비법을 추종자들에게 전수했다. 1875년에 메리는 『과학과 건강』(Science and Health)이라는 책을 출판했다. 현재 크리스천사이언스 파는 이 책을 성경과 동등하게 다룬다. 1876년에 크리스천사이언스협회(Christian Science Association)가 구성되었고, 1879년에 주 정부로부터 "과학자 그리스도의 교회"(Church of Christ, Scientist) 설립 허가를 받았다. 보스턴에 있는 "과학자 그리스도 제일교회"(First church of Christ, Scientist)는 이 교파에서 가장 훌륭하고 중요한 교회로서 1892년 이후 모 교회(Mother

Church)라고 알려져 있다.

　메리 베이커는 물질, 악, 질병 등의 실체를 부인했으며, 이것들이 감각적인 망상에 불과하다고 주장했다. 하나님은 만유이시며 만유는 하나님이다. 인간이 악과 질병에서 해방되려면 하나님과 자신의 동등성을 깨달아야 한다.[7] 이처럼 치유를 강조했기 때문에 이 운동은 병자들에게 호소력이 있었다. 건강과 번영 등의 문제에 대한 접근 방법에 있어서 신사상(New Thought: 인간의 신성을 강조하고 바른 사상이 질병과 잘못을 억제할 수 있다고 여기는 종교철학)과 유니티(Unity: 건강과 번영을 지향하는 20세기 미국의 종교)는 메리 베이커 에디의 영향을 받았고, 메리 베이커는 큄비의 영향을 받았다.

4. 도시화의 문제점

　남북전쟁 기간과 그 후에 계속된 산업화, 그리고 1890년 이후 발전한 미국의 제재소, 광산, 공장 등에 노동력을 공급하기 위해서 남유럽과 동유럽에서 이민들이 몰려들면서 시카고와 디트로이트 같은 대도시의 급성장이 이루어졌다. 이러한 도시 공동체의 성장이 19세기 미국 교회에 많은 문제를 제기했다. 1840년부터 1870년 사이에 200만 명이 넘는 아일랜드 가톨릭 신자들이 감자흉작 때문에 미국으로 이주했다. 같은 시기에 200만 명의 독일인들이 징집을 피하고자 미국으로 이주했다.

　1789년에 미국 가톨릭교회 초대 주교로 선출된 존 캐럴(John Carrol)은 미합중국의 교회를 위해 영국과 유럽 출신의 사제들을 임명했다. 그는 사제교육을 위한 남자학교를 세웠다. 이 학교가 후일 조지타운 대학이 되었다. 1830년대부터 1850년대까지 교회는 일부 개신교인들의 반대와 박해에 직면했다. 엘리자베스 앤 시튼(Elizabeth Ann Seton, 1774-1821)이 교육과 건강과 사회봉사를 위해 1809년에 자비 수녀회(Sisters of Charity)를 설립했다. 존 아일랜드(John

---

[7] Ibid., pp. 653-55.

미국 남북전쟁 이후 빈민들의 육체적, 영적 문제에 대처하기 위해 설립된 도시구제 선교회. 사진은 1890년경 도시 선교 봉사회의 모습입니다.

Ireland, 1838-1918) 주교는 미국 가톨릭대학 설립을 돕고, 가톨릭 신자들을 위한 교구 학교를 지원했다. 퀘벡의 가톨릭신자들은 교황권과 더 긴밀하게 연결되었다.

지방 교회의 많은 청년이 도시로 옮겨갔기 때문에 지방 교회들의 생존이 위협을 받았다. 도시에서는 사생활의 비밀이 보장되기 때문에 청년들이 종교생활을 소홀히 하는 경우가 많았다. 이주자들은 인구 밀집 지역에 정착했고, 원래 그 지역에 거주하던 주민들은 교회와 함께 교외로 이동했다. 1890년 이후 이주민들이 거의 가톨릭 신자였으므로, 가톨릭교회와 개신교의 관계에 대한 문제가 제기되었다. 이주민들은 주일성수 관념이 엄격하지 않았다. 물질적인 성공은 세속주의라고 할 수밖에 없는 영적 무관심을 만들어냈다. 진화론 및 그 이론에 병행하는 자연주의적 이데올로기가 널리 받아들여

지면서 도시생활의 세속적 경향이 더욱 강화되었다.

남북전쟁 이후 교회는 이러한 문제들의 도전에 대처해야 했다. 1850년에 도시의 가난한 주민들의 육체적, 영적 욕구를 충족시키기 위해 도시구제선교회가 설립되었다. 뉴욕의 워터스트리트선교회(Water Street Mission of New York)가 1872년에 문을 열었다. 이 선교회는 설립자인 제리 맥콜리(Jerry MacAuley, 1839-84)의 지도로 이러한 선교회 중에서 가장 유명해졌다. 제리 맥컬리는 1857년에 가드너(Orville Gardner)의 설교를 듣고 회심한 사람이다. 1877년에 시카고의 "퍼시픽 가든 미션"(Pacific Garden Mission)이 시작되었다. 빈곤층의 가정을 돕는 것, 도박이나 음주 등에 반대하는 것, 부랑배들을 돌보는 것, 영혼을 회심시키기 위한 공격적인 복음 전도 등이 이 구제선교사역의 주요소였다.

1864년에 뉴욕성공회도시선교회(New York Protestant Episcopal City Mission)는 성공회의 사회봉사기구가 되었다. 가난한 사람, 노숙자, 병자 등을 돌보기 위해 보육원, 선교회, 병원, 양로원 등이 설립되었다.

1851년에 도시 청년들의 사회적 욕구를 충족시키기 위해 보스턴에 처음으로 YMCA가 등장했다. 이 운동은 청년들에게 숙소, 훈련, 성경공부, 사회활동 등을 제공했기 때문에 급성장했다. 1855년에 도시의 젊은 여성들의 유사한 욕구를 충족시키기 위해 YWCA가 조직되었다. 이 두 운동을 통해서 다양한 교파의 교인들이 협력하여 사회봉사를 할 수 있게 되었다.

제인 애덤스(Jane Addams)의 지도로 시카고의 헐 하우스(Hull House)를 필두로 하는 사회복지 단체들은 제도교회(자선사업을 특징으로 하는 교회)의 사회사업과 비슷한 일들을 행했지만, 종교 교육을 강조하지 않았다. 제도교회가 행하는 사회사업의 배후의 동력은 종교적인 것이지만 복지사업 배후의 동력은 박애적이고 사회적인 것이었다.

제도교회는 도시의 문제에 대처하는 대리인이었다. 1872년 뉴욕 엘마이라

(Elmira)에 소재한 토마스 비처(Thomas Beecher, 1824-1900)의 파크교회가 제도교회의 선구자이다. 제도교회는 개인의 삶 전반에 필요한 것을 공급해주려 했다. 남북전쟁 이후 여러 교파가 이러한 유형의 교회를 조직했다. 체육관, 도서관, 의무실, 강의실, 사교실, 재봉실, 강당, 그 밖에 사람들의 육체적, 정신적, 사회적, 영적 욕구를 충족시키는 데 필요한 것들이 이러한 교회에 부속되어 있었다. 윌리엄 레인스포드(William S. Rainsford) 목사가 사역하고 모건(J. P. Morgan)이 재정 지원을 한 뉴욕의 성 조지 성공회는 1882년에 그 지역 주민들에게 봉사하기 위한 제도교회가 되었다. 인근에 있는 목사관에서 다양한 형태의 사역이 이루어졌다. 필라델피아의 템플 대학은 러셀 콘웰(Russel H. Conwell)의 침례교회에서 발달한 것으로서 1891년에 제도적 실천을 채택했다.

1900년 이후 보스턴의 에드가 헬름(Edgar J. Helms)의 교회에서 생겨난 굿윌 인더스트리(Goodwill Industries)는 가난한 사람들과 노인들을 고용하여 가난한 사람들에게 싼값에 팔 수 있도록 폐기물 수선하는 일을 했다. 그리하여 실직자들과 새 물건을 살 능력이 없는 사람들의 욕구가 충족되었다. 종교활동과 사회활동도 제공했다. 그 운동은 1902년에 법인으로 조직되어 많은 공장과 소매점을 지닐 만큼 성장했다.

구세군(Salvation Army)도 도시인들의 종교적, 사회적 욕구를 충족시켜 주었다. 그것은 영국에서 조직된 직후에 아메리카에서 사역을 시작했다. 소외되고 가난한 사람들과 부랑배들의 욕구를 충족시키기 위해 거리집회, 사회복지사업, 수용소, 영아원 등 여러 가지 방법이 고안되었다.

사회복음은 위에 언급된 수단으로 악한 목적을 충족시키려는 것을 공격하려는 시도였다. 경제적 병폐의 근원을 그대로 둔 채 병폐에 대처하는 조처가 충분하지 못하다고 여겨졌다. 자신의 이익만 강조하여 소비자와 노동자의 복지를 고려하지 않는 자본가들의 도전에 대한 응답으로 조직적인 노동자 계층이 생겨났다. 사상가들은 경제적 불의를 바로잡을 방법을 알아보기 위해 그리스도의 사회적 가르침을 연구하기 시작했다. 많은 사람이 작업의 기초를 하나님의 부성(父性)과 인간의 형제애에 두고, 개인의 구원보다는 세상에 하나님 나라를 이룩하기 위해서 기독교의 가르침을 국가의 경제생활에 적용하는 데 관심을 기울였다.

오하이오 주 회중교회 목사인 워싱턴 글래든(Washington Gladden, 1836~1918)은 사회의 복지를 위해 필요하다면 국가의 힘을 사용하여 그리스도의 원리들을 사회 질서에 적용해야 한다고 강조했다. 찰스 쉘던(Charles Sheldon, 1857-1946)의 저서 『예수님이라면 어떻게 하실까』(In His Steps)는 모든 사람이 일상생활에서 그리스도처럼 행동하려고 노력할 때 어떤 사회적 결과가 나타날 것인지를 묘사한 소설이다. 월터 라우센부쉬(Walter Rauschenbusch, 1861~1918)는 1897년부터 1917년까지 로체스터 신학교에서 강의한 독일인 침례교 목사이다. 그는 성경 안에서 사회 윤리를 연구하고 유토피아에 관한 책들을 읽고서 사회복음의 선두 주자가 되었다. 『사회질서의 기독교화』(Christianizing the Social Order, 1912)와 『사회복음의 신학』(A Theology for the Social Gospel, 1917) 등의 저서를 통해서 사회복음이 널리 전파되었다. 그는 하나님의 나라가 세상에 이루어지게 하는 방법으로 정치적 민주주의뿐만 아니라 경제적 민주주의의 필요성을 강조했다. 그는 그 목적을 성취하는 수단으로 통합, 정부의 개입, 온건한 사회주의 등을 지지했다. 그는 사람들이 노동 시간, 임금, 노동 환경 등의 개선을 위한 단체를 조직하여 고용주와 협상할 권리를 가져야 한다고 주장했다. 또 노동을 제공하는 데 대한 정당한 보상으로 이윤 분배를 주장했고, 사회 안에서의 협동 활동보다 경쟁을 강조하는 무간섭주의적 자본주의에 반대했다. 이러한 견해들은 교회가 장차 임할 천년왕국을 이야기하기보다 세상에 하나님의 나라를 실현해야 한다는 사상 위에 기초한 것이었다. 20세기 초에 진보적 교회들이 사회복음을 받아들였다. 미국교회연합회(Federal Council of Churches)가 사회복음의 주요 후원자였다.

5. 미국의 자유주의 신학

진화론의 발달, 그리고 독일과 스코틀랜드에서 사무엘 드라이버(Samuel R. Driver)와 같은 학자들에게서 공부한 신학생들을 통해서 성경비평이 미국에 도입된 것, 독일 관념론의 도입 등이 19세기 미국교회에 자유주의를 일으켰다. 이미 언급한 라우센부쉬의 사회복음은 자유주의 신학을 삶의 사회적 영역과 경제적 영역에 적용한 것에 불과했다. 자유주의 신학은 인간화된 그리스도의 윤리적 메시지와 하나님이 인간의 심령에 내재하심 등을 강조했다. 따라서 성경보다 경험이 기준이 되었다. 자유주의자들은 기적을 설명하기 위해 과학적 방법과 자연법을 의존했지만 초자연주의, 원죄, 그리스도의 대속적 속죄 등의 교리에는 반대했다. 신학교에서 진보적 교사들에게서 교육받은 많은 목회자가 이 사상을 설교하고 보급했다.

자유주의는 하트퍼드에 있는 회중파 노스 교회의 목사 부쉬넬(Horace Bushnell, 1802-76)의 사역을 통해서 교회 기독교교육 운동에 영향을 주었다. 부쉬넬은 법학을 공부한 후에 신학을 공부했다. 그는 1847년에 출판한 *Christian Nature*에서 어린이가 종교적인 환경에서 성장하여 은혜를 받아야 한다고 강조했다. 부쉬넬은 원죄에 대한 옳지 않은 견해, 그리고 구속에 대한 도덕적 요인 이론을 고수했기 때문에 복음주의 교회에서 가르치는 것처럼 어린이에게 회심과 은혜 안에서 성장하는 경험이 필요하다고 여기지 않았다. 그는 어린이가 기독교인으로 성장하여 자신을 기독교인이 아닌 다른 존재로는 알지 못하게 되기를 원했다. 그는 하나님의 공의를 희생시키고 하나님의 사랑만 강조했으며, 그 시대의 신앙부흥운동에 반대했다.

이러한 사상이 교회의 기독교교육에 영향을 주었다. 1872년에 빈센트(John H. Vincent, 1832-1920)의 노고로 통합주일학교 공과가 개발되었다. 1974년에 빈센트와 밀러(Lewis Miller)가 주일학교 교사들을 교육하기 위해 여름철 야외

강습회를 개최했다. 어린이는 기독교 진리 안에서 점진적으로 발달한다는 부쉬넬의 사상을 채택했기 때문에, 이 사역에서는 교과의 등급을 나누었다. 1903년에 종교교육협회가 결성되었고, 그것이 발달하여 1922년에 국제종교교육위원회가 되었다. 안타깝게도 기독교교육에 대해 부시넬과 유사한 사상에 헌신했던 이 운동은 자유주의의 지배 아래 쓰러지고 말았다. 이 다양한 진보적 기구들과 지도자들은 핫지(A. A. Hodge, 1823-86)를 비롯한 프린스턴 대학 신학자들의 강력한 반대를 받았다.

6. 교파간의 협력과 초교파적 협력

19세기와 20세기 초에 미국교회의 여러 교파는 서로 협력하거나 초교파적으로 협력했다.

YMCA와 YWCA는 당시 새로운 도시 사회의 사회적 욕구를 충족시키기 위해 여러 교파가 협력한 결과였다. 1801년의 통합계획(Plan of Union)과 1816년의 아메리카 성경협회(America Bible Society)도 그 예이다.

1881년에 메인 주 포틀랜드의 목회자 프랜시스 클라크(Francis E. Clark)가 기독청년 면려회(Christian Endeavor Society)를 조직했다. 이 협회는 초교파적으로 청년들의 이익을 도모했다. 1886년까지 800개 이상의 협회가 조직되었다. 이 협회들은 청년들에게 윤리적, 사회적, 종교적 교육을 제공했다. 후일 각 교파 내에서 그 운동을 유지하기 위해 같은 방침에 따라 교파별 조직이 세워졌다. 엡워스 감리교 연맹(Epworth League of the Methodist Churches)은 이러한 유형의 조직의 예이다.

교파들의 조직적 재통합은 협력의 또 다른 형태였다. 1906년의 컴벌랜드 장로교와 미국장로교의 통합은 교회 일치를 위한 협력의 예이다. 또 다른 예는 1817년에 프로이센에서 왕실의 압력으로 개혁교회와 루터교회가 통합한 것이다.

1886년에 매사추세츠 주 노스필드에서 무디의 후원으로 학생자원운동(Student Volunteer Movement)이 시작되었다. 이 운동은 모트(John R. Mott, 1865-1955)의 지도로 선교에 대한 관심을 자극함으로써 선교사들을 모집한 초교파 기구였다. 1945년에 이 기구는 2만500 명의 선교사를 모집했다. 1893년에 북미해외선교회(Foreign Missions Conference of North America)가 설립된 후 여러 교파가 협력하여 초교파적인 선교 활동에 참여했다. 1906년에 선교에 대한 평신도들의 관심을 촉진하기 위해 평신도선교운동(Laymen's Missionary Movement)이 조직되었다.[8]

게티즈버그 루터신학교 교수인 슈무커(Samuel S. Schmucker, 1799-1873)는 1835년에 "미국교회에 주는 형제의 호소"(Fraternal Appeal to the American Churches)에서 교회 연합을 주장했다. 새로운 사회문제들에 대한 관심, 자유주의 신학, 교파 간의 협력과 통일을 원하는 마음 등이 작용하여 미국교회연합회(Federal Council of the Churches of Christ in America)가 결성되었다. 이 연합회는 자율적 교회들의 대표들로 구성된 위원회를 통해서 교파 간의 협력을 도모했다. 1905년에 뉴욕 카네기홀에서 개최된 의회에서 연합회의 헌법이 작성되었고, 1908년 필라델피아 회의에서 33개 교파가 그것을 받아들였다.[9]

연합회는 사회문제 및 그 해결에 기독교의 윤리적 원칙을 적용하는 데 관심을 기울였다. 안타깝게도 그것이 진보적 지도자의 영향으로 쓰러졌으며, 때로는 집산주의(collectivism)를 이상적인 경제 질서로 여겨 찬성하는 듯이 보이기도 했다.

1789년부터 1924년까지의 미국 교회사를 살펴보면 다양한 문제들, 그리고 그에 대처하기 위해 교회가 택한 다양한 해결책들이 드러난다. 일부 교회들이 이러한 문제들에 대처하면서 성경의 가르침과 반대되는 주장을 한 것

---

8) Ibid., pp. 675-76.

9) Ibid., pp. 669-71.

은 안타까운 일이다.

참고문헌

Anderson, Courtney. *Federal Street Pastor*. New York: Bookman, 1961.

___. *To the Golden Shore*. Boston: Little, 1856.

Atkins, Gaius G. *Religion in Our Times*. New York: Round Table, 1932.

Banks, William. *The Black Church in the U.S.* Chicago: Moody Press, 1972.

Bell, Aaron I. *The Urban Impact on American Protestantism 1865-1900*. Cambridge: Harvard University Press, 1943.

Blocker, Jack S., Jr. *American Temperance Movements*. Boston: Twayne Publishers, 1989.

Bodell, Kenneth B., ed. *Yearbook of American and Canadian Churches*. Nashville: Abingdon, 1994.

Bordin, Ruth. *Women and Temperance*. Philadelphia: Temple University Press, 1981.

Bradford, Gamaliel. *Moody, A Worker in Souls*. New York: Doran, 1927.

Brodie, Fawn M. *No Man Knows My Name: The Life of Joseph Smith, The Mormon Prophet*. New York: Knopf, 1957.

Cartwright, Peter. *Autobiography of Peter Cartwright*. Nashville: Abingdon, 1956.

Curtis, Richard K. *They Called Him Mr. Moody*. New York: Doubleday, 1962.

Dickson, D. Bruce. *And They Sang Hallelujah*. Knoxville: University of Tennessee Press, 1974.

Doran, Jacob H. *Washington Gladden*. Athens: Ohio State University Press, 1966.

Ferguson, Charles W. *The Confusion of Tongues*. Garden City, N.Y.: Doubleday, 1929.

Findlay, James F. *Dwight L. Moody: American Evangelist, 1837-1899*. Chicago: University of Chicago Press, 1969.

Fitts, Leroy. *History of Black Baptists*. Nashville: Broadman, 1982.

Foster, Charles L. *An Errand of Mercy*. Chapel Hill: University of North Carolina Press, 1960.

Garrison, Winfred. *The March of Faith*. New York: Harper, 1933.

Goen, C. C. *Broken Churches, Broken Nation*. Macon, Ga.: Mercer University Press, 1985.

Griffin, Clifford A. *Their Brother's Keepers*. New Brunswick: Rutger's University Press, 1960.

Gundry, Standley N. *Love Them In: The Proclamation Theology of D. L. Moody*. Chicago: Moody, 1976.

Halvoorson, Peter L., and William M. Newman. *Atlas of Religious Change in America*. Washington, D.C.: Glen Mary Research Center, 1978.

Handy, Robert T. *The Social Gospel in America*. Oxford: Oxford University Press, 1966.

Hardman, Keith J. *Charles Grandison Finney 1772-1875*. Syracuse: Syracuse University Press, 1988.

Hill, Samuel, ed. *Encyclopedia of Religion in the South*. Macon, Ga.: Mercer University Press, 1984.

Hirshon, Stadley P. *The Lion of the Lord*. New York: Knopf, 1969.

Hudson, Winthrop S. *Religion in America*. New York: Scribner, 1965.

Jacquet, Constant H., Jr., ed. *Yearbook of American and Canadian Churches*. New York: Abingdon, 1978.

Johnson. Charles A. *The Frontier Camp Meeting*. Dallas: Southern Methodist University Press, 1955.

Lincoln, C. Eric, and Lawrence H. Mamaya. *The Black Church in the African American Experience*. Durham, N.S.: Duke University Press, 1990.

Martin, Walter R. *The Kingdom of the Cults*. Grand Rapids: Zondervan, 1965.

Mcloughlin, William G. *Modern Revivalism*. New York: Revell, 1959.

Minus, Paul H. *Walter Rauschenbusch*. New York: Macmillan, 1988.

Orr, J. Edwin. *Campus Aflame*. Edited by Richard O. Roberts. Wheaton: International Awakening Press, 1994.

___. *The Light of the Nations*. Grand Rapids: Eerdmans, 1965.

Palmer, Phoebe. *Four Years in the Old World*. New York: Walter C. Palmer. Jr., 1869.

Peel, Robert. *The Life of Mary Baker Eddy*. New York: Holt, Rinehart, and Winston, 1966.

Penzel, Klaus, ed. *Philip Schaff: Historian and Ambassador of the Universal Church*. Mercer, Ga.: Mercer University Press, 1991.

Rawlyk, George A., ed. *The Canadian Protestant Experience*, 1760-1990.

Romen, Sidney J. *Religion in the Rebel Ranks*. New York: Lanham, 1983.

Smith, Timothy L. *Social Reform in Mid-nineteenth Century America*. New York: Abingdon, 1957.

Stone, Barton W. *The Biography of Elder Barton Warren Stone*. Cincinnati: James, 1847.

Strong, William E. *The Story of the American Board*. New York: Arno, 1969.

Sweet, William W. *Religion on the American Frontier*. 4 vols. The Baptists. Vol. 1. New York: Henry Holt, 1931. *The Presbyterians*, 1783-1840. Vol. 2. New York: Harper, 1936. *The Congregationalist*. Vol. 3. Chicago: University of Chicago Press, 1939.

Tyler, Alice F. *Freedom's Ferment*. Minneapolis: University of Minnesota Press, 1944.

Van Baalen, Jan K. *The Chaos of the Cults*. 2d rev. and enl. ed. Grand Rapids: Eerdmans,1956.

Weisberger, Bernard A. *They Gathered at the River*. Boston: Little, 1938.

Weisenberger, Francis P. *Ordeal of Faith*. New York: Philosophical Library, 1959.

Wheatley, Richard. *The Life and Letters of Mrs. Phoebe Palmer*. New York: Garland, 1984.

White, Charles E. *The Beauty of Holiness*. Grand Rapids: Zondervan, 1986.

Wilson, Charles R. *Religion in the South*. Jackson, Miss.: University Press, 1985.

Woodbridge, John; Noll, Mark; and Nathan Hatch. *The Gospel in America: Themes in the Stories of America's Evangelicals*. Grand Rapids: Zondervan, 1979.

1914년 이후 긴장 상태의 교회와 사회

제38장

변화하는 세계 문화 속의 교회

프랑스혁명 때부터 제1차 세계대전까지의 시대에 살았던 유럽인들이 볼 때 1914년 이후의 20세기는 혼란의 시기처럼 보일 것이다. 그들은 국제적인 무질서와 사람들이 경제적으로 느끼는 불안에 실망할 것이다. 역사적 기독교와 모순되는 종교적인 견해들은 종교적으로 심오한 우려의 대상이 될 것이다.

30년 전쟁 때에 종교적인 갈등 때문에 유럽이 직면했던 변화보다 1914년부터 1945년 사이에 세계에 초래된 변화가 훨씬 강력했기 때문에 이러한 현상이 야기되었다. 세계는 두 차례의 세계적이고 비인격적이고 전반적이고 기계화된 전쟁을 겪었다. 그리하여 유럽은 엄청난 인명 손실과 경제적 손실을 보았다. 독일, 러시아, 터키, 오스트리아 등의 제국이 사라지고 민주국가나 전체주의 국가가 등장했다. 유럽의 세력이 쇠퇴하고 미합중국과 러시아가 초강대국으로 등장했다. 공산권인 중국과 석유 생산국인 아랍권이 이 두 강대국의 주도권을 위협하는 듯하다. 세계 인구의 3분의 2 이상을 차지하는 지역이 민주주의 대신 전체주의 국가가 되었다. 제2차 세계대전에서 독일, 이탈리아, 일본 등이 패배하고 1989년에 러시아와 동유럽의 공산주의가 붕괴함으로써 이러한 통치가 파괴되었다. 제2차 세계대전으로 말미암아 유럽 강대국들의 식민제국들이 붕괴했고, 1945년 이후 많은 제3세계 국가들이 등장했다.

　1914년부터 현재에 이르는 기간에 주요한 정치적 변화들이 발생했다. 제2차 세계대전으로 무솔리니의 파시즘, 일본의 제국주의, 그리고 독일의 나치즘이 붕괴했다. 제2차 세계대전 이후 식민제국들이 쇠퇴하면서 아프리카와 아시아에서 자유민주국가들이 증가했다. 1917년부터 공산주의 아래 지속해 온 동유럽의 오랜 바빌론 유수가 1989년에 종식되었다. 1989년 2월에 러시아가 아프가니스탄에서 철수하고, 6월에 폴란드에서 레흐 바웬사(Lech Walesa)의 자유 노조가 승리하고, 11월에 베를린 장벽이 무너지고, 12월에 체코슬로바키아에서 바츨라프 하벨(Vaclav Havel)이 대통령으로 당선되고, 12월에 루마니아에서 차우셰스쿠가 처형되면서 러시아와 동유럽의 공산주의가 무너졌다.

　정치적 민족주의는 1, 2차 세계대전 이후 등장한 국제적 협력 대신에 경제적 민족주의를 고취하고 있는 듯하다. 인구가 많고 세계 석유의 사 분의 삼 이상을 지배하고 있으며 이슬람교를 신봉하는 아랍 세계가 석유를 무기로 사용할 경우 경제적 재앙이 초래될 위험이 있다.

　종교적으로 큰 변화들이 발생해왔다. 자유주의 신학, 신정통주의 신학, 그리고 급진 신학의 쇠퇴, 그리고 주류 교회 신자들의 감소와 대조적으로 아시아의 환태평양 지역과 아프리카와 라틴아메리카에서 복음주의 교회들이 등장하여 성장했다. 이 지역들과 북아메리카에서 파라처치 조직과 대형교회들이 등장했다. 1901년 이후의 오순절 신앙부흥, 1960년대 주류 교파의 은사주의운동, 그리고 1980년대의 제3의 물결 운동 등이 성령의 사역에 대한 새로운 관심을 나타냈다. 교회의 성장과 제3세계 선교사들의 증가로 말미암아 기독교는 세계 최대의 종교가 되었다. 개발도상국에서 진보적인 에큐메니컬 세력들은 해방신학과 혁명을 포용함으로써 사회 개입을 지원해주었고, 정치화되었다. 여성들을 성직에 임명함으로써 교회 안에서 여성에게 중요한 역할을 주었다.

　1950년 이후 약 천만 명의 신자들이 순교하는 유례없는 박해에도 불구하고 이러한 일들이 발생했다. 1992년에 약 30만 명이 순교했고 제2차 세계 대전 이후 매년 평균 15만 명 이상이 순교한 것은 기독교에 대한 심각한 박해를 보여준다.

　과거 유럽에서 종교개혁의 정착에 도움을 주었던 민족적인 영주 지상주의(최고의 교회권을 속권〈俗權〉에 귀속하려는 교회 정책, territorialism) 국가들은 매우 세속화되었다. 미합중국에서는 대법원의 정의에 따라 종교에 중립적인 태도를 보였고, 전체주의 국가들은 적대적인 태도를 보였고, 일부 국가들은 박해를 가하기도 했다.

　선교사역의 확장으로 형성된 세계적인 교회는 과거 교회의 책임인 동시에 권리와 특권으로 생각했던 분야에 대한 국가의 표면적인 개입에 대처해야 했다. 사회복지와 관련된 입법의 증가가 이러한 세속국가의 세력과 기능의 성장을 자극했다. 이러한 입법 조처의 출발점은 1539년에 수도원들이 철저히 와해했을 때 수도원을 빼앗긴 수도사들을 국가가 도와주어야 했던 데 있다. 교회가 수도사들의 자선사업을 통해 돕던 사람들을 국가가 도와야 했다. 노동자들의 정치력 증가로 말미암아 그들의 이익을 위한 법의 통과가 강요되었고, 그 법의 시행이 국가의 세력을 강화해주었다. 20세기에 발생한 두 차례의 세계대전 때에 승리하기 위해 국가는 모든 인적 자원과 물적 자원을 통제했다. 이처럼 전쟁 때에 필요했던 권력은 전쟁이 끝난 후에도 지속되었다. 세속적인 강력한 전체주의 국가는 어떤 반대도 허용하지 않았고, 국민이 국가에 대한 충성에서 이탈하는 것도 허락하지 않았다. 교회가 직면한 가장 큰 문제는 강력한 세속 국가나 적대적인 국가가 종교에 가하는 위협이었다.

1. 세계대전과 혁명의 와중에 있는 교회

19세기와 20세기 초에 세계평화라는 사상을 촉진하는 진취적인 운동들이 발생했다. 하나님의 부성과 인간의 형제애를 강조하는 사회복음과 자유주의 신학은 세계평화를 위해 일하려는 경향을 촉진하는 데 도움을 주었다. 반전론자들의 집단들도 평화운동에 영향을 주었다. 아메리카 평화협회(America Peace Society, 1828)는 국가적인 평화협회들을 연합하여 세계 평화를 위해 일할 국가적인 조직이 되었다. 그 협회는 자기방어를 위한 전쟁 외의 모든 전쟁을 비난했고, 국가들의 문제를 평화적으로 해결하기 위해 중재조약을 체결하기 위한 협상을 지원했다. 1914년에 미국 국무부는 거의 50개의 중재 조약을 협상하여 타결했다. 주로 교회들의 지원을 받은 국제평화회의가 1889년에 파리에서 개최된 최초의 회의를 시작으로 1913년까지 매년 개최되었다. 그중 중요한 평화회의는 1889년의 헤이그(Hague) 회의이다. 그 회의에서 국제 분쟁을 중재할 법정을 설립했다. 1910년에 엔드류 카네기(Andres Carnegie)가 카네기국제평화기금(Carnegie Endowment for International Peace)을 설립했다.

미국교회들의 입장은 1898년 5월 7일 자 *Outlook*에 게재된 사설에 요약되어 있다. 교회들은 전쟁이 옳은 것인지 아닌지를 결정한 후에 국가적 사기를 북돋고 고통당하는 사람들을 구제하며 전쟁이 끝난 후에 발생하는 도덕적 타락을 예방하기 위해 일해야 했다.

1914년에 전쟁의 발발로 말미암아 평화와 관련된 낙관주의가 어느 정도 쇠퇴했지만, 미국교회는 윌슨의 중립선언을 지지했다. 그들은 독일과 그 동맹국에 전쟁의 책임이 있다고 주장하면서도 전반적인 유럽의 배금주의, 부도덕, 영적으로 소중한 것들을 등한히 한 것 등이 전쟁 발발에 기여했다고 여겼다. 미국은 적십자를 통해서 고통받는 사람들을 돕는 동시에 전쟁으로부터, 심지어 평화로부터 격리되어야 했다.

이 전쟁을 훈족이 파괴하려는 기독교 문명을 구하기 위한 투쟁이라고 영적으로 해석하여 선전하는 동안 종교적인 견해가 차츰 변화되었다. 1916년 미국 장로교 목사들의 투표 결과는 대부분이 자기방어를 위한 무장에 찬성하고 있음을 나타내준다. 1917년 초부터 교회들은 교회 안에 기독교의 깃발과 국기를 비치했다.

교회에서 전쟁을 반대하는 태도나 중립적인 태도가 사라지고 전쟁을 인정하게 되었으며, 교회들은 정부의 대리인이 되었다. 유명한 성직자들은 무력을 하나님의 나라를 이룩하는 도구로 인정했다. 교회들은 군대에 군목들을 파견했다. 그들은 붕대 감는 일을 하거나 기부금을 내어 적십자를 지원했다. 설교자들은 유럽에서 진행되고 있는 전쟁의 특성에 대해 설교하면서 청년들의 군대 지원을 적극적으로 권했다. 심지어 일부 목사들은 예배 때에 전쟁 채권을 판매했다. 어떤 목사들은 잔인한 선전을 했다. 어느 유명한 목사는 독일 군인들을 "방울뱀" 또는 "하이에나"라고 불렀다. 전쟁 중에는 독일의 고전 음악이 금지되었다. 양심적인 병역 거부자와 자유로운 발언을 옹호하는 사람들이 전쟁을 반대하다가 공격을 받았다. 간단히 말해서 교회는 그 전쟁을 거룩한 십자군 전쟁으로 인정하고 지원했다.

제1차 세계대전 이후 국가들이 평화를 확보하는 데 실패한 것, 민족주의의 성장, 후일 유럽 국가들이 미국에 대한 부채 상환을 거부한 것, 전쟁 중 무기판

팔레스타인에 유대인 거주지를 확보하기 위해 시온주의 운동을 시작한 테오돌 헤르츨

매와 관련하여 1935년 군수산업조사특별위원회(Nye Committee)의 기밀 누설 등으로 말미암아 미국교회는 전쟁에 환멸을 느꼈다. 많은 진보적 목사들과 평신도들이 반전론자가 되었다. 실제로 1931년의 투표에서 모든 교파에서 참가한 2만 명 이상의 성직자 중 1만 2천 명 이상이 앞으로 교회는 전쟁을 인정하거나 지원하지 말아야 한다고 주장했다. 그러나 전쟁에서 승리한 연합국의 교회들은 유럽 대륙의 빈곤한 교회를 돕는 과업을 등한히 하지 않았고, 구제와 재건을 위해 많은 돈을 기부했다. 1919년부터 1939년까지 교회는 군비축소, 그리고 전쟁을 불법으로 선언하는 일을 지원했다.

제2차 세계대전 이전에 독일과 같은 전체주의 국가의 교회들은 정치 문제에 침묵하고 기독교의 영적 메시지에 전념하거나, 전체주의의 교의를 기독교 신앙과 혼합하거나, 또는 전체주의 국가에 반대하여 그에 따르는 박해를 감수해야 했다. 니묄러(Niemöller) 목사가 이끈 독일 성직자들은 위의 조건 중 마지막 조건을 택하여 저항하다가 고난을 겪었다. 이러한 국가의 기독교인들은 초대 시대에 신앙 때문에 로마의 박해를 받은 기독교인들의 재난을 이해할 수 있었다.

본회퍼(Dietrich Bonhoeffer)와 니묄러는 나치에 반대했기 때문에 투옥되었다. 일본의 교회들은 1941년에 통합하여 교단을 형성했고, 러시아정교회는 전쟁을 지지했다.

유대인들은 1905년에 러시아에서 출판된 『시온 장로의 의정서』(*The Protocols of the Elders of Zion*)가 조장한 반유대주의 때문에 고난을 겪었다. 헤르츨(Theodor Herzl, 1860-1904)은 팔레스타인에 유대인의 내셔널 홈을 건설한다는 목표로 시온주의운동을 시작했다. 팔레스타인에 유대인들을 위한 내셔널 홈 건설을 약속한 1917년의 밸푸어 법(Balfour Act)은 많은 유대인들의 지지를 받았다. 제2차 대전 중에 유럽에서는 6백만 명의 유대인이 홀로코스트에서 나치에 의해 학살되었다. 전쟁이 끝난 후 팔레스타인으로의 이주가 계속되면서 1948년에 이스라엘은 주권 국가로서 독립을 선언했다.

제2차 세계대전 당시 민주국가의 교회들은 제1차 세계대전 때보다 신중하게 전쟁에 접근했다. 1914년에 행동했던 것처럼 전쟁을 "성전"(聖戰)으로 만들려 하지 않았고, 그러한 호소를 거부했다. 노르웨이와 네덜란드처럼 추축국에 점령된 국가의 신자들은 신앙 때문에 고난을 받았다. 교회는 제1차 세계대전 때와는 달리 양심적 병역 거부자들을 도와주었다. 어쩔 수 없이 전쟁을 지원하기도 했지만, 그것은 이상주의적 목표에 기초한 것이 아닌 국가의 생존이라는 사상에 기초한 것이었다. 전쟁에서 어느 편에 서든지 모든 기독교인의 일치 의식이 유지되었다. 전쟁이 끝났을 때 미국의 주요 개신교 교파들이 전쟁 중 유럽에서 파괴된 교회들을 재건하고 구제하기 위해 1억 불 이상을 모금하기로 약속했다.

런던 세인트 폴 교회 근처의 폭격당한 교회에서 청소하기 전 기도하는 모습. 모인 사람들은 런던 공병대원들이다. 사진은 제2차세계대전 중 1941년에 촬영한 것이다.

교회는 제1차 세계대전 때와는 달리 제2차 세계대전 때에는 양심을 속이며 전쟁을 성전(聖戰)으로 인정하지 않았고, 전 세계 기독교인들의 근본적 일치를 주장하고 서로 미워하는 경향을 거부했다. 그러면서도 군목을 파견하고 적십자를 지원했다. 또 전쟁 중에는 가난한 사람들과 고통받는 사람들을 위해 봉사하고 전쟁이 끝난 후에는 교회들을 재건하는 일에 주력했다. 존 포스터 덜레스(John Foster Dulles)는 공정한 평화조약을 위해 미국교회와 국무부가 합력하여 노력하도록 도왔다. 교회들은 제2차 세계대전과 한국전쟁을 "공정한" 전쟁으로 간주했지만, 많은 성직자는 미국이 월남전에 참전하는 데 반대했다.

2. 교회와 국가의 긴장 관계

1) 민주국가의 경우

민주국가의 교회들은 심하게 박해를 받거나 순교하는 일이 없었지만, 국가가 세속화되며 세금부과와 규제를 통해 개인에 대한 지배를 강화함에 따라 교회와 국가의 실질적인 관계가 팽팽해졌다. 여러 형태의 분리, 또는 종교의 자유를 포함하는 국교회 제도가 발달했다.

1. 미합중국은 수정헌법 제1조에 따른 대법원의 결정에 기초한 "정교 분리의 벽"(wall of seperation) 형태를 따랐다. 수정헌법 제1조는 특정 종교를 옹호하거나 자유로운 종교 행위를 위협하는 것을 금지했다. 제6조는 공직을 지원할 때 종교적인 시험을 금했다.

"정교 분리의 벽"이라는 원리는 1879년에 자유로운 종교 활동으로 인해 공공의 복지를 위협하는 행동이 초래되지 않을 것이라는 규정을 지닌 "레이놀즈 대 미합중국" 사건 판결에서 선언되었다. 1940년의 "캔트웰 대 코네티컷" 사건에서 법원은 미국의 주 정부들은 수정헌법 제1조에 어긋나는 법을 제정할 수 없다고 판결했다. 1947년 "에머슨 대 교육국" 사건에서 대법원은 교구 부속학교의 학생들을 국가의 비용으로 통학시키는 것이 "정교 분리의 벽"을 침해하는 것이라고 판결했다. 또 1948년 "매컬럼 대 교육국" 사건에서는 수업 시간에 공립학교 교사들을 종교 교육에 활용하는 것이 불법이라고 판결했다. 1963년 "셈프 대 애빙던 학구" 사건 판결에서는 정부가 인정한 자발적인 성경 읽기를 인정하지 않았고, 1962년 "엥겔 대 비테일" 사건 판결에서는 주 정부가 인정한 공동기도회를 금지했다. 이러한 판결들이 특정 종교를 국교화하는 것을 금지하면서 국가와 공교육을 중립적으로 만들었기 때문에 공교육 내에 도덕적 진공상태가 발달했던 것처럼 보이며, 성경과 반대되는 교육이 이루어지는 길이 열렸다.

2. 독일, 영국, 그리고 스칸디나비아는 국교회를 채택하는 국가와 교회의 결합 형태를 취하면서도 비국교도들에게 신교의 자유를 허락했다. 교회 지도자들을 임명할 때나 신앙의 표준을 바꿀 때는 정부의 승인을 받아야 했다. 이것은 1928년에 영국의 교회 지도자들이 『공동기도서』(Book of Common Prayer)를 개정하려 했을 때 정부가 인정하지 않은 데서 분명해졌다. 캐나다는 국교회를 갖지 않지만, 퀘벡은 신자들의 수에 비례하여 개신교 학교와 가톨릭 학교에 공금을 배당해왔다.

2) 전체주의 국가들의 경우

17-18세기에 프랑스와 영국, 그리고 13개 식민지에서 발생한 여러 차례의 혁명은 과거 전원적 체계에서 국민이 소유하고 있던 권력을 돌려주려 했다는 점에서 민주적이고 낙원적이었다. 국가는 국민이 투표로 가장 훌륭한 정책을 소유한 정당을 선출할 수 있는 다당제 체계와 헌법의 제한을 받았다. 자유에 관한 법과 사법부가 개인이 자유롭게 종교생활과 사회생활을 할 수 있게 해주었다.

전쟁 때에는 민주주의 국가도 징집법, 배급법, 그리고 "영토 방어"에 관한 법으로 제한했지만, 좌익이든지 우익이든지 제1차 세계대전 이후에 등장한 전체주의 국가들은 막강한 권력을 지녔다. 이 국가들은 전혀 제한을 받지 않고 법을 제정하는 개인이나 엘리트 집단이 이끄는 지고한 유토피아를 기대했다. 무한 통치권을 지닌 정당이 선전과 비밀경찰에 의해 대중을 통제하며 국가의 복지를 목적으로 통치했다. 거기에는 공권과 사적인 권리의 구분이 없고 권리장전도 없었다. 좌익 국가는 개인적으로 물건을 생산하는 것을 금지했다. 중국, 러시아, 쿠바 등 좌익 공산주의 국가들은 독일과 이탈리아와 같은 우익 전체주의 국가들보다 더 거칠게 교회를 다루었으므로 이 국가들에서 더 많은 순교자가 발생했다.

민주 진영에서는 유고슬라비아 같은 민족주의적 공산주의나 남아메리카의 우익 국가들보다는 국제적이고 공격적인 러시아의 공산주의, 히틀러가 이끄는 독일의 우익 인종차별주의를 더 반대했다. 왜냐하면, 이것들이 세계의 평화를 위협했기 때문이다. 이 반대 때문에 제2차 세계대전과 냉전이 시작되었다.

스페인, 포르투갈, 퀘벡, 미합중국 등을 제외한 세계 전역에서 가톨릭교회가 큰 손실을 보았다. 1933년의 정교 협약에도 불구하고 독일의 나치 독재는 독일 내의 가톨릭교회를 약화했다. 1917년에 발생한 공산주의 혁명은 러시아에서 가톨릭교회의 영향력을 완전히 제거했다. 1939년 이후 러시아가 에스토니아, 라트비아, 리투아니아, 체코슬로바키아, 폴란드, 헝가리, 불가리아, 루마니아, 쿠바, 중화민국 등을 위성국가로 삼으면서 가톨릭교회 지도자들에 대한 박해가 시작되었다. 라틴아메리카의 여러 국가에서는 지식인들이 교회를 떠나고 교회에 무관심해졌다. 노동자와 농민들은 수백 년 동안 받아온 사회적·정치적·경제적 약탈에 맞서 반란을 일으켰다. 가톨릭교회는 국가의 통치자들과 제휴하고 있다. 따라서 교육을 받고 개화되어 교회가 약탈자들의 편임을 깨달은 백성들은 교회에 등을 돌릴 것이다. 높은 경제 수준에 도달하기를 원하는 멕시코의 민족주의 정부는 가톨릭교회의 권력을 제한하고 정치적 영향력을 제거하려 해왔다. 라틴아메리카의 가톨릭교회는 수백 년 동안 유지해오던 종교적 독립을 상실하고 있는 듯하다. 그러나 많은 사제가 불평등을 해소하기 위해 대체로 좌경의 혁명적인 사회 변화와 경제적 변화를 옹호하며 심지어 지원하기 시작했다.

가톨릭교회는 이러한 손실을 상쇄하기 위해서 미합중국을 비롯하여 도움을 청할 수 있는 민주주의 국가에서 자신의 위상을 강화하려고 노력해왔다.

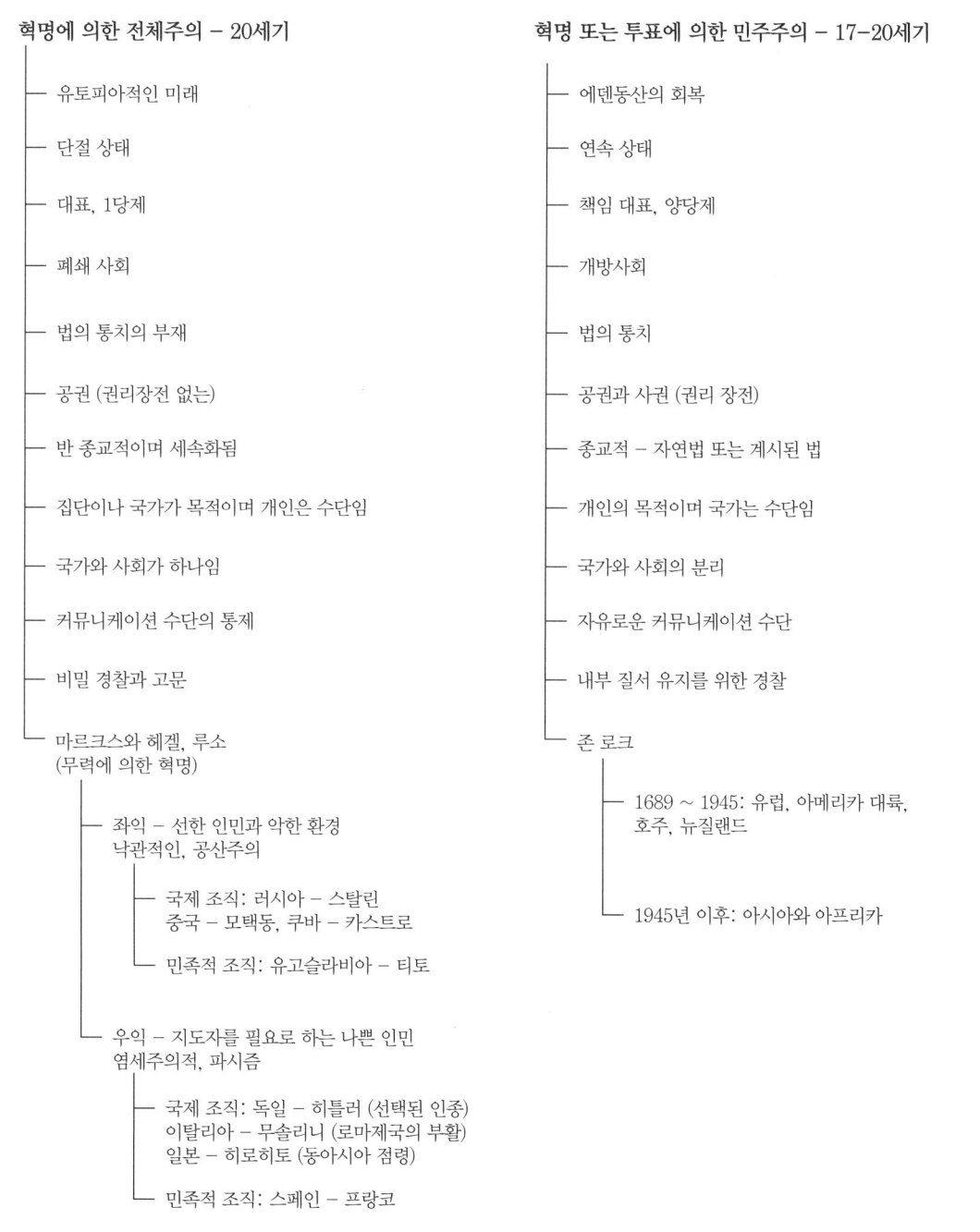

외딴 섬에서의 세례식. 제2차 세계대전 중 종군목사는 대평양의 오딴 기지에 주둔한 해안 경비대의 요청을 받아들여 매주 일요일 오후에 산속 샘에서 세례식을 거행했다.

가톨릭교회는 미합중국이 세계의 질서 유지 책임을 져야 한다는 것을 알고 있다. 바티칸 주재 미국 대사를 확보하고 미국인 추기경의 수를 늘리려는 시도는 미국 가톨릭교회에 대한 지지를 확보하려는 목적에서 비롯된 것인 듯하다.

1940년대 초에 미국 국무부는 남아메리카의 국가로 출국하려는 개신교 선교사들에게 여권을 발급하지 않았다. 그 이유는 그들이 선린정책(Good Neighbor Policy: 1933년에 루스벨트 대통령이 채택한 정책)을 위험하게 만들려 한다는 것이었다. 그러나 개신교인들은 적극적인 행동으로 이 조처를 물리쳤다. 미합중국 내의 가톨릭교회 세력은 가톨릭 영화심의위원회(Roman Catholic Legion of Decency)가 음란한 영화나 가톨릭에 반대하는 영화에 대해 이의를 제기했을 때 헐리우드가 그들과의 대항을 피한 데서 증명된다. 미국 언론에는 가톨릭교회에 불리한 기사가 전혀 등장하지 않았다. 오히려 많은 부분에 가톨릭교회에 유리한 기사가 게재되었다. 현재 미국에는 200개가 넘는 가톨릭대학과 약 200개의 신학교가 있다. 미합중국을 비롯하여 전 세계의 가톨릭교회는 개신교보다 더 노동자들의 환심을 사려고 노력해왔다.

가톨릭교회는 자신이 신앙과 도덕에 관련된 일에서의 최종적 권위라고 주장해왔다. 또 가톨릭교회 성직자들은 성례를 통해 구원을 줄 수도 있고 보류할 수도 있다고 주장해왔다. 왜냐하면, 성직자들만 성례를 베풀 수 있기 때문이다. 이 권위주의적이고 성직정치적이고 성례주의적인 체계는 교인들 위에 군림한다는 점에서 본질상 전체주의적이다. 이성적으로는 교회에 대한 충성이 다른 충성보다 우선한다. 그러나 실제로 미합중국 같은 국가의 가톨릭 신자들은 이 주장을 수정했다. 교회에 대한 우선적인 충성을 주장하기 때문에 가톨릭교회는 전체주의 국가에서 박해를 받았다. 전체주의 국가들은 근본적으로 반종교적이고 가톨릭교회는 최소한 우호적인 국가를 요구하므로, 평화로운 공존이 문제가 된다. 이런 까닭에 교황은 전체주의적 공산주의를 대적하기 위해 가능한 모든 무기를 사용해왔으며, 민주주의 국가들의 지원을 받기 위해 노력해왔다.

1. 전체주의 국가에 대한 가톨릭교회의 적대감은 전체주의 자체에 대한 것이 아님을 알아야 한다. 교황권의 권리를 인정한다면, 교황권은 전체주의 국가와 협력할 것이다. 이것은 교황권의 최근 역사에 의해 증명될 수 있다. 이탈리아가 교황령 주들과 로마를 합병하자(1870) 피우스 9세는 자원하여 바티칸에서 감옥생활을 하며 이탈리아에서 가톨릭 신자들이 투표에 참여하거나 관직에 종사하여 민주적 왕국에 협력하는 것을 금했다. 1929년에 라테란과 독재자 무솔리니가 협정을 맺으면서 교황권은 이탈리아에 대한 적대감을 완화했다. 무솔리니는 피우스 11세가 바티칸국을 세워 대사들을 파견하거나 받아들이는 것을 허락했고, 가톨릭교회를 이탈리아의 유일한 종교로 인정했

다. 교황권은 그에 대한 보상으로 스페인의 프랑코와 포르투갈의 살라자르(Salazar)의 독재를 지지했다. 교황권은 1933년에 히틀러와 정교 협약을 맺고 타협했다. 교황은 회칙에서 이 두 국가를 비난했지만, 유대인을 말살하려는 독일의 시도에 항의하지 않았다.

큰 독재정권뿐만 아니라 작은 규모의 우익 독재정권들도 개신교의 종교생활에 개입했다. 히틀러는 1933년에 교황권과 맺은 정교 협약에서 교회의 독립 및 가톨릭 신자들이 신앙을 고백하고 종교생활을 할 수 있는 자유를 보장했지만, 1933년 이후 개신교인들에게는 그만큼 관대하지 않았다. 1933년에 루트비히 뮐러(Ludwig Müller)를 감독으로 하는 독일복음주의교회(Deutsche Evangelische Kirche)가 세워졌다. 카를 바르트(Karl Barth), 니묄러(Martin Niemöller), 본회퍼(Dietrich Bonhoeffer) 등이 이끈 독일고백교회(German Confessional Church)는 1934년 5월에 바르멘 선언(Barmen Declaration)을 발표했다. 이것은 대부분 바르트가 작성한 것으로서 신앙과 삶의 척도인 성경과 교회 안에서의 그리스도의 권위를 확인하며, 국가가 종교생활의 주권을 소유한다는 주장을 거부했다. 니묄러는 전쟁이 끝날 때까지 투옥되어 있었다.

히틀러는 유대인을 박해했고 독일의 문제들을 대신할 희생양으로 삼았다. 그는 교묘한 종족근절정책에 착수했다. 폴란드를 비롯한 여러 곳의 수용소에서 히틀러의 앞잡이들이 6백만 명 이상의 유대인을 학살했다. 이 숫자는 유대인의 삼 분의 일에 해당했다. 연합군이 수용소들을 장악한 후에 세상은 히틀러가 얼마나 무섭게 자신의 정책을 시행했는지 알게 되었다.

작은 독재국가에서도 개신교와 가톨릭 신자들이 고난을 받았다. 일본의 개신교회들은 1941년에 정부에 의해 강제로 통합되어 교단을 형성했다. 우간다에서는 성공회 대주교가 이디 아민의 수하들에 의해 살해되었고, 페스토 키벵게레(Festo Kivengere)를 비롯한 기독교인들이 망명을 떠났다. 차드(Chad) 공화국은 과거에 성행하던 이교 관습인 욘도(yondo)가 부활하면서 교회를 박해하기 시작했고, 결국 독재자는 쫓겨났다. 세계 여러 지역의 기독교인들은 데키우스 황제와 디오클레티아누스 황제 시대에 초대교회가 겪은 일을 알고 있다.

  2. 좌익 전체주의적 공산주의는 훨씬 가혹하게 교회를 박해했다. 많은 사람이 신앙 때문에 순교하거나 투옥되거나 고문을 당했다. 공산주의는 서양 문명에 큰 해를 초래한 세속주의와 유물론, 또는 전쟁만큼이나 교회에 큰 위협이 되고 있다. 이 위협과 비교할 수 있는 것으로 로마제국이 초대교회에 가한 반대, 7~8세기에 지중해 지역에서 기독교 대신 이슬람교가 전파된 것을 들 수 있다. 공산주의는 근본적으로 국제적인 신앙 또는 종교이기 때문에, 그리고 현대 문명이 지닌 여러 가지 문제에 대한 유일한 해결책을 가지고 있다고 주장하기 때문에 위험하다. 1949년에 공산주의가 중국을 점령함으로써 공산주의의 위협이 더 분명해졌다. 자유 진영에서 가장 큰 공산당은 이탈리아와 프랑스에 있다. 공산주의가 전 세계 인구의 삼 분의 일을 통제하고 있다.

  공산주의는 그 철학의 근저에 있는 유물론적 무신론 때문에 기독교에 적대적이다. 마르크스주의자들이 볼 때 종교는 약탈당하는 사람들을 내세에서는 더 좋은 생활을 할 수 있다는 희망을 갖고서 현세의 고된 삶에 만족하게 하는 "아편"이다. 제정 러시아 시대에 러시아정교회가 국가의 압제 정책에 개입되었기 때문에 러시아의 공산주의는 종교를 적대적으로 대한다. 제정 러시아를 몰락시킨 공산주의자들은 정교회도 파괴하려 했다. 이는 정교회가 그들이 증오해온 체계의 일부이기 때문이다.

  공산주의자들은 정부 조직과 800만 명이 넘는 공산당원을 통해서 2억 명 이상의 러시아인들을 통제할 수 있었다. 그러므로 기성종교에 대한 러시아 공산주의자들의 태도가 중요하다. 1917년에 러시아에 1억 명 이상의 정교회 신자가 있었는데, 그들은 관료주의적이고 부유한 성직정치에 의해 통치되고 있었다.

공산주의자들은 1917년 10월 혁명으로 정권을 장악했다. 1918년의 헌법에서 종교적 선전이나 반종교적 선전을 전파하는 자유를 보장했음에도 불구하고, 그때부터 1923년 초까지 그들은 직접 교회를 공격했다. 1917년에는 전혀 보상하지 않은 채 정교회의 재산을 몰수했다. 국가는 예배를 위해서만 교회를 사용할 것을 허락했다. 성직자들과 수도사들의 면책특권이 박탈되었는데, 이는 그들이 노동하거나 식량 배급 카드를 받을 수 없음을 의미했다. 신학교에서 어른들에게 신학을 가르치는 것 외에는 각급 학교의 종교교육이 금지되었다. 결혼식은 국가 관리들이 주관해야 했다. 그러나 교회가 총대주교를 선출하는 것은 허락되었다.

1921년에 순수한 공산주의가 경제적으로 실패했으므로, 국가는 생산을 유지하기 위해서 자본주의의 일부 특성을 회복시켜야 했다. 이 일이 종교정책의 변화를 이루는 데 도움이 되었다. 1923년에는 직접적인 공격 정책 대신에 종교를 믿을 수 없는 것으로 만들기 위한 선전이 강조되었다. 예배에 사용되는 물건들을 웃음거리로 삼는 반종교적 축제가 거행되었다. 1925년에는 무신론적 선전을 보급하기 위해 "전투적인 무신론자 연맹"(League of Militant Atheists)이 결성되었다.

1923년부터 1927년까지 계속된 조롱과 무신론적 선전은 성공하지 못했다. 따라서 러시아 정부는 기독교 문화를 질식시키며 직접 공격하고 반종교적 교육을 하는 것을 포함하는 프로그램을 채택했다. 그것은 1928년부터 1939년까지 시행되었다. 남아있는 소수의 교회는 전도하거나 기독교 교육을 할 권리를 박탈당하고 오직 예배드리는 것만 허용되었다. 1929년에 1천400개 이상의 교회가 폐쇄되었고, 정부가 그 건물들을 세속적인 목적에 사용했다. 1920년부터 1940년까지 주일 외에는 아무도 교회에 갈 수 없었다. 1929년에 종교의식을 거행할 자유와 반종교적 선전을 할 수 있는 자유를 마련하기 위해 헌법이 개정되었다. 이것은 사람들에게 기독교 신앙을 전하는 것이 금지되는 것을 의미했다. 학교에서 청년들과 어른들에게 무신론을 선전하는 자유가 주어졌다.

　호전적인 무신론이 기독교 신앙을 근절하지 못한 것, 1937년의 조사에서 러시아 국민의 절반가량이 하나님을 믿는다고 고백한 것, 그리고 위협적인 국제 상황 때문에 러시아는 1939년 이후 전략적으로 후퇴했다. 교회들이 다시 문을 열었고, 반종교적 축제가 폐지되었으며, 학교에서 무신론을 가르치는 것이 중지되었다. 1943년에 세르기우스(Sergius)가 러시아와 모스크바 총대주교 역할을 하는 것이 허락되었고, 1주일을 7일로 간주하는 관습도 복원되었다. 신학교가 다시 문을 열었고 정교회에 가해졌던 제한들이 사라졌다. 정부의 관점에서 볼 때 이렇게 양보한 것이 지혜로운 일이었음은 1941년에 독일이 러시아를 공격했을 때 교회가 정부를 지지한 데서 분명히 드러났다. 러시아교회는 신교의 자유를 소유했지만 완전한 종교의 자유를 소유하지 못했다.

　제2차 세계대전으로 유럽과 아시아에서 많은 영토를 추가하면서 러시아 공산주의가 출현했다. 발트 해 연안의 세 공화국, 폴란드, 체코슬로바키아, 헝가리, 루마니아, 불가리아 등이 공산주의의 지배 아래 놓였다. 각 국가에서 교회가 박해를 받았다. 어떤 경우에는 성직자들이 인민을 학대했다는 기록이 있으므로 인민이 박해를 지지했다. 티토가 이끄는 유고슬라비아의 민족주의적 공산주의도 교회를 박해했다. 중국교회는 공산주의 당국의 박해를 받았다.

　가톨릭교회는 공산주의를 반대했다. 1937년에 교황 피우스 11세는 『불타는 심정으로』(*Mit brennender Sorge*)라는 반나치 회칙을 발표했고, 1939년에는 무신론적 공산주의에 관한 회칙 『신의 구제』(*Divini Redemptoris*)에서 공산주의를 비난했다. 후일 가톨릭교회는 폴란드 국민으로 하여금 공산주의자인 고물카(Gomulka)를 국가의 지도자로 투표하게 함으로써 공산 정권에 어느 정도 적응한 것처럼 보였다. 폴란드 국민의 80%가 가톨릭 신자였다. 심지어 교황은 흐루쇼프의 사위를 바티칸에 받아들였다. 바티칸 문서에는 공산주의를 정죄하는 내용이 전혀 없다. 통치자들이 가톨릭교회가 백성들과 자유롭게 협력할 수 있게 해주는 한 가톨릭교회는 좌익이나 우익 독재 정권과 협력하려는 듯하다.

공산 국가에서 개신교인들의 상황도 좋지 않았다. 중국에서처럼 공산정권은 처음에 교회와 협력하는 것처럼 보였고, 교회에 "제국주의적" 세계와의 유대를 단절할 것만 요구했다. 1951년에 중국에서 발생한 "삼자 운동"(Three-Self Movement)은 교회를 자유롭게 두는 듯했지만, 교회의 재산을 몰수하고 성경과 종교 교육을 금지하는 방향으로 이어졌다. 체코슬로바키아의 흐로마드카(Hromadka) 같은 개신교인들은 국가에 복종하고 협력하는 것이 성경적이라면서 기독교인들이 공산주의자들과 대화해야 한다고 주장했다. 공산주의는 온갖 방법을 동원했지만, 종교를 없애지 못했다. 중국과 러시아를 비롯하여 철의 장막 뒤에 있는 국가에서는 종교가 수백만 명에게 위로가 되고 있다.

사람들이 진실과 공산주의 선전의 차이점을 식별하려면 기독교계가 이 새로운 정치적 신앙을 연구하여 그 본질을 파악해야 한다. 교회는 공산주의 형성에 도움을 주는 악을 없애려는 조처를 지원해야 한다. 공산주의는 가난과 고통이 있는 곳에서 가장 잘 번성한다. 왜냐하면, 그러한 상태의 완화를 약속할 수 있기 때문이다. 교회는 특수 집단의 도구가 되어서는 안 되며, 사회의 불의를 묵인하거나 장려해도 안 된다. 교회는 민주적인 자유 사회에서 가장 잘 성장할 수 있음을 인정하면서 특정 정치 질서나 경제 질서에 동화되지 말고, 복음을 전파하고 복음대로 살아야 한다. 특히 사회적 지위와 상관없이 교인들의 일관적인 기독교적 삶은 공산주의와 세속국가에 대한 교회의 가장 효과적인 대답이 된다.

3. 인종적이고 종교적인 민족주의

　미국교회는 1863년에 수정헌법 제13조에 따라 흑인들의 노예제도로부터의 해방을 지원했다. 그러나 20세기에는 흑인차별 문제에 무관심했다. 흑인들의 각성은 1906년에 전미유색인종지위향상협회(NAACP) 창립과 더불어 발달했다. 1949년에 트루먼 대통령은 군대와 공직에서의 흑인차별을 금지했다. 1954년 "브라운 대 교육국" 사건에서 대법원은 흑인들만 다니는 학교를 폐지하고 흑인과 백인이 함께 공부하는 학교제도를 시행하라고 판결했다. 1967년에 아이젠하워 대통령은 그 판결대로 실시하기 위해 알칸사스 주 리틀록에 연방군을 파견해야 했다. 현재 법원의 명령에 의해 (백인과 흑인 학생을 융합하기 위한) 강제 버스통학이 시행되고 있다. 1955년에 마틴 루터 킹의 주도로 버스 안에서 흑인과 백인이 구분하여 앉는 데 항의한 결과 1961년에 주간통상위원회(Interstate Commerce Commission)는 고속버스에 흑인과 백인의 좌석을 구분하는 것을 금지했다. 흑인들이 인종차별에 대해 연좌 항의를 벌인 결과로 흑인에게 식당, 공원 등 공공시설이 개방되었다. 1964년에 민권법(Civil Rights Act)이 이러한 조처를 강화했고, 피부색에 따른 차별을 금지했다. 1965년에 제정된 법은 흑인들의 투표권을 보장했다. 1968년에 제정된 주택법(Housing Act)은 흑인들에게 주택 공급을 개방했다.

　많은 사람, 특히 진보적인 신학 사상을 지닌 사람들은 이러한 운동을 지지했지만, 대부분의 백인 교회는 흑인들을 받아들이려 하지 않았다. 그러나 1965년 이후 이 면에서도 큰 발전이 있었다.

　남아프리카의 흑인들은 흑백분리정책의 종식을 요구하는 데 대한 교회의 반대에 직면했다. 그러나 그들은 어느 정도 양보를 받아냈다. 사람들은 흑인과 백인이 같은 시기에 각기 다른 방향에서 남아프리카에 이주했다는 것, 그리고 남아프리카가 흑인과 백인 모두의 고향이라는 점을 망각하고 있다. 1994년의 자유선거로 흑인이 다수를 차지하는 의회가 구성되었다. 오랫동안 투옥되어 있던 넬슨 만델라가 대통령이 되어 백인들과 함께 일하게 되었고,

흑인들의 인권을 위한 평화 행진을 이끌고 있는 마틴 루터 킹 목사와 아내 코레타. 침례교 목사인 킹은 온갖 종류의 압제에 대한 비폭력 항의를 옹호했고, 1964년에 노벨평화상을 수상했으며, 4년 휴 테네시주 멤파스에서 암살되었다.

흑인들은 경제적으로나 민주적으로 독자 생존이 가능한 남아프리카를 창조하게 되었다.

아프리카의 많은 흑인들은 백인 선교사들의 간섭 정치에 반발하여 독립된 흑인교회를 구성했다. 믿을 만한 통계에 의하면 1967년에 34개 국가의 290개 부족 안에 있는 독립흑인교회가 6천 개이고 신자들은 7백만 명이 넘는다고 한다. 그들은 종종 종말론적이거나 은사주의적이며, 원주민이 지도자로 사역한다.[1]

히틀러가 유대인을 인종적·종교적인 소수집단으로 다룬 데 대해서는 이미 다룬 바 있다. 아랍인들은 유대인 국가와 심각하게 싸웠다. 인도는 종교적 민족주의라 할 수 있는 이슬람과 힌두교의 경쟁 때문에 인도와 파키스탄으로 분리했다. 사이프러스의 정교회 신자들은 이슬람 국가인 터키에 반대했으며, 최근 북아일랜드에서는 가톨릭 신자와 개신교 신자들 사이에 전쟁이 벌어졌다. 이집트의 이슬람교도들은 콥트 기독교인들을 박해하고 있다. 1990년대에 수단에서는 이슬람 독재로 말미암아 50만 명의 기독교인들이 살해되었다.

아시아와 아프리카의 많은 신생 국가들은 선교사들의 입국을 금지하거나 선교부의 교육 시설, 인쇄 시설 등을 국유화했다. 차드 공화국에서처럼 많은 국가들이 민속종교의 부활을 지지하고 있다.

전쟁에 관한 교회와 국가의 관계, 국가의 권력, 종교적이고 인종적인 민족주의 등에 관한 문제들은 앞으로도 계속될 것이다. 물론 괄목할 만한 진보가 있었지만, 아직도 교회가 자체의 독립을 유지하며 온갖 종류의 학대에 대처하려면 할 일이 많다.

---

1) David B. Barrett, *Schism and Renewal in Africa* (Nairobi: Oxford University Press, 1968), 3, 6.

참고문헌

Abrams, Ray H. "The Churches and Clergy in World War II." In *The Annals of the American Academy of Political Science*. 256:110-19.

___. *Preachers Present Arms*. Scottdale, Pa.: Herald, 1969.

Blanshard, Paul. *American Freedom and Catholic Power*. 2d ed. Boston: Beacon, 1958.

Cochrane, Arthur C. *The Church's Confession Under Hitler*. Philadelphia: Westminster, 1962.

Curtiss, John S. *The Russian Church and Soviet State*, 1917-1950. Boston: Little, 1953.

Fey, Harold E. "Can Catholicism Win America?" In *Christian Century*, 19 November 1944 to 7 January 1945.

Howard, G. P. *Religious Liberty in Latin America*. Philadelphia: Westminster, ca. 1944.

Hutten, Kurt. *Iron Curtain Christians*. Translated by Walter G. Tillman. Minneapolis: Augsburg, 1967.

Kolarz, Walter. *Religion in the Soviet Union*. London: Macmillan, 1967.

Patterson, George N. *Christianity in Communist China*. Waco, Tex.: Word, 1969.

Pollock, John C. *The Faith of the Russian Evangelical*. New York: McGraw-Hill, 1964.

Rehwinkle, Alfred M. *Communism and the Church*. St. Louis: Concordia, 1948.

Stokes, Anson D. *Church and State in the United States*. 3 vols. New York: Harper, 1950.

Timasheff, Nicholas. *Religion in Soviet Russia*. New York: Sheed, 1942.

제39장
자유주의 신학, 신정통주의 신학, 급진신학 등의 쇠퇴

1865년 이후 자유주의가 발흥하면서 종교개혁 이후 지속하여온 복음주의의 신학적 합의가 1914년에 깨졌다. 1920년대 초에 자유주의 신학(그 후 신정통신학과 급진신학)이 대학, 신학교, 그리고 주요 교회의 강단을 지배했다. 진보적 신학교에서 교육을 받은 목회자들은 그러한 신학을 교회에 침투시켰다. 그레샴 메이첸(J. Gresham Machen)은 『기독교와 자유주의』(Christianity and Liberalism, 1923)에서 그것을 성경적 기독교와 관련이 없고 신조가 없는 새로운 신앙이라고 표현했다. 진 슈미트(Jean M. Schmidt)는 『영혼인가, 사회질서인가』(Souls or the Social Order, 1991)에서 제1차 세계대전 이후 분명해진 자유주의와 복음주의의 분기점을 제시했다. 1920년대에 근본주의자들은 자유주의를 대적했다. 신정통주의(1930년부터 1960년까지)와 급진신학(1960년부터 1990년대까지)에 이어 자유주의가 출현했고 복음주의자들을 대적했다.

19세기 말부터 20세기 초까지 복음주의 기독교에 대한 공격이 계속 증가했다. 철저히 보편적 본질을 지닌 기독교, 성령의 감동으로 된 무오하고 문자적인 계시를 통해서 알려진 절대적인 하나님, 그리고 그리스도에 관해 영감된 객관적이고 역사적인 계시의 타당성 등의 개념에 대한 도전이 제기되었다. 후일 그것들이 부인되고, 복음에 대한 주관적이고 내재적이고 인문주의적인 접근 방법이 환영을 받았다. 교회의 본질, 성경의 영감과 무오성, 교회에서의 성령의 역할, 그리고 종말론 등이 현대의 신학적 분쟁에 더 자주 등장한다.

19세기에 고전적 자유주의가 일어나 제1차 세계대전이 발생할 즈음에 절정에 달했다. 제1차 세계대전 때에 주요 신학교, 대학, 강단을 자유주의가 지배했다. 그것은 제1차 세계대전 이후 전쟁에 대한 두려움, 불경기, 그리고 신정통주의의 등장 때문에 몰락했다. 하나님의 편재, 주관적 계시, 그리고 인간의 노력을 통한 후천년설 등의 교리는 너무 소박하여 전쟁 이후의 도전에 대처할 수 없었다.

신정통주의는 1930년부터 1950년까지의 신학을 지배했지만 1960년대에 힘을 잃었다. 틸리히(Tillich)와 불트만(Bultmann)의 저서에서 신정통주의는 더 주관적이고 실존주의적인 경향을 나타냈다.

1960년대부터 1980년대까지 신정통주의 대신에 하나님 죽음의 신학, 콕스(Cox)와 로빈슨(Robinson)의 세속신학, 몰트만(Moltman)이 주장한 마르크스주의 경향의 소망의 신학, 해방신학, 흑인신학, 여성신학 등 급진적이고 인문주의적이고 상대주의적이고 세속적인 신학들이 등장했다. 그리스도를 통한 영원하신 하나님에 의한 구원이 아니라 세상에서 사람들을 통해 이루어지는 사회학적인 구원이 유행하는 듯하다. 그러나 부흥하고 있는 복음주의가 급속히 발달하여 자유주의 대신에 교회일치주의를 지향하는 경향을 도입했다. 조지 갤럽(George Gallup Jr.)은 이러한 추이에 감명을 받아 1976년을 복음주의자들의 해라고 불렀다. 1945년 이후 주요 교회들의 교인과 선교사들이 감소했지만 ,복음주의 교회의 교인들과 현장의 선교사들은 많이 증가했다.

교회는 이처럼 신학의 기원과 본질에 관한 내면적인 문제들 외에도 기독교계의 재통합을 원하는 에큐메니즘이라는 문제에 직면해왔다. 어떤 경우에

이 운동은 가장 작은 공통분모에 기초한 구조적 통일을 위해서 건전한 신학을 희생시켰다.

1900년이 되면서 자유주의 목사들이 강단을 점유함에 따라 하나님의 보편적인 부성과 인간의 형제됨이라는 사상이 신학교에서부터 평신도들에게까지 전파되었다. 어떤 사람들은 이러한 자유주의 신학의 뿌리를 스토아 사상에서 찾으려 했다. 그러나 그것은 독일과 스코틀랜드의 대학에서 독일의 관념론 철학과 성경비평을 공부한 미국인 신학생들에 의해 미국에 도입된 것이다.

1. 자유주의의 발흥과 와해

칸트의 철학이 진보적 사상의 주요한 근원이었다. 칸트는 진리에 두 차원이 있다고 생각했고, 생각이 하나님에 대한 인간 의식의 주관적 기록으로서 현상적 역사라고 주장했다. 성경을 하나님의 계시가 아닌 인간의 책으로 간주하여 과학적으로 연구해야 했다. 종교는 영혼, 하나님, 상과 벌을 동반하는 불멸 등을 실질적인 종교 사상으로 받아들일 것을 요구하는바 선악에 대한 인간의 본유의식이라는 전제를 지닌 고차원의 실천이성에 뿌리를 두었다. 이러한 내재론적인 신학적 접근 방법이 슐라이어마허에 의해 상세히 설명되었다. 슐라이어마허는 종교를 그리스도 안에서의 하나님에 대한 의존의식이라고 간주했다. 다윈의 진화론도 종교에 적용되어, 하나님에 대한 지식이 증가하는 주관적 진화의 과정이며 또한 발전적인 인간적 과정이 되었다.

자유주의자들은 세상에서 이상적인 인간적 질서를 향한 발전을 보장하기 위해 역사와 개인 안에 하나님이 내재하신다는 공통의 사상을 지녔다. 완전할 수 있는 인간이 주로 대면하는 문제는 그가 죄를 선택하는 환경이다. 그러나 그가 그리스도를 본보기로 삼으면 자기 자신과 사회질서를 향상할 수 있을 것이다. 자유주의자들의 견해에 의하면 성경에는 하나님에 대한 인간의 의식에 관한 주관적인 기록만 포함되어 있다. 교회가 후원하는 교육과 사

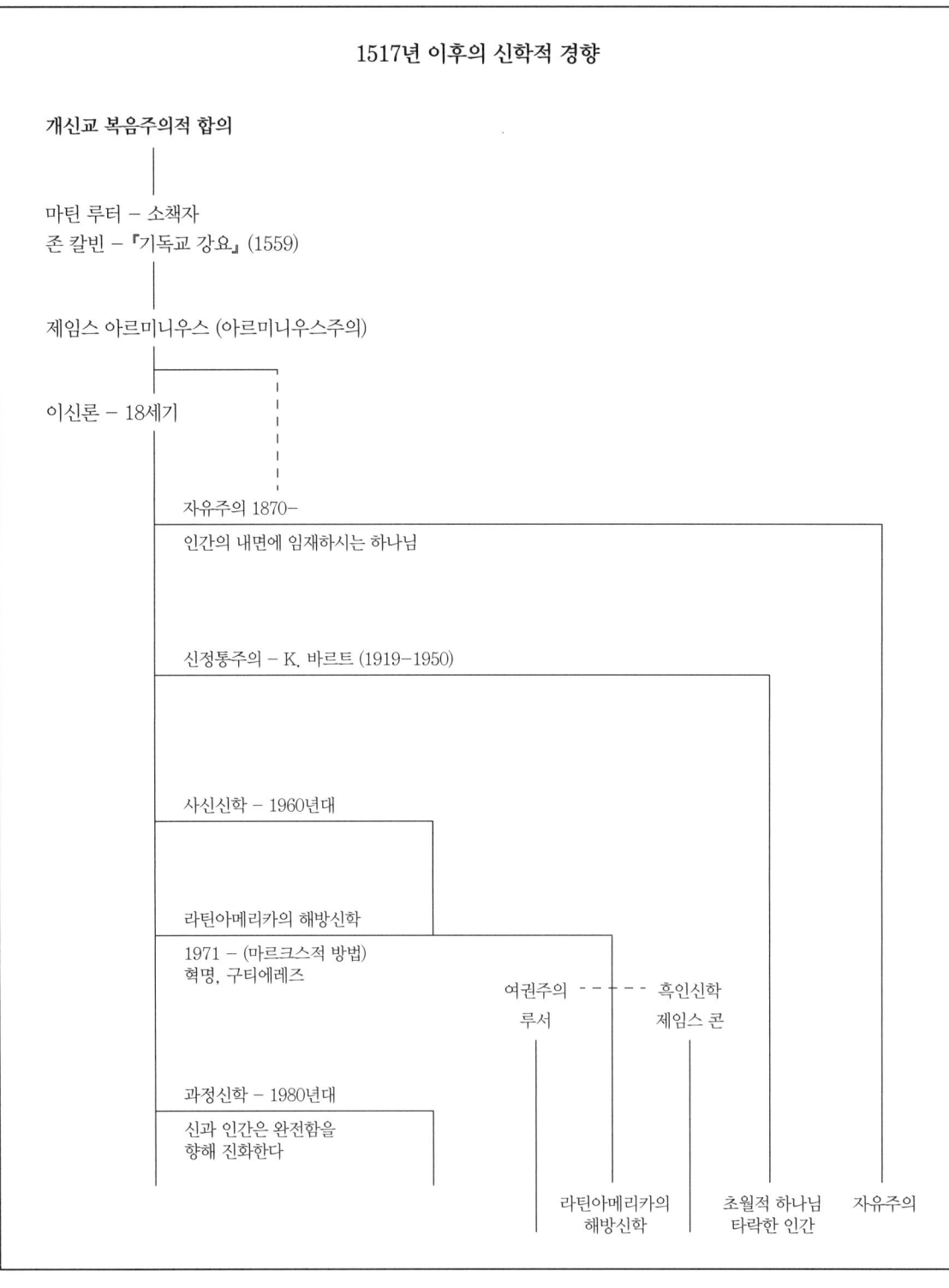

카를 바르트: 신정통주의신학을 창시한 스위스 신학자

회적인 행동은 장차 천년왕국이 끝난 후 그리스도가 재림하실 때 이상적인 사회 질서를 만들어낼 것이다. 대학과 신학교의 교수들, 대중적 인쇄물과 종교적인 인쇄물, 그리고 설교자들이 이러한 사상들을 전파했다. 해리 에머슨 포스딕(Harry Emerson Fosdick, 1878-1969)은 뉴욕 리버사이드 교회에서 이러한 사상을 전파한 대표적인 인물이다. 그가 1922년 5월 22일에 행한 "근본주의자들이 승리할 것인가?"라는 설교는 복음주의에 대한 도전이었다. 1919년부터 1929년까지 복음주의와 자유주의의 갈등이 특별히 격렬했다.

제1차 세계대전, 1929년의 대공황, 키에르케고르(Soören Kierkegaard, 1813-55)의 실존주의 신학이 카를 바르트와 그의 추종자들에게 미친 영향 등으로 인간의 노력을 통한 인간적 발전이라는 진보적 사상이 분쇄되었다. 바르트가 볼 때 하나님은 내재하시는 분이 아닌 초월적 존재이시며, 인간은 신적 불티를 지니고 태어난 존재가 아닌 악한 존재였다. 1930년에 자유주의의 영향이 감소했고, 보수적 진보 교단의 교인들, 영향력, 해외로 파송하는 선교사가 감소했다.

1975년 1월 하트포드 신학교에서 개최된 모임에 참석한 몇 명의 신학자들은 이러한 자유주의의 가정들을 비판했고, 이 진보적 경향의 신학자들이 이전에 복음주의자들과 연결지었던 교리로의 복귀를 요구했다. 이것은 1923년에 1,300명의 장로교 목사들이 서명한 어번 선언(Auburn Affirmation)의 역전이었다. 이 문서는 성경의 무오류성, 동정녀 탄생, 그리스도의 대속, 그리스도의 부활과 기적 등이 "필요한 기본" 교리가 아니라고 진술했었다.

2. 신정통주의 또는 위기의 신학

1919년부터 1950년 사이에 자유주의가 쇠퇴하고 신정통주의, 위기의 신학 또는 실존주의 신학이 대두했다. 신학교에서는 슐라이어마허, 리츨, 하르낙 등에 대한 연구 대신에 바르트의 『로마서 주석』(Commentary on Romans, 1919) 및 그 후의 저서들을 연구했다. 후일 더 과격한 실존주의자인 불트만과 틸리히가 바르트, 에밀 브룬너(Brunner), 라인홀드 니부어(Reinhold Niebuhr)의 뒤를 이었다.

두 차례의 세계대전, 대공황, 제1차 세계대전 이후 좌·우익 전체주의의 과격한 본성 때문에 자유주의는 갈수록 부적절하게 되었고, 신정통주의가 역사적으로나 신학적으로 더 바람직하다고 여겨졌다. 덴마크의 신학자 키에르케고르는 어려서 부친이 소년 시절에 하나님을 저주했고 결혼생활에 성실하지 못했다는 말을 들었다. 그는 올슨(Regian Olson)과의 약혼을 일방적으로 파기했고, 덴마크 국교인 루터교회 내의 영적 타락상을 보았다. 그리하여 그는 실존주의 신학 체계를 계발하기 시작했는데, 그것이 장차 신정통주의 사상가들에게 강력한 영향을 주었다. 인간적 절망이 그로 하여금 관계에 의한 과정이 아닌 "신앙의 도약"에 의한 개인적인 결단과 헌신 안에서 초월자이신 하나님과 관계를 갖게 했다. 하나님이 인간의 노력이나 이성과 상관없이 위기에 처한 인간을 대면하신다는 신(神) 개념이 신정통주의 안에서 다시 등장했다.

신정통주의의 창시자인 카를 바르트(1886-1968)는 스위스 바젤에서 태어나 독일에서 진보적인 신학교육을 받았다. 그는 진보적 경향의 독일 잡지사에서 잠시 작가 생활을 한 후 스위스에서 목사로 일했다. 그는 그곳 교구민들의 욕구와 자신이 배운 진보적 신학의 부적합성을 인식하고서 성경과 칼빈의 저서들을 읽기 시작했다. 그는 1921년부터 1935년까지 독일의 신학협회에서 가르쳤는데, 나치의 종교정책에 반대하다가 바젤로 돌아갔다. 그는 1962년까지 바젤 대학에서 강의했고, 그 후 은퇴하여 13권으로 이루어진 방대한 신학 서적인 『교회 교의』(Church Dogmatics, 1932-67) 집필에 몰두했다.

바르트와 그의 추종자들은 공통된 사상을 가지고 있었다. 하나님은 인간과 다른 "전적 타자"(wholly other), 영원히 초월하시는 거룩한 분이시다. 성경은 일반 책들처럼 비평을 받아야 하는 인간의 책이다. 성경은 본질에서 영감된 객관적이고 역사적인 계시가 아니라 계시에 대한 기록이요 증언이다. 성경은 위기의 순간에 개인에게 계시가 되는데, 그때 성령이 성경을 사용하여 하나님과의 개인적인 만남이 이루어지게 한다. 계시는 정보의 전달이 아닌 만남으로 이해되어야 한다. 거룩한 역사 또는 구원사와 역사가가 만들어낸 인간의 학문적 역사는 구분된다. 하나님은 인간사나 인간사 안에서의 사회적 구원에 관심을 두지 않으신다. 사람들은 그리스도 안에서 이미 구원으로 선택되었으며, 필요한 것은 이 사실을 깨달아 아는 것뿐이다. 이것은 보편구원론으로 이어진다.

복음주의자들은 바르트가 인간의 사악함과 하나님의 초월성, 그리고 성경신학을 강조한 것을 환영했다. 그러나 거룩한 역사와 세속 역사의 불연속성, 하나님에게서 임한 객관적이고 역사적이고 명제적인 계시를 거부한 것은 배격했다. 라인홀드 니부어를 제외한 신정통주의 사상가들은 사회적 책임에 관심을 기울이지 않았다. 그들은 합리적인 변증과 기독교적 증언에 호소하는 대신에 신앙을 맹목적인 도약으로 기술했다. 그들의 구세론에는 보편구원론의 요소들이 존재했다. 인간을 사악한 존재로 간주했지만, 그것은 역사적인 아담과 이브에 대한 "신화"에 기초한 원죄 때문이 아니라 자죄(自罪) 때문이었다. 신정통주의 사상가들도 과거에 사용되던 진보적 성경비평을 택했다.

에밀 브룬너(Emil Brunner, 1889-1966)는 이러한 사상들 대부분을 지지했다.

교회의 기능과 미래

복음주의	자유주의
성경은 하나님의 말씀이다	성경에는 하나님의 말씀이 담겨있다
유전에 의해 개인 안에 있는 죄	사회적 구조 – 환경 안의 죄
복음 전도 – 복음 선포	악을 고치기 위한 사회적 행동
칭의	정의
수직적: 믿음에 의한 하나님과의 관계	수평적: 인간에 대한 사랑
영혼의 영원한 구원	일시적인 육체적 행복을 위한 사랑
섬김을 위한 구원	섬김에 의한 구원
교회: 그리스도의 신부	인간의 노력에 의한 세상의 왕국
믿음	행위
개인 구원	사회의 개혁
무천년설 또는 전천년설	후천년설
초자연적 대격변적 종말	교회가 세상에서 인종차별, 전쟁, 불의, 불평등 등을 제거할 것이다
하나님은 초월적인 분이시다	하나님을 편재하신다
신생에 의한 개인의 변화	교육과 입법에 의한 사회의 변화
신학 강조	사회과학 강조
내세 지향	현세 지향
개인을 통한 간접적인 사회적 행동	교회에 의한 직접적인 사회적 행동
그리스도 중심	인간 중심
영적 확신	사회적 양심
역사를 초월하여 궁극적으로 인간의 문제에 대한 근접한 해결책	종종 사회주의적이거나 마르크스적인 최종적인 해결책
천년왕국 (에덴 동산을 되찾음)	유토피아적 질서
혁신	개혁 또는 혁명

그러나 그는 바르트와는 달리 자연 안에 있는 하나님의 일반계시를 일부 받아들였고 그리스도의 동정녀 탄생에 대해 바르트보다 덜 역사적인 견해를 주장했다. 라인홀드 니부어(1892-1971)는 자신이 맡은 디트로이트 교구의 자동차 제조 노동자들의 욕구를 충족시키기에 자유주의가 적합하지 못하다는 것을 깨달았다. 그는 『도덕적 인간과 부도덕한 사회』(Moral Man and Immoral Society, 1932)와 『인간의 본성과 운명』(Nature and Destiny of Man, 1941-43)에서 인간의 죄악성 및 그 파괴적인 정치적·경제적·사회적 영향을 지적했다. 그는 십자가 안에 있는 하나님의 사랑이 역사를 초월하는 해답을 주지만 인간의 내면에 있는 대속의 사랑이 인간의 사회적 욕구에 대해 가장 근접한 사회적 해답을 줄 것이라고 주장했다.

독일인 망명자로서 여러 해 동안 뉴욕 유니온 신학교 교수로 재직한 폴 틸리히(1886-1965)는 바르트보다 더 철학적이었다. 그의 하나님은 궁극적으로 비유신론적인 "존재의 근거"로서 그분과 인간의 만남은 경험적이고 실존적인 것이다. 그는 성경과 신조들은 인간 사상의 주관적인 표현으로서 역사비평을 받아야 한다고 주장했다. "종교는 궁극적인 관심사"이며 궁극적인 존재의 근거인 하나님에게 위탁하는 것이다. 인간은 종교를 소유함으로써 죄를 극복할 수 있다. 죄란 존재의 근거에서 벗어나는 것이다. 존 로빈슨(John Robinson, 1919-83)은 『신에게 솔직히』(Honest to God, 1963)라는 저서에서 하나님에 대한 틸리히의 사상 일부를 대중화했지만, 우리를 인격적인 하나님과 하나님에게서 임한 역사적 계시가 없는 상태에 남겨두었다.

불트만(Rudolf Bultmann, 1884-1976)은 사도들이 신화를 비롯하여 여러 가지 문학 형태라는 껍질 속에 진리를 담아 제공했다고 주장하면서 그러한 껍질에서 알맹이를 추출하기 위해 양식사(樣式史) 비평을 사용했다. 그는 우리가 그리스도의 인격, 가르침, 삶 등에 대해 거의 알 수 없다고 결론지었다. 그리하여 그는 성경을 "비신화화(非神話化)"했고, 교리보다 경험과 윤리를 중시했다. 그는 비평적 견해가 매우 급진적이었으므로, 그와 바르트의 중요한 차이점이 생겼다. 어떤 면에서 자유주의를 개선한 것인 신정통주의는 1950년대에 몰락하기 시작했고, 60년대에는 급진신학이 등장했다.

3. 급진 신학

1960년 이후 몇 가지 급진적이고 세속적이고 인문주의적인 신학들이 출현했다가 사라졌다. 그것들은 각기 인간의 종교적 욕구를 충족시키기에 부적합한 것으로 증명되었다. 그 신학들은 초월적 하나님 대신 역사 안에 내재하시는 하나님, 그리고 완전한 신이신 그리스도 대신 신이 아닌 인간 그리스도를 제시했다.

1) 사신신학(死神神學)

토마스 알타이저(Thomas J. J. Altizer), 폴 반 뷰렌(Paul van Buren), 윌리엄 해밀턴(William Hamilton) 등의 신학자들이 하나님이 죽었다고 선포한 사신신학(死神神學, the death of God theology)은 단명했다. 이들의 신학은 니체의 영향을 받은 것으로서 1965년 10월 『뉴욕타임스』와 『뉴요커』지 칼럼에 처음으로 게재되었다. 많은 사람의 경우 하나님이 그들을 위해 실제로 존재하는 일을 중지했기 때문에 심리적으로 죽었다고 주장하는 것인지, 전쟁과 유대인 대학살과 대공황 등이 발생하는 세속 세상에 무관심한 것처럼 보이기 때문에 역사적으로 죽었다고 주장하는 것인지, 또는 알타이저의 주장처럼 그리스도의 죽음 안에서 죽으셨기 때문에 하나님이 존재론적으로 죽었다고 주장하는 것인지 분명하지 않다. 세속 세상에서는 행동이 신학을 대신한다. 그들은 나치에 의해 처형된 본회퍼와 함께 실질적으로 윤리적 의미를 지닌 "종교 없는 기독교"(religionless Christianity)를 원했다. 이처럼 행동주의와 사회적 행위를 강조한 것이 60년대의 급진적 분위기와 일치하는 듯했다. 이전의 자유주의와 복음이 그러했듯이 그것은 교회와 세계를 연결할 것이었다.

바르트와 불트만의 영향을 받은 디트리히 본회퍼(1906-1945)는 신학이 부적절하며, 주님이신 그리스도를 의존함에 있어서 인간은 도덕적이고 "거룩한 세속성" 안에서 책임 있게 행동해야 하는 위기의 세계에서 지적으로 성년이 된다고 말했다. 이처럼 실존적이고 "세상의 기독교"는 일상생활 안에 거룩한 것과 세속적인 것을 연결할 것이다. 1930년대부터 1940년대 사이에 발표된 본회퍼의 저술과 서신들은 폭넓게 영향을 미쳤다.

하버드 대학 신학 교수 하비 콕스(Harvey Cox)는 『세속도시』(Secular City, 1965)의 저자이다. 그는 이 책에서 도시화와 세속화 때문에 하나님이 활동을 중단하고 "저쪽에" 존재하게 된다고 주장했다. 하나님은 세상, 특히 도시 사회 안에 내재해 계시며, 인간은 사회 안에서 성취를 발견할 수 있고 그 사회 안에서 숨겨진 하나님이 발견될 수 있을 것이다.

2) 희망의 신학

이러한 세속 신학은 몰트만(Jurgen L. Moltmann, 1926-)과 판넨베르크(Wolfhart Pannenberg, 1928-2014)가 주도한 희망의 신학 앞에서 몰락했다. 몰트만은 과거의 계시보다 역사 안에서의 하나님의 미래 행위를 강조했다. 인간의 딜레마는 장래의 구원 약속이 하나님의 뜻과 행동으로 성취됨으로써 해결될 것이다. 몰트만의 저서 『희망의 신학』(Theology of Hope, 1967)에서 이러한 사상들이 역사를 분해하여 미래로 만들고, 미래를 마르크스주의 색채를 지닌 체계 안에서 그리스도와 그의 부활을 사회적 발달과 연결하는 혁명으로 분해한다.

판넨베르크는 특히 그리스도의 부활을 진지하게 다룬다. 역사는 행동하시는 하나님을 계시하며, 하나님의 행위는 역사적으로 연구될 수 있다. 계시는 전제가 아닌 행위 또는 사건이다. 그리스도를 통한 최종적인 의미는 역사가 끝날 때 임한다.

3) 과정신학

테야르 드 샤르댕(Pierre Teilhard de Chardin, 1881-1955)은 모건(Lloyd Morgan)의 창발적 진화설(emergent evolution)이나 베르크송(Henri Bergson)의 생기론(vitalism)

의 전통 안에 있는 듯하다. 그것은 자연적 진화 과정에 하나님이 개입하신 다는 점에서 어느 정도 과정신학을 연상하게 한다. 테야르의 진화 과정에서 "알파 입자들"은 "오메가 포인트"이신 그리스도가 이 기본 단위들을 창조적으로 결합하여 더 고등한 질서를 만드시는 과정 안에 있는 발달의 일부이다. 하나님과 그의 세계는 더욱 새롭고 완전한 질서를 향해 진화한다.

테야르의 신학보다 더 철학적인 과정신학(process theology)은 알프레드 화이트헤드(Alfred N. Whitehead, 1861-1947)의 사상에 기초를 둔다. 그것은 시카고 대학의 찰스 하트숀(Charles Hartshorne, 1897-2000)과 존 콥(John Cobb, Jr.)이 주창했다. 이 두 사람은 세상에 악이 존재하는 것을 설명하기 위해 신정설(theodocy)을 개진했다. 실제의 본질은 존재(being)가 아닌 되어감(becoming)에 있다. 그리고 하나님과 그분의 우주는 존재하고 있기보다 되어가고 있다. 살아 생존하는 모든 것들은 자유롭고 창조적인 선택으로 환경이나 서로에게 반응하는데, 그것이 고통을 일으킬 수도 있다. 최초의 하나님도 창조적이시며, 자신 및 자신의 피조세계가 악을 정복하고 새로운 질서 안에서 혼란을 피하고자 사랑 안에서 피조세계를 보다 높은 차원으로 인도하신다.

4) 해방신학

급진적인 흑인신학 및 여성신학과 관련된 해방신학(liberation theology)은 라틴아메리카에서는 가톨릭 신자인 구티에레즈(Gustavo Gutierrez, 1928-)의 저서 『해방신학』(A Theology of Liberation, 1971)과 알베즈(Rubem Alvez)의 저술, 북아메리카에서는 로저 숄(Roger Shaull)의 저술에 등장한다. 그들의 주장으로는 그리스도가 학대받는 자들의 해방에 헌신하셨듯이 신학은 이론이 아닌 실천으로 시작되어야 했다. 신학은 사상에서 생겨나는 것이 아니라 역사 안에 있는 인간의 상황에서 생겨난다. 이것은 제임스 콘(James Cone)의 흑인신학이나 그보다 더 최근의 것인 여성신학에도 적용된다. 인간의 역사는 신학과 해방의 무대이다. 구원은 정치적·사회적·경제적인 온갖 형태의 학대로부터의 해방이다. 유대인의 출애굽에서처럼 계시는 역사적 학대로부터의 해방, 그리고 계시된 하나님의 말씀이 아니라 해방자이신 그리스도의 본보기의 이끌림을 받는 인간에 의한 해방을 다룬다. 영원한 복음은 그것을 일시적인 문화와 연관 지음으로써 상황에 적용되는 것이 아니며, 계시로부터 분리된다. 이러한 학대를 종식하고 해방된 새 사회 안에 하나님의 나라를 건설하려는 시도들은 대체로 마르크스주의 경향을 나타내며 역사 안에서 기독교를 정치화하려 한다.

이 단명한 체계들은 1960년 이후 매우 빠르게 신학의 무대를 스쳐 갔다. 그것들은 역사 안에서의 인간의 문제들을 자율적인 인간, 그리고 인간 그리스도 안에 내재한 신성으로 해결하려 했다. 그러나 그것들은 하나님, 그리스도, 또는 성경을 공정하게 다루지 못했다. 다시 소생한 복음주의는 이러한 신학들 안에 있는 다급한 외침에 귀를 기울이면서도 성경의 권위, 초월적인 하나님의 존재, 신이시며 인간의 구주이신 그리스도 등을 강조한다. 복음주의자는 인간의 개인적, 사회적 욕구를 알고 있지만, 또한 인간의 문제들에 대한 궁극적인 해결책이 하나님과 그의 계시, 그리고 그리스도의 재림 안에서 발견되어야 한다는 것도 알고 있다.

참고문헌

Billingsley, K. L. *Mainline to Sideline*. Washington: Ethics and Policy Center, 1990.

Bromiley, Geoffrey W. *An Introduction to the Theology of Karl Barth*. Grand Rapids: Eerdmans, 1979.

Bruce, Steve. *A House Divided*. New York: Routledge, 1990.

Cone, James H. *A Black Theology of Liberation*. 2d ed. Maryknoll, N.Y.: Orbis Books, 1986.

Fosdick, Harry E. *The Living of These Days*. New York: Harper, 1956.

George, Carol V. *God's Salesman*. New York: Oxford University Press, 1993.

Hamilton, Kenneth. *God Is Dead: The Anatomy of a Slogan*. Grand Rapids: Eerdmans, 1955.

Hordern, William A. *A Layman's Guide to Protestant Theology*. Rev. ed. New York: Macmillan, 1968.

Miller, Robert M. *Harry Emerson Fosdick*. New York: Oxford University Press, 1985.

Nash, Ronald, ed. *Liberation Theology*. Milford, Mich.: Mott Media, 1984.

Nunez, Emilio A. *Liberation Theology*. Translated by Paul Sywulka. Chicago: Moody Press, 1985.

Smith, David. *A Handbook of Contemporary Theology*. Wheaton, Ill.: Victor Books, 1992.

Stone, Ronald H. *Reinhold Niebuhr, Prophet to Politicians*. Nashville: Abingdon, 1972.

제40장
에큐메니컬 조직의 등장

종교개혁 이후 개신교 발달의 특징은 분열을 통해 새 교파들이 등장하는 과정이었지만, 1800년에 교파들을 통합하여 새 집단들을 구성하게 되었다. 많은 사람은 선교 사역의 확장보다 19세기에 시작된 통합운동, 또는 에큐메니즘을 중시했다. 에큐메니즘(ecumenism)이라는 용어는 1936년경에 신앙과 직제 회의(Faith and Order Conference)에서 처음 사용된 듯하다. 그 회의에는 교회 내의 진보파와 보수파가 모두 참석했다. 의견의 일치를 위해 필요할 경우 조직 통합을 추진할 때 신학이 최소 공통분모가 되었다.

교회일치운동(Ecumenism)은 세 단계를 거쳐왔다. 19세기 초에 교파 간의 초교파적인 협력이 시작되었다. 20세기에는 비슷한 배경을 지닌 교파들의 유기적 통합이 확대되었다. 최근에는 국가적이고 국제적인 규모의 연합이 증가하고 있다.

그리스도는 영적 일치를 권하셨다(요 17:11, 21). 그러나 교회통합을 위한 시도의 불을 붙인 것은 선교를 촉진하기 위한 통합의 바람이었다. 신앙부흥도 교회통합 촉진에 기여했다. 교회 통합은 복음주의연맹(Evangelical Alliance)이 1848년에 런던에, 1867년에 미국에 설립되면서 시작되었다. 그것들은 신조를 중심으로 하여 통합했는데, 후일 진보적 에큐메니스트들은 이것을 무시했다.

1. 교파간의 초교파적 협력

| 1) 통합 계획 | 개척지 목회자 부족에 대처하기 위한 회중교회와 장로교의 통합 계획은 1801년부터 1852년까지 장로교에 유리하게 계속되었다. 미국해외선교연합위원회(American Board of Commissioners for Foreign Missions)는 초교파 선교 사업 안에 회중교회와 다른 교파들을 연결했다.

2) 초교파적 협력   초교파적 협력이 광범위하게 퍼졌다. 1816년에 미국성서공회(American Bible Society)가 조직되었고, 여러 교파의 신자들이 그 일을 지원했다. 1824년의 미국주일학교연합(American Sunday School Union), 1833년의 노예제반대협회(Antislavery Society), 1866년의 학생자원운동(Student Volunteer Movement), 성경 배포를 위한 기드온 협회, 십대선교회(Youth for Christ) 등도 같은 원리를 따랐다.

2. 유기적 재결합

분리된 교파들이 새 교파를 설립하기 위해 협력적 실존을 포기할 때 유기적 재결합이 발생한다. 신학과 정체와 의식 등의 배경이 비슷할 때 유기적 재결합을 성취하기 쉽다.

1) 비슷한 배경의 교회들   제1차 세계대전 이후 신학과 조직에 있어서 비슷한 배경을 가진 교회들이 출현하기 시작했다. 노예제도 문제로 분열했던 남감리교와 북감리교가 1939년에 통합했다. 1946년에 연합형제교회(United Brethren Church)의 독일 감리교회와 복음주의교회(Evangelical Chruch)가 통합하여 복음주의 연합형제교회(Evangelical United Brethren Church)를 결성했다. 이 새 교단은 1968년에 1939년 설립된 감리교와 연합하여 연합감리교회(United Methodist Church)를 구성했는데, 1995년에 이 교단의 신자 수는 8천600만 명이었다. 1983년에 이 새 교단은 미국의 남장로교와 결합하여 미국 연합장로교회를 구성했다. 루터파의 몇 개 교단이 통합하여 American Lutheran Church(1960년)와 Lutheran Church in America(1962년)가 등장했다. 1988년에 이 두 교단이 복음주의루터교회

(Evangelical Lutheran Church in America)로 통합하여 교인이 5천 250만 명이 되었다.

신학적으로나 통치 형태에서 서로 다른 형태를 지닌 교회들이 신조를 초월하여 통합체를 구성하기도 했다. 캐나다연합교회는 1925년에 장로교, 침례교, 감리교, 그리고 회중교회를 연결했다. 1927년에 설립된 중국의 그리스도교회(Church of Christ)에는 장로교인, 침례교인, 감리교인 등이 포함되었다. 1947년에 설립된 남인도교회(Church in South India)는 성공회와 회중교회를 통합한 것이다. 1961년에 유니테리언파와 만인구제설을 주장하는 유니버설리스트가 통합하여 유니테리언 만인구원론자 협회(Unitarian Universalist Association)를 형성했다. 교단은 1941년에 일본 정부에 의해 이루어진 교파들의 연합이었다. 1960년에 샌프란시스코에 있는 제임스 파이크의 그레이스 성공회 대성당에서 유진 블레이크(1906-85)가 설교하면서 제안한 교회일치를 위한 협의회(Consultation of Church Union)는 가장 야심 찬 통합 시도의 시작이었다. 1966년부터 1989년 사이에 통합 계획들이 세워졌지만, 주교들을 강조하고 전통을 중시한 것이 문제가 되었다. 만일 이 통합이 이루어졌다면 다른 신학과 정체를 가진 10개 교파에 속한 2천500만 명의 신자들이 통합되었을 것이다. 1977년에 오스트레일리아연합교회(Uniting Church in Australia)가 형성되었다.

2) 배경이 다른 교회들

3. 국가적·국제적 규모의 교회 통합

칼빈, 루터, 토마스 크랜머 등은 각기 자신이 이끄는 집단이 의회를 개최하여 통합에 대해 논의하기를 원했다. 친첸도르프는 1839년부터 1842년까지 펜실베이니아에 머물면서 독일인들을 통합하려고 노력했다. 윌리엄 캐리는 1810년에 다른 집단들의 선교 사역들을 통합하기 위해서 케이프타운에 회의를 개최할 것을 제안했다. 게티즈버그 신학교 교수인 루터파 신자 슈무

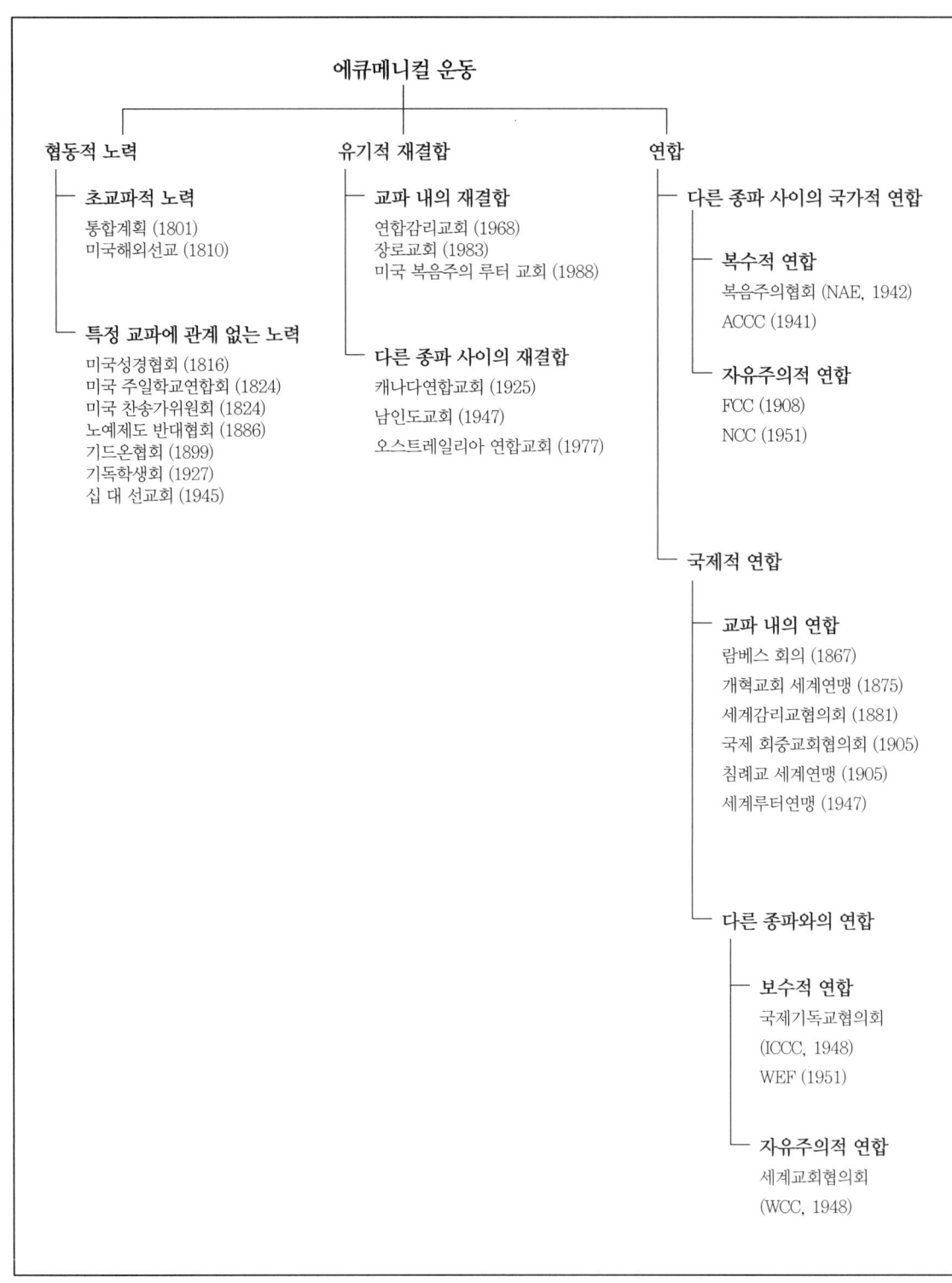

커(Samuel S. Schmucker)는 1838년에 "미국교회에 보내는 우정의 호소"(Fraternal Appeal to the American Churches)에서 통합을 촉구했다. 성공회 교인인 윌리엄 헌팅턴(William Huntington, 1838-1918)은 *The Church Idea*(1870)에서 통합 논의는 하나님의 말씀인 성경, 신앙의 척도인 보편신조들, 두 가지 성례, 그리고 역사적으로 유명한 주교들에 기초를 두어야 한다고 제안했다. 이 사변형(Quadrilateral)은 1888년에 람베드 회의(Episcopal Lambeth Conference)에서 채택되었다. 이러한 다양한 제안에 포함된 사상들은 교회 통합과 관련된 논의에서 중요한 위치를 차지해왔다.

1. 지금까지 발달해온 교회 연합 체계에서는 각 개체가 자신의 주권을 유지하는 동시에 참여 집단들의 공동 이익을 성취하기 위해 협력한다. 여러 개신교 교파가 서로 협력하여 봉사하기 위해 국가적 연합들을 조직했다. 1906년에 프랑스의 개신교회들은 프랑스개신교연맹(Protestant Federation of France)을 결성했다. 1920년에 스위스에 개신교연맹(Protestant Federation)이 조직되었다. 그러나 국가 차원에서 여러 교파들이 연합한 가장 중요한 예는 미국교회연합회(Federal Council of Churches of Christ in America)이다. 이것은 1905년에 개최된 회의에서 작성된 헌법을 1908년에 약 30개 교파 대표들이 모여 승인함으로써 존재하게 되었다.[1] 그 헌법에서 신학적인 진술은 "거룩한 주요 구세주"(divine Lord and Savior)라는 표현뿐이다. 미국교회연합회의 주요 관심사는 교회들이 사회개량활동에 협력하는 데 있었다. 그 회의에서 채택된 사회신경(Social Creed of the Churches)은 미성년 노동의 폐지, 최저임금제도, 산업 분쟁에서의 중재 등 사회적 욕구들을 교회가 지원해줄 것을 촉구했다. 이것을 비롯한 여러 프로그램을 시행하기 위해 많은 위원회가 설립되었다. 이처럼 사

---

1) Peter G. Mode, *Source Book and Bibliogaphical Guide for Amenrican Church History* (Menasha. Wis.: Banta, 1921), 669-71.

회적인 면을 강조했지만, 신학적 기초가 약했기 때문에, 그 회의가 시작된 후 자유주의자들이 주도권을 장악했다.

1950년 11월 29일 미국교회연합회와 여러 집단이 연합하여 전국교회협의회(National Council of the Churches of Christ)가 구성되었다. 국제종교교육협의회(International Council of Religious Education), 북미해외선교협의회(The Foreign Missions Conference of North America), 국내선교회(The Home Missions Council) 등 여러 초교파 기구들이 미국교회연합회와 연합하여 이 새 조직을 형성했다. 이 대규모의 조직 아래 선교활동, 교육활동, 사회활동 등 여러 활동이 조정되었다. 이 협의회에는 25개 개신교 교파와 4개의 정교회 교파가 가입했다. 4천만 명의 회원을 소유한 이 전국교회협의회에 남침례교, Missouri Synod Lutherans, 오순절파는 가입하지 않았다. 1942년에 영국교회협의회(British Council of Churches)가 설립되었다.

미국기독교연합회보다 더 평화적이면서도 기독교의 역사적 신앙에 충실한 복음주의협회(NAE)는 1942년에 설립되었다. 그 기구는 여러 교파와 지역 교회들과 개인들이 받아들이는 신앙에 대한 복음주의적 진술을 소유한다. 복음주의협회에는 선교, 교육, 복음 전도, 사회개량활동 등의 문제를 포함하여 다양한 사업에 관여하는 위원회들이 있다. 목회자들과 대학생들을 위해 매년 개최되는 세미나들은 지도층 기독교인들의 관심을 끌었다. 이 기관에서 발행하는 간행물인 *United Evangelical Action*은 이 조직에 속한 수백만 회원들의 공동 관심사가 되는 활동을 정기적으로 보고한다. 1963년에 흑인 복음주의자들이 흑인복음주의연맹(National Black Evangelical Association)을 설립했다. 1990년대 초에 복음주의협회(NAE)와의 통합을 위한 진지한 시도가 이루어졌다.

세계 여러 국가에 이러한 국가적 개신교 연합이 구성되어 교파간의 협력을 위한 창구를 제공하고 있다. 이러한 기구들은 각기 세계의 정통적 개신교들

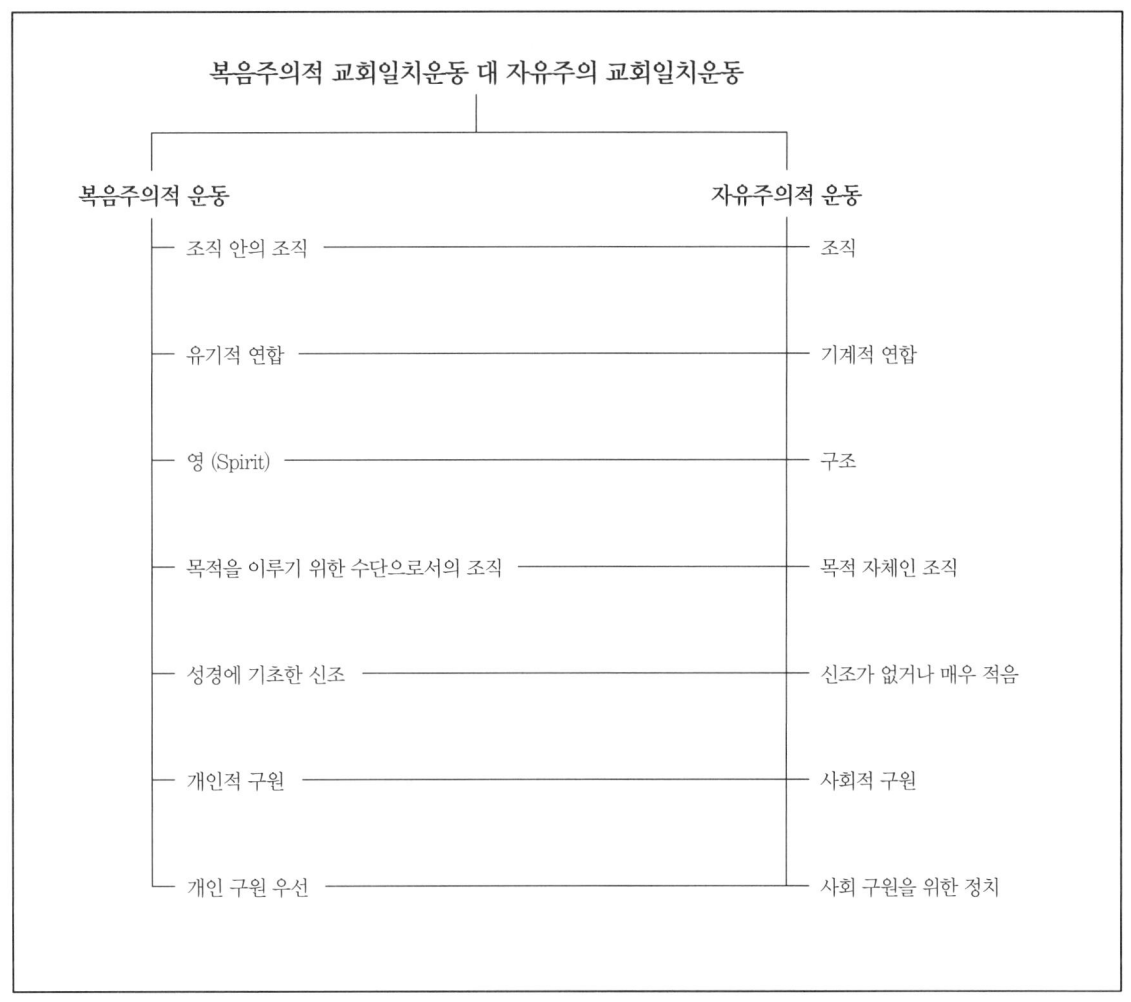

을 포용할 에큐메니컬 공의회의 필요성을 자극해왔다.

2. 각 교파는 다른 국가에서 활동하는 같은 교회들이 협력하여 세계적으로 그 교파의 이익을 증진할 수 있는 국제 조직을 만들었다. 1867년 이후 전 세계의 성공회 신자들은 10년마다 람베드 회의(Lambeth Conference)라고 알려진 회의를 개최하여 신자들의 공통 관심사를 논의한다. 1875년에 세계장로교연맹(World Presbyterian Alliance)이 조직되었고, 1877년에 에든버러에서 제

1차 회의가 열렸다. 국제회중교회협의회(International Congregational Council)가 1891년에 제1차 회의를 개최했다. 1905에 전체 침례교도들의 관심사를 논의하기 위해 침례교세계연맹(Baptist World Alliance)이 설립되었다. 이러한 기구들의 결정은 권고 사항에 불과했으며, 그것을 실천하거나 실천하지 않는 것은 회원 집단이 결정했다. 세계루터교연맹(Lutheran World Federation)은 1923년에 출범한 후 여러 차례 모였다. 감리교도 1881년에 세계감리교협의회(World Methodist Council)를 조직했다. 여러 국가 출신의 비슷한 신앙을 가진 단체들을 규합한 이 협의 기구들은 사람들에게 신앙과 관습 면에서 새로운 일치감을 부여해 주었고, 모든 교파가 참여하는 세계적 연합이라는 사상을 강화해 왔다.

4-5세기에 개최된 니케아 공의회, 콘스탄티노플 공의회, 칼케돈 공의회 등 보편 공의회 시대 이후로 최근만큼 교회들 사이의 협력이 고조된 적이 없었다. 1836년에 약 800명이 참석하여 런던에서 설립된 복음주의연맹(Evangelical Alliance)은 교회들보다 개인들을 연결하는 신학적 진술을 소유했다. 1900년경에 교파 간의 협력과 국제적인 협력을 증진하기 위한 조직들이 생겨나면서 그 연맹은 활동을 중지했다. 그러나 그 연맹은 현대의 에큐메니컬 단체의 발달에서 첫걸음을 내디딘 것이라 할 수 있다.

세계교회협의회(WCC)는 1854년에 뉴욕에서 시작된 다양한 국제 선교 협의회의 혜택을 입었다. 당시 세계 각처에서 모든 개신교 교파의 지도자 1천500명이 참석했다. 1910년에 에든버러 회의에는 선교에 종사하는 160개 협회 출신의 대표 1천200명이 참석했다. 회의는 국가별 대표제로 진행되었다. 찰스 브렌트(Charles H. Brent, 1862-1929), 셰데르블롬(Nathan Söderblom, 1866-1931), 윌리엄 템플(William Temple, 1881-1944) 등은 그 회의의 에큐메니컬 성향에 감명을 받아 평생을 기독교계의 통일에 헌신했다. 이 회의가 세계교회협의회(WCC)의 토대가 되었다. 1911년에 *International Review of Missions*

를 출판한 것, 그리고 1921년에 국제선교협의회(International Missionary Council)가 조직된 것은 에든버러 회의의 중요한 결과이다. 1928년에 예루살렘에서, 1938년에 마드라스에서 선교기구들과 교회들의 국제회의가 다시 개최되었다. 마드라스 회의에는 처음으로 일부 원주민 교회들이 대표를 파견했다.

제1차 회의는 1927년에 로잔에서 개최된 세계 신앙과 직제 회의(World Conference of Faith and Order)로서 신학과 교회의 정체를 다루었다. 108개 교파를 대표하는 400명 이상의 대표자들이 참석한 이 회의가 개최되는 데는 모건(Pierpoint Morgan)으로부터 큰 경제적 지원을 받은 미국 성공회의 찰스 브렌트 감독의 역할이 컸다. 참석자들은 그리스도를 머리로 하는 교회 안에서 하나임을 의식했으며, 또 한 차례의 회의를 개최할 것을 촉구했다. 그 회의는 1937년 여름에 에든버러에서 개최되었으며, 역시 신앙과 직제를 다루었다. 43개국에서 123개 교회를 대표하는 500명 이상의 대표들이 참석하여 신학적 문제들을 논의했다. 참석한 지도자들이 공통의 신앙, 성례, 교회의 본질 등에 대해 논의하면서 고려한 것은 다양성 안에서의 통일성이었던 듯하다.

이 기간에 개최된 또 다른 국제회의들은 삶과 사역(Life and Work)이라는 주제를 다루었다. 삶과 사역을 논의한 최초의 회의는 스웨덴의 대주교 셰데르블롬의 노력으로 1925년 8월에 스톡홀름에서 개최되었다. 회의는 더 나은 경제 질서와 정치 질서를 위한 계획에 집중되었다. 37개국 90개 이상의 교회를 대표하는 600명은 제네바에서 보편회의를 개최할 것을 고려하라고 촉구한 후에 폐회했다. 1937년 옥스퍼드에서 개최된 같은 규모의 제2차 회의는 에든버러에서 개최된 신앙과 직제에 관한 회의와 연합했다. 에든버러 회의는 그 해 늦여름에 신앙과 직제 운동과 삶과 사역 운동을 통합하기 위한 국제회의를 소집하기 위해 개최되었다.

1938년 봄 위트레흐트에 80명의 지도자가 모여 세계교회협의회(WCC) 조직을 위한 계획²⁾과 임시 헌법을 마련하고 조직추진위원회를 구성했다. 1948년 8월 22일부터 9월 4일까지 44개국 150개 교회를 대표하는 350명 이상의 대표들이 암스테르담에 모였다. 이 모임은 에큐메니컬 회의를 구성하는 책임을 완수했다. 그러나 미국남침례교, 가톨릭교회, 그리고 Missouri Synod Lutherans는 참석하지 않았다. 참석자들이 "인간의 무질서와 하나님의 계획"(Man's Disorder and God's Design)이라는 주제를 논의함에 따라 국제적인 교회 조직이라는 윌리엄 템플의 꿈이 이루어졌다. 이 계획의 주요 후원자들은 교회연합회(Federal Council of Churches)에도 참여했다.

이 회의 주요 결과는 제네바에 본부를 둔 세계교회협의회를 구성한 것이다. 세계교회협의회는 7년마다 개최되는 회의, 매년 개최되는 중앙위원회, 관리국, 그리고 그 조직이 직면한 주요 문제들을 다루는 여러 위원회로 구성된다.³⁾ 1961년에 뉴델리에서 개최된 회의에는 공산국가의 정교회도 참석했고, "성서에 따라"(according to the Scriptures)라는 표현이 교리적 진술에 추가되었다.

세계교회협의회는 1968년 스웨덴의 웁살라에서 개최된 제1차 회의 이후 사회적으로나 경제적으로나 정치적으로 급진적인 경향을 취했고, 구원을 영적인 것이 아닌 세상적이고 육체적인 것으로 여겼다. 1973년에 태국의 방콕에서 개최된 선교회의에서는 주제인 "오늘날의 구원"(Salvation Today)을 인간을 모든 형태의 학대에서 해방하며 세상에 새로운 사회를 건설하기 위한 "사회의 인간화"(humanizing of society)라고 해석했다. 1975년에 케냐의 나이로비

---

2) George K. A. Bell, ed. *Documents on Christian Unity* (London: Oxford University press, 3series, 1930-48), 292-97; Henry Bettenson, *Documents of the Christian Church*, 2nd. ed. (New York: Oxford University Press, 1963), 333-34.

3) Bettenson, *Documents,* 333-34.

에서 개최된 제5차 회의는 "비군사적 게릴라 혁명 계획"을 지지하고 사회주의를 지향하는 해방신학이라고 할 수 있는 것을 채택했다. 1983년에 밴쿠버 회의에 참석한 복음주의자들은 토의에 참석했다.

미국교회협의회(American Council of Christian Churches)와 복음주의협회(NAE)는 에큐메니컬 교회를 구성하려는 자유주의 진영의 시도에 대해 보수적인 국제 기구들을 조직하는 것으로 대처했다. 1948년 위에서 언급된 회의가 개최되기 보름 전에 자유주의에 반대하며 복음주의적 세계정신을 전개하기 위해 국제기독교협의회(International Council of Christian Churches)가 설립되었다. 1951년 8월에 네덜란드에서 개최된 회의에서는 복음주의협회의 사역과 전 세계 복음주의자들의 사역을 조정하며 교제를 마련하기 위한 World Evangelical Fellowship을 조직했다. 세계교회협의회(WCC)와 가톨릭교회의 협력에 대해서는 이미 설명한 바 있다.

교회의 일치를 지향하는 이러한 운동을 객관적으로 검토해볼 때 그리스도께서 교회의 일치를 말씀하실 때 위에서 언급한 것과 같은 조직적 형태의 일치를 염두에 두셨는지, 불가시적인 교회인 그리스도의 몸 안에 있는 신자들이 머리이신 그리스도를 통해서 소유하는 영적 일치를 염두에 두신 것인지 의심하게 된다. 참된 교회는 살아있는 유기체로 존재할 것이며, 인간적인 조직이나 기구가 교회를 세상에서 유일하게 참된 국제적인 집단으로 만들어주는 영적 일치를 대신하지 못할 것이다. 이러한 영적 일치는 결코 정통 교리를 위협하지 않을 것이다. 종종 조직의 통합을 추진하면서 합의를 하기 위해서 신학이 최소 공통분모가 되곤 한다. 바울은 "사랑 안에서 참된 것"(엡 4:11, 15)을 제시하는 통일체를 원했다.

참고문헌

Bell, George K. A., ed. *Documents on Christian Unity*. London: Oxford University Press, 1955.

Cavert, Samuel M. *The American Churches in the Ecumenical Movement*, 1900-1968. New York: Acssociation Press, 1968.

___. *Church Cooperation and Unity in America*, 1900-1970. New York: Association Press, 1970.

Crow, Paul A., Jr. *The Ecumenical Movement in Bibliographical Outline*. New York: Department of Faith and Order, National Council of Churches in the USA, 1965.

Curtis, Charles J. Soderblom. *Ecumenical Pioneer*. Minneapolis: Augsburg, 1967.

Evans, Elizabeth. *The Wright Vision*. New York: Fellowship Press, 1991.

Fey, Harold E., ed. *A History of the Ecumenical Movement, 1948-1968*. Philadelphia Westminster, 1970.

Gedeon, Goosken. *Bringing Churches Together*. Newtown, New South Wales, Australia, n.p.: 1933.

Goodall, Norman. *The Ecumenical Movement*. 2d ed. London: Oxford University Press, 1964.

Hopkins, C. Howard. *John R. Mott*. Grand Rapids, 1979.

Ironmonger, F. A. *William Temple*. London: Oxford University Press, 1948.

Lefever, Ernest W. *Nairobi to Vancouver*. Washington, D.C.: Ethics and Public Policy Center, 1987.

Lossky, Nicholas, et. al. *The Dictionary of the Ecumenical Movement*. Grand Rapids: Eerdmans, 1991.

Murch, James D. *Cooperation Without Comprise*. Grand Rapids, 1956.

Pache, Rene. *The Ecumenical Movement*. Dallas: Dallas Theological Seminary Press, 1950.

Rouse, Ruth, and Stephen S. Neil, eds. *A History of the Ecumenical Movement, 1517-1948*, 2d ed. Philadelphia: Westminster, 1964.

Slosser, Gaius J. *Christian Unity*. New York: Dutton, 1929.

제41장

다양성 안에서의 복음적 일치

"싸움꾼", "뱀 조련사", "성경광신자", "삼류 분리주의자" 등 과거에 복음주의자들을 표현하는 데 상투적으로 사용되던 표현이 사라지고, 이제 복음주의자들의 힘과 영향력에 대한 이해가 성장하고 있다. 1976년의 투표에서 미국 인구의 약 34%인 5억 명이 자신을 복음주의자로 분류하며 중생의 체험을 했다고 고백한다는 것이 밝혀진 후에 조지 갤럽은 1976년을 복음주의자의 해로 선포했다. 1990년대에 성장 속도가 느려졌지만, 1992년에 조지 바나(George Barna)의 여론 조사에 의하면 미국인의 40%가 중생했다고 주장하며 그리스도의 대속, 부활, 재림을 믿고 있다. 한편 전 세계에서 주요 진보적인 교회와 조직에 속한 신자들과 구제와 선교사들이 감소하고 있지만 90년대에 감소율이 완화되었다.

1. 복음주의의 역사적 발달

1) 복음주의의 뿌리

1517년부터 1865년까지 복음주의의 선행 사건들을 알려면 종교개혁으로 되돌아가야 한다. 1865년까지 유럽과 북아메리카의 개신교인들은 종교개혁 신조들의 기본 사상을 고수했다. 복음주의는 17세기 영국의 청교도 운동 안에서 생겨났고 영국과 북아메리카의 대각성운동과 제2차 각성운동에 의해 강화되었다. 성경은 성령의 감동으로 된 것이며 신앙과 생활의 확실한 규칙으로 간주되었다. 그리스도의 신성, 동정녀 탄생, 그리고 재림을 가르쳤다. 교회들은 교회 조직, 세례, 성만찬, 성령의 역할, 또는 국가와의 관계 등에 대해서 견해를 달리했지만 이러한 기본 사상들을 고수했다.

2) 19세기 중반의 자유주의 출현

1865년부터 1880년까지의 기간에 독일과 영국의 신학교와 대학에 자유주의가 등장했다. 독일이나 브리티시 제도에서 공부하는 학생들로 말미암아 자유주의가 북아메리카에 전해졌다. 다윈의 『종의 기원』(Origin of the Species, 1859)은 창조 방식으로 진화를 선호하면서 종류와 과(科)가 고정된 특별한 창조를 무효화했다. 그의 말에 의하면, 자연선택이나 적자생존으로 새로운 종들이 발달한다. 그는 『인간의 유래』(Descent of Man, 1871)에서 인간이 단순한 형태에서 유인원과 같은 생물로, 그리고 최종적으로 인간으로 진화했다고 주장했다. 이 견해는 하나님의 특별한 창조라는 성경적 개념과 충돌했다.

칸트, 헤겔, 슐라이어마허 등의 관념론 철학도 문제였다. 칸트는 종교의 기초를 인간의 타고난 도덕적 본성에 두었는데, 그 본성이 인간이 마땅히 해야 할 일을 보여줄 것이다. 불멸성과 영혼은 선한 행위에 대해 상을 주고 악한 행위를 벌하는 데 필요했다. 종교를 초월적인 것으로 여기고 성경을 단순히 역사적인 것으로 여기는 그의 견해가 성경비평을 뒷받침했다.

19세기 중반에 벨하우젠은 오경이 여러 자료의 산물이라고 가르치고, 이사야서가 한 사람이 아닌 두 저자의 작품이라고 주장하였고, 다니엘서의 저작연대를 복음주의자들이 받아들인 것보다 훨씬 후대의 것으로 간주했다.

이들의 견해에 의하면, 그리스도는 순교자로서 죽은 인간이었으며, 구원에 필요한 것은 단지 그의 본보기를 따르는 것이었다. 독일 신학, 진화론, 성경비평 등을 배운 목회자들이 이러한 사상을 평신도들에게 소개했다. 1880년에 신학적 자유주의가 종교개혁의 정설과 반대된다는 것이 분명해졌다.

복음주의 진영은 자유주의를 반대했다. 핫지(Hodges), 19세기 말의 벤자민 워필드(Benjamin Warfield), 그보다 후대의 인물 그레샴 메이첸(J. Gresham Machen)이 원 문서들의 무오류성(無誤謬性)을 옹호했다. 플리머스 형제단의 가르침에서 전천년설이 생겨났고, 무디(D. L. Moody)와 토레이(R. A. Torrey) 등이 그것을 옹호했다. 릴리(W B. Riley)와 윌리엄 제닝스 브라이언(William Jennings Bryan)은 진화론을 강력하게 반대했다. 두 진영은 1919년부터 1929년까지 첨예하게 대립했다. 웨슬리 전통 안에 있는 신성 그룹들은 자유주의를 반대했다.

3) 신자유주의(New Liberalism)로 말미암은 긴장(1881-1918)

프린스턴 신학교의 보수적인 교수들은 자유주의가 성경적 권위의 토대를 약화한다는 것을 알았다. 핫지(A. A. Hodge, 1823-86)와 벤자민 워필드(1851-1921)는 함께 1881년에 Presbyterian Review에 영감에 관한 기사를 기고했다. 그들은 총체적 축자 영감(plenary and verbal inspiration)을 옹호하였으므로 성경이 신앙과 실천의 확실한 규칙이 되었다. 후일 프린스턴 대학의 총장이 된 프란시스 패튼(Francis L. Patton, 1843-1932)과 사던침례신학교의 교수요 당대의 가장 위대한 헬라어 학자였던 로버트슨(A. T. Robertson, 1863-1934)이 그들을 지지했다. 로버트슨은 *A Grammar of the Greek New Testament in the Light of Historical Research*(1914)를 저술했다. 바이블 콘퍼런스(Bible Conference), 예언 콘퍼런스, 그리고 보수적인 문헌들이 성경의 무오류성(無誤謬性)을 가르쳤다. 성경학자들과 대학에서 학생들에게 그것을 가르쳤고, 학생들은 그것을 교회에 전했다.

초대 교부들을 면밀하게 연구해보면 그들이 그리스도가 천년왕국 이전에 강림하고 그리스도 밑에 지상에서 이스라엘과 함께 하는 천년왕국을 옹호한다는 것이 드러난다. 19세기에 영국의 복음주의자들에 의해 이러한 사상이 되살아났다. 위대한 사회개혁자인 섀프츠베리 백작은 유대인들이 팔레스타인으로 돌아가 그리스도의 재림을 기다리도록 도와주었다. 무디는 전천년설을 전했다. 다비(J. N. Darby)는 스코필드 성경에 세대주의적인 면을 개진하고 제시했는데, 이 성경은 1909년부터 1967년 사이에 500만 부 이상 판매되었다.

복음주의자들은 1875년에 시작된 성경 콘퍼런스에서 종종 협력했다. 성경과 예언을 연구하기 위해 조직된 이 콘퍼런스는 1883년부터 1898년까지 뉴욕의 나이아가라온더레이크(Niagara-on-the-Lake)에서 개최되었다. 근본주의의 다섯 가지 요점은 1878년에 콘퍼런스와 연결되었지만, 그 콘퍼런스의 진술은 장로교 목사인 제임스 브룩스(James B. Brooks, 1830-97)가 작성한 14개의 요점이 담겨 있었다. 그 콘퍼런스에서 다비(J. N. Darby, 1800-1882)는 전천년설을 세대주의와 연결했다. 그는 1859년부터 1874년까지 미합중국과 캐나다를 일곱 번 여행하면서 이 사상을 설교했다. 그는 대 환난 이전에 그리스도가 교회를 위해 오실 것이며, 환난이 완료된 후에 유대인의 천년왕국이 세상에 세워질 것이라고 말했다. 윌리엄 블랙스톤(William E. Blackstone, 1841-1935)은 『예수님이 오십니다』(Jesus in coming)에서, 스코필드는 1909년에 발행한 스코필드 성경에서 이러한 사상과 성경 무오류설을 대중화했다.

성경무오류설과 전천년설은 성경에 대한 자유주의적 견해를 반대하는 가르침이었다. 자유주의자들은 1908년에 사회신경(社會信經, Social Creed)만 가지고 교회협의회(Federal Council of Churches)를 설립하는 데 합류했다. 진 슈미트(Jean M. Schmidt)는 『영혼 구원인가 사회질서인가』(Salvation of Souls or the Social Order, 1992)라는 저서에서 자유주의와 복음주의라는 적대적인 세력의 발흥을 정확하게 묘사한다. 1912년에 자유주의자들이 교회협의회 안에 복음주의에 관한 위원회를 설치하면서 이 구분이 더욱 분명해졌다.

4) 자유주의와 복음주의의 충돌 (1919-1929)

평신도성경학교 졸업자들은 무디의 표현처럼 성경을 알며 평신도 조력자로서 평신도와 신학교육을 받은 목회자들 사이에 설 수 있는 "틈새인"(gap-man)이 되었다. 그들은 성경을 주교재로 삼고서 성경무오류성과 전천년설을 옹호했다. 심슨(A. B. Simpson)은 1882년에 기독교연합선교회(Christian and Missionary Alliance)의 선교사 훈련 학교로서 나약선교대학(Nyack Missionary College)을 세웠다. 1886년에 무디성경연구소 저녁반이 개설되었고 1889년에 1년 교육과정이 시작되었다. 이 복음적 교육기관은 6천100명 이상의 선교사를 배출했다. 1894년에 토론토 성경학교, 1908년에 로스앤젤레스 성경학교, 그리고 1922년에 캐나다에 프레리 성경학교가 설립되었다. 이 선구적 연구소에 이어 대체로 1945년 이후에 약 200개의 학교가 설립되었다.

스코필드(Cyrus I. Scofield, 1843-1921)는 1890년에 중미선교회(Central American Mission)를 설립했고, 1909년에 유력한 기업인들의 도움을 받아 출판된 스코필드 성경의 각주를 통해서 세대주의적 전천년설을 널리 알렸다. 이 성경은 평신도들이 널리 사용해오고 있으며, 여러 성경학교에서 비공식적인 교재로 사용하고 있다. 그것은 1967년에 복음주의 협회에 의해 개정되었다.

1909년 8월에 딕슨(A. C. Dixon)의 설교를 듣고 부유한 석유 기업가인 라이먼(Lyman)과 밀턴 스튜어트(Milton Stewart)가 20만 불을 기부하여 *The Fundamental*을 출판했다. 12권으로 구성된 이 책에는 대서양 양편의 특정 교파 소속 복음주의자들과 교파에 속하지 않은 복음주의자들의 글이 포함되어 있다. 암지 딕슨(Amzi C. Dixon, 1854-1925)이 편집자였고, 제임스 오르, 와필드(B. B. Warfield), 카일(M. G. Kyle), 토레이(R. A. Torrey), 스코필드(C. L. Scofield) 등 많은 복음주의 학자들이 기고했는데, 그들의 글은 복음주의 사상을 퍼뜨리는 데 도움을 주었다. 1910년에 제1권이 출판되었고, 1915년에 제12권이 출판되었다. 각 권의 약 30만 부가 미국과 캐나다와 영국의 신학교 교수와 학생들, 목사들과 YMCA 총장들에게 무료로 배포되었다. 블랙스톤(W. E. Blackstone, 1841-1935)의 『예수님이 오십니다』(*Jesus Is Coming*)와 *The Sunday School Times, Moody Monthly, The Christian Herald*와 같은 정기간행물이 초기 복음주의자들의 사상을 홍보하는 데 도움이 되었다.

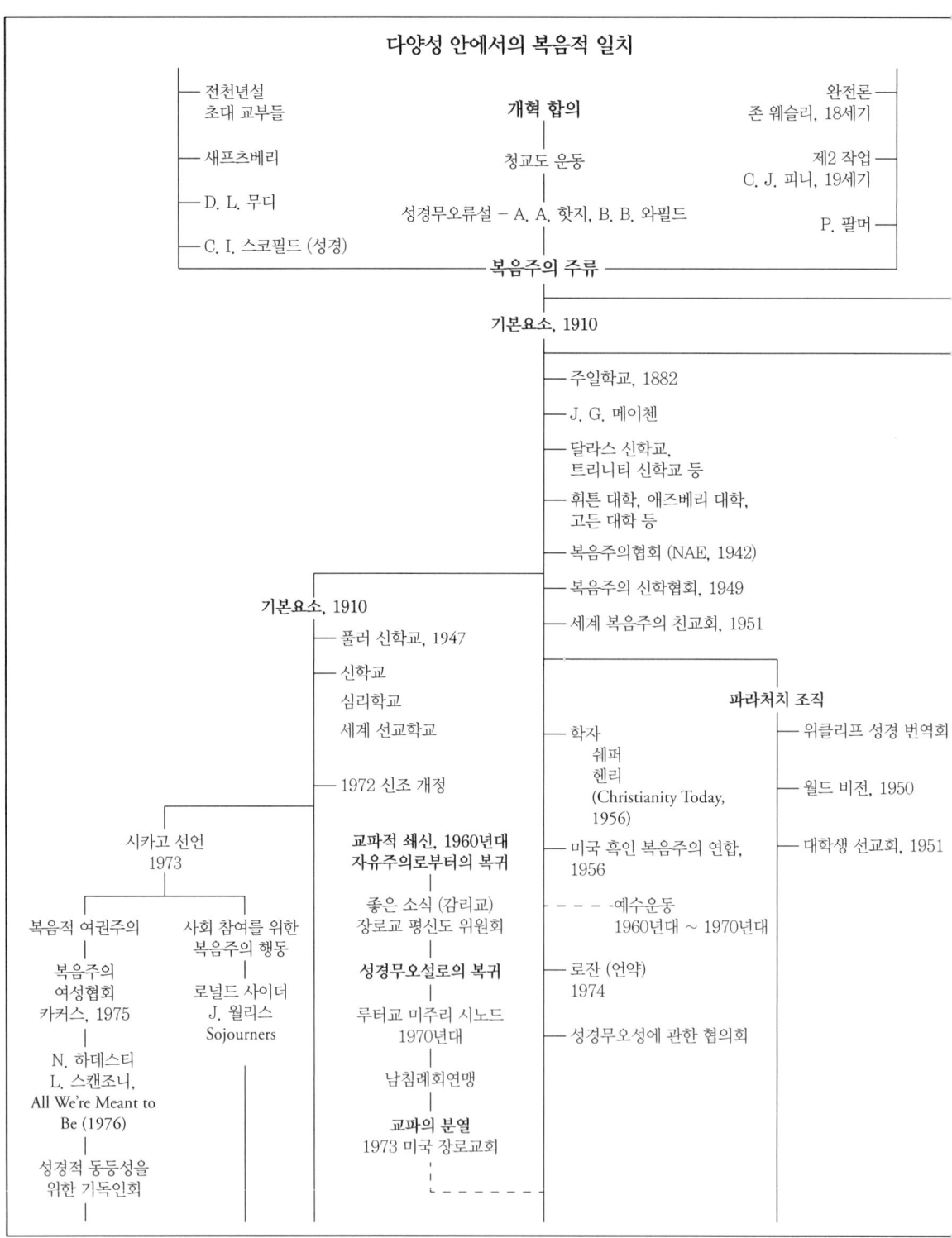

다양성 안에서의 복음적 일치 (계속)

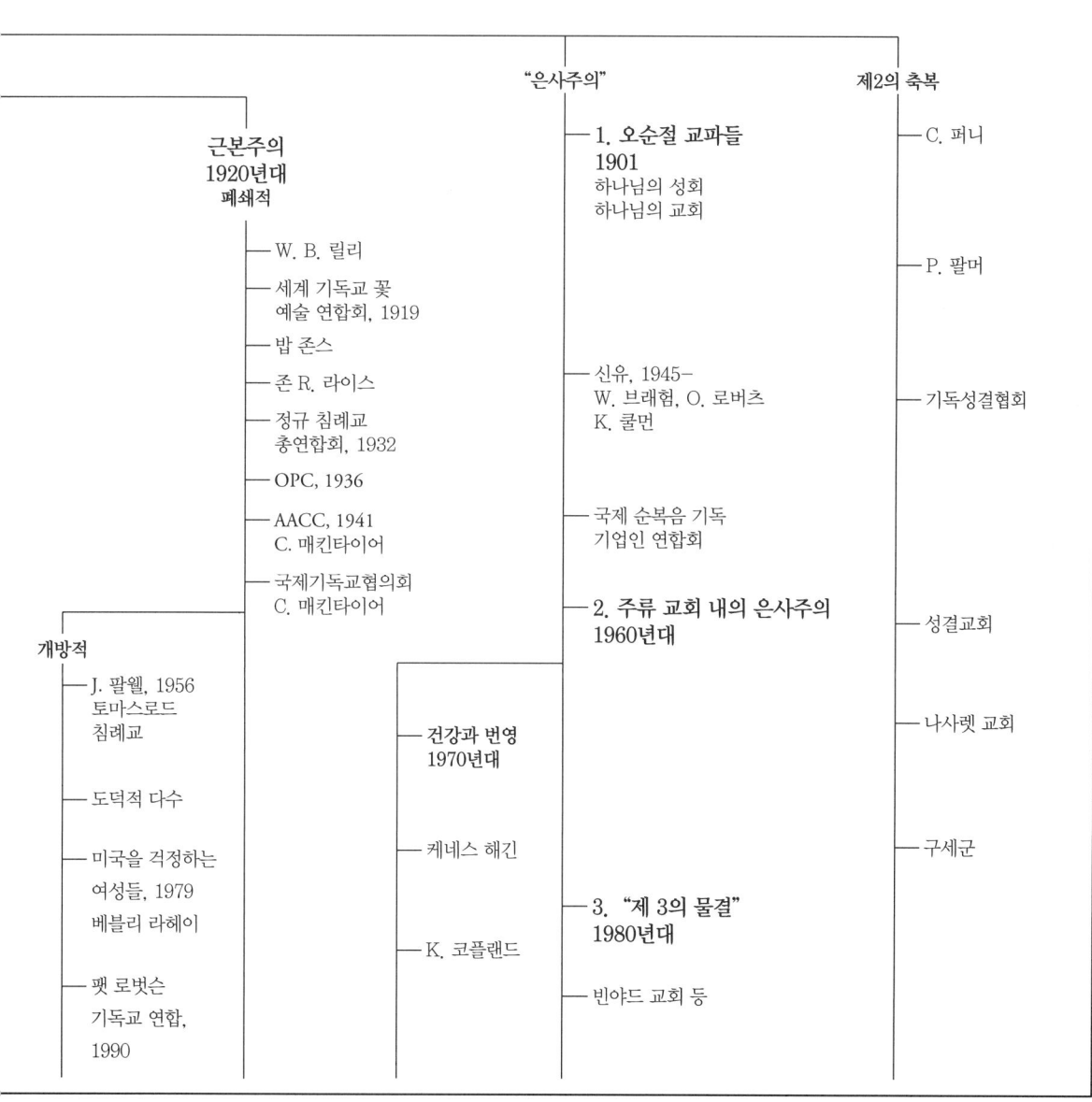

그레샴 메이첸(J. Gresham Machen, 1881-1937)의 『바울 종교의 기원』(Origin of Paul's Religion, 1921)과 『그리스도의 동정녀 탄생』(Virgin Birth of Christ, 1930)은 이러한 교리에 대한 자유주의의 도전에 능숙하게 대처했다. 그는 유명한 저서인 『기독교와 종교』(Christianity and Religion, 1923)를 비롯한 학구적인 저서에서 자유주의와 복음주의가 서로 다른 종교라고 주장했다. 자유주의는 "인간애와 진보의 새로운 종교"였다. 로버트 딕 윌슨(Robert Dick Wilson, 1856-1930)을 비롯한 고고학자들은 새로운 고고학적 발견물들에 의해 입증되듯이 성경이 역사에 충실한 것이라고 주장했다.

공립학교에서 진화론을 가르치는 데 대한 반대로 말미암아 1925년에 테네시 주 데이튼에서 스코프스 재판이 열렸다. 윌리엄 브라이언(William Jennings Bryan, 1860-1925)이 원고 측 변호사였고, 대로우(Clarence Darrow)가 존 스코프스(John T. Scopes)를 변호했다. 스코프스는 패소했고, 남부의 주 의회는 공립학교에서 진화론을 가르치는 것을 금하는 법을 통과시켰다. 창조론과 반대되는 진화론이 세인의 관심을 끌었다. 근본주의자들은 신학과 과학에서 오류라고 느끼는 것을 대적하여 싸웠다.

시애틀제일장로교회의 마크 매튜스(Mark Matthews, 1926-)와 피츠버그의 매카트니(Clarence E. Macartney, 1879-1957)는 특정 교파에 속한 복음주의 대형 교회들을 세웠다. 그들은 자유주의를 강력하게 반대했다.

5) 자유주의의 진보

1929년부터 1945년까지 서적, 설교, 성경학교, 대학교 등에도 불구하고 주류 교회에서 자유주의가 승리했다. 복음주의자들은 자발적으로 교회를 떠나거나 교회 재판을 통해 강제 퇴출당했다. 그들은 새로운 교파, 기독교 초등학교와 고등학교, 더 많은 성경학교, 대학, 신학교 등의 기관을 세웠다.

릴리(W. B. Riley, 1874-1929), 뉴욕의 갈보리 침례교회의 스트라톤(John B. Straton), 아이언사이즈(Henry A. Ironsides, 1876-1951), 그리고 토론토의 쉴즈(T. T.

Shields) 등의 근본주의자들은 자유주의에 반대했다. 특히 릴리는 진화론에 반대했다.

복음주의자들은 교파에 구애되지 않는 대학들을 설립했다. 휘튼 대학(1860)은 밥존스 대학(1926)과 컬럼비아 대학(1923)에 합병되었다. 1924년에 루이스 스페리 체이퍼(Lewis Sperry Chafer, 1871-1952)가 댈러스신학교를 설립했는데, 이 학교는 세대주의적 전천년주의의 중심이 되었다. 체이퍼는 세대주의적 전천년주의 사상을 제시하는 『조직신학』(Systematic Theology, 1947-48)을 저술했고, 버스웰(J. Oliver Buswell)은 그와 비슷하지만 개혁신학에 가까운 신학을 발달시켰다.

호전적인 복음주의자들은 세속 법정과 교회 법정에서 복음주의 소송을 지원했다. 그들은 침례교인 포스딕(Harry Emerson Forsdick)의 "근본주의자들이 승리할 것인가?"라는 설교에 대한 반응으로 미국 장로교 총회는 그가 지원하는 장로교회를 떠나는 조처를 했다. 포스딕은 뉴욕 시 리버사이드 교회의 자유주의 설교자가 되었다. 그 교회는 록펠러의 도움으로 건축되었다. 1930년대에 자유주의자들이 그레샴 메이첸과 휘튼 대학 학장인 올리버 버스웰을 비롯한 복음주의 설교자들을 교회 법정의 재판에 부쳐 소속 교파에서 축출하면서 상황이 바뀌었다.

자유주의적 교파에서 쫓겨난 사람들은 새 교파와 교육기관들을 설립했다. 메이첸(1881-1937)은 1936년에 정통장로교회(Orthodox Presbyterian Church) 조직하는 일을 도왔고, 그 전에는(1929년) 필라델피아에 웨스트민스터 신학교를 설립하는 일을 도왔다. 코넬리우스 반 틸(Cornelius van Til)과 에드워드 영(Edward Young)이 여기에서 학문 연구를 했다. 1937년에 칼 매킨타이어(Carl McIntire)가 메이첸과 결별하고 성경장로교회(Bible Presbyterian Church)를 조직했고, 그 후 전천년주의 방침을 따르는 페이스 신학교(Faith Seminary)를 설립했다. 후일 매킨타이어의 집단에서 탈퇴한 사람들이 세인트루이스에 커버넌트 신학교(Covenant Seminary)를 설립했다. 진보적 교파와 결별한 침례교인들은 1932년에 정규침례회(General Association of Regular Baptists)를 만들었고, 1947년에 보수침례회(Conservative Baptist Association)을 조직했다.

6) 자유주의의 쇠퇴

1945년부터 1995년까지 자유주의 교파의 신자와 해외 파송 선교사와 구제 등이 감소했지만 복음주의 집단은 성장했고 사회에서 하나의 세력으로 인정되었다. 그들은 기본 교리와 조직 구조에 관해서는 일치했다. 1930년부터 1945년까지의 시대의 특징은 새로운 기관과 교파들의 등장이었다. 루터교인들과 복음주의자들은 자녀들을 교리상으로나 윤리적으로 안전하게 지키기 위해 기독교 초등학교와 고등학교를 세웠다. 어느 통계에 의하면 1991년 사립학교에 재학 중인 아동이 5백만 명이었고, 그중 425만 명이 종교계 학교에 재학 중이었고, 그중의 절반 이상이 가톨릭 학교 학생들이었다. 1995년에 1만7천 개의 교구학교와 종교계 사립학교에 520만 명이 재학 중이었다.

자유주의의 쇠퇴 속도가 약간 감소해 왔지만, 대부분의 사람은 여전히 성경에 대한 비판적인 견해를 취하며 정치적·사회적 행동주의를 지지한다. 주류 교회 내의 개혁 집단들과 루터교회 내에서의 성경 무오류성을 지키기 위한 노력—미주리 시노드와 남침례교연맹—은 정통주의로의 복귀를 나타내는 고무적인 표시이다.

2. 조직적 다양성 안에 있는 복음주의 신학의 통일성

이러한 배경에서 많은 복음주의 흐름이 생겨났다. 오순절-은사주의-제3의 물결 운동(the Third Wave Movement) 등 치유와 "이적과 기사"를 비롯한 성령의 은사를 강조하는 교파에서부터 사회 행동과 "복음주의여성협회"(Evangelical Women's Caucus)에 이르기까지 다양하다.

복음주의자로 분류되는 이들의 다수는 공통 사상을 주장한다. 그들은 신앙과 관습의 척도로서 영감된 성경의 권위를 믿는다. 그들은 역사적인 타락과 원죄로 말미암은 인간의 부패를 믿는다. 그들은 그리스도의 신성, 그리스도의 동정녀 탄생, 대속, 부활을 주장한다. 그리스도에 대한 믿음을 통해 거듭남과 의로운 삶이 실현된다. 그들은 복음 전파의 우선성을 주장해왔지만, 아메리카에서는 종종 사회적 행동의 선구자가 되었다. 그들은 성경비평, 진화론, 그리고 과거 자유주의자들이 가르친 사회복음에 반대해왔다.

복음주의는 기본적인 성경의 진리에는 동의하지만 방언, 완전함을 낳는 성화의 두 번째 역사, 세례 방식, 세대주의, 전천년설 등과 관련해서는 다양한 견해를 갖는 집단들로 구성된다.

1) 근본주의

이러한 일반적인 배경을 염두에 두고서 복음주의 진영의 다양한 부분들을 어느 정도 상세히 고찰할 수 있다. 복음주의 주류의 특징은 종교개혁의 합의, 성경 무오류성, 특별 창조, 그리고 전천년설 등을 고수하는 것이다. 20세기 전반에 이 주류와 근본주의가 실질적인 동의어였다(신학적인 정설과 함께 지적·사회적 관심이 강했던 일부 네덜란드 개혁주의 교파들과 같은 예외가 있었다).

침례교 저널인 *Watchman-Examiner*의 편집인인 커티스 로즈(Curtis L. Laws, 1868-1946)는 1920년 7월호에서 자유주의를 거부하고 복음주의적 가르침을 지지하는 분리주의자를 언급하기 위해서 "근본주의자"라는 용어를 사용했다. 후일 "근본주의"는 문화에 대한 반사회적이고 반지성적인 태도를 암시하는 경멸적인 용어가 되었다.

밥 존스(Bob Jones, Sr., 1883-1968)는 1926년에 엄격하게 분리주의적인 밥 존스 대학을 설립했고, 빌리 그레이엄과 같은 사람들을 대적했다. 칼 매킨타이어(Carl McIntire, 1906-2002)는 1935년에 장로교에서 정직되었다. 이듬해에 그는 정통장로교회(the Orthodox Presbyterian Church) 설립을 도왔지만, 그곳을 떠나 보다 엄격한 성경장로교회(Bible Presbyterian Church)로 옮겼다. 그는 1941

년에 자유주의를 대적하기 위해서 미국기독교연합회(The American Council of Christian Churches)를 설립했다. 그 집단은 후일 복음주의협회(National Association of Evangelicals)에도 반대했다. 그는 1948년에 암스테르담에 국제기독교연합회(International Council of Christian Church)를 설립하면서 자신의 분리주의를 국제화했다. 존 라이스(John R. Rice, 1895-1980)는 『주님의 검』(Sword of the Lord)이라는 잡지에서 자유주의와 복음주의 모두를 반대했다. 정규 침례회(General Association of Regular Baptists Churches)와 성경장로교회는 폐쇄적인 근본주의 교파들이다.

제2차 세계대전 이후 근본주의자들은 엄격한 분리주의를 완화하고 복음주의자들과 함께 일하는 데 보다 개방적인 태도를 취해왔다. 패트 로버트슨(Pat Robertson, 1930-), 제리 폴웰(Jerry Falwell, 1933-2007), 베블리 라헤이(Beverly LaHaye)는 이보다 개방적인 근본주의를 대변한다. 패트 로버트슨은 기독교방송 네트워크(Christian Broadcasting Network), 기독교연합(the Christian Coalition), 커뮤니케이션학과 법학과 교육학 전공의 대학원이 있는 리젠트 대학 등을 통해서 복음주의자들이 정치 문제에서의 도덕적 가치관을 위해 적극적으로 활동하도록 영향력을 미쳤다. 베블리 라헤이가 설립한 미국을 걱정하는 여성들(Concerned Women for America)은 자기들의 우편물 수신자 명단에 1천200 개의 기도 모임과 60만 명이 있다고 주장한다. 그들은 낙태와 동성애에 반대한다.

제리 폴웰은 1956년에 버지니아주 린치버그에 토마스로드 침례교회를 세웠는데, 1980년대에 교인이 1만5천 명이 넘었다. 그는 텔레비전 프로그램 "옛적 같은 복음의 시간"(Old Time Gospel Hour)으로 명성을 얻었다. 1971년에 설립된 리버티 대학은 1988년에는 학생 수 6천800명으로 성장했다. 1979년부터 1989년까지 그가 설립한 모럴머조리티(Moral Majority) 운동에는 사회에 기독교의 영향력을 발휘할 복음주의자들이 등록되어 있다. 이 사역은 1990

년대에 패트 로버트슨의 기독교연합(Christian Coalition)에 의해 수행되고 있는데, 회원이 150만 명에 달한다.

2) 복음주의 주류

근본주의가 성행하는 동안 많은 복음주의자가 성경학교에서 교육을 받았다. 이는 전통적인 교양학과가 아닌 성경이 그 기관들의 커리큘럼의 핵심이었기 때문이었다. 제2차 세계대전 이후 미국 사회에서 복음주의자들의 역할을 변화시키는 데 도움을 준 새로운 지적 탐구와 학문의 정신이 출현했다. 이것은 한편으로는 1947년에 성경대학운동을 지원하기 위해 대학 인정 기구들—1973년에 미국성경대학협회로 명칭이 바뀜—이 설립되었음을 의미하는데, 그것이 절정에 달했을 때는 200개의 학교와 3만 명 이상의 재학생을 자랑했다. 반면에 고든 성경학교와 비올라 성경학교 등 많은 성경학교는 교양학과와 과학을 공부하는 공인된 4년제 대학으로 변했다. 성경대학들은 선교회를 위한 주된 선교사 교육 기관으로 남았다. 동시에 20세기 말에 그것들과 교육기관들, 정기간행물, 저널, 그리고 파라처치 에이전시 등이 복음주의자들을 위해 문화의 수준을 높였다.

1949년에 복음주의신학회(Evangelical Theological Society)가 출범하여 성경무오류성을 지지하고 있다. 이 일은 1977년에 설립된 국제성경무오성 협회(International Council for BiblicalInerrancy)와 함께 계속되었다. *Battle for the Bible*(1976)과 *Bible in the Balance*(1977)의 저자인 해롤드 린셀(Harold Lindsell), 칼 헨리(Carl F. H. Henry), 그리고 케네스 캔저(Kenneth Kantzer)가 저술과 강의를 통해서 동일한 사상을 지지했다.

신문사 리포터였고 1947년부터 1956년까지 풀러 신학교 교수였던 칼 헨리(Carl Henry)는 1956년부터 1968년까지 *Christianity Today*의 편집장으로 일했다. 1956년에 그 잡지의 정기구독자가 4만 명이었고, 1967년에는 약 15만 명이었다. 그의 저서인 *Uneasy Conscience of Modern fundamentalism*(1947)

은 복음주의자들로 하여금 사회개혁에 건설적으로 참여하게 했다. 그는 6권으로 이루어진 그의 저서 『하나님의 계시와 권위』(God's Revelation and Authority, 1976-83)에서 성경무오류성을 지지했다.

구약학 분야의 에드워드 영(Edward T. Young), 신학 분야의 칼 헨리(Carl F. H. Henry), 변증학 분야의 코넬리우스 반 틸(Cornelius van Till), 철학 분야의 고든 클라크(Gordon Clark) 등은 복음적이고 학구적인 저술에 종사한 사람들의 본보기이다. 어드만 출판사(Eerdman Publishing Company), 존더반 출판사(Zondervan Publishing House), 베이커 출판사(Baker Book House), 채널 출판사(Channel Press), 워드 출판사(Word Books), 틴데일 출판사(Tindale Press), 무디출판사(Moody Press) 등에서 출판한 대중 서적과 학문 서적들이 많은 복음주의 서점에서 판매된다.

복음주의자들은 평신도와 전문 학술인을 위한 문헌들을 출판하고 있다. 1967년에 15만 명이 정기구독한 *Christianity Today*, 30만 명이 정기구독한 *Moody Monthly*, 그리고 *United Evangelical Action* 등은 평신도와 전임사역자들 모두가 구독하고 있다. *Bibliotheca Sacra, The Journal of the Evangelical Theological Society, Perspectives on Science and Christian Faith, Fides et Historia* 등은 복음주의 학계의 각계각층에 호소하는 학문적 정기간행물이다.

복음주의자들은 성경을 번역하고 새번역본을 출판하는 데 협력해왔다. 현대적 산문체로 의역한 케네스 테일러의 *Living Bible*은 약 2천만 부가 판매되었다. *New American Standard Bible*은 성경학의 가장 훌륭한 결과들을 포함하고 있는 정확한 번역본이다. *New International Version*은 킹제임스성경 대신에 널리 사용되고 있다.

새로운 복음주의 신학교들이 출현해왔다. 고든-콘웰 신학교, 풀러 신학교, 그리고 트리니티 신학교는 입학생들이 많다. *Old Fashioned Revival Hour*

의 연사인 찰스 풀러(Charles E. Fuller, 1887-1968)와 파크 스트리트 교회의 목사 해롤드 오켄가(Harold J. Ockenga, 1905-85)는 성경무오류성과 전천년설을 신봉하는 교수진으로 구성된 풀러 신학교를 설립했다. 이 신학교들과 댈러스 신학교(1924)는 북아메리카에서 가장 규모가 큰 신학교들이다. 소속 교파와 결별한 보수적인 목회자들의 교육을 위해 웨스트민스터 신학교(1929), 덴버 신학교, 노던침례신학교(1913), 이스턴침례신학교가 설립되었다.

빌리 그레이엄(Billy Graham, 1918-)과 루이스 팔라우(Luis Palau, 1934-)가 주도한 주요 도시에서의 대중전도 운동은 무디와 토레이와 빌리 선데이가 주도한 운동 방식을 이어받은 것이다. 그레이엄은 로스앤젤레스 전도대회를 통해 미국 전역에 알려졌다. 그가 1945년에 런던의 헤링케이 경기장에서 개최한 전도대회는

20세기 후반의 주도적 복음 전도자인 빌리 그레이엄

12주 동안 계속되어 3만8천 명이 믿기로 했다. 1957년 여름에 뉴욕 집회에는 230만 명이 참석하여 6만1천 명이 믿기로 결심했다. 1973년 대한민국에서 닷새 동안 개최된 집회에는 300만 명 이상이 참석했다. 1995년 3월 중순에 푸에르토리코의 산후안에서 위성으로 방송된 세계선교는 116개국의 언어로 185개국의 천만 명에게 전해졌고 약 100만 명이 믿기로 했다. 후일 국영 텔레비전 프로그램과 비디오를 통해 1조 명 이상이 그의 메시지를 접했다.

그레이엄의 결단의 시간(Hour of Decision)이라는 TV 방송과 그의 기구에서 제작한 장편 영화 덕분에 복음주의적 전도가 확대되었다. 그는 자신과 동료들은 월급만 받고 회계관리를 엄격하게 함으로써 상업주의를 피했다. 1994

년까지 그는 총 1억 명 이상과 대면하고 이야기하여 약 300만 명을 결단하게 했다. 수백만 명이 라디오, 텔레비전, 영화 등을 통한 그의 사역의 혜택을 받아왔다.

그레이엄은 1966년 가을에 *Christianity Today* 지가 후원하는 세계복음 전도 대회(World Congress on Evangelism)를 지지했다. 전 세계에서 모인 약 1천200명의 복음주의자가 세계복음화라는 과업에 대해 토의하고 기도했다. 성경에 중심을 둔 복음주의의 타당성, 긴급성, 본질, 문제점, 기법 등이 다루어졌다. 1968년에 아시아 복음화를 논의하기 위해 싱가포르에서 아시아의 복음주의자들이 회의를 개최했다.

1974년 7월에 로잔에서 2천400명 이상의 대표들이 참석한 가장 큰 규모의 회의가 열렸다. 참석자들의 삼 분의 일은 제3세계 교회 대표들이었다. 150개 국가의 대표 중 136개 국가의 대표들이 개신교인이었다. 그 회의에서 2천200명이 서명하여 채택된 로잔 언약(Lausanne Covenant)은 오류가 없는 신앙과 관습의 척도인 영감된 성경에 대한 충성을 강조했고, 제3세계 대표들의 압력을 받아 사회적 관심과 행동이 복음의 일부라고 진술했다. 1980년 6월에 태국의 빳따야에서 개최된 세계선교전략회의(Consultation on World Evangelization)에 87개국에서 600명이 참석하고 그밖에 300명이 참석했다. 이 회의에서는 여러 국가에서의 복음 전도와 관련된 상황과 3억 명에 달하는 불신자들에게 복음을 전하는 방법이 논의되었다. 그레이엄은 1983년에 전 세계에서 참석한 3천900명의 복음주의자를 위해, 1986년에는 그의 컴퓨터에 등록된 4만3천 명의 복음주의자들 중 8천200명을 위해 암스테르담에서 회의를 개최했다.

그는 겸손함, 그리고 강력한 설교로 유명했다. 1953년에 채터누가에서 자신의 대중전도운동을 통합하기 위해서 처음으로 흑인과 백인을 분리하고 있는 밧줄을 풀었다.

루이스 팔라우는 상위에 속하는 복음주의자이다. 그는 남아메리카, 아시아, 유럽, 북아메리카 등지에서 여러 번 대중전도에 성공했다. 현재 그는 주로 아메리카의 도시에서 일하고 있다.

1942년에 복음주의협회(National Association of Evangelicals)가 설립되었다. 그것은 500만 명 이상의 복음주의 회원들이 받아들인 교리적 신앙 진술을 소유했다. 그것은 미국교회협의회(The American Council of Christian Churches)보다 더 많은 위원회와 관할권을 복음주의자들에게 제공한다. 1990년대에 복음주의협회의 지지층은 1천500만 명이었고 세계교회협의회(World Council of Churches)의 4천800만 명이었다. 이 협회의 공무국(Office of Public Affairs, 1943)은 워싱턴의 복음주의자들을 대변하며 그들의 관점을 정부에 제시한다. 1942년에 오순절파가 복음주의협의회 가입 초청을 받았다. 1995년 1월에 시작된 전국흑인복음주의협의회(National Black Evangelical Association)와의 대화가 두 협의회의 합병으로 이어질 수도 있을 것이다.

복음주의 주류에 영향을 발휘하고 있는 두 운동은 신복음주의(Neo-evangelicalism)와 예수운동(Jesus people)이다.

3) 신복음주의

신복음주의는 풀러 신학교에서 가장 잘 표현되고 있다. 풀러 신학교는 1947년에 성경무오류성과 전천년설에 충실한 교수진과 더불어 설립되었다. 1931년부터 보스턴 파크스트리트 교회를 맡은 오켄가(Ockenga) 목사가 1947년 10월 1일에 풀러 신학교 초대 총장 취임사에서 "신복음주의"라는 용어를 사용했다. 그들은 성경이 신앙과 관습의 확실한 권위라고 주장하면서도 축자영감설과 무오류성에 의심을 제기하며 성경비평을 유익하게 사용할 수 있다고 여긴다. 그 예로 잭 로저스(Jack Rogers)의 『성경적 권위』(Biblical Authority, Word, 1977)를 들 수 있다. 이러한 관점은 1966년 고든 대학(Gordon College)에서 개최되어 영감(靈感)에 대해 다룬 웬험(Wenham) 회의에서 분명해졌다. 해럴드 린셀은 『성경을 위한 전투』(Battle for the Bible, 1976)와 그 후편인 『불확실한 상태의 성경』(Bible in the Balance, 1979)에서 이러한 경향에 반대하고, 성경이 문자적으로 영감 되었고 오류가 없다는 선언에 찬성했다.

신정통주의자들은 복음주의자들의 사회활동 본질과 범위, 그리고 진화론이 창조론과 화해할 수 있는지 등에 관해 진보적인 신정통주의자들과 어느 정도까지 대화해야 하는지에 대해서 주류파와 의견을 달리했다.

60년대의 젊은 교수진들은 성경무오설과 전천년설과 관련하여 질문을 제기했다. 그들은 성경이 삶과 신앙과 관련해서는 무오하다는 데 동의하지만, 성경비평을 사용하여 역사, 지리, 숫자 등에 오류가 있을 수 있다고 주장했다. 이들을 이끈 지도자는 1963년에 풀러 신학교 총장이 된 데이비드 허바드(David Hubbard)와 찰스 풀러의 아들 대니얼 풀러이다. 이 신학교는 1972년에 새로운 교리 진술에 성경무오설과 전천년설을 포함하지 않았다. 나이가 든 보수적인 교수진들은 다른 분야로 떠났다. 풀러 신학교는 신학, 심리학, 세계선교학 등의 학과를 갖추고 북아메리카에서 가장 큰 대학이 되었다. 그 대학은 어느 정도 복음주의 주류의 좌익으로 기운 대표적인 학교이다.

4) 예수운동(Jesus People)

예수운동은 마약, 프리섹스, 반지성주의, 평상복 등의 대항문화(counter culture)에서 생겨났다. 그것은 1960년대에 샌프란시스코의 헤이트(Haight)와 애시베리(Ashbury) 지역에서 시작되었다. 교회가 아닌 기독교 커피 전문점들과 공동체가 젊은이들의 마음을 끌었다. 그들 중 많은 사람은 공동생활 방식을 채택하고 사랑을 강조하며 거리에서 적극적으로 그리스도를 증언하며 열심히 성경을 공부했다. 그 운동은 서부 해안과 캘리포니아에서 가장 활발했다. 1975년에 캘리포니아의 모건타운에서 열린 대회에는 3만 명이 모였다. 그들은 열정적이었지만 건전한 교리적 가르침이 부족했다. 그들 중 다수가 코스타메사(Costa Mesa)에 소재한 찰스 스미스(1927-2013)의 갈보리교회에서 자기들을 반겨주는 가정교회를 발견했는데, 현재 그 교회에는 매주 2만 2천 명이 모인다. 다른 사람들은 결국 기성 교단에 들어갔고, 그곳에서 현대적 예배 방식을 증진하는 일을 도왔다. 또 다른 사람들은 급성장하는 은사주의 운동에 합류했다.

종교개혁 지도자들의 주요 관심사는 칭의와 교회론이었다. 20세기의 문제는 성경의 권위, 대환난과 천년왕국과 관련된 재림, 신의 내의 성령의 사역 등인 듯하다. 고전적 오순절 교파들은 1901년 이후 도시와 농촌의 가난한 중산층을 포용해왔고, 반면에 60년대 이후로 은사주의 운동은 가톨릭교회와 개신교의 교외 교회에서 적극적이었다. 이 두 집단과 제3의 물결은 성령의 사역을 부각해 왔다. 전통적인 오순절파가 성령세례와 그 증거로서의 방언을 강조하는 데 반해, 더욱 새로운 운동인 제3의 물결 운동은 주로 1980년대에 출현한 독일교회와 기구들을 통해서 "표적과 기사", 그리고 예언과 치유와 같은 은사를 강조한다.

5) 오순절파-은사주의-제3의 물결

전 세계적으로 세 집단에 개입된 전체 신자들의 추정치는 1988년 패트릭 존슨의 1억6천800만 명, 1985년 와그너의 2억6천800만 명, 1988년 데이비드 배럿의 3억3천200만 명이다. 전국 연감에 수록된 수치는 더 보수적이다. 그들은 주로 세계의 도시 지역 주민들이며, 남성과 가난한 사람들보다 여성들이 더 많다.

고전적 오순절교회와 새로 등장한 은사주의 교파들은 헨리 두센(Henry P. van Dusen)이 1958년 6월 9일 자 *Life* 지에서 "제3의 세력"(Third Force)이라고 묘사한 것의 많은 부분을 차지한다. 그들은 개인 생활에서 성령의 역할을 강조하는 동시에 복음주의자들과 협력하여 파라처치 활동에 참여한다.

1. 과거의 오순절파는 성령세례의 증거인 초대교회의 경험을 따라 방언을 강조했다. 그들은 처음에는 웨슬리 성결교회(Weselyan holiness Church)와 개

혁파 교회의 교인들을 흡수했다. 1900년 10월에 찰스 파햄(Charles Parham, 1873-1929)이 캔자스 주 토페카에 베델성경학교를 연 것이 이 운동의 출발점인 듯하다. 1901년 1월 1일에 학생들이 사도행전에 나타난 성령 사역에 대해 공부하고 있었는데, 아그네스 오즈먼(Agnes Ozman)이라는 학생이 성령을 받기 위해 안수해 달라고 다른 학생에게 요청했다. 그녀는 방언을 했고, 나중에 다른 학생들도 방언했다.

파햄은 1905년에 텍사스 주 휴스턴에도 성경학교를 열었다. 이 학교의 흑인 학생 윌리엄 시무어(William Seymour)는 1906년에 로스앤젤레스 아주사 거리에서 개최된 선교대회의 지도자가 되었다. 그것은 흑인이 지도하고 많은 흑인이 참석한 초인종적 선교대회였다. 초기에 현저하게 활동했던 흑인 오순절 교도들은 자기들 나름의 교파를 세웠다. 찰스 메이슨(Charles H. Mason, 1866-1961)이 세운 오순절교회(Church of God in Christ)는 1994년에 신자들이 약 650만 명으로서 미국 내에서 가장 큰 오순절 집단이었다. 집회에서 흔히 방언했다. 방문한 사람들도 비슷한 경험을 하고 메시지를 다른 국가로 가져갔다. 오늘날의 하나님의 성회(Assemblies of God)는 1914년에 알칸사스 주에 설립되었다. 예수님의 이름으로만 세례를 주어야 한다고 주장하는 사벨리우스파가 분열하여 나가 오직예수교(Jesus Only Church of New Issue Church)라는 교파를 구성했다. 1990년에 전 세계 하나님의 성회 신자들은 약 2천 400만 명이었는데, 그중 삼 분의 일 이상이 브라질의 신자들이고 220만 명이 미국의 신자들이었다. 오순절교회 신자들은 어느 정도 "전교인 전도"(every member evangelism)에 참여했다.

캐나다의 복음주의자 에이미 셈플 맥퍼슨(Aimee Semple McPherson, 1890-1944)은 1923년에 로스앤젤레스에 수용 인원 5천 300명인 안젤루스 교회당을 건축했고, 1924년에 개인 소유의 라디오 방송국을 열었다. 전 세계에서 그녀의 집단에 속한 사람들과 지지자들이 약 170만 명이다. 그녀는 사중 복음, 그리스도의 재림, 치유, 성령세례와 그 증거인 방언을 강조했다.

캐나다의 사업가인 앤드루 아규(Andrew H. Argue, 1868-1959)는 윌리엄 더햄(William H. Durham, 1873-1912)의 시카고오순절교회에서 성령세례를 받은 후 위니펙에 교회를 세웠는데, 그 교회는 대형교회로 성장했다. 제임스 헵던(James Hebden)은 토론토에 최초의 오순절교회를 시작했고, 베이커(C. E. Baker)는 몬트리올에서 오순절교회를 시작했다. 1919년에 교회들은 캐나다 오순절 성회(Pentecostal Assemblies of Canada) 설립을 도왔는데, 이것은 1925년까지 하나님의 성회와 연결되어 있었다. 캐나다 성회가 개혁주의 신학으로 기운 것은 45년 동안 그 교파의 주요 성경학교 교장으로 재임한 성공회 성직자인 퍼디(J. Justace Purdie, 1880-1977)의 영향력 때문이었다.

토머스 바랫(Thomas B. Barrat, 1862-1949)은 1906년 가을에 오슬로 선교 사역 기금을 모으기 위해 뉴욕을 여행하는 도중에 성령세례를 받았다. 그는 스웨덴의 루이 페트루스(Lewi Pethrus), 영국의 알렉산더 버디(Alexander A. Boddy), 독일의 요한 폴(Johann Paul) 등이 같은 체험을 하는 데 도움을 주었다.

칠레에서는 감리교의 윌리스 후버(Willis Hoover)의 사역으로 오순절파 교인들이 칠레 개신교인들의 80%를 차지하게 되었다. 스칸디나비아와 이탈리아계 미국인들이 브라질에 오순절 메시지를 전했는데, 브라질의 오순절파 신자들은 400만 명이 넘는다. 그들은 1947년에 취리히에서 제1차 세계대회를 개최하면서 전 세계적으로 협력하고 있다. 오순절교회는 세계적인 교파가 되었다.

제1차 세계대전부터 제2차 세계대전까지의 기간에 존 다우위(John Dowie, 1847-1907)와 찰스 프라이스(1880-1947)가 개최한 초기 치유 집회가 쇠퇴하고, 신비적인 윌리엄 브랜험(William Branham, 1909-65)과 덴버, 피츠버그, 로스앤젤레스 등지에서 치유 사역을 한 캐서린 쿨먼(Kathryn Kuhlman, 1907-76)이 등장했다. 오랄 로버츠(Oral Roberts, 1918-2009)도 비슷한 치유사역을 행하고 자

은사주의 설교자인 캐서린 쿨만. 그녀는 1946년에 자신의 치유의 은사를 발견했다. 여러 해 동안 수천 명이 그녀의 집회에서 병고침을 받았다고 주장했다.

최초의 루터교 여성 목사로 임명된 엘리자베스 플래츠가 1970년에 자기 어머니에게 성찬을 주고 있다.

기의 이름을 딴 대학을 세웠다. 이러한 일들은 오순절운동을 대중화하는 데 도움이 되었다.

1942년에 주류 자유주의자들과 복음주의자들은 오순절운동을 외면했다. 그리하여 그들은 자기들의 교파를 세웠다. 듀센(Henry P. Van Dusen, 1897-1975)은 1958년 6월 9일에 *Life* 지(誌)에서 그 운동을 "기독교계의 제3세력"이라고 불렀다. 1988년에 세계 오순절파 신자들의 수는 4천 300만 명에서 1억 7천 600만 명으로 증가했다. 미국 오순절파는 1942년에 복음주의협회에 회원으로 가입한 이후 성령의 기적적인 사역이라는 독특한 사상을 고수하면서도 파라처지 활동에 복음주의자들과 협력하고 있다.

2. 오순절 교파 사람들은 처음에는 1950년대부터 방언을 했지만, 치유를 더 강조한 주류 교회 내의 은사주의자들을 어떻게 다루어야 할지 확신하지 못했다.

1959년에 캘리포니아 주 반 누이스(Van Nuys)에서 성공회 신부 데니스 베넷(Dennis Bennet, 1917-1991)이 방언을 했고, 1960년 4월에 그 사실을 공개했다. 그는 시애틀의 작은 선교회로 좌천되었다. 진 스톤 윌리엄스(Jean Stone Williams)는 자신이 발행하는 잡지 *Trinity*, 1961-66를 통해 방언에 관한 가르침을 퍼뜨렸다.

래리 크리스텐슨(Larry Christensen, 1928-)은 루터교에서, 해럴드 브레드슨(Harold Bredsen, 1918--)은 네덜란드 개혁교회에서, 제임스 브라운(James Brown, 1927-87)은 장로교에서, 베넷과 리처드 윙클러(Richard Winkler)는 성공회 안에서 방언과 성령운동을 이끈 지도자들이다. 성공회 성직자인 마이클 하퍼(Michael Harper)는 Fountain Trust라는 기구를 통해서 영국에 그 메시지를 전했다. 그 추종자는 대체로 자기들의 소속 교회 안에 머문 부유한 중상층(upper middle class)이었다.

가톨릭교회의 은사운동은 1967년에 피츠버그 두케인(Duquesne) 대학의 교수-학생 피정에서 시작되었다. 이 피정의 메시지가 노트르담 대학에 전해졌고, 많은 교회와 학생들이 방언했다. 1975년 바오로 교황이 로마에서 만 명의 청중에게 연설했는데, 그 중 대표적인 사람은 벨기에의 레오 수에넨즈(Leo Suenens) 추기경이었다. 1976년에 약 3만 명의 가톨릭 은사주의 신자들이 교회 안에서의 자기들의 세력 성장에 대해 논하기 위해 노트르담 대학에서 회의를 개최했다.

대부분의 은사주의자들은 소속 교파에 남아있었다. 1963년에 로스앤젤레스의 부유한 낙농업자 데모스 샤카리안(Demos Shakarian, 1913-93)이 국제순복음경영자협회(Full Gospel Businessmen's Fellowship)를 설립했다. 그 협회는 1972년에 회원 수 30만 명으로 성장했고, 기업인들의 정오 점심 모임에서 주류 교회에 은사주의 메시지를 전하고 대중화하는 데 기여했다.

남아프리카에서는 에큐메니컬 지도자들과 협력한 데이비드 두플레시스(David DuPlessis)의 사역이 세계교회지도자협의회(World Council of Churches Leaders)에 영향을 미쳤다. "긍정적 고백운동"(Word-Faith Movement, Positive Confession Movement)에 속한 사람들의 경우처럼 은사주의자들의 메시지에는 다양성이 있다. 케네스 해긴(Kenneth Hagin, 1917-2003)과 케네스 코플랜드(Kenneth Copeland, 1936-)는 거듭남으로 이어지는 믿음으로 말미암아 건강과 부가 주어진다고 가르친다. 해긴은 건강과 부를 소유하기 위해 긍정적인 태도를 창출하는 신사상(New Thought)을 사용한 에섹 케년(Esek A. Kenyon, 1867-1948)의 영향을 받았다. 해긴은 350만 부 이상의 책과 테이프를 제작했고, 1971년에 레마성경학교를 시작한 이후 그 학교를 거쳐 간 사람이 대략 1만 명이다. 케네스 코플랜드는 해긴의 영향을 많이 받았고, 1979년 이후로 텔레비전 미디어를 사용해왔다. 두 사람 모두 많은 TV 시청자를 확보하고 있으며, 요한3서 2절—"사랑하는 자여 네 영혼이 잘됨같이 네가 범사에 잘 되고 강건하기를 내가 간구하노라"—을 강조했다.

은사주의자들은 대체로 공격적으로 전도한다. 그들은 주로 도시의 중산층이고 정교분리를 주장하지 않으며 교회의 일치를 원하며 신학적으로는 다원주의적이다. 전통적인 오순절교회들은 원래 상가 교회에 모이는 노동자들로 구성되었고 예배가 다소 감정적이고 격하다. 그들은 신학적으로는 근본주의자이며 매우 복음주의적이었다.

전 세계적으로 개신교와 가톨릭 은사주의자들은 적게는 6천 500만 명, 많게는 1억 2천만 명으로 추산된다.

3. 1983년에 피터 와그너가 만들어낸 용어인 소위 제3의 물결에는 오순절 은사주의자들과의 연결하려 하지 않는 사람들을 포함한다. 그들은 치유, 축귀, 예언, 표적, 기사 등 성령 사역을 강조한다. 그들은 종종 성령세례를 지식과 표적과 기사와 연결한다(고전 12:13). 또 그들은 종종 독립 초대형 교회(megachurch)에 합류한다.

1988년에 전 세계 제3의 물결 지지자들이 약 8만 명에서 2천 800만 명이라고 추정되었다. 그들의 대부분은 독립 초대형교회나 조직이 치밀하지 않은 연합에 속해 있었다.

존 윔버(John Wimber, 1934-1997)는 1975년에 피터 와그너의 초대를 받아 복음주의와 교회성장 연구소(Institute of Evangelism and Church Growth)를 구성하기 위해 풀러 신학교로 갔다. 그가 개설한 기적과 교회 성장(The Miraculous and Church Growth) 과정은 강의, 그리고 표적과 기사와 치유 기간으로 이루어져 있다. 이것은 윔버가 이러한 수단에 의해 사탄과 귀신들에게서 사람들을 해방하기 위해서 하나님의 나라가 임했다는 조지 래디의 사상을 발전시킨 전략이다.

윔버의 애너하임 크리스천펠로우십(Anaheim Christian Fellowship)은 회원이 5천 명 이상으로 성장했다. 그는 미국, 영국, 유럽 등지에서 표적과 기사에 관한 세미나와 실연회를 개최했다. 1986년에 윔버가 설립한 것으로 주로 미국 내에 있는 빈야드 운동에 속한 교회가 325개에 달하며, 교인은 20만 명이다.

성령 사역의 초자연적인 측면을 강조하는 20세기 오순절-은사주의-제3의 물결 운동은 그것을 연구한 다른 교파들에 영향을 미치는 중요한 현상이다. 1977년 7월 미주리 주 캔자스시티에서 개최된 모임에서 처음으로 이 세 가지 운동이 접촉하여 성령에 관한 통일성을 드러냈다. 미국장로교회는 이것에 관해 어느 정도 우호적인 보고서를 작성했다. 이 운동으로 말미암아 교회가 교인들과 성령의 사역을 등한시하고 있다는 데 주목하게 되었다. 교회 안에 진정한 성령의 현상들이 있었지만, 심리적이거나 마귀의 활동에 불과한 것도 있을 수 있다는 위험을 염두에 두어야 한다. 이 운동의 추종자들은 신앙과 삶에 접근하는 데 있어서 신학적이기보다 경험적인 경향이 있다.

6) 성결교회

위에서 언급한 교회들은 방언을 증거로 삼는 별도의 세례를 강조하는 데 반해, 성결교회는 신자가 완전함을 얻을 수 있게 해주는 완전한 성화라는 제2의 사역을 강조한다. 이 사상은 아사 메이헨(Asa Mahan, 1799-1889)과 죄로 말미암아 죽은 옛사람과 함께 완전하게 해줄 수 있는 제2의 역사라는 찰스 피니(Charles G. Finney)의 가르침에 나타났다. 피비 팔머(Phoebe Palmer, 1807-74)가 미국과 브리티시 제도에 이 가르침을 전파했다. 성결교회, 구세군, 그리고 웨슬리교회가 이 제2의 사역을 옹호했다.

1895년에 브리지(Phineas F. Bresee)의 주도 아래 로스앤젤레스에서 나사렛 교파가 출범했다. 1908년에 감리교에 불만을 품을 텍사스 주의 교회들이 오순절나사렛교회(Pentecostal Church of the Nazirene)라는 이름으로 연합했다. 그들은 1919년에 오순절이라는 명칭을 삭제했고, 그 이후로 나사렛교회라고 알려져 왔다. 그들은 존 웨슬리의 전통에서처럼 성화를 위한 두 번째 은혜의 사역을 강조한다. 1843년에 모 교회에서 노예제도 반대 때문에 웨슬리 감리교회가 조직되었다. 구세군도 두 번째 사역으로 성결을 받아들인다. 미국과 캐나다의 성결 지도자들의 다수가 오순절파 신자가 되었다.

7) 복음주의적 파라처치조직

19세기 2·4분기에 '자비로운 제국'(Benevolent Empire)의 초교파적 협회들이 선교와 사회개혁을 고취했듯이, 제2차 세계대전 이후 교파와 관련이 없는 파라처치 집단들이 기독교 사역을 고취했다. 그러나 그들은 우익 진영을 제외하고는 모두 복음주의자로 분류되기를 원할 것이며 파라처치나 엑스트라처치라고 불리는 조직 안에서 협력한다. 파라처치 집단은 대부분의 교파와 협력한다. 이 성장하는 조직들은 교회사에서 등장하는 보다 중요한 요소 중 하나이며 기독교인들에게 다양한 봉사와 사역을 제공한다.

우익에 속한 일부를 제외한 복음주의자들은 그리스도의 지상명령을 성취하기 위해 다양한 형태의 복음 전도에 협력해왔다. 독창적인 지도자들을 갖춘 많은 조직이 복음을 청년들에게 전하려 한다. 1877년에 설립된 기독학생회(Inter-Varsity Christian Fellowship)가 1928년에 캐나다의 대학들 안에 조직되었다. 선교에 대한 학생들의 관심을 일으키기 위해 설립된 해외대학생선교회(Student Foreign Missions Fellowship)는 1945년에 IVF와 합병했다. 1946년 성탄절 휴가 기간에 토론토에서 700명의 학생이 참가하여 최초의 학생선교대회가 개최된 이후 IVF는 우르바나에서 개최된 학생선교협의회를 후원해왔다. 1990년에 최대 규모의 우르바나 대회에 1만 9천 명 이상이 참석했다.

1951년에 빌 브라이트(Bill Bright)가 UCLA대학 학생들에게 복음을 전하기 위해 대학생선교회(Campus Crusade)를 조직했다. 그는 더욱 공격적인 복음주의와 회심자들을 위한 제자훈련과정을 장려했다. 그의 조직은 엑스플로 72를 개최했는데, 1972년에 댈러스에서 개최된 이 집회는 단기간의 밀도있는 복음주의 교육을 목적으로 한 것으로서 7만 명의 청년들이 모였다. 1995년에 이 조직에는 약 일만 삼천 명의 풀타임 스태프가 있었다. 빌 브라이트의 4영리(four spiritual law)는 기독교를 증언하는 데 널리 사용되는 도구이다.

프란시스 쉐퍼(Francis Schaeffer, 1912-84)의 사역은 조직이나 운동의 형태를 취하지 않았지만, 스위스의 라브리에 소재한 연구센터를 통해서, 그리고 저술과 영화 시리즈를 통해서 복음으로 기성 체제를 거부하는 상류 지식층과 환멸을 느끼고 있는 학생들의 관심을 끌었다. 그는 매우 지적이고 철학적인 차원에서 복음을 제시했다. 로잔에서 개최된 집회나 저술에서 성경의 영감설을 강력하게 옹호했다.

1945년에 조직된 국제십대선교회(Youth for Christ International)의 초대 회장은 토레이 존슨이었다. 그것은 청년들을 위한 토요저녁집회에서 생겨났다. 빌리 그레이엄이 초대 순회대표였다. 1945년 5월 31일 시카고의 솔저필드(Soldier Field)에서 개최된 집회에 7만 명이 모였다. 최근에 캠퍼스 라이프(Campus Life)라는 명칭 아래 초등학생과 고등학생들을 위한 방과후 클럽들이 회심과 기독교적 삶을 증진하고 있다.

1941년에 제임스 레이번(James Rayburn)이 성경공부반 조직을 통해 고등학생들에게 전도하기 위해 "영 라이프"(Young Life)를 설립했다.

제2차 세계대전이 끝난 후 이안 토마스(Ian Thomas)가 영국의 캐펀레이에 본부를 두고 횃불회(Torchbearers)를 조직했다. 이 단체는 회원들의 개인적인 간증과 단기성경학교를 통해 전 세계에서 수천 명을 회심시켰다.

그밖에 특수 집단의 욕구를 충족시키기 위해 여러 조직이 만들어졌다. 1943년에 미국에서 조직된 기독장교연합회(Officer's Christian Fellowship)는 군대에서 35만 명 이상의 장교들을 위해 봉사하고 있다. 제2차 세계대전 중에 도슨 트로트만(Dawson Trotman)이 선원들을 그리스도에게 인도하고 기독교적 삶 안에서 교육하기 위해 네비게이토선교회(Navigators)를 설립했다. 빌리 그레이엄은 자신이 회심시킨 사람들의 후속 교육을 위해 네비게이토선교회에 도움을 청했다.

1898년에 몇 명의 사업가들이 기드온협회(Gideons)를 설립했다. 그들은 호텔, 모텔, 학교 등에 성경을 비치하기 위해 시간과 돈을 투자했다. 제2차 세계대전 중에는 군대에서 복무하는 청년들에게 신약성경을 보급했다.

1931년에 사업가들이 동료 사업가들에게 복음을 전하고 자신의 영성생활을 계발하기 위해 Christian Businessmen's Committee International을 설립했는데, 이것은 1937년에 법인이 되었다. 이 조직은 전 세계에 퍼져 있다.

1954년 이후 버라이드(Abraham Vereide)가 지도하는 International Christian Leadership은 정부 내의 정치 지도자들에게 복음을 전하여 그들의 삶을 영적으로 지원하는 일을 추구했다.

1990년대 초에 대학 축구팀 코치인 빌 맥카트니(Bill McCartney)가 "프라미스 키퍼스"(Promise Keepers)라는 남성 기독교 단체를 조직했다. 그 조직은 가정과 교회와 사회에서 평신도들의 영적 지도력 경신을 장려하는 것을 목표로 했다. 90년대 중반 대도시 지역에서 개최된 주말 대회에는 150만 명의 남성이 모였다. 1996년 2월에 개최된 대회에는 약 4만 명이 참석했다.

복음 전도자들은 라디오와 TV 방송을 활용하여 성공을 거두었다. 폴 레이더(Paul Rader, 1879-1938)는 1922년에 시카고에서, 그리고 Omaha Gospel Tabernacle의 브라운(R. R. Brown, 1885-1950)이 1923년에 복음을 전파하기 위해 라디오 방송을 사용하기 시작했다. 찰스 풀러(Charles E. Fuller)의 "옛날식 신앙 부흥의 시간"과 월터 마이어(Walter Maier)의 "루터란 아워"(Lutheran Hour)는 복음방송의 선구자이다. 빌리 그레이엄의 "결단의 시간"은 처음에는 라디오로 방송되다가 후일 TV로 방영되었는데, 수백만 명이 그 방송을 청취했다. 쿨만(Kathryn Kuhlman), 렉스 험바드(Rex Humbard), 오럴 로버츠(Oral Roberts) 등은 텔레비전 방송이 지닌 선교적 잠재력을 인식하고 계발했다. 패트 로버트슨(Patt Robertson)의 "700 클럽", 제리 페어웰(Jerry Farewell)의 "옛 복음의 시간" 등은 수백만 명의 추종자들을 형성했는데, 그들은 매년 1억 5천만 불을 기부했다. 36개 종교 채널과 1천300개의 종교방송국을 통해서 매주 5천만 명이 복음을 청취한 것으로 추정된다.

일부 복음적 파라처치 조직들이 사회개량운동을 촉진했다. 1950년에 로버트 피어스(Robert W. Pierce, 1914-76)가 월드비전(World Vision International)을 조직했다. 그는 Samaritan's Purse Relief Organization이라는 구호단체도 설립했다. 월드비전은 여러 국가의 보육원들을 지원하며, 전쟁이나 자연재해로 생긴 난민들에게 양식, 의약품, 숙소 등을 제공해왔다. 의료지원계획(Medical Assistance Plan)에서도 파키스탄과 캄보디아 등의 지역에 재해가 발생했을 때 선교사들이 운영하는 병원과 가난한 사람들에게 의약품을 공급해왔다.

뉴욕에서 은사주의자인 데이비드 윌커슨(David Wilkerson)이 설립한 틴 챌린지(Teen Challenge)는 젊은 약물 중독자들을 위해 봉사한다. 이 조직의 주장으로는, 그들의 도움을 받은 중독자들의 70%가 완치되었다고 한다. 이것은 세속의 어느 기관의 사역보다 높은 완치율이다. 그의 저서인 *Cross and the Switchblade*는 그의 사역을 보급하는 데 도움이 되었다. 그것은 1967년에 두케인 대학에서 가톨릭교회 은사운동이 시작되는 데 영향을 미쳤다.

8) 복음주의 사회행동

1973년 추수감사절 주말에 시카고에 50명 이상의 복음주의자들이 모여 과거에 사회 문제와 경제 문제에 무관심했던 일을 회개하면서 사회 문제 해결에 정치적으로 더 많이 참여할 것을 촉구하는 선언을 발표했다. 1993년 시카고에 500명이 모인 집회에서 의장인 론 사이더(Ron J. Sider)는 인종차별과 가난을 비난하고 복음주의와 사회개혁을 강조했다.

짐 월리스(Jim Wallis)가 이끈 보다 공격적인 집단이 일리노이 주 디어필드에 소재한 트리니티 신학교에 출현하여 1975년에 워싱턴으로 옮겼다. *Sojourners* 지(誌)는 그들의 관심을 대변한다.

9) 복음주의 여권운동

1973년 시카고에서 개최된 사회 행동에 나서는 복음주의자들(Evangelicals for

Social Action) 집회에 참석한 대학원 출신의 전문직 여성들은 독립된 여성 조직의 필요성을 느꼈다. 1975년의 워싱턴 집회에서 그들은 복음적 여권운동의 이익을 증진하기 위해 복음주의여성협회(EWC, Evangelical Women's Caucus)를 조직했다. 낸시 하데스티(Nancy Hardesty)는 자신의 저서 『네 딸들이 예언할 것이라』(Your Daughters Shall Prophecy)에서 그 운동의 기원이 피니의 시대와 영향에 있다고 보았다. 하데스티와 레타 스캔조니(Letha Scanzoni)의 공저인 『우리의 이상적 상태』(All We're Meant to Be, 1992)에 표현된 것처럼 그 조직은 결국 낙태와 자위 등의 문제에 개방적인 태도를 보이기 시작했다. 그들은 여성에게 더 많은 힘이 주어져야 한다는 논거의 기초를 갈라디아서 3장 28절, 그리고 찰스 피니가 여성들과 함께 한 사역에 두었다. 이처럼 초점이 바뀐 것이 1989년에 다른 집단의 형성을 촉발했다. 복음주의 주류 안에 남기를 원했으며 곧 수적으로 복음주의여성협회(EWC)를 넘어선 성경적 동등성을 위한 기독인회(CBE, Christians for Biblical Equality)를 설립했다. 패트리시아 건드리(Patricia Gundry)는 『종이나 자유인이나 차별이 없습니다』(Neither Free Nor Slave)에서 성공적인 여권주의 활동을 위한 공식을 작성했다.

10) 주류 교회들의 복음주의로의 복귀

교회를 복음주의적 교리와 삶으로 돌아가게 하려고 여러 교파 안에 복음적 기구들이 등장했다. 1965년에 설립된 장로교평신도위원회(Presbyterian Lay Committee)와 Presbyterians United for Biblical Concern(1965)은 미국연합장로교회(United Presbyterian Church, USA) 안에서 사역했다. 1967년 이후 켄터키 주 윌모어에 본부를 둔 Good News 그룹은 연합감리교회(United Methodist Church) 안에서 같은 사역을 하고 있다. Luterans Alert와 성공회 조직인 Fellowship Witness도 비슷한 일을 행한다. 1970년대부터 1990년 사이에 캐나다 성공회의 신자가 30% 감소했다. 1944년에 저교회 복음주의자들(Low Church evangelicals)이 몬트리올에 모여 자기들이 교회를 위해 바라는 신앙의 필수요소 진술을 채택했다. 캐나다의 연합교회 안에 있는 Renewal Fellowship은 1960년대 이후로 그 교파를 정통주의로 복귀시키려 하고 있다. 영국에서는 점차 더 많은 복음주의 목회자들이 성공회로 가고 있다. 이 복음주의자들은 자신이 속한 교파에 과거의 증언과 신앙을 상기시키려 한다.

내부의 개혁을 깎아내리는 일부 복음주의자들은 새로운 교회를 설립했다. 1973년에 미국 장로교(Presbyterian Church in America)는 자유주의적 에큐메니즘과 정통주의로부터의 이탈에 반대하여 미국 남장로교로부터 분리해 나왔다. 1990년에 이 교파의 신자는 22만 1천 명이 넘었고 지금도 증가하고 있다.

신앙을 떠나고 있는 교회 중 일부는 복음적 교리로 복귀하는 제3의 길을 채택해왔다. 1970년대에 루터교-미주리 시노드는 컨콜디아 대학에서 교수들이 성경의 무오류성을 축소한 일로 인해 혼란에 휩쓸렸다. 1974년에 자유주의적인 많은 교수와 600명의 학생 중 400명이 컨콜디아를 떠나 새 신학교를 세웠다. 교인들의 다수는 성경의 권위를 재확인하기 위해 교회에 남았다. 1980년대에 남침례회연맹(Southern Baptist Convention)은 주요 위원회의 의장직을 차지했다. 그들은 다수의 자유주의 사람들을 교회협의기구(church board)와 신학교에서 퇴출했다. 현재 복음주의자들이 1천 500만 명 교인들이 속한 교파를 장악하고 있다.

이처럼 자유주의와 결별하는 세 가지 방법이 복음주의자들을 격려하고 있다.

11) 가톨릭교인들의 태도 변화

전 세계의 9억 6천만 명에 달하는 가톨릭 신자들은 제2차 바티칸 공의회 이후 개신교도들을 이단자나 분파주의자라고 부르는 대신에 "분리된 형제들"(seperated brethren)이라고 부르면서 그들에 대해 보다 개방적인 자세를 취했다. 이것—그리고 가톨릭교회 내의 은사주의의 부활과 동성애와 낙태 반대, 문화면에서 도덕적 가치관의 증진, 더욱 큰 종교적 자유 옹호 등—이 가톨릭 신자들과 복음주의자들의 협력을 가능하게 해주었다. 1994년 4월에 찰스 콜슨(Charles Colson)과 리처드 노이하우스(Richard Neuhaus)의 주도 하에 약 30명의 복음주의자가 모여 "복음주의자들과 가톨릭교도들의 연합: 셋째 천 년에서의 크리스천 선교"(Evangelicals and Catholics Together: The Christian Mission in the 3rd Millenium)라는 성명을 발표했다. 그 문서는 순결과 가족관, 교육에 대한 부모의 선택권을 지지하고, 낙태와 성적 부도덕에 반대했다. 가톨릭측과 개신교측은 신학적으로는 의견을 달리했지만, 윤리적으로나 사회적인 공동 목표를 위해 함께 일할 수 있었다.

교황 피우스 12세는 2차 세계대전이 끝난 후 나치의 박해와 유대인 학살을 반대하지 않은 데 대해 강력한 비난을 받았다. 그는 1950년에 성모몽소승천설을 발표했다.

가톨릭교도들의 개방적인 태도는 제2차 바티칸 공의회 이후 교회 안에서 발생한 큰 변화들의 전형적인 예가 된다. 프랑스혁명 이후 가톨릭교회 지도부가 유럽에서 진행된 정치적, 경제적, 사회적, 종교적으로 자유주의적인 변화와 격리된 폐쇄 사회를 유지하려 했기 때문에, 이러한 변화들은 한층 더 놀라운 것이다. 베네딕트 15세(1914-22)는 1917년에 교회법의 성문화를 완성함으로써 교회 내의 통일성을 발전시키려 했다. 1943년에 피우스 12세(1876-1958)는 회칙 *Divino Afflante Spiritu*(성령의 영감을 받아)에서 가톨릭 학자들이 고고학의 발견과 본문비평을 사용하도록 장려했다. 그러나 그는 동시에 1950년에 그리스도 사후에 마리아가 기적적인 방법으로 육신으로 승천했다고 선언함으로써 과거와의 연계를 강화했다.

1959년 1월에 요한 23세(1958-1963년 재위)가 새로운 세계공의회를 개최하려는 계획을 발표하면서 교회 안에 더 큰 변화가 시작되었다. 1962년부터 1965년까지 네 차례 개최된 그 공의회는 "교회의 쇄신"(aggiornamento)을 북

돕기 위한 것이었다. 요한 23세는 제2차 바티칸 공의회가 교리적이고 통치적인 것이 아닌 "사목적"인 회의가 되기를 원한다고 말했다. 회기 동안에 변화를 지지하는 사람들과 그에 반대하

교황 요한 바오로 2세가 1982년 서아프리카를 순방하던 중 나이제리아 라고스 공항에서 군중에게 작별인사를 하고 있다.

는 사람들이 충돌했는데, 그 회의에 2천 700명의 가톨릭 신자들과 일부 개신교 참관자들이 참석했다.

제2차 바티칸 공의회는 교리나 정체에 있어서 즉각적인 변화를 가져오기보다 개신교 및 정교회와의 관계에 영향을 줄 새로운 제도들을 만들어냈다. 각각의 지도자들은 새로운 정신을 반영하여 심지어 교황무오설에 대해서도 질문을 제기했다. 교리의 본질이나 내용은 변화될 수 없지만, 형식은 변화될 수 있다는 교황의 발언은 교리적 변화에 이르는 길을 열어놓았다.

평신도들을 "하나님의 백성"이라고 언급한 것, 그리고 그들의 영적 사제직을 확인함으로써 평신도의 중요성이 인정되었다. 평신도가 미사에 참여하는 것도 허락되었다. 아울러 각 지방의 언어로 미사를 집전하는 것도 허락되었다. 성경과 전통을 성령의 표현으로 간주함으로써 그것들을 새롭게 연결했다. 평신도가 성경을 읽는 것이 허락되었다. 교회 지도자들은 라틴아메리카 가톨릭교회의 성경을 공부하고 그것을 자신의 사회적 상황에 적용하는 평신도 성경공부반(base cell)을 장려한다. 그것은 종종 마르크스주의 경향을

띤다. 특히 브라질에 이러한 성경공부반이 수천 개나 있다.

과거에 개신교인들을 이단자라거나 분파주의자라고 묘사했던 것과는 달리 "분리된 형제들"이라고 묘사했다. 과거에는 금지되었던 에큐메니컬 운동에 협력하는 것이 장려되었다. 모든 사람에게 예배의 자유가 주어졌다. 주교들과 교황의 조직이 선포되었고, 1963년에 교황으로 즉위한 바오로 6세(1897-1978)는 주교회의를 소집했다. 그러나 그 회의에서 결정된 것들은 교황이 선포하지 않으면 효력이 발휘되지 못했다. 교황은 미국의 가톨릭 평신도들을 분열시켜온 문제인 산아제한과 성직자의 혼에 반대했다.

교황 요한 바오로 1세(John Paul I)는 1978년에 34일 동안 재위하고 사망했다. 폴란드 출신인 요한 바오로 2세(1920-)는 다소 화려하고 대중적이었고, 공산주의를 잘 알고 있었으며, 전임자들보다 더 보수적이었다. 그는 미사에 참석하는 사람들이 감소하는 것, 라틴아메리카의 해방신학, 여성의 성직 임명 요구, 교회의 특정 교리에 의심을 제기하는 학자들 등 여러 가지 문제에 직면했다. 그러나 그는 한스 킹과 쉴레벡스(Schilebeeckx)의 자유주의적 경향에 대해 징계하는 등 강력하게 반응했다. 그는 1983년에 교회를 위한 신(新)교회법전을 반포했다.

그러나 교회일치운동에 협력하는 일은 지금도 계속되고 있다. 피우스 12세는 Mortalium Animos(1928)에서 교회일치운동에 협력하는 것을 금지했었다. 그는 교회의 재결합이 이루어지려면, 분파주의 교회들이 가톨릭교회로 복귀함으로써 이루어질 것이라고 선언했다. 그와는 달리 교황 요한은 비(Bea) 추기경을 지도자로 하여 그리스도교 일치 촉진 위원회(Secretariat for Promoting Christian Unity)를 조직했다. 1961년에 뉴델리에서 개최된 세계교회협의회에 가톨릭 대표가 참관인으로 참석하는 것이 허락되었다. 가톨릭교도 공동작업 그룹(Joint Working Group of Roman Catholic)은 1965년 이후 여러 차례 세계교회협의회의 대표들을 만나서 협력 방법과 궁극적인 통합의 길을 마련했다. 제

2차 바티칸 공의회에 개신교인들이 참관인으로 초대되었다. 바오로 교황은 1964년에 콘스탄티노플에서 동방교회의 총대주교인 아테나고라스를 만났다. 1965년 12월 7일에 바오로 교황과 아네나고라스 총대주교는 1054년에 두 교회가 서로를 파문했던 것을 철회했다. 이렇게 세상에 대해 문을 개방한 것은 19세기와 20세기 초의 폐쇄적 교회와 매우 대조된다.

개신교도들은 가톨릭교회의 연옥설, 교황무오설, 마리아의 역할, 성경과 전통의 관계, 화체설 등과 관련하여 교리적인 차이점을 인정하면서도 낙태와 같은 도덕적 문제와 사회적 문제에 관해 가톨릭교도들과 협력할 수 있다.

현대 사회에서 모든 복음주의자는 기복적인 신학과 윤리적 가치관에 관해 연합할 수 있다. 그들은 필요한 갱신을 위해 설교하고 기도할 수 있지만, 신비주의나 반지성주의에 빠지지 않는다. 조지 마스던(George Marsden)이 *Soul of the American University*에서 지적했듯이, 그들은 미국독립전쟁 전까지 대학교와 신학교들이 종교 신앙과 인성발달을 지식과 지혜 습득과 연결했었다는 것을 기억해야 할 것이다. 1875년부터 연구를 강조하게 되면서 교과과정이 점차 세속적이 되어 제1차 세계대전 무렵에는 교육과정에서 신학과 윤리학이 배제되었다.

기독교 대학과 신학교의 교수들은 정확한 연구를 추구하고 학문적 우수함을 고려하면서 성경에 기초한 신학과 윤리학을 배제하는 위험에 처했고, 그 과정에서 사람들을 영적 탁월함으로 인도하는 길에서 벗어나게 하는 위험을 초래한다. 편의주의 때문에 진리를 버려서는 안 된다. 학문적인 탁월함과 영적 탁월함은 공존할 수 있으며, 공존해야 한다. 우리의 지적인 기관들 안에서 두뇌와 마음, 학문과 열정이 균형을 이루어야 한다.

참고문헌

Abbot, Walter M. A. *Document of Vatican II*. New York: Herder, 1966.

Aburdene, Paticia, and John Naisbitt. *Megatrends for Women*. New York: Villard, 1994.

Anderson, Robert M. *Vision of the Disinherited*. New York: Oxford, 1979.

Bebbington, David. *A History of Evangelism in Modern Britain*. Grand Rapids: Baker, 1989.

Bentley, William. *The National Black Evangelical Association*. Chicago: William Bentley, 1978.

Berkouwer, G. C. *The Second Vatican Council and the New Catholicism*. Grand Rapids: Eerdmans, 1965.

Bethge, Eberhard. *Deitrich Bonhoeffer*. Evanston, Ill.: Harper and Row, 1970.

Bloch-Hoell, Nils. *The Pentecostal Movement*. Oslo: Universitetsforlaget, 1964.

Boon, Harold W. *The Development of the Bible College of Institute in the United States and Canada Since 1880*. Ph. D. Thesis. New York: New York University, 1950.

Bruns, Roger A. *Billy Sunday and Big-Time American Evangelicalism*. New York: Norton, 1992.

Burgess, Stanley M., and Gary B. McGee, eds. *Dictionary of Pentecostal and Charismatic Movement*. Grand Rapids: Zondervan, 1988.

Carpenter, Joel A., and Wilbert D. Shenk, eds. *Earthen Vessels*. Grand Rapids: Eerdmans, 1980.

Cohen, Norman J. ed. *The Fundamentalist Phenomenon*. Grand Rapids: Eerdmans, 1990.

Cole, Stewart G. *History of Fundamentalism*. New York: Harper, 1931.

Conn, Harvie M. *Contemporary World Theology*. Nutley, N.J.: Presbyterian and Reformed, 1973.

Cox, Harvey. *Fire From Heaven*. Reading, Mass.: Addison-Wesldy, 1995.

Danker, Frederick W. *No Room in the Brotherhood*. St. Louis: Clayton, 1977.

Dockery, David S. ed. *Southern Baptists and American Evangelicals*. Nashville:

Broadman and Holman, 1993.

Dollar, George W. *A History of Fundamentalism*. Greenville, S.C.:Bob Jones University, 1970.

Dorsett, Lyle. *Billy Sunday and the Redemption of Urban America*. Grand Rapids: Eerdmans, 1992.

Ellingen, Mark. *The Evangelical Movement*. Minneapolis: Augsburg, 1988.

Elwell, Mark. *A Handbook of Evangelical Theologians*. Grand Rapids: Baker, 1993.

Epstein, Daniel E. *Sister Aimee*. New York: Harcourt, Brace. Jovanovich, 1993.

Erickson, Millard. *The New Evangelical Theology*. Westwood, N.J.: Revell, 1968.

Ferrin, Dale F. *Sighs and Wonders*. Ann-Arbor, Mich.: University Microfilms, International, 1989.

Finke, Roger, and Rodney Stark. *The Churching of America*, 1776-1790. New Brunswick, N.J.: Rutgers University, 1992.

Fraser, E. Franklin. *The Negro Church in America*. New York: Shocken, 1964.

Fuller, Daniel P. *Give in Winds a Mighty Voice*. Waco, Tex.: Word, 1972.

Fuller, Robert E. *Naming the Antichrist*. New York: Oxford University Press, 1995.

Furniss, Norman. *The Fundamentalist Controversy*, 1918-1931. New Haven: Yale University Press, 1954.

Gatewood, Willard B. Jr. ed. *Controvercy in the twenties*. Nashville: Vanderbilt University Press, 1969.

Goff, James R. Jr. *Fields White Unto Harvest*. Fayetteville: University of Alkansas Press, 1988.

Goodall, Norman. *The Ecumenical Movement*. ed ed. London: Oxford University Press, 1964.

Gundry, Patricia. *Neither Free Nor Slave*. New York: Harper and Row, 1987.

Gundry, Stanley N., and Alan F. Johnson, eds. *Tensions in Contemporary Theology*. Chicago: Moody Press, 1979.

Haleck, Oscar. *Eugene Pacelli: Pope of Peace*. New York: Farrar, Strauss and Young, 1951.

Hamilton, Kenneth. *God is Dead: The Anatomy of a Slogan*. Grand Rapids: Eerdmans, 1966.

Hardesty, Nancy. *Your Daughters Shall Prophecy*. Brooklyn: Carlson, 1991.

Harrell, David E., Jr. *Oral Roberts*. Bloomington: Indiana University Press, 1985.

Hart, D. G. *Defending the Faith*. Baltimore: Johns Hopkins University, 1994.

Henry, Carl F. H., and Stanley Mooneyham, eds. *One Race, One Gospel, One Task*. Minneapolis: Worldwide, 1967.

Hillis, Bryan V. *Can Two Walk Together Unless They Be Agreed?* Brooklyn: Carlson, 1991.

Hoke, Donald E., ed. *The Church in Asia*. Chicago: Moody Press, 1975.

Hollenweger, Walter J. *The Pentecostals*. Minneapolis: Augsburg, 1972.

Horton, Michael S. *Power Religion*. Chicago: Moody Press, 1992.

Horton, Walter M. *Toward a Reborn Church*. New York: Harper, 1949.

Hughes, Philip E. *Creative Minds in Contemporary Theology*. Grand Rapids: Eerdmans, 1966.

___. *Pius the Eleventh*. New York: Sheed, 1938.

Hunter, James D. *Evangelicalism and the Coming Generation*. Chicago: University of Chicago Press, 1987.

Hutcheson, William E. *Between the Times*. New York: Cambridge University Press, 1989.

Johnston, Arthur P. *The Battle for World Evangelism*. Wheaton, Ill.: Tyndale House, 1978.

Kantzer, Kenneth W., and Stanley N. Gundry, eds. *Perspectives on Evangelical Theology*. Grand Rapids: Baker, 1979.

Lawrence, Bruce B. *The Fundamentalist Revolt Against the Modern Age*. San Francisco: Harper and Row, 1989.

Lindsell, Harold. *The Battle for the Bible*. Grand Rapids: Zondervan, 1976.

Lindsey, Hal. *The Road to Holocaust*. New York: Bantam Books, 1989.

Longfield, Bradley J. *The Presbyterian Controversy*. New York: Oxford University

Press, 1991.

Lotz, David W., et al. *Altered Landscapes*. Grand Rapids: Eerdmans, 1989.

Maier, Paul L. *A Man Spoke, A World Listened*. New York: McGraw, 1963.

Marsden, George. *Fundamentalism and the American Culture: The Shaping of Twentieth-Century Evangelicalism 1870-1925*. New York: Oxford University Press, 1981.

___. *Refomring Fundamentalism*. Grand Rapids: Eerdmans, 1987.

___. *The Soul of the American University*. New York: Oxford University Press, 1994.

___. *Understanding Fundamentalism and Evangelicalism*. Grand Rapids: Eerdmans, 1991.

Martz, Larry, with Ginny Carroll. *Ministry of Creed*. New York: Weidenfeld and Nicolson, 1988.

McGrath, Alister. *Evangelicalism and the Future of Christianity*. Downers Grove, Ill.: InterVarsity Press, 1995.

Menzies, William W. *Anointed to Serve*. Springfield, Mo.: Gospel Publishing House, 1971.

Murch, James D. *Cooperation Without Comprise*. Grand Rapids: Eerdmens, 1956.

Murphy, Terence. *A Concise History of Christianity in Canada*. New York: Oxford University Press, 1996.

Nash, Ronald. *Evangelical Renewal in the Mainline Churches*. Westchester, Ill.: Crossway, 1987.

Noll, Mark, et al., eds. *Evangelicalism*. New York: Oxford University Press, 1994.

Paloma, Margaret. *The Charismatic Movement*. Boston: Twayne, 1982.

Paris, Arthur E. *Black Pentecostalism*. Amherst: University of Massachusetts Press, 1982.

Quebedeaux, Richard. *I Found It*. New York: Harper and Row, 1979.

___. *The New Charismatics*. Garden City, N.Y.: Doubleday, 1976.

___. *The New Charismatics II*. San Francisco: Harper, 1983.

Richardson, Harry V. B. *Dark Salvation*. Garden City, N.Y.: Anchor, Doubleday, 1976.

Robb, Edmund, and Julia Robb. *The Betrayal of the Church*. Westminster, Ill.: Crossway, 1986.

Roy, Ralph L. *Apostles of Discord*. Boston: Beacon, 1953.

Russel, C. Allyn. *Voices of American Fundamentalism*. Philadelphia: Westminster, 1976.

Sandeen, Ernest. *The Roots of Fundamentalism*. Chicago: University of Chicago Press, 1970.

Saucy, Robert L. *The Case for Progressive Dispensationalism*. Grand Rapids: Zondervan, 1993.

Scanzoni, Letha D., and Nancy A. Hardesty. *All We'd Meant to Be*. 3d ed. Grand Rapids: Eerdmans, 1993.

Schaeffer, Edith. *L'Abri*. Westchester, Ill.: Crossway, 1992.

Seel, John. *The Evangelical Forfeit*. Grand Rapids: Baker, 1993.

Sennett, Milton C. *Black Religion and American Evangelicalism*. Metuchen, N.J.: Scarrcrow, 1975.

Shelley, Bruce, and Marshall Shelley. *Can Evangelicals Win the World Without Losing Their Souls?* Downers Grove, Ill.: InterVarsity Press, 1992.

Showers, Ronald E. *Maranatha! Our Lord, Come*. Bellmawr, N.J.: The Friends of Israel Gospel Ministry, 1994.

Sider, Ronald J. *One-Sided Christianity*. Grand Rapids: Zondervan, 1993.

Soper, Christopher. *Evangelical Christianity in the United States and Great Britain*. New York: New York University Press, 1994.

Stackhouse, John G., Jr. *Canadian Evangelicalism in the Twentieth Century*. Toronto: University of Toronto Press, 1993.

Stonehouse, Ned B. J. *Gresham Machen*. Grand Rapids: Eerdmans, 1964.

Surgrue, Frandes. *Popes of the Modern World*. New York: Crowell, 1961.

Synan, Vinson. *In the Latter Days*. Rev. ed. Ann Arbor, Mich.: Servant Publications, 1991.

Tozer, Aiden W. *Wingspread*. Harrisburg, Pa.: Christian Publications, 1943.

Trollinger, William V., Jr. *God's Empire*. Madison: University of Wisconsin Press, 1990.

Watner, Peter C., ed. *Signs and Wonders Today*. Alamonte Springs, Fla.: Creation House, 1987.

___. *The Third Wave of the Holy Spirit*. Ann Arbor, Mich.: University Books, 1988.

Ward, Mark. Sr. *Air of Salvation*. Grand Rapids: Baker, 1994.

Warner, Wayne. *Kathryn Kuhlman*. Ann Arbor, Mich.: Servant Publications, 1993.

Watt, David H. *A Transforming Faith*. New Brunswick, N.J.: Rutgers University Press, 1991.

Weber, Timothy. *Living in the Shadow of Premillennialism*. New York: Oxford University Press, 1979.

Wells, David F. *No Place for Truth*. Grand Rapids: Eerdmans, 1993.

Wimber, John, with Kevin Springer. *Power Evangelism*. San Francisco: Harper and Row, 1986.

Wirt, Sherwood E. *The Social Conscience of the Evangelical*. New York: Harper, 1968.

Witmer, Safara A. *The Bible College Story*. Manhassett, N.Y.: Channel, 1962.

Woodbridge, John D. *Ambassadors for Christ*. Chicago: Moody Press, 1994.

Woodbridge, John, ed. *More Than Conquerors*. Chicago: Moody Press, 1992.

제42장

교회 성장의 쇠퇴와 확장

　기독교는 여전히 세계에서 가장 큰 종교 집단이지만, 유럽, 남아프리카, 오스트레일리아, 북아메리카 등지에서는 자유주의, 신정통주의, 그리고 급진신학이 주류 교회를 약화해 왔다. 이 교회들은 영혼 구원 대신에 사회적이고 정치적인 구원을 우선 사항으로 선택해왔다. 조직에 기초를 둔 에큐메니즘은 유기적이고 영적인 통일성의 상실을 가져왔다. 딘 켈리(Dean Kelley)는 『왜 보수적인 교회가 성장하는가?』(Why Conservative Churches Are Growing, 1972)[1]라는 저서에서 이러한 교회들이 신학적으로 정통주의의 절대적인 것들을 버리고 신자들에게 교리상으로나 도덕적으로 아주 적은 것을 요구한 결과로서 1945년 이래 교인들과 선교사들과 구제가 감소했다고 지적했다. 이것은 아시아와 아프리카와 라틴아메리카 등 환태평양의 제3세계에서 복음주의자들의 수효와 구제와 선교사들이 놀랍게 성장하는 것과 대조가 된다.

　1900년에는 기독교인이 전 세계 인구의 34.4%였는데, 1990년에는 세계 55억 인구의 30%인 17억 명이었다. 이슬람교도들은 전 세계 인구의 20%인 10억 명 이상이다. 기독교인 중에서 약 9억 6천만 명이 가톨릭 신자이고, 5억 5천만 명 정도가 개신교인이고, 1억 5천만 명 이상이 복음주의자들이다. 이

---

1) Evanston, Ill.: Harper, 1972.

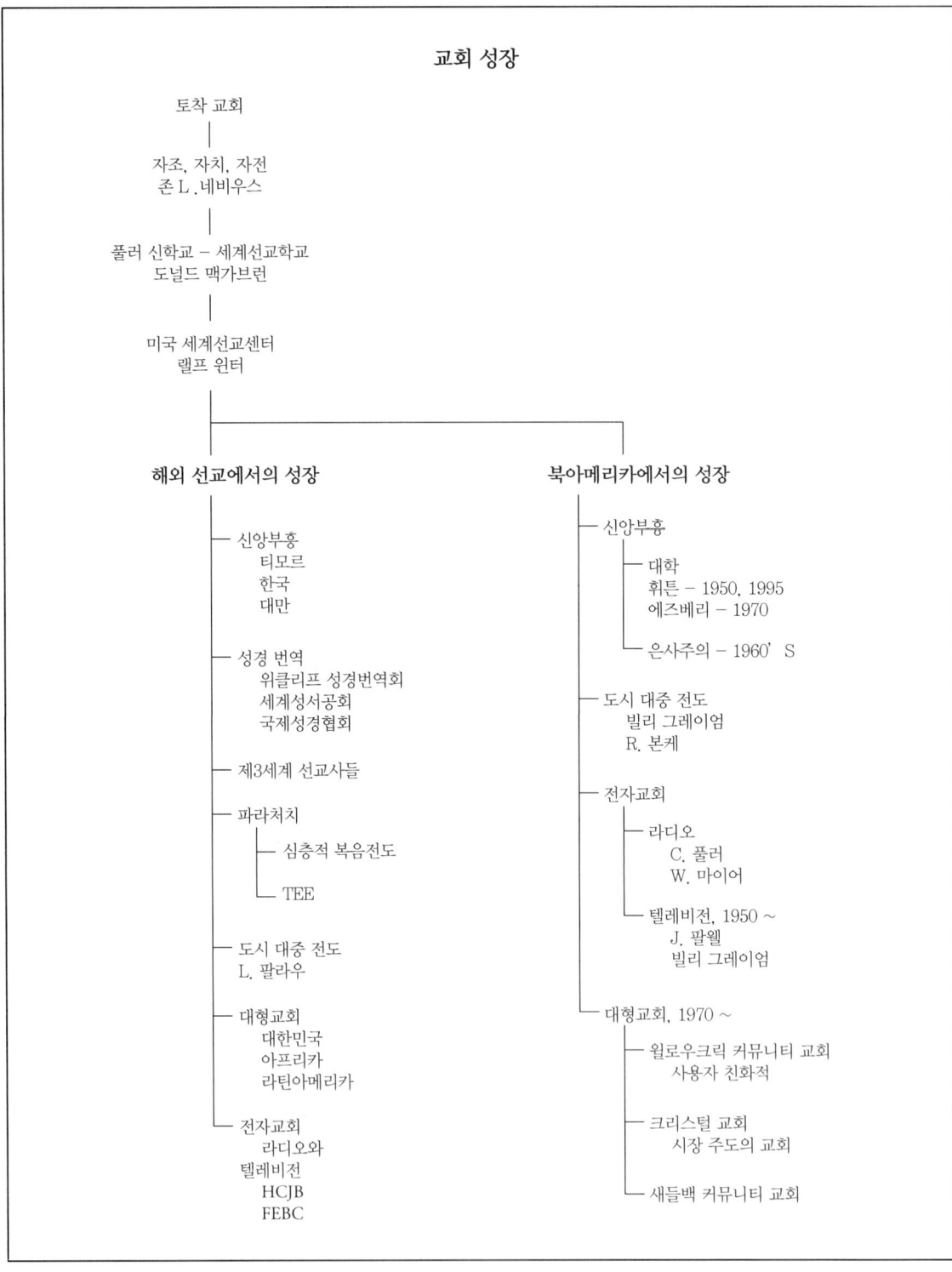

것은 보수적인 추정치이다. 기독교는 보편적이고 세계적인 종교가 되었다. 특히 제3세계에서 복음주의의 성장이 세계 인구의 성장보다 더 빠르다. 기독교 선교는 세계적인 관심사가 되었고, 아프리카, 아시아, 라틴아메리카 출신의 선교사들이 5만 명이 넘는다.

현 상태에 만족하는 것을 막으려면 기독교인들은 자유주의가 쇠퇴하고 있다는 것, 그리고 북아메리카와 유럽에서 복음주의 교회의 신자가 증가하는 것은 회심에 의해서 보다는 출산과 이동에 의한 것임을 알아야 한다. 복음주의자들은 그 수효만큼 문화에 영향을 미치지 못하고 있다. 복음주의자들의 사 분의 삼 정도가 유럽과 북아메리카 이외의 지역에 살고 있다. 그러나 제2차 세계대전 이후로 주류 교회들의 쇠퇴가 심화하고 있다. 1965년부터 1995년까지 미국에서 장로교인이 150만 명 이상 감소했고, 성공회 신자가 30% 감소했고, 연합감리교 신자가 15% 이상 감소했고, 크리스천교회는 42% 감소했다. 영국에서 성공회 교인이 25% 감소했고, 감리교와 회중교회는 각기 교인의 삼 분의 일이 감소했다. 이 교회들은 신학적으로 다소 자유주의적이었다. 호주와 남아프리카의 교회들도 비슷하게 교인들이 감소했다. 캐나다 연합교회는 교인이 삼 분의 일 정도 감소했다. 이 교회들의 기부활동도 쇠퇴했다. 미국의 주류 교파에서 파송하는 선교사들은 1925년에 1만1천 명에서 1985년에는 3천 명으로 감소했다. 가톨릭 신학교 학생은 1968년에 2만 2천 명 이상이었는데, 1988년에는 5천 명 이하로 감소했다. 수녀로 서원하는 여성들의 수도 급격히 줄었다.

대조적으로 보수적인 교파의 신자들, 구제, 선교 활동은 증가해왔다. 1965년부터 1985년 사이에 하나님의 성회는 약 120% 성장했고, 나사렛교회는 50%, 남침례회연맹은 40% 정도 성장했다. 기부도 비슷한 비율로 성장했다. 복음주의 선교사는 1953년에 일만 명에서 1985년에 삼만오천 명으로 증가했다. 동시에 주류 교파의 선교사들은 50% 이상 감소했다.

전 세계적으로 주류 교회들이 감소하는 데 반해, 복음주의교회는 동아시아와 환태평양 지역, 라틴아메리카, 그리고 아프리카에서 가장 크게 성장하고 있다. 그들이 이 영적 에너지를 영혼 구원에 쏟을 뿐만 아니라 공적인 분야에서 기독교인 시민으로서 사회적이고 정치적인 영향력으로 변화시킬 수 있기를 소망한다. 현재 교회 성장 및 그 기법에 많은 관심이 주어지고 있다.

1. 교회 성장의 기본원리

교회 성장의 주된 요소는 토착 교회의 발달이라고 여길 수 있다. 이 기본 사상은 신약 시대부터 존재했다. 사도행전에는 바울이 자치적이고 자조적이고 자율적이고 자전적인 교회를 세우고 조직했다고 기록한다. 그는 자신이 개척한 교회 내의 문제들을 다루는 일을 돕기 위해서 편지를 쓰고 방문했다.

1848년부터 1873년까지 성공회의 교회선교회(Church Missionary Society) 총무였던 헨리 벤(Henry Venn, 1796-1873)은 선교사들에게 가능한 한 원주민 성직자들과 함께 자급, 자치, 자전(self-supporting, self-governing, self-propagating)의 토착 교회를 세우라고 권고했다. 이것은 원주민들을 개종시키고 유럽식으로 개화시키는 기존의 관습과 반대되는 것이다. 1826년부터 1856년까지 미국 해외선교회(ABCFM, American Board of Commissioners for Foreign Missions) 총무였던 루푸스 앤더슨(1796-1880)도 비슷한 원리를 주장했다.

중국에서 활동한 장로교 선교사 존 네비우스(John L. Nevius, 1829-93)도 같은 원리를 주장했다. 그도 평신도 개종자들에게 성경과 기도 훈련, 선교사와 함께 도제로서 봉사하는 것, 선교사의 지원이 아니라 선교사들과 함께 토착교회의 지원을 받는 것, 그리고 선교 지역의 건축 방식으로 교회를 건축하는 것 등을 추가했다. 그의 사상은 1885년의 『차이니스 리코더』(Chinese Recorder)에 수록되었다. 그는 1890년에 한국에서 활동하는 선교사들에게 이 사상을 보급했고, 장로교 선교회는 1907년에 이 사상으로 활동했다. 현재 한국교회의 신자는 전체 인구의 25%가 넘는데, 대부분이 복음주의에 속해 있다.

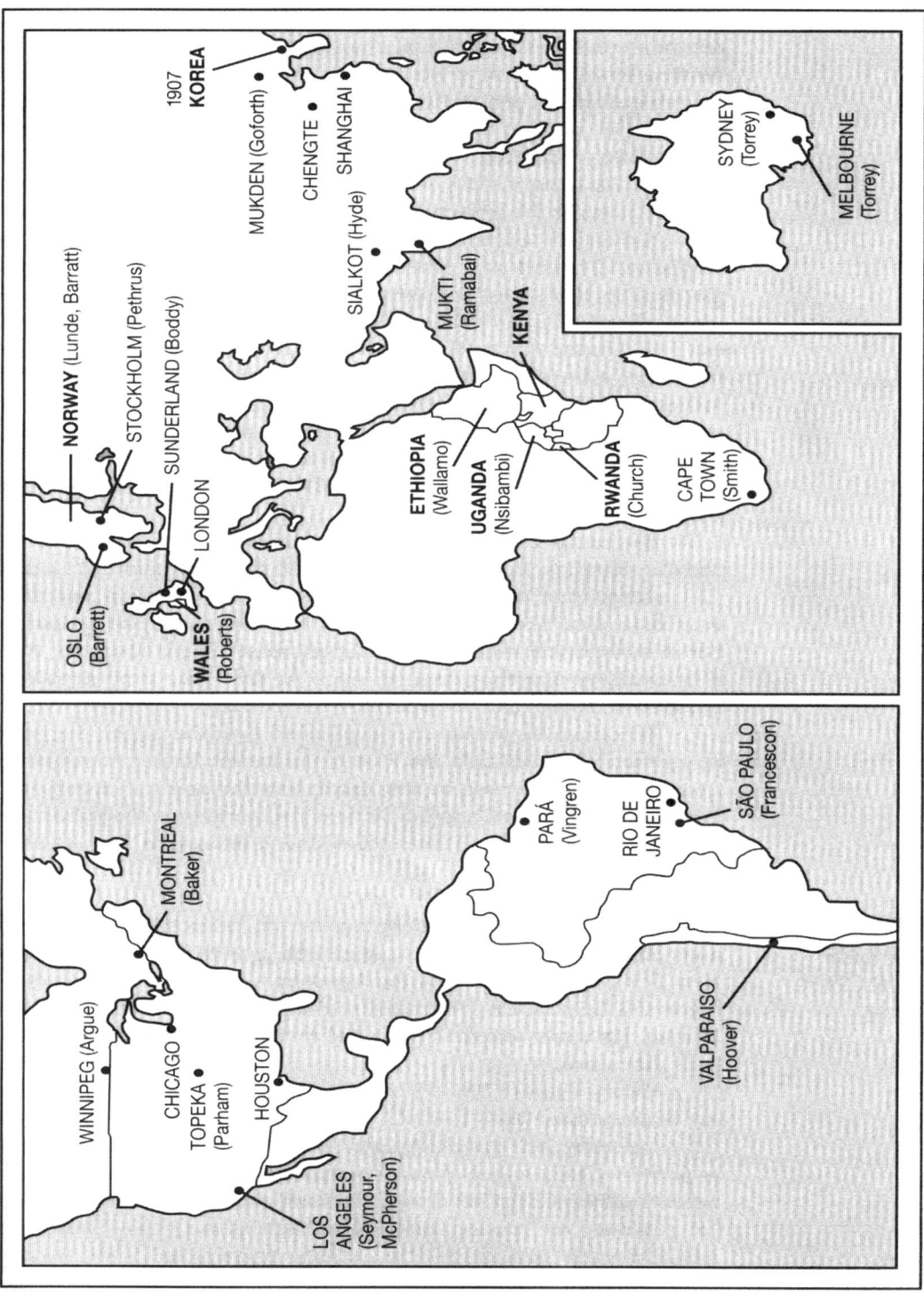

세계적인 각성 (1900~1945)

대째 인도 선교사로서 1923년부터 1954년까지 인도에서 활동한 도널드 맥가브란(Donald McGavran, 1897-1990)은 기존의 전초기지 방식의 선교가 부진한데 반해 다른 방식의 선교가 급속히 성장하는 이유를 알고자 했다. 그는 여러 해 동안 이 현상을 연구했다. 그는 가족, 씨족, 또는 종족처럼 공동의 문화를 소유하는 동질적 개체들 안에서 복음전파나 제자화가 가장 잘 이루어진다는 것을 알게 되었다. 그는 "종족 집단"의 수용성을 평가하기 위해 사회학과 인류학에 성경적 원리를 연결했다. 사람들은 "개인"(person)보다는 "집단"(unit)으로 복음화될 것이었다. 개종한 집단은 완전해지거나 양육될 수 있었다. 맥카브란의 결론은 『하나님의 선교 전략』(The Bridges of God, 1955)과 『교회성장 이해』(Understanding Church Growth, 1970)에 나타났다.

맥가브란은 미국으로 귀국한 후 1961년에 오리건 주 유진에 소재한 노스웨스트 대학에 교회성장센터를 설립했다. 그는 1965년에 풀러 신학교로 옮겼다. 그 대학의 교회성장연구소는 세계선교학교(School of World Mission)의 일부가 되었고 그는 그 학교의 학장이 되었다. 그는 1980년까지 풀러신학교에 재직했다. 그는 교회성장학 및 그것을 선교에 적용한 선구자였다.

역시 교회성장 지도자인 랄프 윈터(Ralph Winter, 1924-2009)는 1957년부터 1965년까지 과테말라에서 선교사로 일했고, 1966년부터 1976년까지 풀러신학교 교수로 재직했다. 1976년에 패서디나(Pasadena)에 소재한 대학 캠퍼스를 1천 500만 불에 구입했는데, 그곳은 월드 미션, 윌리엄 캐리 출판사, 윌리엄 캐리 대학, 선교기관들의 사무실 등으로 사용되었다. 윈터는 미전도 종족 집단의 확인, 교육, 선교사 지원이 필요하다는 것을 깨달았다. 그의 목표는 A.D. 2000년까지 각 미전도 집단 안에 종족 교회를 세우는 것이었다. 그는 1972년에 미국선교학회(American Society of Missiology) 조직을 주도했다.

맥가브란과 윈터는 교회 성장의 기초를 선교에 두었고, 풀러 신학교에서 수학한 다른 사람들은 선교에 기초한 교회 성장이라는 사상을 종족 집단을 복음화하며 전 세계에 퍼뜨렸다. 초대형교회 지도자들도 그들의 사상을 활용했다.

이러한 교회 성장의 배경을 염두에 두고 네비우스, 맥가브란, 윈터 등의 사상을 실현하는 수단을 고려해볼 수 있다. 거기에는 신앙부흥, 복음 전도, 언어학, 성경배포, 제3세계 선교사, 전자공학, 대형교회 등이 포함된다. 선교 현장에서 이것들의 많은 예를 발견할 수 있다.

1. 종교개혁 이후로 교회 성장에서 신앙부흥이 중요한 요인이었다. 1901년에 시작된 오순절 신앙부흥으로 해외에 많은 교회가 생겨났다. 1900년부터 1910년까지 중국과 한국은 네비우스의 교회성장 원리를 채택함으로써 큰 신앙부흥을 경험했다. 1929년부터 조 처치(Joe Church)와 시몬 느시밤비(Simon Nsibambi)가 처음으로 주도한 동아프리카 신앙부흥은 엄청난 교회 성장을 초래하고 영적인 세력을 창출했다. 1937년에 무솔리니의 침략 때문에 선교사들이 에티오피아의 왈라모 족을 떠나야 했을 때 그곳의 신자는 48명이었다. 1945년에 선교사들이 복귀했을 때에는 이 집단이 1만 명으로 증가해 있었다. 60년대 중반에 인도네시아의 티모르 섬의 교회는 신앙부흥의 결과로 신자들이 10만 명에서 30만 명으로 증가했다. 공산국가인 중국의 복음주의 신자들은 1949년에 100만 명이었는데, 1990년대에는 박해에도 불구하고 가정교회들로 말미암아 5천만 명으로 증가했다. 대만의 산악 부족들의 토착교회들은 신앙부흥을 통해 많이 증가했다. 물론 기도와 말씀을 통해 교회 안에서 활동하시는 성령이 교회 성장의 가장 큰 요인이다.

2. 성경을 원주민 언어로 번역한 것도 교회 성장의 요소이다. 위클리프 번역선교회(Wycliffe Translators)의 설립자인 캐머론 타운센드(Cameron Townsend, 1896-1982)는 1934년에 소수언어 보존을 위해 하계언어학연구소(SIL, Summer Institute of Linguistics)를 세웠다. 이 과정을 마친 선교사들은 다양한 언어 집단

2. 선교에 기초한 교회 성장

1) 교회 성장 실현의 수단

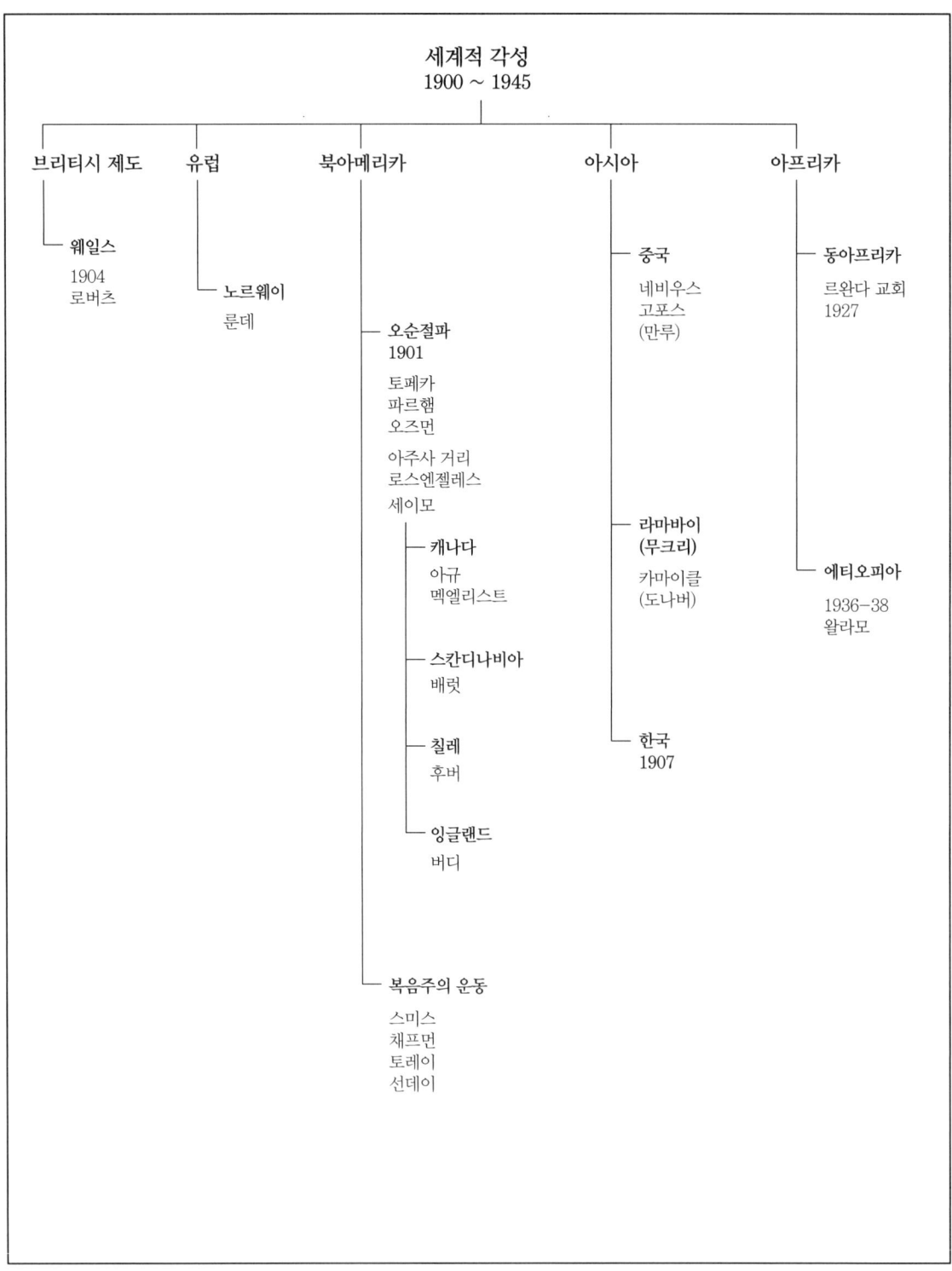

의 민족에게 가서 언어를 문자화하고 성경을 원주민의 언어로 번역하기 위해 과학적이고 언어학적이고 인류학적인 훈련을 함으로써 놀라운 교회 성장을 이룩할 수 있었다. 1만 8천 명 이상이 이 훈련을 받았다. 1994년에 위클리프에는 5,200명 이상의 선교사가 있었고, 매년 사역을 위한 수입이 9천만 달러 이상이었다. 그들은 900개의 언어를 다루었는데, 그중 400개 정도의 작업이 완료되었다. 하계언어학연구소 수료자들은 위클리프 번역선교회를 비롯하여 다양한 선교회와 함께 봉사한다.

캐머론 타운센드는 원래 과테말라의 칵치켈 인디언 사회에서 활동한 선교사였다. 그는 그들의 언어를 문자화하고 1929년에 신약성경을 그 부족의 언어로 번역했다. 이것이 큰 교회 성장을 초래했다. 위클리프 번역선교회는 전 세계에 퍼졌는데, 심지어 공산주의 정권인 러시아에서도 활동하고 있다. 위클리프 선교사들은 정치에 개입하지 않지만, 부족의 언어를 문자화하는 일에서는 당국자들과 협력한다.

미국성경협회는 성경의 메시지를 종족집단들이 이용할 수 있도록 성경을 번역하는 일을 지원한다. 1994년의 보고에 의하면 성경 전체가 340개 이상의 언어로 출판되었고, 신약성경은 820개 이상의 언어로 출판되었다. 성경 전체나 일부가 세계의 6천 개의 언어 중에서 약 2천 100개의 언어로 출판되었다. 케네스 테일러의 *The Living Bible*(1971)을 전 세계의 다양한 언어로 면밀하게 의역한 것으로 말미암아 많은 집단이 성경의 진리를 접하게 되었다. 이 일이 다른 언어들과 국가들 내에서 미친 영향은 그가 미국에서 영어로 의역한 것보다 더 크다. 존 엘리엇(John Eliot)의 알곤킨 인디언(Algonquin Indians)을 위한 성경(1663)이 교회 성장을 촉진하는 길을 열어놓았다.

3. 제2차 세계대전 이후 북아메리카와 유럽이 아닌 제3세계 출신 선교사들이 꾸준히 증가했다. 1990년대 초에 여러 문화가 섞인 상황에서 활동하는 제3세계 선교사들이 5만 명이 넘었다. 1989년에 인도에 9천 명 이상, 한국에

1천 200명 정도, 미얀마에 2천500 명 이상이 있었다. 이제 전 세계가 선교사들을 공급하고 있다.

4. 현재 파라처치 선교 기구들이 많다. 그것들은 1800년경부터 1835년까지 미국에서 활동한 교파에 속하지 않은 자발적인 협회들과 비슷하다.

1966년 4월 일리노이 주 휘튼에서 개최된 교회의 세계선교에 관한 회의(the Congress on the Church's Worldwide Mission)에서 선교회들의 상태와 미래 전략이 논의되었다. 71개 국가의 1만 3천 명의 선교사들을 대표하는 150개 선교회의 938명이 참석했다. 여기에서 채택된 휘튼 선언은 성경이 십자가 복음의 근원이라고 주장했는데, 그것이 교회의 메시지이다.

1956년에 에콰도르의 아우카족이 다섯 명의 선교사를 살해한 것이 선교사 지원을 촉진했다. 1946년에 토론토에서 첫 집회가 개최된 이후로 일리노이 주 어배너(Urbana)에서 개최되는 대학생들의 정기 집회에서 많은 학생이 지원했다. 1990년의 집회에서는 1만 9천 262명의 학생이 모였는데, 기독학생회의 후원 아래 모인 참석자들은 성경과 선교의 도전에 대해 고려했다. 해외 단기선교회는 1년 이상 다른 국가에서 봉사할 전문 지식을 가진 사람들을 모집했다.

선교 기구들은 복음을 전파하기 위해서 라디오나 텔레비전을 독창적으로 활용했다. 에콰도르의 HCJB 방송, 라이베리아의 ELWA 방송(1950), 마닐라의 FEBC 방송(1948), Trans World Radio(1954) 등은 단파방송과 텔레비전에 의해 불신자들에게 복음을 전파하는 지도자 역할을 했다. 폴 프리드(Paul Freed)의 Trans World Radio 방송은 1960년에 설립된 이후로 유럽에서 널리 청취 되고 있다.

라틴아메리카선교회(Latin American Mission)의 케네스 스트라찬(Kenneth Strachan)은 1945년부터 1965년까지 국장으로 활동하면서 그 선교회를 국가 통제 체재로 변환했다. 그는 철저한 복음 전도(Evangelism-in-Depth)를 전개했는데, 그것은 1960년에 처음으로 니카라과에서 성공적으로 사용되었다. 거기에는 전국에서 기도단을 모집하며 이웃에게 그리스도를 전하는 방법을 훈련하는 것이 포함되었다. 이 방법은 그 이후 전 세계에서 사용되고 있다.

1963년에 과테말라의 장로교 복음주의 신학교에서 제임스 에머리(James Emery)와 랄프 윈터(Ralph Winter)가 신학연장교육(Theological Education by Extension)이라는 프로그램을 개발했다. 그것은 지방의 평신도 목회자가 프로그램에 의한 자료를 사용하여 성경 및 신학, 역사, 실질적인 사역의 주제들에 관한 교재로 공부하는 것이다. 정기적으로 신학 교사가 있는 센터를 방문하여 질문하거나 문제를 다룬다. 1977년에 사역하고 생계를 유지하면서 공부하고 학습하는 사람들이 75개국에서 3만 명 이상이었다.

정글 항공과 라디오 서비스(Jungle Aviation and Radio Service, JAARS)와 비행선교단(Missionary Aviation Fellowship, MAF)과 같은 비행 사역기관들은 인원과 물자 수송을 수행했다. 비행선교단은 1944년에 제2차 대전에 참전한 두 명의 비행사가 조직했다. 비행능력을 얻기 위해 공군에 근무했던 엘리자베스 그린(Elizabeth Greene)은 외딴 지역에 선교사들과 물품을 수송한 비행기의 필요성에 대하여 기독교 잡지에 기고했다. 과거 해군 비행사였던 사람이 그녀와 함께 비행선교단을 설립했다. 엘리자베스는 멕시코, 아프리카, 이리안자야(Irian Jaya) 등지에서 비행기를 운항했다. 현재 비행선교단은 30개 이상의 기독교 단체를 위해 활동하고 있다. 무디성경협회는 선교 비행사 훈련을 위한 학교를 세웠다.

1917년에 특정 교파에 소속되지 않은 선교 단체들이 설립한 초교파해외선교회연합(Interdenominational Foreign Missions Association)과 1945년에 복음주의협회가 설립한 복음주의해외선교연합(Evangelical Foreign Missions Association) 안에서 협력한 선교회들에 의해 선교 사역이 강화되었다. 이 기관들은 비교적 적은 비용으로 북아메리카 선교사들의 삼 분의 일 이상을 제공한다. 그들은 선교를 위한 정보, 서비스, 조직 등을 제공한다.

제3세계 기독교인들이 선교에 적극적으로 참여하기 시작했다. 제3세계 출신 5만 명 이상이 선교 현장에서 활동하고 있다. 그들의 조직들은 교파에 소속된 선교사들과 소속되지 않은 독립 선교사들의 사역을 돕고 있다. 러시아에서는 코-미션(Co-Mission)이 학교에서의 복음주의 사역을 조정하기 위해 85개의 조직을 동원한다. 그들은 학교를 통해서 러시아 사회에 도덕적·영적 가치관을 도입하기 위해 서적을 공급하고 교사들을 훈련한다.

5. 유명한 복음 전도자들의 전도대회를 통한 도시의 대중 복음 전도는 여러 지역에서 교회 성장을 이룩했다. 빌리 그레이엄과 루이스 팔라우(Luis Palau)는 많은 사람을 교회로 이끌었다. 1954년에 토미 힉스(Tommy Hicks, 1900-73)는 아르헨티나의 독재자 후안 페론의 도움으로 대형경기장을 사용하여 300만 명이 모이는 대집회를 개최했다. 그가 받은 그리스도를 영접한다는 것을 나타내는 결단의 카드가 3만 장이었다. 독일의 오순절교회 신자인 리차드 본케(Richard W. F. Bonnke, 1940-)는 천막집회에서 아프리카인들과 친밀한 관계를 형성했다. 그가 사용한 첫 번째 천막은 1만 명을 수용했고, 1983년의 천막은 3만 4천 명을 수용했고, 나이지리아에서 전도대회를 개최했을 때 예배에 25만 명이 참석했다.

이 복음 전도자들은 도시에서 사역하면서 교회 성장을 도울 수 있었다. 전 세계적으로 시골 사람들이 도시로 밀려들고 있다. 1950년대에 최소 200만 명 이상이 거주하는 도시가 26개였다. 1992년에는 인구가 200만 명에서 3천만 명이 되는 도시가 97개였다. 멕시코 시의 인구는 2천만 명이 넘고, 도쿄-요코하마의 인구는 2천 9백만 명, 상파울루는 1천 8백만 명, 서울은 1천 9백만 명, 뭄바이는 1천 3백만 명이었다. 이러한 도시에서의 대중 집회는 교회 성장에 큰 도움이 될 수 있다.

6. 현재 미국에서 흔히 볼 수 있는 이천 명 이상의 신자들이 모이는 대형교

회 현상도 대체로 아시아의 환태평양 지역, 아프리카, 그리고 라틴아메리카에서 출현해왔다. 오순절교회는 대형교회를 지향하는 듯하지만, 특히 한국의 장로교, 침례교, 감리교에 많은 대형교회가 존재한다. 대형교회의 성장은 도시화와 병행해왔다.

세계적인 거대교회(superchurch)들의 다수가 한국에 있다. 장로교인 영락교회의 교인이 6만 명이 넘고, 충현교회와 명성교회의 교인은 각각 3만 명가량이다. 서울에 소재한 광림감리교회 교인은 약 7만 3천 명이다. 성락침례교회의 교인은 2만 명이 넘는다.

조용기 목사(1936-)가 설립한 오순절파 교회인 서울 여의도순복음교회는 교인이 약 80만 명인 세계 최대의 교회이다. 조용기 목사는 1964년에 과로로 쓰러졌을 때 소그룹을 맡는 사람들에게 책임을 위임했다. 그 교회에는 작은 셀 그룹이나 몇 가정으로 이루어진 가정 그룹을 맡은 5만 5천 명의 집사가 있다. 조 목사는 매주 지도자들에게 설교와 지침이 담긴 녹음테이프를 주어 그들이 맡은 소그룹에 전하게 한다. 어느 정도 감정적이고 신비적인 면이 있지만, 기도와 성경공부, 카리스마적 지도자, 그리고 훈련된 소그룹 지도자들이 사역을 뒷받침한다. 조 목사는 이러한 거대교회를 세우기 위한 지도자 훈련을 위해 로버트 슐러와 빌 하이벨스(Bill Hybels)와 협력해왔다.

세계에서 두 번째로 큰 대형교회는 칠레의 산티아고에 있는 호따베체(Jotabeche) 오순절 감리교회이다. 1990년에 하비에르 바스케스(Javier Vasques) 목사 밑에 교인이 35만 명이 넘었다. 주일에 교회 안에 들어가지 못한 사람들은 지역 지도자들과 함께 위성교회(Satellite church: 위성으로 다양한 장소에서 영상으로 예배드리는 형태)에서 예배드린다. 그들은 예배 전에 거리에서 사람들을 예배에 초대하기 위한 집회를 한다. 1990년에 부에노스아이레스에 있는 퓨처 처치(Future Church)는 등록 교인이 8만 5천 명이라고 주장했다. 브라질의 크리스천 회중교회(Christian Congregation Church)에는 약 7만 명이 참석한다. 베냉(Benin)에 소재한 미라클 센터(Micacle Center)에는 매 주일 1만 명에서 2만 명이 예배에 참여한다.

7. 에콰도르, 마닐라, 몬테카를로, 라이베리아 등지의 전자교회(electrónic chúrch)는 단파 방송, AM, FM 라디오, 텔레비전 등을 통해 뉴스와 음악과 복음 방송을 성공적으로 운영해왔다. 이것도 러시아(1989년까지), 중국, 아랍 국가들처럼 폐쇄된 국가에 복음을 전하는 수단이다. 이 복음을 알리는 수단들은 라틴아메리카, 아시아의 환태평양 국가들, 아프리카 등지에서 교회 성장을 도왔다. 일부 사역은 피상적인 것일 수 있지만, 다른 방법으로는 복음을 접할 수 없는 사람들이 복음을 접하고 있다.

2) 북아메리카와 유럽 교회의 성장

북아메리카와 유럽은 여전히 다른 지역 선교를 위한 지원과 인원 조달의 주요 원천이다. 제2차 세계대전 이후 이 두 대륙의 복음주의 교회들의 교인 수, 기부, 선교사 등이 많이 증가해왔다. 이 지역에서는 교회 성장전략을 사용하여 교회에 유익을 가져왔다.

1. 제2차 세계대전 이후의 신앙부흥은 주로 지역적인 것이었고 교회 성장을 증진하는 수단이었다. 윌버 맥러드(Wilber Mcleod)가 담임한 캐나다 서스캐처원(Saskatchewan) 주 새스커툰(Saskatoon)의 에벤에셀 침례교회에서 신앙부흥이 일어났다. 1971년 10월에 랄프와 루 수트라가 집회를 개최했다. 참석한 사람들이 너무 많았기 때문에 그들은 더 큰 강당으로 장소를 옮겼고, 마지막에는 2천 명을 수용할 수 있는 시립 강당으로 옮겼다. 많은 사람이 회심했고, 예배 후 후속 집회 때에 한밤중까지 간증하고 기도했다. 그 교회의 신앙부흥은 밴쿠버, 위니펙, 그리고 토론토로 퍼졌다.

1935년, 1943년, 1950년, 1970년, 1995년에 휘튼 대학에서, 1950년, 1958년, 1970년에 애즈베리 대학에서 발생한 대학생들의 각성 운동은 티모시 드와이트가 주도한 예일 대학 신앙부흥을 상기시킨다. 1950년 2월 휘튼

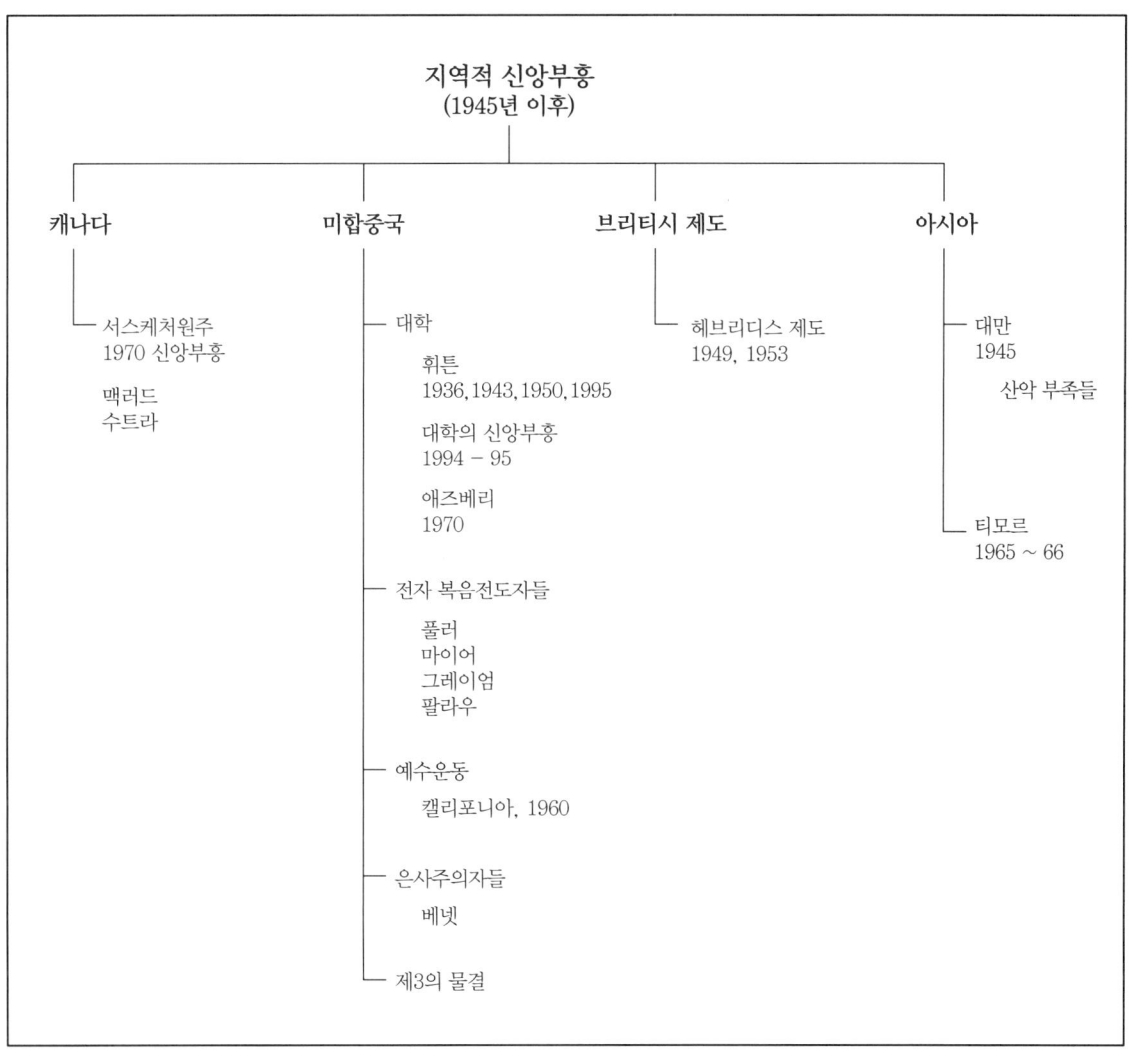

대학의 특별 연사는 시애틀에 있는 자기의 교회에서 갓 신앙부흥을 경험한 에드윈 존슨이었다. 수요일 저녁 7시부터 금요일 아침까지 계속된 집회에서 학생들과 교수들이 죄를 고백하고 잘못을 고치고 영적 갱신을 경험했다. 그 신앙부흥이 신문에 보도되었지만, 가장 크게 관심을 끈 것은 많은 사람의 삶의 변화였다. 1970년 2월 애즈베리 대학에서 비슷한 신앙부흥이 일어났다.

185시간 동안 학생들을 비롯한 여러 사람이 죄를 고백하고 간증하고 기도하고 찬송했다. 학생들은 다른 대학, 신학교, 교회 등지에서 신앙부흥을 위한 하나님의 도구로 사용되었다.

1802년에 예일대학에서의 신앙부흥을 상기시키는 대학 신앙부흥이 1995년 1월에 텍사스 주 브라운우드에 있는 하워드 페인 대학에서 발생했다. 그것은 포트워스에 있는 사우스웨스턴 침례 신학교(Southwestern Baptist Theological Seminary), 앨라배마 주 버밍햄에 소재한 비슨 신학교(Beeson Divinity School), 일리노이 주 캥커키의 올리벳 나사렛 대학, 달라스의 크리스웰 대학, 휴스턴침례대학, 휘튼 대학, 고든 대학, 미시간에 소재한 호프대학, 기타 여러 대학과 성경학교와 신학교로 전해졌다. 휘튼 내학의 신앙부흥은 3월 19일 주일에 World Christian Fellowship 집회에서 시작되었다. 그날 오후 8시경에 하워드 페인 대학 학생들이 자신의 학교에서 1월에 발생한 신앙부흥에 대해 간증했다. 모임은 월요일 새벽 6시까지 계속되었는데, 학생들은 교만, 증오, 음란, 속임수, 도둑질, 중독 등의 죄를 고백했다. 월요일부터 수요일까지의 저녁 집회가 새벽 2시까지 계속되었다. 수요일과 목요일 저녁 집회는 예배, 간증, 찬양, 교훈 등으로 이루어졌다. 휘튼 대학 학생들은 미시건주 호프 대학에서 사역하여 비슷한 신앙부흥을 가져왔다. 이 집회들은 모두 1950년의 휘튼 대학 신앙부흥, 그리고 1970년의 애즈베리 대학 신앙부흥과 비슷했다. 대부분의 신앙부흥이 학생들을 통해서 발생했고, 1995년의 신앙부흥은 교수들을 통해서 발생했다.

예수운동(Jesus People Movement)은 60년대 말에 기성 체제를 거부하는 수천 명의 히피를 그리스도에게 인도했다. 60년대의 은사주의 신앙부흥도 가톨릭 교회와 개신교 주요 교파 내에 갱신을 초래했다.

경건주의 시대와 웨슬리 형제 시대로부터의 신앙부흥을 고찰해보면 공통된 특징들이 드러난다. 신앙부흥은 대서양 동쪽과 서쪽 해안에서 발달하여 주로 북아메리카, 영국, 스칸디나비아, 독일, 네덜란드, 스위스 등지에서 받아들여졌다. 그것은 주로 중산층과 하류계층에서 발생했지만, 상류층에 영향을 주었다. 그것은 초기에는 주로 농장이나 마을을 대상으로 했다. 웨슬리 형제와 피니의 지도 아래 발생한 각성을 제외하고 신학적으로 칼빈주의였다.

신앙부흥으로 말미암아 평신도들이 중요한 역할을 하게 되었다. 웨슬리와 프릴링하이젠(Frelinghuysen)은 평신도에게 속회와 기도회 인도를 맡겼다. 존 손톤(John Thornton)과 영국의 주식 투자자인 로버트 아싱턴(Robert Arthington) 등 많은 부자가 복음 전도와 신앙부흥과 개혁을 위해 후히 기부했다. 북아메리카에서는 태펀이 피니를 지원했고, 존 워너메이커는무디를 지원했다.

신앙부흥에서 여성도 중요한 역할을 했다. 한나 볼(Hannah Ball)은 1769년 영국에 최초의 주일학교를 세웠다. 피니의 둘째 부인 린다와 프랜시스 윌리드는 여성집회를 개최했다. 피비 팔머는 성결교회의 주요 건축가였다. 헌팅턴 부인은 신앙부흥을 주도하고 지원했다.

화이트필드, 웨슬리 등은 회심한 사람들을 제자화하기 위해 소그룹이나 속회를 사용했다. 1749년 이전 신앙부흥의 도래에는 에드워즈, 맥클록(M'Culloch), 로브(Robe) 등 이신칭의와 탁월한 기도를 강조하는 사람들이 기여했다. 웨슬리, 피니, 무디, 그레이엄 등은 특별한 성령충만을 주장했다. 하나님의 사랑이 교파를 초월하여 사람들을 이끄심에 따라 신앙부흥도 에큐메니즘을 자극했다. 이와 같은 신앙부흥의 공통된 특징들은 우리 시대와도 관련이 있다.

신앙부흥의 엄청난 결과는 이장 마지막의 도표에 나타난다. 경건한 행위, 공격적인 신자, 집단 간증, 열정적인 사역 등은 다양한 개혁을 초래했다. 때때로 이러한 신앙부흥의 결과와 신앙부흥이 혼동된다.

2. 빌리 그레이엄과 루이스 팔라우는 북아메리카에서 복음적 전도대회를

통해 교회 성장을 증진하고 말과 행동으로 본을 보임으로써 다른 전도자들을 지도했다. 그들의 상담교육반, 목회자 학교, 그 밖의 다른 모임에서 신앙부흥과 회심이 일어났다. 루이스 팔라우는 북아메리카뿐만 아니라 라틴아메리카에서 100회 이상의 전도대회를 개최했다.

3. 전자교회도 북아메리카의 교회 성장에 기여해왔다. 1921년 1월 2일에 피츠버그의 갈보리감독교회가 처음으로 교회 예배를 방송했다. 폴 레이더는 1922년 6월에 시카고에서 라디오 예배를 시작했다. 브라운(R. R. Brown)은 1923년 4월 8일에 자신이 목회하는 오마하의 Christian and Missionary Tabernacle에서 Church of Air Boradcasts를 시작했다. 그 방송은 1977년까지 계속되었다. 에이미 셈플 맥퍼슨(Aimee Semple McPherson)은 1924년에 개인 소유의 라디오 방송국을 설립했다. 찰스 풀러(Charles E. Fuller)는 1933년에 종일 방송을 시작했고, 1937년부터 Old Fashioned Revival Hour라는 프로그램이 Mutual Broadcasting Network에 방영되었다. 월터 마이어(Walter Maier, 1893-1950)는 1935년부터 1950년까지 루터란 아워(Lutheran Hour)의 정규 설교자로 활동했다.

텔레비전이 등장하면서 1950년 11월 5일에 빌리 그레이엄이 자신의 전도대회를 방영하기 시작했다. 제리 폴웰(Jerry Falwell)과 로버트 슐러 목사는 교회 성장을 촉진하는 국가적 TV 복음 전도자가 되었다. 패트 로버트슨(Patt Robertson)은 1960년에 기독교 방송국인 CBN(Christian Broadcasting Network)을 시작했다. 그는 리젠트 대학에 법학과 사회 도덕과 관련된 분야의 대학원 과정을 시작했다. 이 방송국들의 대부분은 청취자들과 시청자들에게 영성생활을 발달시키기 위해 지역교회에 출석하라고 권했다.

4. 제2차 세계대전 이후 아메리카를 비롯한 여러 지역에서 파라처치 조직과 대형교회들이 두드러졌다. 일부에서는 이러한 추이가 자유주의 교회의 쇠퇴, 그리고 이러한 집단들이 교파를 대신하게 될 것을 반영한다고 여긴다.

그들이 윌로우크릭 연합(Willow Creek Association)에 속한 1천400개 교회의 유대처럼 조직이 치밀하지 않은 유사 교파가 될 수도 있다.

대형교회들은 교인들을 끌기 위해 기업의 마케팅 방법, 인류학의 사상들, 사회학의 설문조사 등의 방법을 사용하고, 사용자 친화적 교회를 만든다. 그들은 교회 성장의 중요한 요인이 되었으며, 교회 신자가 아닌 부유한 중산층 교외 거주자들에게 전도하려 한다. 가장 큰 교회에는 교인이 2만 명인 인디애나 주의 하몬드교회(Church of Hammond), 교인이 1만 5천 명 이상인 시카고 근처의 윌로우크릭 커뮤니티교회, 교인이 1만 3천 명인 캘리포니아 남부의 갈보리교회 등이 포함된다. 대형교회 현상이 발생하기 전에도 이천 명 이상의 교인을 가진 교파에 속한 교회나 독립교회들이 있었음을 기억해야 한다.

시카고 북서부의 일리노이에 소재한 윌로우 크릭 커뮤니티 교회는 현대 대형교회의 본보기이다. 이 교회는 1975년에 100명이 모여 창립예배를 보았는데, 현재 매주 1만 2천 명이 예배에 참석한다.

윌로우크릭 커뮤니티교회(Willow Creek Community Church)는 성경무오류성을 주장하는 복음주의적 대형교회이다. 그 교회는 1975년에 빌 하이벨즈(Bill

Hybels) 목사와 세 명의 친구가 그 지역을 조사한 후 어느 극장에서 시작되었다. 그들은 사람들이 돈을 지나치게 강조하는 것, 예배 때의 당황스러운 관심, 삶과 관련 없는 길고 지루한 설교 등 때문에 교회를 피한다는 것을 알게 되었다. 하이벨즈는 드라마, 멀티미디어 연출, 삶과 연관이 있는 짧은 설교 등을 사용한다. 이것은 일리노이 주 배링턴(Barrington)의 중상층의 유식한 교외 거주자를 대상으로 한다. 1977년에 그 교회는 10만 평의 대지를 사고 "사용자에게 친숙한" 교회를 건축했다. 토요일 저녁 예배와 주일예배는 구도자들에게 적합하게 마련된다. 수요예배와 목요예배에서는 6천 명 정도가 제자훈련을 받는다. 1995년 주일예배에는 약 1만 2천 명이 참석했는데, 다수의 스태프에 의해 진행되었다. 그 교회는 사람들의 영적 성장을 돕기 위해 구성된 소그룹(cell group)을 통해 자동차 수리와 상담과 같은 다양한 사역을 후원한다. 또 지도자 회의를 통해서 다른 교회들과 접촉했으며, 1995년에는 1천 4백 개의 교회를 포함하는 윌로우 크릭 협회라는 유사 교파를 조직했다. 이 회의에는 하이벨즈 목사의 "7단계 전략"이 포함되는데, 그것은 대인관계 구축, 구두 전도, 예배에의 초대, 예배, 영적 성장을 위한 1천 5백 명의 평신도 지도자들을 중심으로 구성된 소그룹, 교회 안에서의 사역, 청지기 사역 등이 포함된다. 해외 선교에 대해서는 거의 언급하지 않는 듯하다. 존더반 출판사와 공동으로 작업하는 윌로우크릭 커뮤니티 리소시즈(Willow Creek Community Resources)는 인쇄 자료를 작성한다.

　로스앤젤레스 가든 글로브에 소재한 로버트 슐러(Robert H. Schuller, 1926-2015) 목사의 크리스털교회(Crystal Cathedral)도 대형교회이다. 1955년에 미국 개혁파 교회 목사에 의해 드라이브인 처치로 첫 예배가 시작되었다. 그의 조직은 4천 명 이상을 수용할 수 있는 크리스털교회를 건축했다. 그의 복음설교 방송인 능력의 시간(Hour of Power)은 많은 불신자의 관심을 끌었다. 매주 예배에 6천 500명 이상이 참석했다. 그의 믿음을 통한 "가능성의 사고"(Possibility Thinking)에 기초를 둔 자기 존중의 신학(theology of self-esteem)은 노먼 빈센트 필(Norman Vincent Peale)의 긍정적인 사고와 흡사하다. 그의 Institute for Successful Church Leadership은 대규모 교회 성장을 추구하는 목회자들을 대상으로 한다. 그는 시장에 기반을 둔 방법을 따르며, 경영 기법을 사용하고, 사용자 친화적(user friendly) 교회를 만들려 한다.

1984년에 조지 바나(George Barna)가 설립한 바나 리서치 그룹(Barna Research Group)은 파라처치 기관들과 대형교회들을 돕기 위해 시장 조사를 한다. 그 기관은 구세군, 월드비전, 빌리 그레이엄 복음주의협회, 미국성경협회, 풀러 신학교와 댈러스 신학교, 대형교회들을 도와왔다. 바나는 일반적인 조사나 특수한 조사와 서적들을 공급함으로써 종교적 추이를 드러내기 위한 연례 조사의 결과를 제시한다.

이 대형교회들은 자체의 협회, 교파 소속 신학교와 관련 없는 자체의 지도자 교육, 그리고 성장을 촉진하기 위해 사회과학을 활용함으로써 유사 교파가 되어가고 있다. 그 교회들의 유능한 지도자들이 사라질 때 어떤 일이 일어날지 궁금하다. 이 집단 중 일부는 기법이나 수단을 바람직한 결과보다 우위에 두는 듯하다. 많은 교회는 선교에 거의 관심을 두지 않는다. 그러나 그 교회들은 적어도 교파에 관심을 두지 않는 교회의 유식한 중산층을 대상으로 하고 있다.

지금까지 중세 시대의 보편적 교회 안에 있는 단위로서의 지역교회(1517년까지)에서 개신교 국교회 안에 있는 단위(1517-1689)를 거쳐 교파 안에 있는 단위로서의 지역교회(1689년 이후)를 살펴보았다. 이제 교파에 대한 충성심이 약화하면서 쇠퇴하고 있는 자유주의 교파나 복음주의 교파에 대형교회들이 도전하고 있다.

조지 갤럽(George Gallup, Jr.)과 로버트 우트노(Robert Wuthnow)는 대형교회 내에서 개인을 잃는 것을 방지하기 위해 소그룹, 가정교회, 또는 위성교회를 채택한 대형교회들을 연구했다.

소그룹은 새로운 것이 아니다. 신약성경 교회와 20세기 중공의 가정교회들, 17세기 성공회, 18세기에 감리교에서 가난한 사람들을 위한 구제금 모금과 영적 진보를 점검하기 위해 12명으로 구성된 반, 그리고 라틴아메리카 가톨릭교회의 기초 조직(base cell) 등은 모두 비슷한 것들이다.

가톨릭교회의 기초 조직(base cell)은 1968년에 브라질에서 시작되었다. 10명에서 25명이 성경을 공부하고 그것을 학대와 가난이라는 사회문제에 적용하기 위해 모인다. 그들은 이스라엘이 이집트의 학대에서 탈출한 것을 현대 자유주의 운동의 원형으로 여긴다. 많은 사람은 마르크스주의 방법론을 사용하며, 그리스도를 해방신학의 혁명적 사회운동가로 간주한다. 성경공부에서는 성경 주석(exegesis) 대신에 자기해석(eisegesis)을 행한다. 1986년 브라질에 7만 개, 라틴아메리카 전역에 15만 개의 기초 조직이 있었으며, 4천만 명 이상이 지역적 압제라는 관점에서 성경을 공부하고 있었다.

우트노의 지적에 의하면, 현재 대형교회들은 셀이나 소그룹을 통해서 분권화되고 있다. 미국 기독교인의 약 40%가 소그룹에 속해 있다. 이 그룹들은 가정이나 교회에 모여 성경을 공부하고 기도한다. 주일학교 학습, 고독을 완화하기 위한 친교 그룹, 알코올이나 마약이나 이혼 문제로 갈등하고 있는 사람들을 돕기 위한 그룹 등은 회복, 교육, 교제, 양육 등을 촉진한다. 이것이 대형교회들의 개인을 위한 봉사의 성공의 열쇠일 것이다.

3. 교회 성장을 저해하는 요인들
1) 국가

20세기의 온갖 복지 형태―독재적 파시즘, 민주적 사회주의, 독재적 공산주의, 민주적 전투 상태― 안에서 모든 것을 아우르는 국가는 교회의 존재를 위협하는 듯하다. 제2차 세계대전으로 독일 나치즘이나 이탈리아 파시즘의 위협이 제거되었다. 그러나 사회주의 국가나 민주적 자본주의 국가들은 종교를 사유화하기 위해 공적 분야에서 밀어냈거나 밀어내고 있다. 미국의 패트 로버트슨의 기독교연합(Christian Coalition) 및 유사한 운동들처럼 다양한 형태의 우익 기독교인들을 대적하는 좌익 자유주의 진영의 증오심이 이것을 증명해준다. 전통적으로 수정헌법 제1조는 국교를 금지하고 자유로운 종교활동을 방해하는 것으로 해석되었는데, 대법원과 일부 국회제정법은 자유로운 표현과 평화 시위를 제한하기 위해 그것을 채용해 왔었다. 교회는 종교적 표현이나 도덕적 표현을 사유화하려는 위험에 저항해야 한다.

2) 종교적 민족주의

종교적 민족주의가 지금도 여러 지역에서 선교와 민족 교회들을 위협하고 있다. 파키스탄, 아프가니스탄, 수단 및 사우디아라비아와 이란 등 공격적이고 부유한 이슬람 산유국들은 복음전파를 방해하거나 철저히 방해하며, 기독교인들을 박해한다. 인도의 힌두교는 선교사들에게 인도 방문 비자를 발급하지 못하게 한다. 인도네시아와 러시아의 이슬람 국가들에서는 기독교에 대해 어느 정도 반응이 있지만, 유라시아와 아프리카의 이슬람은 기독교에 적대적이다. 북부 수단에서는 이슬람 정부가 110만 명의 남부 수단 기독교인들을 살해했다. 90년대 초에는 전 세계에서 매년 30만 명 정도가 순교했다. 매년 평균 15만 명이 순교한다. 박해는 주로 공산국가, 이슬람 국가, 그리고 힌두교 국가에서 발생한다.

3) 신흥 종교

자유주의에 권위가 부족하여 만족하지 못한 많은 불쌍한 영혼들은 사이비 종교들이 선언하는 신학적, 또는 윤리적 절대론의 메시지를 의지했다. 이러한 사이비종교들은 대부분 제1차 세계대전 이후에 생겨난 것이었다. 사이비 종교의 교리는 교회의 범주 밖에서 발달했고, 그 지도자들은 집회, 가정방문, 또는 통신교육 등에 의해서 교회에서 교인들을 끌어 내가려 한다. 사이비종교들은 건강, 슬픔, 인기, 성공 등의 문제에 절대적인 대답을 가지고 있다고 주장할 뿐만 아니라 갈급한 영혼에 자유주의적 개신교회에서 발견할 수 없는 권위도 제공한다. 그것들은 종종 문화에 배타적이고 부정적이다.

강신술, 접신론(接神論), 신사상(New Thought), 일체파(Unity), 크리스천사이언스 등의 사이비종교들은 우주에 대한 유물론적 해석에 반대하며, 우주의 일체성과 영적 본질을 강조한다. 강신술은 특히 제1차 세계대전 이후에 급속히 성장했는데, 그 이유는 사랑하는 남편, 아버지 또는 형제를 전쟁에서 잃은 사람들이 영매를 통해 그들과 교통하기를 원했기 때문이다. 일체파와 신사상은 메리 베이커 에디가 크리스천사이언스를 세울 때 사용하여 큰 효과를 본 퀸비(Quimby)의 정신적 치료과정에서 발달해 나온 것이다. 어려서부터 절름발이였던 찰스 필모어(Charles Fillmore, 1854-1948)와 폐병 환자인 그의 아내 머틀(Myrtle)은 병과 가난이 자기들을 장악하지 못하게 하려고 하나님과의 일치라는 개념을 발달시켰다. 그들의 집단이 크게 성장했고, 그 지도자들은 미주리 주 캔자스 근처에 유티니 시(Unity City)를 세웠다.

러셀파(Russelites) 또는 1931년 이후 그들이 선호한 명칭을 따르자면 여호와의 증인(Jehovah's Witness)은 1872년에 찰스 러셀(Charles T. Russel, 1852-1916)이 세웠다. 그는 열심히 성경을 공부하던 중 교회와 목회자들을 마귀의 도구라고 생각하게 되었다. 그리하여 그는 그들을 대적하며, 그리스도의 재림 및 "증인들"이 재림에 참여하게 될 것을 설교하게 되었다. 여호와의 증인들은 하나님께만 충성해야 한다고 주장하므로, 국기에 대해 경례하지 않고 군 복무에도 반대한다. 제2차 세계대전 때에 이들의 지도자들은 목회자로 인정받지 못했다. 1916년에 러셀이 사망한 후 미주리 주의 변호사였던 루터포드(Judge Rutherford, 1869-1942)가 지도자가 되었다. 1884년에 뉴욕에서 파수대 전도지 협회(Zion Watch Tower Tract Society)라는 이름으로 등록하고 수백만 권의 서적과 소책자들을 보급했다. 1991년 미국에 약 430만 명의 신도가 있고, 세계적으로 300만 명 이상의 신도가 있다고 추정된다. 그들은 그리스도의 신성, 그리고 그의 재림에 대한 성경적 견해를 부인한다.

옥스퍼드 집단(Oxford Group) 또는 부크맨파(Buchmanites)는 특별한 조직을 구성하지 않았지만 17세기에 루터교의 쇄신을 원했던 경건주의자들이 사용했던 것과 비슷한 방식으로 교회 안에서 일하려 했다. 지도자인 프랭크 부크맨(Frank N. D. Buchman, 1876-1961)은 펜실베이니아 주의 루터교회 목사로서 자신의 영적 경험에 만족하지 못했었다. 그는 변화된 삶에 대한 자신의 복음, 대중 앞에서의 죄고백, 신앙지도, 그리고 정직, 순결, 사랑, 이타심 등 네 가지 절대불변의 가치를 통해 부유한 지식층을 공략했다. 그 집단은 개인 간증을 위한 가정 연회, 공개적 죄고백 등의 방법을 사용했다. 많은 유명한 인물들이 그 운동에 참여했다. 도덕 재무장(Moral Rearmament)이라는 새로운 명칭을 취한 후 여러 국가의 지도자들을 기독교에 귀의시킴으로써 제2차 세계대전의 발발을 막으려 했다. 그 운동은 부유한 지식층에 도움을 주었다. 교회는 종종 이 부유한 지식층의 지원을 잃을까 염려하여 그들에게 그리스도의 뜻으로 도전하지 못했다. 이 집단의 두 가지 약점은 건전한 신학의 부족 때문에 사람이 자신의 죄를 고백한 후에 진정한 중생이 아닌 해방감을 느낄 수도 있다는 것, 그리고 하나님께 죄를 고백하는 것이 아니라 인간에게 행하는 죄고백이 될 수도 있다는 것이다.

아시아에서 도입된 주술과 동양의 사이비종교들이 내면의 평화와 안전을 추구하는 서양의 젊은이들을 흡수했다. 잡지 판매대 위의 점성술 관련 잡지들이 지적해주듯이, 점성술을 종교로 신봉하는 사람들이 있고, 사탄숭배나 마술을 숭배하는 사람들도 있다. 불교, 힌두교, 하레 크리슈나교단(Hare Krishna), 초월명상(Transcendental Meditation), 그리고 여러 부류의 영적 스승(Guru) 등이 특별히 청년층을 공략했다. 그러나 이 집단들의 신도 수는 이미 절정에 달한 것처럼 보인다.

문선명(1920-2012)의 통일교는 1954년에 한국에서 시작되었고, 현재 약 20만 명의 추종자가 있다. 영국에 본부를 두고 있으며 론 허바드(Ron Hubbard)

가 지도자로 있는 사이언톨로지교(Church of Scientology, 신앙요법을 강조하는 종교), 프린스턴 신학교 출신인 폴 위어윌레(Paul V. Wierwille)가 이끄는 The Way International 등은 신도들에게 일종의 정신수련을 한다고 한다. 그들은 새 신자에게는 사랑을 갖고 관심을 베푼다. 그들은 일을 많이 하고 잠을 적게 자며 저단백 식사를 한다. 그리고 지도자의 가르침을 녹음한 테이프나 연설을 반복하여 들어야 한다. The Way International의 신도들은 PFAL이라는 12회 과정을 3시간씩 3주 동안 이수해야 하는데, 그 비용은 85불이다. 그리스도의 신성을 부인하는 것과 도덕률폐기론적 윤리를 주장하는 점이 이러한 사이비종교와 정통 기독교를 구분해준다. 많은 젊은이가 이러한 사이비종교에 매력을 느끼는 듯하다.

뉴에이지(New Age)는 셜리 매클레인(Shirley Maclanine)의 『다른 사람들의 지지 없이』(Out on a Limb)이라는 자서전과 인간의 잠재능력(human potential) 세미나를 통해 대중에게 알려졌다. 이를 통해 그녀는 매년 400만 불을 벌어들인다. 이것은 다양한 그루(guru)와 스와미(swami)들에 의해, 그리고 인도에서 돌아온 미국 여행객들에 의해 미국에 도입한 힌두 철학에 의존하는 많은 철학적 광신종교 중 하나이다. "만유가 신이요 신이 만유이다"라고 진술하는 범신론과 일원론(monism)은 우리가 신이요, 물병좌의 시대(Age of Aquarius)에 환생을 통해서 우리 안에 신적인 것을 실현하고 완전한 지구를 만들어낼 것이라고 주장한다. 고대인들을 위한 통로가 되는 사람들로 말미암아 진리가 임할 것이다. 나이트 부인(E. A. Knight)은 3만 5천 세인 람타(Ramtha)가 자기를 통해서 진리를 준다고 주장한다. 수정구슬, 타로 등을 통해 신적인 것이 나타나기도 한다. 이 종교의 신도는 2만 명이 넘지 않지만, 집단 세미나, 공립학교 독서, 매클레인과 같은 인기 있는 아이돌의 말을 통해서 세력을 펴고 있다. 뉴에이지는 하나님의 초월성, 그리스도의 신성, 인간의 타락 등을 부인한다. 그것은 하나님이 주시는 영성 외에 인간 안에 있는 영적인 것을 의지하고 있다. 우리 시대에 뉴에이지에서 자아 숭배, 또는 맘몬이나 물질주의나 비너스 숭배, 그리고 성에 대한 집착 등이 특징인 듯하다.

안톤 라베이(Anton LaVey)가 교주인 사탄의 교회(Church of Satan)의 신도는 5천 명이 못 되는데, 대부분이 캘리포니아에 거주하고 있다. 그것은 1945년 이후 유럽, 특히 독일에서 여러 형태로 유행하고 있다.

흑인들도 신흥종교에 매력을 느낀다. 미국 동부에서 파더 디바인(Father Divine) 또는 조지 베이커(George Baker, 1880-1965)의 추종자들이 200만 명에 달했다. 파더 디바인은 자신에게 신성이 있다고 주장했고, 공동생활을 조직하여 추종자들이 벌어들인 돈을 자기의 수중에 넣었다. 그 돈은 추종자들의 의식주 해결에 사용되었다. 미국 흑인 무슬림 단체인 이슬람 국가(Nation of Islam)도 많은 흑인을 끌어들인다. 신흥종교들은 모두 삼위일체, 그리스도의 신성과 대속 사역, 하나님의 영감된 계시인 성경, 인간의 타락 등의 본질적이고 성경적인 교리를 부인한다. 그것들의 따뜻한 사랑의 분위기와 훈련 때문에 많은 사람이 이끌려간다.

신정통주의, 복음주의, 그리고 사이비종교들은 권위 있는 종교적 메시지를 향한 욕구에 부응하기 위해 발생한 듯하다. 이러한 운동들은 자유주의 신학이 붕괴함으로써 형성된 영적 공백을 하나님의 부성과 인간의 형제애라는 빈약한 메시지로 채우려는 시도였다. 자유주의는 도덕을 가르쳤지만, 삶에 활기를 부여하여 기독교 윤리와 일치하게 할 수 있는 유일한 요소, 즉 십자가가 지닌 종교적 원동력을 등한시했다.

4. 세상의 쇠퇴와 기독교의 확장

오순절교회와 은사주의교회와 제3의 물결 교회의 경우를 제외하고는 1945년 이후 주류 교회의 쇠퇴와 복음주의 교회의 발흥이 수평을 유지해왔다. 미국의 복음주의 신자들은 회심보다는 출산과 이동 때문에 증가했다. 그러나 싱가포르와 태국과 같은 환태평양 아시아 국가들과 라틴아메리카와 아프리카에서는 복음주의 신자들이 많이 증가하고 있다.

기독교는 세계 최대의 종교이다. 기독교는 신도 수와 선교 사역에 있어서 세계적이다. 복음주의자들과 오순절교회 신자들은 세계의 인구보다 더 빨리 증가하고 있다.

1) 아프리카의 상황

에티오피아와 이집트는 일찍이 콥트 기독교를 받아들였지만, 아프리카의 나머지 국가들은 19세기 말에 새로 탐험 된 지역에 많은 선교사가 들어가기 전까지 이교 국가로 존재했다. 이미 전체 주민의 반 이상인 2억 7천 500만 명이 기독교인이다. 개신교인이 1억 1천만 명, 복음주의자가 2천 600만 명, 오순절-은사주의-제3의 물결 신자가 1천 150만 명이다. 주류 교회의 신자들은 감소하고 있다. 훈련된 지도자가 없이 이루어지는 빠른 성장 때문에 많은 아프리카 독립 분파들과 독립 교회들이 생겨났다. 1만 2천 개 이상의 집단에 3천만 명의 신봉자들이 있다고 추정된다. 많은 집단이 오순절파이다. 1913년부터 1915년 사이에 윌리엄 웨이드 해리스(William Wade Harris)가 서아프리카에 면한 코트디부아르의 해안에서 이끈 신앙부흥 때에 그러한 토착 집단이 생겼다. 이 집단은 지금도 10만 명 이상의 신자를 보유한 독립 교회로 존속하고 있다. 흑인 평신도 침례교인 시몬 킴방구(Simon Kimbangu)는 콩고민주공화국(Democratic Republic of Congo)에 예수 그리스도의 교회(Church of Jesus Christ)를 설립했다. 절정기인 1980년에 그 교회의 신자는 600만 명에 달했다. 따라서 사람들이 이단, 분파주의, 또는 이전 종교와의 혼합주의를 피하는 일을 돕기 위해 지도자들을 훈련할 성경학교와 신학교가 필요했다.

2) 아시아의 상황

아시아의 환태평양 지역에서 복음주의자들이 경이적으로 증가했다. 1990년에 아시아의 인구는 30억인데, 중국의 인구가 11억이고, 인도의 인구가 9억이었다. 한국의 기독교인들이 가장 많이 증가하고 있는데, 인구의 25%,

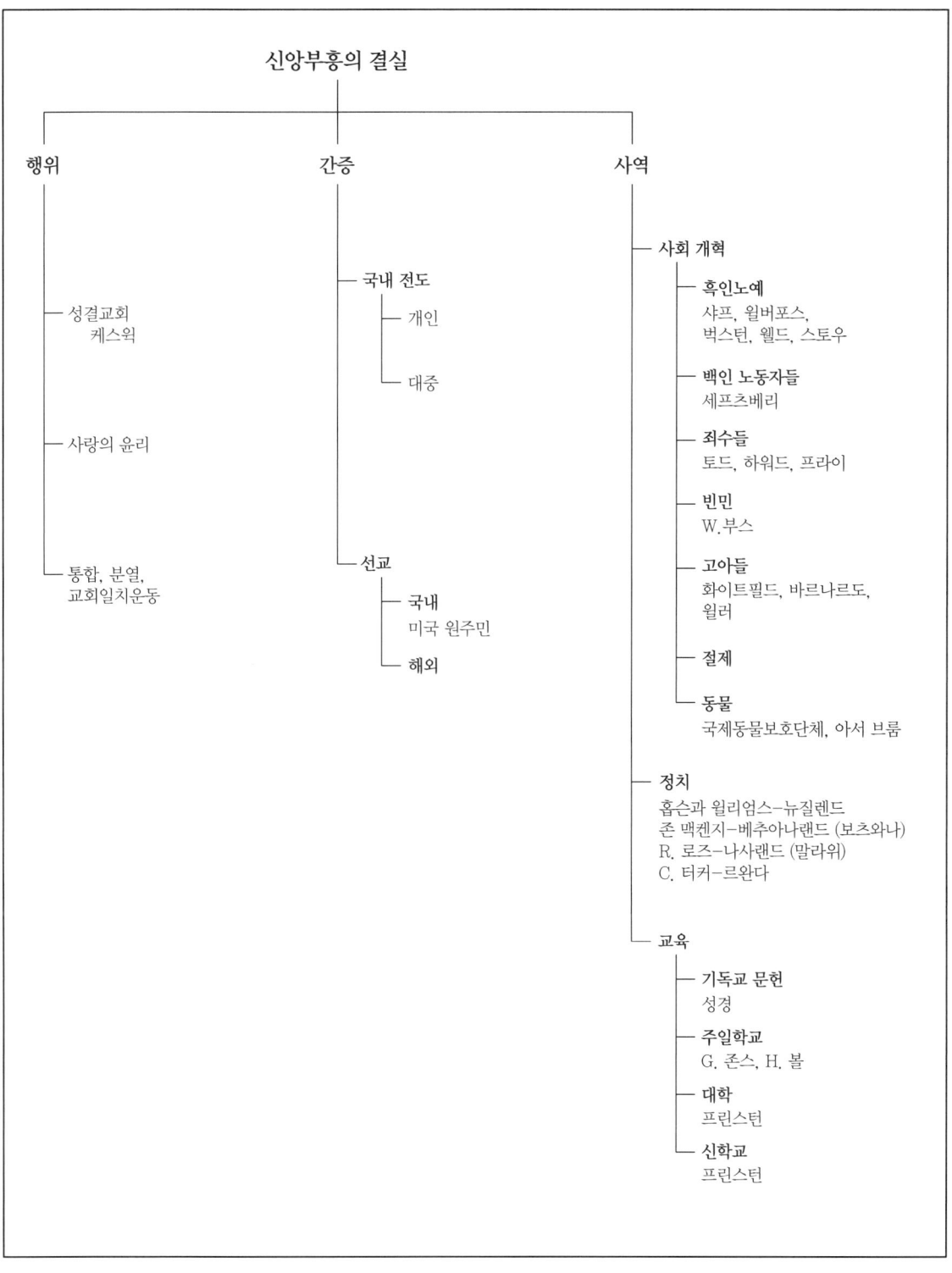

적어도 1천 100만 명이 개신교인이며, 그들의 대부분이 복음주의자들이다. 세계적인 대형교회 중 다수가 감리교회, 장로교회, 침례교회, 그리고 오순절 교회이다. 한국교회는 2천 500명 가량의 선교사들을 파송하고 있다.

1949년에 중국의 개신교인이 100만 명이었는데, 1990년에는 5천만 명이 넘었다. 이들의 대부분은 복음주의자들이다. 중국에는 10만 개의 가정교회가 있다. 베트남의 개신교인은 대략 67만 명인데, 띤란 교회(Tin Lanh Church of the Christian and Missionary Alliance) 신자가 큰 비율을 차지한다.

사우디아라비아 같은 많은 이슬람 국가들은 선교사들에게 폐쇄적이다. 인도는 새로운 선교사들에게 비자를 발급하지 않는다. 일본의 복음주의자는 24만 명 가량이다. 일본의 교회들은 교인이 25명에서 50명 정도의 규모에서 100명 이상의 규모로 증가하고 있다. 인도에는 800만 명 이상의 복음주의자들이 있고 9천 명 이상의 선교사를 파송하고 있다. 기독교인이 약 3천 600만 명인데, 대부분이 동북부와 남부에 거주하고 있다.

3) 유럽의 상황

과거 기독교 대륙이었던 유럽이 선교 현장이 되었다. 1989년에 베를린 장벽이 무너짐으로써 러시아가 선교사들을 받아들이게 되었다. 현재 복음주의 침례교인이 300만 명, 오순절 교회 신자가 84만 명쯤 된다. 80개의 에이전시로 구성된 코-미션(Co-Mission)의 활동으로 공립학교에서의 성경과 도덕 교육이 허락되었다. 그러나 최근에 규제가 강화되었고, 인력과 자금이 감소하고 있다. 빌리 그레이엄, 루이스 팔라우, 존 게스트 등의 복음 전도자들이 단기 전도대회를 통해 좋은 결과를 낳고 있다. 성경과 기독교 서적 배포, 지도자 교육, 실질적인 지식과 경험 전수 등으로 말미암아 러시아교회가 더욱 효과적으로 복음을 전할 수 있게 될 것이다. 90년대에 러시아에서 거의 1천 600명의 학생이 참여하는 45개의 신학 프로그램이 시작되었다.

스페인에는 7만 1천 명 이상의 침례교인들과 플리머스 형제단이 있다. 미국 인구의 40%가 주일예배에 참석한다. 스칸디나비아와 브리티시 제도에서 주일예배에 참석하는 사람은 전체 인구의 10%에 불과하다. 동독에서는 11%, 네덜란드에서는 8%이다. 가톨릭 국가에서는 규칙적으로 예배에 참석하는 사람이 1% 미만이다.

4) 라틴아메리카의 상황

1900년에 라틴아메리카의 개신교인은 약 100만 명이었고, 1993년에는 약 5천만 명이었다. 이들 중 약 4천 500만 명이 멕시코, 과테말라, 브라질, 칠레 등의 국가에 거주하는 복음주의자들이다. 현재 브라질에는 복음주의 신자들의 4분의 3인 2천만 명의 오순절 교인들이 있고, 칠레에는 80%가 오순절 교인들이다. 어떤 사람들은 세계 오순절 교인들의 40% 가량이 라틴아메리카에 거주한다고 주장한다. 브라질의 하나님의 성회는 신자가 800만 명이라고 주장한다. 과테말라의 복음주의자들은 대략 25%이다. 과테말라 대통령 중 두 사람, 80년대의 에프라인 리오스 몽트(Efrain Rios Montt)와 90년대 초의 호르헤(Jorge Sereno Elias)가 오순절교회 신자였다. 라틴계 사람들은 현악기, 특히 기타를 예배에 즐겨 사용했다. 그러나 해방신학과 공산주의가 여전히 교회에 도전하고 있으며, 많은 오순절교회 신자들과 복음주의자들이 이전의 신앙으로 돌아가고 있다.

참고문헌

Anderson. J. Kerby. *Signs of Warning. Signs of Hope*. Chicago: Moody Press, 1994.

Armstrong, Ben. *The Electronic Church*. Nashville, Nelson. 1979.

Barna, George. *Absolute Confusion*. vol. 3, 1993-94. Ventura. Calif.: Regal Books, 1993.

___. *User Friendly Churches*. Ventura, Calif.: Regal Books. 1991.

Barna, George, and William P. Harvey. *Vital Signs*. Westchester, Ill.: Crossway, 1984.

Barrett, David B., ed. *World Christian Encyclopedia*. New York: Oxford University Press, 1982.

Bodell, Kenneth B., ed. *Yearbook of American and Canadian Churches*. Nashville: Abingdon, 1994.

Bryant, David. *The Hope at Hand*. Grand Rapids: Baker, 1995.

Carter, Stephen L. *The Culture of Disbelief: How American Law and Politics Trivialize Religious Devotion*. New York: Basic Books, 1993.

Cho. Paul Yonggi. with Paul Hostetler. *Successful Home Cell Groups*. Plainfield, N.J.: Logos International, 1981.

Cruz, Nicky. *Satan on the Loose*. Old Tappan, N.J.; Revell, 1973.

Detzler, Wayne A. *The Changing Church in Europe*. Grand Rapids: Zondervan, 1979.

Dolan, Jay P. *The American Catholic Experience*. Notre Dame, Ind.: University of Notre Dame Press, 1992.

Evans, Robert. *Let Europe Hear*. Chicago: Moody Press, 1963.

Froise. Marjorie, ed. *South African Handbook 1934*. Johannesburg: Christian Information, 1994.

Guinness, Os. *Dining With the Devil*. Grand Rapids: Baker. 1993.

___. *Fit Bodies: Fat Minds*. Grand Rapids: Baker, 1995.

Guinness. Os. and John Seel, eds. *No God But God*. Chicago: Moody Press, 1992.

Hadden, Jeffrey K., and Anson Shupe. *Televangelism*. New York: Holt, 1988.

Halvorsen, Peter, and William M. Newman. *Atlas of Religious Change in America*. 1952-1990. Atlanta: Glen Mary Research Center, 1994.

Hefley, James, and Marti Hefley. *By Their Blood*. 2d ed. Grand Rapids: Baker, 1996.

Hoke. Donald E., ed. *The Church in Asia*. Chicago: Moody Press, 1975.

Hulse, Erroll. *The Great Invitation*. Welwyn, Eng.: Evangelical Press, 1986.

Hutcheso, William R. *Between the Times*. New York: Cambridge University Press, 1989.

Kelley, Dean M. *Why Conservative Churches Are Growing*. New York: Harper and Row, 1972.

Kennedy, Paul. *Preparing for the Twenty-First Century*. New York: Random House, 1993.

Kinsler, F. Ross. *The Extension Movement in Theological Education*. Pasadena: William Carey Library, 1977.

MacArthur, John F., Jr. *Ashamed of the Gospel*. Westchester, Ill.: Crossway, 1993.

Malphurs, Aubrey. *Vision America*. Grand Rapids: Baker, 1994.

Martin, David. *Tongues of Fire*. Oxford: Blackwell, 1990.

Mather, George A. and Larry A. Nichols. *Dictionary of Cults, Sects, Religions, and the Occult*. Grand Rapids: Zondervan, 1993.

McGavran, Donald A. *The Bridges of God*. New York: Friendship Press, 1981.

___. *Understanding Church Growth*. Grand Rapids: 3d ed., Eerdmans, 1990.

Medved, Michael. *Hollywood Against America*. Grand Rapids: Zondervan, 1992.

Miller, Daniel R. ed. *Coming of Age*. Lanham, Md.: University Press of America, 1994.

Nunez, Emilio A. *Crisis in Latin America*. Chicago: Moody Press, 1989.

Orr, J. Edwin. *Campus Aflame*. Glendale, Calif.: Gospel Light, Regal, 1971.

Pate, Larry D. *From Every People*. Monrovia, Calif.: MARC, 1989.

Penner, James. *Goliath*. Anaheim: New Hope, 1992.

Peters, George W. *A Theology of Church Growth*. Grand Rapids: Zondervan, 1981.

Rainer, Thomas S. *The Book of Church Growth*. Nashville: Broadman, 1993.

Reed, Walter, et al. *Latin American Church Growth*. Grand Rapids: Eerdmans, 1969.

Ro, Bong Rin, ed. *Urban Ministry in Asia*. Taichung, Taiw.: Asia Theological

Seminary, 1989.

Ro, Bong Rin et al. eds. *Korean Church Growth Explosion*. Seoul: Word of Life, 1983.

Schultze, Quentin J., ed. *American Evangelicals and the Mass Media*. Grand Rapids: Zondervan, 1990.

Smitt, Lagard F. *What You Need to Know About the New Age Movement*. Eugene, Ore.: Harvest House, 1993.

Starke, Linda. et al. eds. *Vital Signs*. 1992. New York: Norton, 1992.

Stoll, David. *Is Latin America Turning Protestant?* Berkeley: University of California Press, 1990.

Strobel, Lee. *Inside the Mind of Unchurched Harry and Mary*. Grand Rapids: Zondervan, 1993.

Towns Elmer. *ls the Day of the Denominations Dead?* Nashville: Nelson, 1973.

Towns, Elmer, et al. *The Complete Book of Church Growth*. Wheaton, Ill.:Tyndale, 1981.

Tucker, Ruth A. *From Jerusalem to Irian Jaya*. Grand Rapids: Zondervan, 1983.

Vaughan, John. *Megachurches and America's Cities*. Grand Rapids: Baker, 1993.

___. The World's 20 Largest Churches. Grand Rapids: Baker, 1984.

Wagner, C. Peter. *Look Out! The Pentecostals Are Coming*. Carol Stream, Ill.: Creation House, 1973.

Ward, Mark, Sr. *Air Salvation*. Grand Rapids: Baker, 1994.

Wuthnow, Robert. *Sharing the Journey*. New York: Free Press, 1994.

결어
문제점, 패턴, 그리고 전망

교회는 항상 문제에 직면해 왔지만, 지금 그 문제들의 범위와 강도가 교회사의 어느 시대보다 더 강한 듯하다. 세계 인구의 증가, 적대적인 타 종교나 신흥종교로의 개종, 일부 지역에서 여전히 존재하는 공산주의의 위협으로 말미암아 기독교는 큰 도전에 직면하고 있다. 이러한 문제들 때문에 비관하는 사람들은 신앙부흥이 교회를 회복시켜 왔음을 기억해야 한다.

1. 문제점

1) 민주적인 전체주의 국가의 세속적 전쟁과 복지

전체주의 국가인 나치 독일, 이탈리아의 파시스트 정권, 그리고 제국주의 국가인 일본에 의해 세계 지배의 위협이 제2차 세계대전과 더불어 종식되었지만, 남아메리카와 아프리카와 아시아의 국가에서 혁명 세력에 의해 우익 전체주의 정부들이 설립되었다. 이 정권들은 표현의 자유와 예배의 자유를 박탈해왔다. 일부 정권은 선교사들을 받아들이지 않거나 추방했다. 가톨릭 교회의 많은 성직자는 억압을 종식시키고 새로운 마르크스주의 정부를 수립하기 위해 그러한 정부에 공개적으로 도전해왔다. 라틴아메리카에서 출현한 해방신학은 성경에 기초를 두었다고 주장하지만, 종종 억압을 종식하려는 혁명이라는 마르크스주의 사상과 연루되어 있었다. 선교사들은 외국인이라는 신분과 학대받는 가난한 사람들을 향한 동정심 사이에 놓여 있었다.

라틴아메리카, 아프리카, 그리고 아시아에서 "서구 제국주의"를 피하기 위한 신학의 상황화(contextualization)도 문제가 되었다. 상황화는 토착 문화에 성경의 원리를 적용하는 것이 되어야 하는가, 아니면 신학이 항상 학대와 새로운 질서라는 상황에서 해결되어야 하는가?

전체주의적 공산주의는 과거에 기독교에 주요한 위협이었고 지금도 위협이 되고 있다. 그것은 아프리카와 라틴아메리카에서 무시할 수 없는 요인이고, 여러 국가에서 선교의 장애물이다. 쿠바, 북한, 그리고 중국에서는 공산주의가 여전히 세력을 장악하고 있다.

공산주의는 사회적이고 경제적이고 정치적인 체계일 뿐만 아니라 종교적으로 폭력에 의해 자기들이 필연적으로 도래할 것이라고 여기는 보다 나은 세계 질서를 추구하는 인민의 메시지를 함축한다. 공산주의자들은 군대의 지원을 받는 소수의 헌신적인 사람들 또는 그러한 군대의 위협을 통해서 권력을 잡는다. 공산주의는 혁명과 매스커뮤니케이션이라는 현대적 기법을 교활하게 사용함으로써 세계 인구의 삼 분의 일 이상을 지배한다.

서구에서 민주적인 전쟁-복지 국가의 등장도 종교 집단에 문제를 제기한다. 오늘날 일반적인 토론의 주제가 되는바 기독교 집단이나 자선 단체에 기부한 것에 대한 세금 면제의 제한이나 종식이 기부의 수준을 감소시킬 것이다. 미국의 수정헌법 제1조에도 불구하고 기독교인의 학교 설립을 정부가 규제하는 것이 종교의 표현을 방해해왔다. 대법원은 본질에서 공립학교에서 도덕을 설명하고 성경을 표현하는 것을 금지했다. 자유주의자들은 기독교인들의 자유로운 정치적 표현을 공격한다. 종교는 주일에 교회나 가정에서 실천되어야 하는 사적인 일로 전락할 위험에 처해있다.

2) 선교

공산주의 국가에서는 선교가 종식되고 선교사들이 추방되어 왔기 때문에 공산주의의 위협은 선교 문제와 관련된다. 1949년에 중국을 공산주의자가 지배했을 때 이 일이 현실화되었다.

아시아, 아프리카, 그리고 라틴아메리카에서는 식민주의에 대한 민족주의적 반응으로 이전의 제국주의 정권이 관대했거나 그 국가의 경제적 잠재력을 개발하는 데 도움을 준 것과는 상관없이 선교사들을 그러한 정권과 동일시하는 경향이 있었다. 중국은 1858년에 톈진조약으로 말미암아 선교사들을 받아들이게 되었기 때문에 복음주의자들을 서구 제국주의와 동일시했다. 그 조약은 제2차 세계대전 때에 비로소 폐지되었다. 아시아와 아프리카의 많은 신흥 국가들이 1945년 이후 자유를 얻었다. 선교에 대한 규제가 시행되었고, 사우디아라비아와 미얀마와 인도와 같은 국가에서는 종교적 민족주의 때문에 새로운 선교사들의 입국을 거부해왔다. 엄청난 석유 자본의 힘과 결합한 이슬람의 활력 때문에 근동과 중동 지역은 선교사들을 거부해왔을 뿐만 아니라 이슬람 선교와 방송을 위한 자원을 창출해왔다. 런던에 소재한 이슬람 사원은 유럽에서의 이슬람 선교 활동의 표현이다. 북아메리카의 이슬람은 소수이지만 급속히 성장하고 있는데, 약 500만 명의 신자와 1천 개의 모스크가 있다.

자유주의 개신교도들은 보수적인 선교사들을 대적해왔다. 1931년에 초교파 집단이 인도, 미얀마, 중국, 일본 등지의 선교에 대해 조사하기 위한 평신도 해외선교 조사위원회(Laymen's Foreign Missionary Inquiry)를 설립했다. 하버드 대학 철학교수인 윌리엄 호킹(William E. Hocking, 1873-1966)의 주도로 1932년에 출판된 조사위원회의 보고서 『선교의 재고』(Rethinking Missions)는 복음 전도와 상관없이 의학, 교육 등의 수단을 통한 사회적 노력을 강조하는 방침에 따라 선교를 계속해야 한다고 주장했다. 호킹의 견해에 의하면 선교사들은 타종교에서 발견할 수 있는 공통의 사상과 자신의 신앙을 연결하려고 노력해야 한다. 여기에 종교혼합주의가 포함될 수도 있다. 자유주의자들도 선교에서의 교회 통합을 요구했다. 헨드릭 크래머(Hendrik Kraemer, 1888-1965)는 『비기독교 세계에게 주는 기독교 메시지』(The Christian Message for a Non-Christian

World, 1938)라는 저서에서 그 보고서를 비판하고, 복음과 타종교를 혼합하는 데 반대했다.

인플레이션과 불황으로 말미암아 미국 통화 가치가 떨어지면서 외국 선교사들을 위한 경제적 지원의 증가가 요구되어 왔다. 서방 국가에서 세금과 인플레이션 때문에 통화 가치가 저하되면서 기독교인들의 기부 능력이 감쇠했다. 1996년에 미국 교회가 종교나 자선 사업에 기부한 금액은 약 1천440억 달러였다. 부자들은 수입의 1%, 가난한 사람들은 2~3%를 기부했다.

전 세계 선교사들의 20% 이상이 미국 출신으로서 자국의 종교인들에게 지원을 구한다. 1988년부터 1992년까지 미국 선교사들이 약 20% 감소했다.

3) 도덕적 쇠퇴

성적 문란, 주취(酒醉), 이혼, 혼전 동거, 도덕적으로 문란한 라디오와 텔레비전 프로그램 등이 서구 가정들의 안정을 위협한다.

인구의 1-2%에 불과하지만 동성애자들은 특별한 권리와 금전을 요구한다. 1968년에 그들은 Fellowship of Metropolitan Community Church를 설립했는데, 거기에는 약 100개의 교회가 포함되었다. 많은 공무원들의 도덕성이 저하되어 있는 듯하다. 미국에서 범죄자들의 평균 연령이 계속 낮아져서 대부분의 청년들, 특히 십 대 청소년들이 죄를 범한다. 범죄율이 증가했고, 수감되는 사람들도 증가했다. 미국에는 알코올 중독자가 팔백 만 명이 넘게 있다. 교통사고로 사망하는 사람들의 40% 정도가 음주운전자이다.

도박하고픈 욕구는 국가의 복권사업, 경마, 카지노 등의 증가에 의해 충족된다. 1992년에 미국인들이 도박에 건 돈이 3천300억 달러였다. 교육과 경찰력의 증가에도 불구하고 마약이 널리 사용됨으로써 금전적인 비용이 증가했다. 영화 평론가인 마이클 메드베드(Micahel Medved)는 『할리우드와 아메리카』(Holywood vs. America, 1991)라는 책에서 헐리우드와 텔레비전이 종교적, 도덕적 가치관을 얼마나 조롱하는지를 묘사한다. 서방의 모든 국가가 공통적으로 이러한 문제에 직면하고 있는 듯하다.

4) 도시화

세계적으로 농촌에서 도시로의 인구 이동과 교회의 노동 소외는 교회 지도력에 새로운 도전을 제기한다. 교외 거주는 사람들을 도시의 문제로부터 분리하고 보호한다. 1992년에 도쿄의 인구는 2천 900만 명, 멕시코 시의 인구는 2천만 명, 상파울루의 인구는 1천 800만 명, 서울의 인구는 1천 600만 명이었다.

이러한 도시로의 이동 때문에 범죄가 발생하고 빈민들이 증가하여 최근에는 중산층이 교회로 이주하는 현상이 발생하고 있다. 남아프리카와 미국의 도시에 흑인들과 소수 민족 거주지가 증가하면서 인종 문제가 출현했다. 다행히도 교회가 새로운 도시 사역을 신속하게 전개하고 있다. 기독교인들은 복음을 개인 구원뿐만 아니라 인종 문제와 도시 문제에 적용하는 데 대한 새로운 관심을 나타내고 있다.

5) 소수자(minorities)

인종적 소수자 문제가 심각하다. 1993년에 미국 내의 히스패닉계 거주자가 2천500만 명, 흑인이 3천만 명으로 추정되었다. 교회와 국가는 그들에게 경제적인 기회를 제공하고 인종차별을 막는 것, 그리고 소수자들을 차별하지 않는 방법과 관련된 도전에 직면한다. 가장이 없는 소수자들의 가정이 매우 많다.

중동의 아랍 국가에서는 이스라엘 사람들에 대한 증오가 큰 문제이다. 이집트의 콥트 기독교인들은 이슬람교도들로부터 차별을 당하고 있다. 인도의 힌두 교도들과 중동 국가들은 기독교 선교를 금한다.

미국에서는 성차별이 이루어지고 있다. 여성들의 수입은 동일 직종의 남성들에 비해 약 40% 적다. 최근까지 주류 교회에서는 여성들의 성직 임명을 금했다. 성공회는 최근에 여성 성직 임명을 인정했고, 1994년에 대규모로 여성을 성직에 임명했다. 유럽의 국가들은 많은 경우 여성이 저임금 직종에 종사한다. 교회는 여성이 남성과 동등한 권리를 누리고 동일한 임금을 받도록 지원해야 한다. 하나님은 여성이 학대받도록 지으신 것이 아니라 하나님에 대해 남성과 동일한 권리와 책임을 누리도록 창조하셨다.

6) 환경

창세기 1장과 9장에 의하면 여호와께서는 인간에게 자연과 피조세계를 지배하게 하셨지만, 인간은 종종 그 관리 기능을 태만히 한다. 재활용, 환경보호, 자원을 신중하게 사용하는 것 등이 성취되어야 한다. 자연은 이기적인 물질적 유익을 위해서 보다는 책임감을 가지고 사용되어야 한다. 1974년의 로잔 언약(Lausanne Covenant)은 복음주의자들에게 하나님이 주신 자연환경을 책임감을 가지고 사용하라고 촉구했다. 환경 보호와 자연을 사용해야 하는 인간의 욕구 사이에 균형이 이루어져야 한다.

2. 패턴(patterns)

역사적으로 법칙들을 상정하기는 어렵지만, 문제를 대처하는 데 도움이 될 원리를 불러일으키는 반복되는 패턴이 있다. 그러한 패턴들을 식별해내는 것도 담대하고 침착하게 장래의 전망을 대면할 수 있게 해줄 것이다. 가장 중요한 패턴 몇 가지를 고찰하는 것이 도움이 될 것이다.

1) 2세대 실패 (Second-generation Failure)

가장 중요한 패턴은 2세대 패턴이다(삿 2:10-16; 계 2:14). 어떻게 해야 "처음 사랑"의 뜨거움을 유지할 수 있을까? 첫 세대 루터교의 활력은 곧 냉랭한 정통주의로 쇠퇴했고, 후일 경건주의 신앙부흥에 의해 되살아났다. 오순절교회의 활력과 증언이 2세대와 3세대에 형식주의와 물질주의로 쇠퇴했음에 주목해야 한다. 십자가에 달려 죽었다가 부활하신 그리스도, 성경(행 17:2-3, 고전 15:4-5), 그리고 기도에 대한 헌신만이 처음 사랑의 뜨거움을 유지하는 신앙부흥을 만들어낼 수 있다.

대서양의 앵글로색슨 사회에서 되풀이하여 발생하는 신앙부흥은 특별한 위기의 때에 사회를 향한 사랑으로 표현되는 활기찬 신앙생활을 가져왔다. 기독교인들은 복음 전파가 우선이지만 교육, 참된 교회 일치, 가난한 사람들을 도와주고 세워주는 것 등의 일에 적극적으로 참여했다. 이것은 대각성과 제2차 대각성 때 있었던 일인데, 대각성운동은 종교에 활력을 주고 기독교인들의 노력을 통해서 사회 개혁을 초래했다. 또 과거 수도원 운동과 종교개혁 시대의 교회에서도 같은 일이 발생했다. 새롭게 하시는 성령으로 말미암아 기독교는 쇠퇴할 때 자체를 새롭게 할 능력을 소유했다.

2) 신앙부흥을 통한 영적 활력

기독교 신앙에 역사적인 것이 부착되는 것을 막기 위해 노력해야 한다. 중세 로마가톨릭교회에서 단순한 주님의 만찬이 미사가 되었는데, 미사 때에 수찬자가 떡과 포도주 안에 현존하시는 예수를 먹고 마신다고 이해되었다. 신약성경에서는 장로와 감독이 평등하지만, 곧 감독들 특히 교황이 으뜸이 되었다. 사람들은 신학이나 정체나 삶에서 영적 목적을 성취하기 위한 수단을 신성화하려는 경향이 있다. 그들은 크리스천사이언스나 모르몬교처럼 성경에 다른 책을 추가하거나 그리스도의 신성을 비롯한 본질적인 진리를 삭제한다. 성경을 영감 되고 오류가 없고 확실한 신앙과 삶의 척도로 여기며, 성경에 추가된 역사적인 부착물을 식별하며, 성경의 내용을 문법적-역사적으로 주석하는 데 헌신하려면 영적 에너지를 사용해야 한다.

3) 성경에 더해진 역사적 부착물

조심하지 않으면 조직, 예전, 복장 등 수단과 방법이 제도화되고 영구히 지속되는 목적이 될 수 있다. 이것은 냉담과 형식주의로 이어진다. 성찬식을 예로 들어보자. 가톨릭교회, 성공회, 그리고 감리교 신자들은 제단 난간 앞에서 성찬을 받고 개신교인들은 자리에 앉아서 성찬을 받는데, 이것은 성찬의 떡과 포도주가 분배되는 장소는 성만찬이 거행되는 수단일 뿐 목적이 아

4) 제도화된 교회에 필요한 조직

님을 가리킨다. 영성을 위한 수단은 결코 목적이 되거나 제도화되어서는 안 되며 항상 수단으로 남아 있어야 한다.

5) 지성과 감성의 균형 과거 교회의 또 다른 패턴이 사람들의 기독교적인 삶에서 감정적 기질과 지적 기질-지성과 감성의 관계-의 균형을 가져오고 있다. 종교개혁 시대부터 교회는 정기적으로 정통주의에 대한 이성적 강조에서 감정에 대한 경건주의적 강조 사이를 오갔다. 어느 것이든 극단적인 것은 피해야 한다. 이상적인 것은 뜨거운 정통주의, 즉 신앙과 행위로 표현된 지적 학습이다.

6) 교회와 국가의 관계 교회와 국가 사이의 적절한 균형 유지의 실패가 지속적인 곤경을 제기해왔다. 1721년부터 러시아 혁명 때까지 국가가 러시아 정교회를 지배하고 정치화하고 부패하게 했다. 가톨릭교회는 종종 세속 국가를 지배하거나 다투었다. 교회와 국가는 상호 도움을 주는 긴장 관계에 있어야 한다. 미국 수정헌법 제1조(The First Amendment)에 의하면 국교를 정하거나 신앙의 자유를 금지하는 법률을 제정할 수 없다. 입법자들의 의도는 국가의 행위를 결정하는 데 있어서 종교적이고 윤리적인 원리가 결정적인 요소가 되는 것을 막으려는 것이 아니었다. "종교적 차별"과 기독교인이 시민으로서 활동할 자유를 제한하려는 추세는 비도덕적 사회를 낳을 것이다.

7) 교회 내에서 권위의 위치 교회 안에서 권위의 위치와 관련하여 종종 문제가 발생한다. 가톨릭교회 체계는 교황 제도 안에 권위를 둔다. 교회의 머리인 교황이 반포하는 것이 신자들에게 구속력을 갖는 교리이다. 이신론자들은 지성을 진리와 행위의 기초로 삼았고, 중세 시대의 신비가들과 퀘이커 교도들은 감정 또는 "내면의 빛"을 지나치게 강조했다. 기독교인들과 기독교 공동체를 영적으로 바르게 지도하려면 권위는 특별계시, 이성, 감정, 그리고 의에 뿌리를 두어야 한다.

엘리자베스 여왕 시대와 청교도 시대의 영국에서처럼 일반적으로 박해는 교회를 정화하고 강화해준다. 박해는 참 신자와 명목상의 신자를 분리한다. 그러나 지나치게 가혹하거나 오래 지속되는 박해는 세상의 어느 부분이나 국가에서 교회를 완전히 파괴할 수 있다. 5세기와 6세기의 카르타고 교회, 7세기 중국의 경교, 10세기 일본의 가톨릭교회 등이 여기에 해당된다. 오늘날도 박해가 심각한 문제라는 점은 제2차 대전 이후 국가나 지역적인 박해로 말미암아 약 천만 명이 순교하고 있다는 통계에 의해 입증된다. 그러나 예를 들어 중국의 교회는 무자비한 박해에도 불구하고 유례없는 성장을 계속하고 있다.

그 밖에도 규칙적으로 떠오르는 문제들이 있다. 칼빈주의자들과 아르미니우스주의자들은 신학적으로 하나님의 주권과 인간의 책임의 관계에 몰두했다. 영적 유기체인 교회와 제도적 조직인 교회의 관계도 반복되는 관심사이다. 교회 일치는 기독교인들의 협력으로 이어지는 기계적이고 조직적인 것이 되어야 하는가, 교의적인 것이 되어야 하는가, 영적인 것이 되어야 하는가? 기독교인들이 세상으로부터 분리하는 것과 세상에 개입하는 것도 지속적인 문제이다. 바울은 이방 사회에 개입하면서 영적으로 분리하는 것을 강조했다(고전 6장).

우리와 다른 기독교인들의 차이점 때문에 그들과 분리할 필요가 없다. 츠빙글리의 교회가 재세례파를 박해한 것이나 성공회가 청교도들을 박해한 것처럼 사랑이 없는 무자비한 다수가 소수를 몰아낼 수 있을 것이다. 그러나 이성적으로 사랑을 품고 이러한 문제들을 다루고 논한다면 우리에게 경고하고 격려해줄 원리들을 깨닫게 될 것이며, 그것들에 주목한다면 교회가 더 강해질 것이다.

3. 전망

이러한 문제들에 직면해 있는 교회의 전망은 어떠한가? 역사를 공부하는 사람들은 교회의 문제점과 적들이 교회를 압도할 것처럼 보인 시대들을 기억할 것이다. 교회는 375년부터 500년까지 이단인 아리우스파와 이교도인 게르만족의 침입, 그리고 7세기와 8세기에는 이슬람의 위협이라는 매우 어려운 문제들을 극복했다.

1) 신앙부흥과 복음 전도

위기의 시기에 기독교 안에서 부흥의 정신이 되살아난 것이 교회를 쇄신했고 교회가 처한 세대를 섬기는 데 도움이 되었다. 현대에는 과거 유럽 대륙, 영국, 그리고 아메리카에서의 대각성과 같은 규모의 신앙부흥이 발생하지 않았지만, 오늘날 세계에 신앙부흥이 이루어지고 있다는 많은 증거가 있다. 빌리 그레이엄은 개인적으로, 또는 라디오와 텔레비전을 통해서 역사상 누구보다 더 많은 사람에게 복음을 전했다. 특수 집단에게 전도하는 운동들, 그리고 청년들을 복음화하고 선교에 참여하게 하려는 운동들이 있다. 주요 교파들은 사회복음에 몰두하고 있음에도 불구하고 복음 전도를 촉진하기 위해 노력하고 있다. 풀러 신학교 세계선교학교의 도널드 맥가브란(Donald McGravran)의 사역과 미국 세계선교센터를 통한 랄프 윈터의 사역이 교회 성장을 자극하고 미국과 해외에서 복음 전도를 촉진해왔다.

2) 성경에 기초한 신학의 부흥

성경신학에 대한 관심의 부흥—자유주의 교회 내에서 카를 바르트가 어느 정도 활발하게 한 관심—은 고무적인 현상이다. 대학교, 신학교, 소그룹 등이 과거보다 더 성경공부에 관심을 기울이고 있다. 이것은 복음 전도와 효과적인 사회적 행동을 위한 건전한 성경신학의 중요성을 강조함으로써 교회 내의 교육 사역을 발전시키는 데 도움이 될 것이다(딤전 6:3). 성경에 기초를 둔 신학이 무시된다면, 그것은 곧 잊힐 것이며 인류는 다시 잔인한 전쟁과 무자비한 범죄에 몰두할 것이다.

어떤 사람들은 세계교회협의회(WCC)가 대표하는 에큐메니컬 운동이 결코 조직적인 교회 조직에 기초한 통일체를 낳지 못할 것으로 생각하겠지만, 전 세계의 복음주의자들이 유일하게 참된 초교파적 에큐메니컬 유기체—그리스도의 몸 된 교회— 안에 있는 본질적인 영적 통일체를 실현하기 시작했다는 고무적인 표식들이 있다. 이것은 공동의 이익을 증진하기 위한 도구인 조직 안에서 표현될 듯하다. 건전한 에큐메니컬 운동은 우리에게 주신 하나님의 말씀인 성경의 권위와 죄에서 구원하시는 유일한 구원자이신 그리스도 체험에 기초를 둔 영적 통일체 위에 건설되어야 한다.

3) 교회일치

세계 인구의 삼 분의 일 이상이 폐쇄적인 전체주의 사회에서 살고 있다는 사실에도 불구하고, 선교 사역에 열려 있는 지역이 많다. 1949년에 중국에서 추방된 선교사들은 중국 본토 외부에 거주하는 4천만 명의 중국인들에게 관심을 두었고, 이 중국인들의 다수는 지금도 다른 민족 전도에 관심을 두고 있다. 게다가 중국 본토에서 종교에 대한 규제가 어느 정도 완화되는 듯하다. 아시아, 아프리카, 러시아, 라틴아메리카 등지에서의 기독교 전파는 고무적이다.

4) 선교

교회는 복음화되지 않은 사람들을 전도하기 위해 새로운 기법들을 채택하여 적절히 사용하려 한다. 복음 전파에 단파 방송, 텔레비전, 연장 신학교육, 영화 등이 사용되어 왔다. 현대의 비행기 여행 덕분에 사람들은 오랫동안 힘들게 여행하지 않고서 봉사 현장으로 이동할 수 있게 되었다. 의료 사역, 교육, 농업 프로그램 등이 구세주이신 그리스도를 증언할 길을 열어주었을 뿐만 아니라 생활 수준을 높이는 데 도움을 주었다.

조지 바나(George Barna)는 절대 혼동(Absolute Confusion, 1993)과 그 이전의 보고서에서 미국에서 도덕적·신학적 절대 원칙이 붕괴되고 있음을 지적한다. 그러나 갤럽 조사에 의하면 1991년에 투표한 사람들의 69%가 표준들이 쇠퇴하고 있다고 생각했지만 1994년에 투표한 사람들의 68%는 도덕적이고 영적으로 절대적인 것들의 존재와 필요성을 확신했다. 맥그래스(Alastair McGrath)는 『복음 전도와 기독교의 미래』(Evangelism and the Future of Christianity)에서 복음주의자들이 신학적·도덕적 절대 원칙들의 회복에 도움을 줄 것이라고 주장한다.

교회사를 공부하는 사람들, 그리고 국가들과 사람들의 삶을 재형성하는 데 있어서 수세기 동안 작용해온 복음의 변화시키는 힘의 작용을 관찰해온 사람들은 문제점들이 성령의 능력 안에 있는 소생시키는 노력에 대한 도전일 뿐이라고 여긴다. 그들은 하나님이 우주의 섭리적 유지자요 십자가에서의 그리스도의 사역을 통한 구속자이심을 깨닫는다. 역사의 주인이신 그리스도의 능력의 손안에 역사와 그 마지막이 있다. 교회는 부활하신 주님을 신뢰하면서 과거의 도전들에 대처했듯이 현재의 도전에 대처할 것이다. .

주

1) Edwin L. Frizen, Jr., and Wade T. Coggins, eds., *Christ and Caesar in Christian Missions* (Pasadena: William Carey Library, 1979).

찾아보기

ㄱ

가드너(Orville Gardner) 307
가스파로 콘타리니 157
가에타노 디 티에네 157
가우센, 프랑수아 271
각성운동, 제2차 365
갈리아 신조 232
갈릴레오 212
감독감리교 204
감독교회, 감리교 301
감리교회 195, 226, 231, 232, 301, 354, 390, 436
감리교회, 독일 354
감리교회, 미국 231
감리교회, 웨슬리 390
감리교회, 웨슬리안 301
감리교회, 칼빈주의 226
강신술 304, 430
개리슨, 윌리엄 301
개혁교회, 기독교 125
개혁교회, 네덜란드 122, 125
개혁교회, 독일 113, 204
개혁교회, 마자르 113
개혁교회, 제네바의 116
갤럽, 조지 340, 365, 427
거룩한 주요 구세주 357
건초더미 기도회 295
검은 국제기구 243
게디스, 제니 148
게스트, 존 436
겐트 협정 121
경건생활 입문 220
경건주의 202, 218, 219, 223, 224, 225
경건주의운동 223, 226
경건주의자들 224, 262, 275
경건주의적 각성 272
"경건하고 거룩한 삶으로의 진지한 부름" 217
고든 대학 381, 422
고마르, 프란시스 123
『공동기도서』 132, 134, 148, 257, 325
공동생활 형제단 63, 120
공동예식서 116
『공민헌장』, 성직자들의 23
공산당 선언 285
공산촌 302
공의회, 2차 바티칸 400
공의회, 제2차 바티칸 169, 396, 397, 398
공포정치 238
과정신학 349, 350
과학자 그리스도 제일교회 304
광교회운동 255
광림감리교회 419
"괴물 같은 여인들의 통치에 대한 제1차 나팔 소리" 115
교단 262, 322
교파간의 협력 311, 358
교황권 제한주의 232
교황무오설 398, 400
교회선교회, 복음주의자들이 265
교회선교회, 성공회의 410
교회의 재결합 32, 262, 399
교회일치를 위한 협의회 355
교회일치운동 262
구 가톨릭교 242

구교도 233
구세군 124, 258, 308, 390, 427
구티에레즈 350
구파 203
국교회, 메릴랜드의 185
국내선교회 358
국부론 282
국제선교협의회 361
국제십대선교회 392
국제평화회의 320
국제회중교회협의회 360
군수산업조사특별위원회 322
권리장전 325
권징조례 116
귀도 드 브레 122
그라프-벨하우젠 이론 280
그랜트(Charles Grant) 251
그레벨, 콘라드 90
그렌펠 263
그로티우스 123
그룬트비, 덴마크의 272
그리스도교회, 중국의 355
그리스도를 본받아 62
그리스도의 교회 434
그리스도의 동정녀 탄생 347, 372, 375
그리스도인의 교회 293
그리피스 존스 226
그린, 엘리자베스 417
그린우드, 존 144
근본주의 339, 343, 368, 372, 373, 375, 376, 377, 389
글래드스턴 241

글래든, 워싱턴 309
글래스고 선교회 265
금서목록 158, 166, 167
급진신학 339, 348, 407
긍정적 고백운 388
『기독교 강요』 98, 102, 108, 177
기독교 사회주의 255
기독교와 자유주의 339
기독교와 종교 372
기독장교연합회 392
기독청년 면려회 311
기독학생회 391, 416
기드온 협회 354
기드온협회 392
기슬레 요한슨 272
기욘 부인 220
기욤 콥 97
"기적과 교회 성장" 389
길레스피, 토마스 269
길버트 테넌트 200
께스넬, 빠스끼에 112

ⓝ

나르시사 295
나사렛 교파 390
나약선교대학 369
나이아가라온더레이크, 뉴욕 368
나폴레옹 23, 237, 239, 243
낙스, 존 79, 102, 114, 115, 134
남인도교회 355
낭트 칙령 109

내면의 빛 192, 211, 219, 221, 222, 223, 448
네 개 도시 신앙고백 112
"네 딸들이 예언할 것이라" 395
네비게이토선교회 392
네비우스, 존 272, 410
노바룸, 레룸 244
노부 302
노빌리, 로버트 데 162
노샘프턴 200
노예제반대협회 354
노이즈 302
노이하우스, 리처드 397
농민전쟁 72, 112, 120
누이스, 반 387
뉴먼, 존 헨리 241, 256
뉴에이지 432
뉴턴(Isaac Newton) 212
뉴턴, 존 249
느시밤비, 시몬 413
니뮐러 322, 330
니체 348
니케아 공의회 19, 21, 169, 360
니콘 233
니콜라스 스토르흐 71
니콜라스 코페르니쿠스 212
니콜라스 콥 98
니콜라스 폰 혼타임 233

ⓓ

다비 368
다비, 존 258

다우위, 존 385
다윈 282
단리 117
달라스의 크리스웰 대학 422
달랑베르 217
대각성, 제2차 204, 289, 296, 297, 447
대니얼 마셜 202
대니얼 풀러 382
대로우 372
대항문화 382
댈러스신학교 373
더햄, 윌리엄 385
덜레스, 존 포스터 324
데니스 베넷 387
데드험 판결 294
데우, 프로비덴티시무스 245
데이븐포트, 존 189
데이비드 허바드 382
데이비드 흄 216
데카르트 215, 276
도널드 맥가브란 412, 450
도덕 재무장 431
도미니, 파센디 245
도비뉴, 메를 271
도슨 트로트만 392
독립파 142, 143
독일고백 330
독일복음주의 330
독일의 개혁신앙 112
될링거, 요한 폰 242
두플레시스, 데이비드 388

드와이트, 티모시 290, 420
디드로 217, 238
디바라 92
디사이플파 293
디킨슨, 조나단 197
딕슨 369
딘 켈리 407

(ㄹ)

라스 카사스 162
라우센부쉬 20, 282, 309, 310
라우센부쉬, 월터 282
라이덴의 얀 92
라이마루스, 헤르만 280
라이먼 369
라이스, 존 376
라인하르트, 안나 85
라인홀드 니부어 344, 345, 347
라코 요리문답 94
라테란 329
라토렛 160, 249
라티머 135
라헤이, 베벌리 376
람베드 회의 357
람타 432
람피어, 제레미 262
랜피어, 제레미아 296
랭크포드 298
러셀, 찰스 430
러셀파 430
러시아 공산주의 331, 333
러시아정교회 233, 322, 331

러트거즈 197
런던선교회 265
레닌 285
레싱 280
레오 13세 244
레오 수에넨즈 388
레이놀즈 대 미합중국 324
레이번, 제임스 392
레인스포드, 윌리엄 308
레지널드 폴 135
레프만 263
렉스 험바드 393
로드, 윌리엄 148
로버츠, 에반 262
로버츠, 오랄 385
로버트 레이크스 232, 254
로버트슨(A. T. Robertson) 367
로버트슨, 패트 376, 377, 393, 424, 428
로베스피에르 239
로빈슨, 존 143, 144, 347
로스앤젤레스 성경학교 369
로욜라, 이그나티우스 164, 220
로, 윌리엄 217, 220
로잔 언약 380, 446
로저스, 잭 381
로즈, 커티스 375
로크 276
로크, 존 214
로트 캐리 299
로퍼 262
론 허바드 431

롤라드파 127
롤프, 존 185
루르드 245
루소 217, 218, 238, 240
루이 14세 110, 112
루이 16세 237
루이스 스페리 체이퍼 373
루이스 팔라우 379, 381, 418, 423, 424, 436
루카르, 키릴 169
루터란 아워 393, 424
루터, 마틴 47, 62
루터포드 430
르와지 245
르페브르, 자크 107
리들리 135
리빙스턴 263, 265, 267
리처드 브로드만 195
리처드 필츠 144
리츨 276, 278, 344
린셀, 해럴드 381
릴리 367, 372, 373

Ⓜ

마가렛, 나바르 107
마르부르크 회담 73, 88
마르쿠스 스튀브너 71
마르크스주의 286, 331, 340, 349, 351, 398, 428, 441
마르크스, 칼 282, 285
마리아의 역할 400
마스던, 조지 400
마이어, 월터 393, 424
마자르인 113
마지스뜨라, 마뗄 엣 245
마테오 리치 161
마티스, 얀 92
마티아스 162, 171
마티아스 플라키우스 162
마틴 루터 킹 335, 336
마틴 부처 66, 100
마틴, 헨리 265
막시밀리안 170, 171
만츠, 펠릭스 88
말랑, 세자르 271
말일성도예수그리스도의 교회 302
매닝, 에드워드 241, 257
매카트니, 피츠버그의 372
매케미, 프란시스 195
매켄지, 존 265
매킨타이어, 칼 373, 375
매튜스, 마크 372
맥그리디, 제임스 290
맥러드, 윌버 420
맥콜리, 제리 307
머튼, 존 145
메노 시몬스 84, 92, 120
메노파 89, 93, 145, 194, 204
메디치, 카트린 드 109
메리 베이커 304
메리 베이커 에디 305, 430
메리 여왕 135
메리치, 안젤라 158
메리 튜더 115, 116, 119, 130, 135, 136, 145
메이슨, 찰스 384
메이첸 339, 367, 372, 373
메이첸, 레샴 339
메테르니히 239, 240
멜란히톤 62, 66, 69, 70, 74, 75, 76, 77
멜란히톤, 필립 66
멜빌, 앤드류 118
면죄부 48, 54, 55, 56, 65, 78, 80
모건 308, 349, 361, 382
모노, 프레데릭과 271
모르몬경 302
모리스, 새뮤얼 202
모리스, 프레데릭 255
모리슨, 로버트 267
모어, 토마스 132
모어, 한나 254
모트(John R. Mott) 312
모파트, 로버트 265
모팻, 로버트 267
목적론적 신 존재 증명법 217
몰리노스 220
몰트만 340, 349
몽테스키외 238
무디 289, 296, 297, 311, 367, 368, 369, 378, 379, 417, 423
무솔리니 243, 278, 318, 329, 413
무염시태, 성모의 241
무적함대, 스페인의 122, 139, 145
문선명 431
물병좌의 시대 432

찾아보기

뮈렌버그, 헨리 194
뮌스터 반란 91
뮐러, 루트비히 330
뮐러, 조지 258
"미국교회에 보내는 우정의 호소" 357
미국교회연합회 309, 357, 358
미국교회협의회 381
미국기독교연합회 358
미국성경협회 295, 415, 427
미국 유니테리언 교회 협회 294
미국장로교회 150, 301, 390
미국주일학교연합 354
미국찬송가협회 295
미국해외선교위원회 295
미카엘 자틀러 93
민권법 335
민속학교 272
밀너(Issac Milner 251
밀먼, 헨리 255
밀, 존 스튜어트 252
밀즈 295
밀튼, 존 151
밀티츠, 칼 폰 67

(ㅂ)

바나도, 토마스 258
바나, 조지 451
바랫, 토머스 385
바로니우스, 카이사르 162
바르멘 선언 330
바르트, 카를 330
바사, 구스타부스 79
바스케스, 하비에르 419
바오로 3세 157, 158, 164, 166, 167
바오로 4세 157, 158, 160, 167
바우르, 페르디난드 280
바울 종교의 기원 372
바클레이, 로버트 221
바타블 107
발도파 108
발타사르 후브마이어 90
밥 존스 375
밥존스 대학 373
배로우, 헨리 144
밸푸어 법 322
버디, 알렉산더 385
버라이드 393
버르(Aron Burr) 298
버스웰 373
버스웰, 올리버 373
버틀러, 조셉 217
번연, 존 151
베네딕트 15세 397
베델교회 299
베르니니, 조반니 163
베르크송 349
베른하르트 로트만 91
베스테라스 의회 79
베스트팔렌 조약 29, 122, 173, 181
베스트팔렌 평화조약 173
베이커, 조지 433
베이컨, 프랜시스 214
베자, 테오도르 102
베자, 테오돌 123
베추아날랜드 265
벤담, 제러미 252
벤자민 워필드 366, 367
벤저민 러쉬 299
벤, 헨리 410
벨하우젠 280, 366
보름스에 제국의회 69
보수침례회 374
복원말일성도예수그리스도의 교회 303
복음주의교회 330, 354, 409
복음주의루터교회 354
복음주의 신학교 378, 417
복음주의여성협회 374, 395
복음주의연맹 353, 358, 360
복음주의 연합형제교회 354
복음주의자들 249, 251, 254, 255, 258, 262, 265, 289, 339, 340, 343, 345, 358, 363, 365, 366, 367, 368, 369, 372, 373, 374, 376, 377, 378, 380, 381, 382, 383, 387, 391, 394, 395, 396, 397, 407, 409, 434, 436, 437, 443, 446, 451, 452
복음주의협회 358, 363, 376, 381, 387, 417, 427
복합 결혼 302
본체 276
본회퍼 322, 330
볼린, 앤 48, 129, 130, 133
볼테르 47, 217, 218, 238

봄프리, 이사벨라 298
뵐러, 피터 228
부데 107
부세 220, 232
부쉬넬, 목사 310
부스, 윌리엄 258
부크맨(Frank N. D. Buchman) 431
부크맨파 430
부크맨파(Buchmanites) 430
북미해외선교협의회 358
불가타 107, 108, 164, 168, 169
불링거, 하인리히 88
불타는 심정으로 333
불트만 340, 344, 347, 348
뷰렌, 폴 반 348
브라운 대 교육국 335
브라운, 로버트 142, 143
브라운, 제임스 387
브라이언, 윌리엄 372
브라이언, 윌리엄 제닝스 367
브래드포드, 윌리엄 144, 187
브랜험, 윌리엄 385
브레드슨, 해럴드 387
브레이너드, 데이비드 265
브레이, 토마스 186
브렌트, 찰스 360, 361
브루스터 187
브룩스, 제임스 368
브룬너, 에밀 344, 345
블라우록, 조지 90
블랙스톤, 윌리엄 368
블랜차드, 조나단 301

블런트, 찰스 216
블레어, 제임스 185
블레이크, 유진 355
블레즈 파스칼 111
비(Bea) 399
비글 283
"비기독교 세계에게 주는 기독교 메시지" 443
비스마르크 237, 243, 244
비, 알렉산드르 271
비처, 토마스 308
비텐베르크 교회 45
비텐베르크 대학 66, 69, 74, 79
"비통한 결과에 대해서" 245
비헤른, 요한 271
빌리 그레이엄 297, 375, 379, 392, 393, 418, 423, 424, 427, 436, 450
빌리 선데이 297, 379
빌 브라이트 391
빌트하우스 84

ㅅ

"사람들을 성경으로 돌아오게" 70
사무엘 드라이버 310
사변형 357
사보이 선언 143
사우스웨스턴 신학교 422
사이더, 론 394
사이비종교 429, 430, 431, 432, 433

사탄의 교회 433
사회질서의 기독교화 309
산업혁명 43, 226, 247, 275, 282
살라자르 330
삼자 운동 334
새로운 과학 304
새뮤얼 데이비스 202
새뮤얼 마스던 268
새뮤얼 웨슬리와 수산나 227
새빛파 203
새예루살렘교회 220
새프츠베리 경 216, 253
샌디크리크 193
생기론 349
샤르뎅, 테야르 드 349
샤카리안, 데모스 388
서머싯 공작 134
선교의 재고 443
선교회, 글래스고 265
선교회, 스코틀랜드 265
선교회, 웨슬리 265
성경과 전통의 관계 400
성경을 위한 전투 382
성경장로교회 373, 375, 376
성경적 권위 367, 381
성공회, 미국 204
성모몽소승천설 397
성 선택 283
성성, 신앙 전파를 위한 160
성 조지 감리감독교회 299
성직서임권 269, 270
성직자의 복종 131

성회, 캐나다 오순절 385
세계감리교협의회 360
세계교회지도자협의회 388
세계교회협의희 381
세계루터교연맹 360
세계복음 전도 대회 380
세계선교전략회의 380
세계선교학교 412, 450
세네카 89, 97
세대주의적 전천년주의 373
세라, 주니페로 162
세르베투스 94, 101
세바스티안 프랑크 94
세이커파 303
셜리 매클레인 432
셰데르블롬 360, 361
소치누스, 라엘리우스 94
소치누스, 파우스투스 94
소치니파 94, 113, 175
소크라테스 89
손톤 251, 423
숄, 로저 350
"수도서원에 관하여" 71
수장령(Act of Supremacy) 131
수정헌법 제1조 204, 324, 429, 442, 448
수정헌법 제18조 299
순교사, 존 폭스의 145
순수이성비판 276
쉐퍼, 프란시스 392
쉘턴, 찰스 309
쉴레벡스 399

쉴즈(T. T. Shields) 372
슈말칼덴 동맹 74
슈무커 312, 355
슈미트, 진 339
슈벵크펠트, 카스파르 94
슈트라우스 281
슐라이어마허 276, 277, 278, 341, 344, 366
슐러, 로버트 419, 424, 426
스미스, 애덤 252, 282, 285
스미스, 윌리엄 로버트슨 270
스미스, 조셉 302
스미스, 존 145
스미스, 집시 297
스미스, 찰스 382
스베덴보리 220
스위스에 개신교연맹 357
스캔조니, 레타 395
스코틀랜드 교회 116, 148, 247, 269, 270
스코틀랜드의 개혁신앙 113
스코틀랜드 자유교회 270
스코틀랜드 종교 114, 115, 118, 247
스코프스, 존 372
스코필드 367, 368, 369
스콧, 월터 240
스콧, 조지 272
스콧, 토마스 249
스키피오 89
스타우피츠 64, 65
스탈린 22, 285
스턴즈, 슈발 193

스톤, 바턴 293
스튜어트, 메리 114, 115, 116, 117
스튜어트, 밀턴 369
스튜어트 왕조 118, 145, 147, 269
스튜어트, 제임스 268
스트라찬, 케네스 416
스트라톤 372
스트로브리지, 로버트 195
스파이어 의회 73
스팡겐베르크 226, 228
스펄전, 찰스 260
스페너, 필립 224, 229
스필즈베리, 존 145
"시골 친구에게 부치는 편지" 111
시메네스 164, 166
시모어, 제인 133
시몬스, 네덜란드의 메노 92
시무어, 윌리엄 384
시므온, 찰스 251
시온 장로의 의정서 322
시튼, 엘리자베스 앤 305
식스투스 4세 55
식스투스 5세 160
신비주의 22, 28, 94, 218, 219, 220, 221, 223, 400
신성로마제국 67, 83, 112, 164, 171, 173, 232
신앙고백, 벨직 122
신앙고백, 슈라이트하임 93
신앙고백, 웨스트민스터 116, 150, 189, 195
신앙고백, 트리엔트 168

신의 구제 333
신정설 350
신정통주의 10, 29, 318, 339, 340, 343, 344, 345, 348, 382, 407, 433
신파 203
실천이성비판 276
십대선교회 354, 392

ㅇ

아그리콜라, 미카엘 79
아놀드, 토마스 255
아도니람 저드슨 268
아돌푸스, 구스타부스 171
아돌푸스, 스웨덴의 구스타부스 171
아라곤의 캐서린 130, 133, 135
아라곤의 페르디난드 164
아루에, 프랑수아 마리 238
아르미니우스 19, 122, 123, 124, 145, 148, 231, 249, 449
아르미니우스주의 122, 124, 148, 249, 449
아리스토텔레스 28, 63, 214, 283
아메리카 평화협회 320
아메스, 윌리엄 140
"아무도 기다리지 않는 종교개혁" 144
아미쉬파 89, 90
아바쿰 233
아브라함 카이퍼 125, 271
아사 메이헨 390

아서 코난 도일 304
아스트뤽, 장 279
아싱턴, 로버트 423
아우크스부르크 신앙고백 70, 74
아우크스부르크 의회 74, 112
아우크스부르크 평화협정 75, 77
아우크스부르크 화의 62, 170
아이나르젠, 기수르 79
아이슬레벤 62
아이언사이즈 372
아이작 밀너 252
아이작 백커스 193
아이젠하워, 대통령 335
아이히호른, 요한 279
아인지델른 84
아일랜드, 존 305
아퀴나스, 토마스 28, 53
아타나시우스 신경 175
아테나고라스 400
아프리카 감리감독 시온교회 299
안노, 콰드라게시모 244
안톤 라베이 433
알렉산더 6세 160
알렉산더 매케이 268
알렉산더, 할레의 55
알렉산더 해밀턴 298
알렌, 에탄 218
알렌, 윌리엄 139
알린, 헨리 206
알바 공 121
알버트, 마인츠의 52
알베즈 350

알비파 166
알타이저, 토마스 348
앙리 2세 109
앙리 4세 109
앙리, 나바르의 109
애덤스, 제인 307
애시베리 382
앤도버 신학교 293, 294
앤, 클레베의 133
야콥 뵈메 220
"약탈을 일삼는 살인적인 농민들을 대적하여" 72
얀센주의 111, 112, 232
얀센, 코넬리우스 111
양식비평 281
어거스틴 17, 21, 48, 53, 64, 65, 66, 99, 100, 111, 112
어맨다 스미스 298
어번 선언 343
어빙, 에드워드 260
어스킨 269
에드슨, 히람 303
에드워드 1세 113
에드워드 6세 48, 115, 134, 136
에드워즈, 조나단 198, 200
에든버러 조약 116
에든버러 회의 360, 361
에라스무스 61, 71, 72, 83, 84, 85, 120, 128, 167
에르푸르트 대학 63
에머리, 제임스 417
에섹 케년 388
에큐메니즘 10, 340, 353, 396,

407, 423
에큐메니컬 공의회 359
에큐메니컬 교회 363
에큐메니컬 단체 360
에큐메니컬 운동 399, 451
에큐메니컬 회의 362
에크, 존 91
엔디코트, 존 187
엘라 휠러 윌콕스 304
엘런과 존스 299
엘런 화이트 303
엘리엇, 존 191, 415
엠베리, 필립 195
엡워스 감리교 연맹 311
엥겔스(Friedrich Engels) 285
여성신학 340, 350
여호와의 증인 430
연합감리교회 354, 395
연합공의회 67
연합분리교회 269
연합장로교회 269, 270, 354, 395
연합장로회 269
영국교회협의회 358
영국침례교회 145
영국해외성경협회 254
영, 브리검 302
영성 지도 220
영, 에드워드 373, 378
영적 과격파 94
영혼 구원인가 사회질서인가 368
예배통일법 134, 137
예수님이라면 어떻게 하실까 309

예수님이 오십니다 368, 369
예수운동 381, 382, 422
예수의 생애 281
예수회 29, 95, 111, 112, 113, 139, 158, 161, 162, 164, 165, 166, 167, 169, 170, 178, 232, 241, 243, 244, 262
예카테리나 2세 93
옛날식 신앙부흥의 시간 393
옛빛파 203
오럴 로버츠 393
오렌지의 윌리엄 122
오류목록 242
오르, 에드윈 262
오르, 제임스 369
오벌린 대학 289, 296, 300
오순절 감리교회 419
오순절교회 383, 384, 385, 389, 418, 419, 433, 434, 436, 437, 446
오순절나사렛교회 390
오순절운 387
오순절-은사주의-제3의 물결 운동 374, 390
오스트레일리아연합교회 355
오즈먼, 아그네스 384
오컴의 윌리엄 63
오켄가, 해롤드 379
오켄가, 해롤드 381
오코넬 241
옥스퍼 운동 241
옥스퍼 집단 430

옥스퍼드파 256
올레비아누스, 카스파르 112
올리버 크롬웰 143, 149
올리버, 피에르 97
올슨 344
와그너, 피터 389
와스모어 홀 221
와필드 369
왓츠(Issac Watts) 229
왕위계승법(Act of Succession) 131
"왜 보수적인 교회가 성장하는가?" 407
외콜람파디우스 88
요세프 2세 232
요한 23세 245, 397, 398
요한 바오로 1세 399
요한 바오로 2세 398, 399
욘도 330
우르술라 코타 63
우르시누스, 자카리아스 112
우신예찬 61
우트노, 로버트 427
울먼, 존 300
워너메이커, 존 289, 423
월드비전 394, 427
월리스, 앨프리드 283
월리스, 짐 394
월폴, 휴 240
웨스트민스터 신학교 373, 379
웨스트민스터 의회 150
웨슬리, 찰스 229, 232
웨어, 헨리 293

웰드, 테오도르 289, 300
위그노 109, 110, 232
위대한 시대 262
위샤트, 조지 114
위클리프 28, 41, 127, 226, 413, 415
윈스럽, 존 188
윌리엄(William of Orange) 121
윌리엄 밀러 303
윌리엄스 145, 191, 192, 197, 260, 290, 295, 387
윌리엄스, 로저 145, 191, 193
윌리엄스, 조지 260
윌리엄 템플 360, 362
윌리엄 팰리 217
윌버포스 251, 252, 253
윌버포스, 윌리엄 252
윌슨, 로버트 딕 372
윌커슨, 데이비드 394
윔버, 존 389
유니우스, 프란시스 122
유니테리언 94, 95, 113, 203, 293, 294, 355
유물론 282
의료지원계획 394
의지의 자유 72, 201, 297
이사벨라, 카스티야의 164
이성의 시대 218
이슬람 국가 337, 429, 433, 436
이안 토마스 392
이튼, 테오필루스 189
익명 씨의 단편 280
인간의 유래 283

인디언, 알곤킨 415
인메모리엄 284
일치 신조 77
임모르탈레 데이 244

ㅈ

자료비평 281
자비로운 제국 289, 391
자일스, 세인트 148
장로교평신도위원회 395
재럿, 데버러 202
재림교 303
재세례파 29, 56, 71, 83, 84, 87, 88, 89, 90, 91, 92, 93, 94, 101, 112, 120, 127, 137, 141, 155, 173, 175, 177, 449
저먼타운 194
전국교회협의회 358
전국천막집회 298
전국흑인복음주의협의회 381
정교 분리의 벽 324
정교회, 그리스 27
정규침례회 374
정기간행물 33, 369, 377, 378
정통장로교회 373, 375
제3의 세력 383
제7일 재림교 303
제이콥, 헨리 142, 145
제임스 1세 117, 119, 130, 143, 146, 195, 270

제임스 2세 151, 269
제임스 6세 117, 118, 130, 146
제임스, 코틀랜드의 130
제임스타운 184
제자교회 293, 301
제종교교육협의회 358
조반니 피에트로 카라파 157
조지타운 대학 305
조지 폭스 221
존, 몬테 코르비노 161
존슨, 에드윈 421
존슨, 패트릭 383
존슨, 프랜시스 144
존 웨슬리 195, 203, 226, 227, 232, 390
존 하워드 232, 254
종교의 유비 217
종교재판 29, 120, 158, 164, 166, 167, 169
종교회의, 개혁 28
종교회의, 도르트 122, 124
종의 기원 283
"종이나 자유인이나 차별이 없습니다" 395
주간통상위원회 335
주님의 검 376
주류판매반대연맹 299
중국내륙선교회 265
중미선교회 369
지상명령 276
진 스톤 윌리엄스 387
진테제 281
진화론 16, 29, 183, 245, 275,

280, 282, 283, 284, 286, 306, 310, 341, 366, 367, 372, 373, 375, 382

(ㅊ)

차머스, 토마스 269
찰스 1세 147, 148, 170, 188, 221
찰스 2세 151, 193, 194, 222
"참 종교와 거짓 종교" 89
창발적 진화설 349
창조론과 진화론 282
채닝, 윌리엄 293
챌린지, 틴 394
처치, 조 413
천막집회 183, 198, 290, 292, 293, 294, 298, 418
천시, 찰스 203
청교도운동 6, 111, 127, 140, 141, 143, 145, 151, 226
체이퍼, 스페리 373
초교파적 협력 311
초월명상 431
취리히 합의 88
츠비카우 예언자 71
츠빙글리 73, 83, 84, 85, 87, 88, 89, 90, 91, 92, 449
친구들 63, 69, 123, 221, 224, 252, 425
친첸도르프 194, 225, 226, 355
침례교선교회 263
침례교세계연맹 360

(ㅋ)

카네기, 엔드류 320
카노사 243
카니시우스, 피터 169
카라파 157, 158, 166, 167
카를 바르트 330, 343, 344, 450
카마이클, 에이미 265
카이제르베르트 271
카이퍼, 아브라함 271
카일 369
카제탄 67
카타리나 폰 보라 72
카토 89
카트라이트, 토마스 142
카트라이트, 피터 290
카펠 88
카푸친 수도회 158
칸트, 임마누엘 276
칼슈타트 71
칼케돈 공의회 360
칼 헨리 377, 378
캐나다연합교회 355
캐럴, 존 305
캐리, 윌리엄 225, 262, 263, 265, 355, 412
캔저, 케네스 377
캘버트, 세실 193
캘버트, 조지 193
캠벨, 토마스 293
캡틴 웹 195
커버넌트 신학교 373
커버데일 128, 129, 133

컬럼비아 대학 373
컴벌랜드 장로교 293, 301, 311
케이프타운 255, 263, 355
케임브리지 강령 189
코넬리우스 반 틸 373, 378
코스타메사 382
코에키우스, 존 125
코크, 토마스 231
코튼, 존 191, 192
코플랜드, 케네스 388
콘스탄티노플 공의회 21, 360
콘웰, 러셀 308
콘, 제임스 350
콜렌소, 존 255
콜렛, 존 128
콜리니, 해군 제독 109
콜리지 255
콜슨, 찰스 397
콥, 존 350
쿠퍼, 윌리엄 249
쿨만 386, 393
큄비 304, 305, 430
크라프 263
크래머, 헨드릭 443
크랜머, 토마스 129, 130, 131, 134, 135, 355
크롬웰, 토머스 130
크리스천 도시 연맹 88
크리스천사이언스 20, 304, 430, 447
크리스텐슨, 래리 387
크리스티안 1세 79
크리스티안 2세 78, 79

크리스티안 3세 78
크리스티안 4세 171
클라크, 존 192
클래펌 251, 254
클레멘트 6세 55
클레멘트 7세 130
클레멘트 11세 112
클레멘트 14세 241
키벵게레, 페스토 330
키에르케고르 343, 344
킹스(컬럼비아) 대학 202
킹슬리, 찰스 255
킹, 한스 399

토르데시야스 조약 160
토르케마다, 토마스 164, 166
톨런드, 존 216
톰 아저씨의 오두막집 298, 301
트레겔레스 258
트리엔트 공의회 29, 46, 111, 158, 167, 168, 169, 178
티렐, 조지 245
틴데일, 윌리엄 128
틴머스 경 254
틸리(Tilly) 171
틸리히 340, 344, 347

펜, 윌리엄 194, 222
편집비평 281
평화에의 권면 72
포스딕, 침례교인 373
포스딕, 해리 에머슨 343
포크스, 가이 145
포트워스 422
폭스, 찰스 제임스 227
폴, 독일의 요한 385
폴웰, 제리 376, 424
폴 위어윌레 432
표트르 1세 233
풀러, 새뮤얼 187
풀러신학교 412
풀러, 찰스 379, 393, 424
퓨지, 에드워드 256, 257
프라미스키퍼스 393
프라이스, 찰스 385
프라이, 엘리자베스 254
프란시스 1세 98
프란시스 패튼 367
프랑수아 2세 116
프랑수아 드 살 220
프랑스개신교연맹 357
프랑케 224, 225
프랜시스 애즈베리 195
프랜시스 윌라드 298
프랜시스 클라크 311
프랭크 부크맨 431
프레데릭 1세 78
프레리 성경학교 369
프렐링후이젠, 테오도르 200

ⓔ

타우젠, 한스 78
타운센드, 캐머론 413, 415
태판 289
터커, 알프레드 265
터커, 조지 알프레드 265
테넌트, 윌리엄 197
테니슨 19, 284
테레사, 스페인의 220
테아티노 수도회 157, 158
테오도시우스, 황제 20
테일러, 케네스 378, 415
테일러, 허드슨 265
테첼 52, 54, 55, 56, 65, 80
텐진조약 443
토레이 297, 367, 369, 379, 392
토론토 성경학교 369

ⓟ

파더 디바인 433
파베르, 요한 85
파, 캐서린 133
파햄, 찰스 384
판넨베르크 349
팔라티네이트 112, 124, 170, 171
팔레스트리나, 조반니 다 163
팡세 112
패트리시아 건드리 395
퍼디(J. Justace Purdie) 385
퍼킨, 윌리엄 140
페넬론(Francis Fenelon) 220
페르디난트 2세 170, 171
페어웰, 제리 393
페이스 신학교 373
페인, 토머스 218
페트리, 올라부스 79

프로샤우어, 크리스토퍼 85
프린스터 271
프린스턴 대학 197, 200, 201, 202, 311, 367
프린스턴 신학교 294, 367, 432
플라톤 84, 89
플리드너, 테오돌 271
플리머스 143, 144, 184, 186, 187, 191, 258, 367, 436
플리머스 형제단 258, 367, 436
피니 198, 289, 296, 297, 390, 395, 423
피비 팔머 298, 390, 423
피어스, 로버트 394
피우스 3세 165
피우스 4세 160
피우스 5세 139
피우스 7세 241
피우스 9세 241, 329
피우스 10세 245
피우스 11세 244, 329, 333
피우스 12세 397, 399
필립 2세 119, 120, 135, 163, 164
필립, 존 251, 265, 267
필립, 헤세의 영주 73
필모어, 찰스 430
필무어, 조셉 195
필킹턴, 선교사 265

ㅎ

하계언어학연구소 413
하나님 사랑의 오라토리오 형제회 157
하데스티, 낸시 395
하레 크리슈나교단 431
하르낙 344
하버드, 존 197
하우스, 휠 307
하워드, 캐서린 133
하웰 해리스 226
하이델베르크 요리문답 112, 122
하이벨스, 빌 419
하트숀, 찰스 350
하트포드-배터스비 262
학생자원운동 311, 354
할레대학 224
핫지 311, 366, 367
항의서 123, 124
해긴, 케네스 388
해리스, 윌리엄 웨이드 434
해리엇 비처 스토 298, 301
해밀턴, 윌리엄 348
해방신학 318, 340, 350, 363, 399, 428, 437, 441
해외복음 전도협회 186
햄프턴-시드디 대학 202
허버트, 에드워드 216
허친슨, 앤 192
헌트, 로버트 185
헌팅턴, 윌리엄 357
헝가리의 개혁신앙 113
헤겔 276
헤르츨 322
헤이버포드 대학 197
헤이트, 샌프란시스코의 382
헨리 7세 129, 130
헨리 8세 48, 51, 68, 128, 129, 132, 135, 137
헨리 두센 383
헨리 밀먼 255
헬름, 에드가 308
헬위스, 토마스 145
헵던, 제임스 385
형용할 수 없는 하나님 241
호킹, 윌리엄 443
호프만, 멜키오르 92
홀데인, 로버트 269, 271
홀데인, 제임스 270
홀, 엑서터 251
화이트, 존 187
화이트필드 200, 201, 202, 226, 228, 229, 231, 232, 423
화이트헤드, 알프레드 350
화체설 400
횃불회 392
회중교회 140, 141, 142, 143, 144, 186, 188, 195, 203, 204, 206, 293, 309, 354, 355, 360, 409
후버, 윌리스 385
후커, 토마스 188
후터, 야콥 92
후터파 89, 92
휘태커, 알렉산더 185
휘트먼 295
휘튼 대학 373, 420, 422
휘튼 선언 416

휘티어, 존 301
휴스턴침례대학 422

흑인복음주의연맹 358
흑인신학 340, 350

히틀러 22, 278, 282, 326, 330, 337